DEVOLVER A CONSTITUIÇÃO AO POVO

CRÍTICA À SUPREMACIA JUDICIAL E DIÁLOGOS INSTITUCIONAIS

MIGUEL GUALANO DE GODOY

Vera Karam de Chueiri
Prefácio

Ministro Edson Fachin
Apresentação

Roberto Gargarella
Posfácio

DEVOLVER A CONSTITUIÇÃO AO POVO

CRÍTICA À SUPREMACIA JUDICIAL E DIÁLOGOS INSTITUCIONAIS

1ª reimpressão

Belo Horizonte

2017

© 2017 Editora Fórum Ltda.

2017 1ª Reimpressão

É proibida a reprodução total ou parcial desta obra, por qualquer meio eletrônico, inclusive por processos xerográficos, sem autorização expressa do Editor.

Conselho Editorial

Adilson Abreu Dallari
Alécia Paolucci Nogueira Bicalho
Alexandre Coutinho Pagliarini
André Ramos Tavares
Carlos Ayres Britto
Carlos Mário da Silva Velloso
Cármen Lúcia Antunes Rocha
Cesar Augusto Guimarães Pereira
Clovis Beznos
Cristiana Fortini
Dinorá Adelaide Musetti Grotti
Diogo de Figueiredo Moreira Neto
Egon Bockmann Moreira
Emerson Gabardo
Fabrício Motta
Fernando Rossi

Flávio Henrique Unes Pereira
Floriano de Azevedo Marques Neto
Gustavo Justino de Oliveira
Inês Virgínia Prado Soares
Jorge Ulisses Jacoby Fernandes
Juarez Freitas
Luciano Ferraz
Lúcio Delfino
Marcia Carla Pereira Ribeiro
Márcio Cammarosano
Marcos Ehrhardt Jr.
Maria Sylvia Zanella Di Pietro
Ney José de Freitas
Oswaldo Othon de Pontes Saraiva Filho
Paulo Modesto
Romeu Felipe Bacellar Filho
Sérgio Guerra

Luís Cláudio Rodrigues Ferreira
Presidente e Editor

Coordenação editorial: Leonardo Eustáquio Siqueira Araújo

Av. Afonso Pena, 2770 – 15º andar – Savassi – CEP 30130-012
Belo Horizonte – Minas Gerais – Tel.: (31) 2121.4900 / 2121.4949
www.editoraforum.com.br – editoraforum@editoraforum.com.br

G588d Godoy, Miguel Gualano de

Devolver a constituição ao povo: crítica à supremacia judicial e diálogos institucionais / Miguel Gualano de Godoy. 1. Reimpressão – Belo Horizonte : Fórum, 2017.

264 p.

ISBN: 978-85-450-0205-5

1. Direito constitucional. 2. Direito administrativo. 3. Direito econômico I. Título.

CDD 342.02
CDU 342

Informação bibliográfica deste livro, conforme a NBR 6023:2002 da Associação Brasileira de Normas Técnicas (ABNT):

GODOY, Miguel Gualano de. *Devolver a constituição ao povo*: crítica à supremacia judicial e diálogos institucionais. 1. reimpr. Belo Horizonte: Fórum, 2017. 264 p. ISBN 978-85-450-0205-5.

Para Stephanie Uille Gomes, Vera Karam de Chueiri e Roberto Gargarella.

AGRADECIMENTOS

Este livro é o resultado de pelo menos quatro anos de estudos e pesquisas destinados à construção de um aporte teórico e normativo para lidar com o problema de como se conferir maior legitimidade democrática às decisões judiciais e políticas que tratem de controvérsias morais. Por essa razão, os agradecimentos serão longos porque muitas e muitos acompanharam e fizeram parte desta jornada.

Este livro e também eu, minha escrita, somos produtos das trocas com essas muitas e muitos que passaram por mim, que deixaram um pouco de si e levaram um pouco de mim. Como sempre, preciso e devo agradecer antes de tudo à minha Família. A eles devo tudo o que tenho e o que sou. Ao meu Pai Francisco Godoy, por ser sempre tão querido e carinhoso. À minha Mãe Diana Godoy, por ser sempre tão amorosa, preocupada e atenciosa. Ao meu irmão Gabriel Godoy, por ser um irmão e um jurista genial, que compartilha os sonhos de um mundo e um Direito muito mais justos. E por se tornar ainda melhor irmão e melhor jurista com o passar do tempo, e apesar da distância. Ao meu irmão Rafael Godoy, que, no meio da escrita deste trabalho, quase morreu ao levar um tiro durante um assalto em uma Curitiba tão desigual, excludente e, assim, violenta. E porque provou que além de ser à prova de bala, nenhuma violência merece tirar o gosto bom da vida e o riso necessário de cada dia. A vida é o que mais vale (#forçagodoy).

Não há palavras suficientes para agradecer à Stephanie Uille e sua Família. Stephanie é o amor que move, a companhia que basta, a alegria que motiva e o acolhimento que apazigua. Sua Família tornou-se também a minha.

Um agradecimento especial, acadêmico e profissional, ao Professor Titular e Ministro do Supremo Tribunal Federal Luiz Edson Fachin. Com o Prof. Fachin aprendi a ser crítico, profundo e sensível no desvelar das controvérsias jurídicas, pois o Direito guarda o peso da lei, a força da espada e a sensibilidade da poesia. Com o Ministro Fachin aprendo e cumpro a tarefa de, auxiliando-o, escovar palavras, interpretar e reinterpretar a Constituição, guardá-la, aplicá-la, fazendo da nossa vida diária no Supremo Tribunal Federal um compromisso concreto com a liberdade, a igualdade, a deliberação e a República.

Agradeço aos meus Professores e Mestres: à querida Profa. Dra. Vera Karam de Chueiri, de quem tive o privilégio de ser aluno, monitor e orientando, desde o primeiro ano de Faculdade em 2003 até o fim do

Doutorado em 2015. Com a Profa. Vera aprendi o direito e a filosofia constitucionais, aprendi a desconstruir minhas verdades, encontrar o meu caminho e construir minhas próprias ideias.

Ao Maestro Prof. Tit. Dr. Roberto Gargarella, que em 2007 aceitou, mesmo com o braço quebrado, o pedido de um desconhecido aluno brasileiro para lhe conhecer e debater algumas ideias sobre direito ao protesto. Desde então tenho tido a honra e o privilégio de ter meus estudos e pesquisa coorientados por Roberto Gargarella. Faltam palavras para demonstrar a gratidão pelo ensino constante, pelas correções precisas e pelas sugestões provocativas para que eu vá sempre mais além. *Muchas gracias, me saco el sombrero siempre!*

Ao Prof. Tit. Dr. José Antônio Peres Gediel, que tem me ensinado desde o primeiro ano da Faculdade e com quem pude trabalhar na Secretaria de Justiça, Cidadania e Direitos Humanos do Estado do Paraná em uma luta diária de concretização dos direitos humanos por meio da inclusão e da participação popular.

À Profa. Dra. Katya Kozicki, pelos ensinamentos, pelas críticas, correções e, sobretudo, pela constante troca e interlocução. A dureza e seriedade da Prof. Katya são um fato e nos fazem ser mais aplicados, mas ao mesmo tempo se desmancham diante de toda sua generosidade.

Ao Prof. Tit. Dr. Clèmerson Merlin Clève, pelo constante incentivo, pelas lições finas e profundas de filosofia e teoria constitucional quando fui seu aluno, e especialmente pelas horas preciosas de ensinamentos que tive nas reuniões em seu Escritório. Agradeço, especialmente, as observações que recebi para o aprimoramento deste trabalho. Elas demonstram não apenas a exigência de rigor e profundidade tão peculiares ao Prof. Clèmerson, mas nos forçam e permitem sermos melhores.

À Profa. Dra. Estefânia Barboza, pelo constante diálogo e animação contagiante.

Ao Prof. Dr. Conrado Hübner Mendes, que inspirou muitas ideias deste trabalho, que é um exemplo de pesquisador, docente e que, apesar de toda a sua genialidade, se mostra sempre tão acessível e aberto.

Ao Prof. Dr. José Ribas Vieira, por sempre compartilhar seus estudos e pesquisas, por seu interessantíssimo Blog e pela sua gentileza tão peculiar.

Ao Prof. Dr. Álvaro Ricardo de Souza Cruz, que há tempos constrói, com uma profundidade filosófica singular, um direito constitucional crítico e mais democrático.

Aos Profs. Drs. Bernardo Gonçalves Fernandes e Thomas da Rosa de Bustamante, pelos trabalhos e diálogos inspiradores com a escola de Minas Gerais.

Ao Prof. Dr. Pedro Bodê, por nos desencastelar e promover um profícuo diálogo entre as Ciências Sociais e o Direito e, sobretudo, pela valiosa orientação na realização da pesquisa empírica deste trabalho. Ao Prof. Dr. Sérgio Cruz Arenhart, pelo exemplo, carinho e atenção de sempre. Ao Prof. Dr. José Rodrigo Rodriguez, fonte de inspiração, coerência, clareza e profundidade. Ao Prof. Tit. Dr. Gilberto Berocovici, pela crítica contundente a um direito constitucional hipertrofiado e por sempre ser tão amistoso e receptivo às minhas indagações.

Agradeço aos queridos servidores da Faculdade de Direito da UFPR e da Pós-graduação em Direito, especialmente Jane Rocio, por todo o carinho, a alegria e o auxílio em tudo o que foi necessário, Ana Maria, pela constante ajuda, e Luiz Antônio, pela amizade.

Um agradecimento especial aos meus Professores e Mestres estrangeiros, alguns deles marcos importantes do presente livro: ao Prof. Mark Tushnet, que me recebeu e orientou durante o período em que estive na Harvard Law School e que mostrou, mais do que o seu ceticismo peculiar em relação ao Poder Judiciário e sua aposta no constitucionalismo popular, a possibilidade de uma atuação jurisdicional mais democrática.

Ao Prof. Roberto Mangabeira Unger, que inspirou algumas das experiências dialógicas e inovadoras apresentadas neste trabalho. E também por ter me recebido tão gentilmente na Harvard Law School, dispondo-se a debater minhas ideias e me incentivando sempre a seguir o caminho propositivo de um experimentalismo inovador, radicalmente democrático e igualitário. Como ele me disse logo em nossa primeira reunião: "Miguel, a esperança como razão".

Ao Prof. Cass Sunstein, de quem tive o privilégio de ser aluno na Harvard Law School e que inspirou, sugeriu e corrigiu algumas das ideias aqui expostas e defendidas.

Agradeço ao Núcleo de Pesquisa "Constitucionalismo e Democracia: filosofia e dogmática constitucionais contemporâneas", coordenado pela Profa. Dra. Vera Karam de Chueiri, espaço de estudos e pesquisas profundos, diálogos horizontais e colaborativos e instrumento de intervenção em favor da democracia e dos direitos fundamentais.

Um agradecimento carinhoso àqueles que dividem a vida diária de trabalho no Supremo Tribunal Federal, no Gabinete do Ministro Luiz Edson Fachin ou fora dele: Roberto Dalledone Machado Filho e Maria Pia, companheiros críticos, profundos, lutadores; Paula Cristina Piazzera Nascimento e Noa Piatã, pela amizade e vida compartilhada; Luiz Henrique Krassuski Fortes, pelo comprometimento e pela nota 11;

Mateus Cavalcanti Costa, Lívia Reis e Tomás, pelo exemplo de dedicação, companheirismo, alegria e parceria; Ricardo Rachid de Oliveira, exemplo de magistrado, professor e amigo querido; Camila Plentz Konrath pela alegria e energia; Christine Petter, pela irmandade no constitucionalismo; Rafael Fonseca, pela parceria no resolver das questões duras; Matheus Bueno, Fernanda Gonçalves e Susana Lucini, por estarem sempre juntos; e Paula Boeng, por fazer tudo andar e se resolver. Gostaria também de agradecer carinhosamente aos amigos que estiveram mais próximos durante essa jornada: Prof. e amigo Lucas Arrimada, o melhor constitucionalista da nova geração argentina; Prof. e amigo Leonardo García Jaramillo, pela constante troca e diálogo; Profa. Dra. Mabel Londoño; José Arthur Castillo de Macedo, constitucionalista companheiro de inúmeras discussões e sonhos; André Giamberardino, Iza Robl, Francisco, Amendoim e Bisnaga, sempre tão queridos, lutadores e parceiros; Desdêmona Arruda e Gabriel Jamur, pela amizade sincera e ajuda constante; William Pugliese e Marília Xavier/Guilherme Luchesi e Luciana Xavier, pela amizade e boa companhia de sempre; Douglas Vosgerau, Isabella Andrade Vosgerau e Marina, pela amizade, presença e carinho constantes; Judá Leão, pela revisão cuidadosa, pelos diálogos sobre história constitucional brasileira e pelos cafés e bolos deliciosos da Emmi; Rafael Bezerra Nunes, pelo diálogo sempre produtivo; Felipe Frank, pela amizade transparente e permanente ajuda; Juliana Pondé Fonseca; Melina Fachin, Marcos Gonçalves e Flor, pelas lutas desde o tempo da graduação e pela amizade que perdura; Mauricio Dieter, pela amizade antiga que permanece; Samir Namur, pelo companheirismo e sinceridade exemplares; Rene Toedter, Chris e Pietro, Ilton Norberto Robl Filho; Pablo Malheiros; Noa Piatã; Ana Lúcia Preto Pereira; José Nunes de Cerqueira Neto; Edilson Vitorelli; Tiago Gagliano Pinto.

Um agradecimento especial à Hellen Carvalho, que, além de jurista e antropóloga talentosa, se mostrou uma amiga sempre fiel, ajudando-me com aulas, textos e traduções em dias e horários absolutamente inconstitucionais. Agradeço ainda à Larissa Polak, à Maria Letícia Carraro, à Fernanda Zotz e ao Dani Torres por todas as risadas, alegrias, festas e viagens durante todo esse tempo. O Brasil fica menos alegre com vocês tão longe.

Gostaria de agradecer a três amigos tão queridos e presentes, quanto inspiradores em suas carreiras de Magistrado: Diego Teixeira, por sua sensibilidade singular que tem promovido e comprovado como é possível uma atuação jurisdicional aberta, democrática e dialógica, e também pelas rodas de música que animam a vida; Fernanda Karam Sanches, de quem tive o privilégio de ser Assessor e com quem nunca mais deixei de aprender e conviver; e Thaís Sampaio, que exerce uma atuação jurisdicional sempre tão sensível e comprometida.

Ainda no campo Magistratura, um agradecimento aos caros e queridos Rodrigo Dalledone e André Carias, sempre tão solícitos, interessados e parceiros das melhores discussões e debates. Por fim, um agradecimento ao caro Flávio Antônio da Cruz, que conheci no Doutorado e de quem me tornei um fã pela profundidade das reflexões e pela abertura sincera e didática nos debates.

Agradeço à Maria Eduarda Silva, pela ajuda e auxílio fundamentais na coleta e tabulação dos dados da pesquisa empírica realizada neste trabalho. Agradeço à Nathalie Bostelman, pela ajuda com a tradução precisa de alguns textos essenciais para esta pesquisa. Agradeço também à Mariana Picheth, pelo auxílio sempre solícito e imediato na coleta e disponibilização de dados e informações referentes aos processos de discussão e redação das leis estudadas neste trabalho.

Um agradecimento carinhoso aos amigos mais próximos, ainda que distantes, e que, mesmo assim, me acompanham e nunca deixam a peteca cair: Leonardo Steinke (quarto filho); Vitor Hugo Steinke, Ana Paula Zanoni e Amanda; Bruno Janz e Antônia Janz; Marcelo Silva e Fabi Pessoa; Felipe Hübner, Patrícia Hübner e Maria Clara; Evandro Nishimuni, Aline Gonçalves e Stella; Luiz Paulo Paciornik Schulman, especialmente pela amizade firme, pelo apoio constante e sempre crítico; Guilherme Junqueira e Laura Ruckert; Felipe Galzerani e Daniela Galzerani, Ricardo Galvão e Flor; Thomaz Oliveira; José Ferreira Neto; Marcele Guerra. Agradeço também e de forma especial ao sempre amigo, e já membro da Família, André Ambrózio Dias.

Um agradecimento particular à Dra. Vânia Regina Mercer, pela sensibilidade no tratar das dores, sendo, há tempos, responsável pela minha ida em frente.

À Antônia, pelo carinho e pela revisão cuidadosa dos meus escritos. Antônia alia sensibilidade, profundidade e competência como ninguém. O privilégio é todo meu.

Por fim, agradeço novamente e dedico este livro a três pessoas tão importantes para mim, quanto fundamentais para este trabalho: Vera Karam de Chueiri, Roberto Gargarella e Stephanie Uille Gomes.

À Profa. Vera Karam de Chueiri, que faz da democracia não apenas um princípio, mas uma prática pública e privada. Uma prática pública de atenção, oitiva, inclusão e participação igualitárias. E uma prática privada de carinho, delicadeza e acolhimento.

Ao Prof. Roberto Gargarella, que sendo grande e brilhante se faz pequeno para ensinar e juntar-se àqueles que lutam e trilham caminhos por uma sociedade mais justa, democrática e igualitária.

Por fim, à Stephanie Uille Gomes, que nesta travessia compartilhada chamada vida, divide (soma!) e vivencia comigo alguma coisa que não apenas é alcançável e experimentável a todos, mas que também, como apontam há tempos Paulo e suas cartas, G.W. F. Hegel, Hannah Arendt ou Alain Badiou explode o presente e amplia as possibilidades do futuro: o Amor. Stephanie Uille muda minha forma de enxergar o mundo e o Direito ao apresentar as potencialidades e possibilidades de uma vida baseada no Amor.

"Os poderes e as instituições não estão hoje deslegitimados porque caíram na ilegalidade; ao invés, o contrário é verdade, isto é, a ilegalidade está tão difundida e generalizada porque os poderes perderam toda consciência da sua legitimidade. Por isso é inútil acreditar que se possa enfrentar a crise das nossas sociedades por meio da ação – certamente necessária – do poder judiciário: uma crise que investe contra a legitimidade não pode ser resolvida apenas no plano do direito. A hipertrofia do direito, que pretende legislar sobre tudo, traduz antes, através de um excesso de legalidade formal, a perda de toda legitimidade substancial. A tentativa da Modernidade de fazer coincidir legalidade e legitimidade, buscando assegurar através do direito positivo a legitimidade de um poder, é, como fica claro pelo irrefreável processo de decadência em que as nossas instituições democráticas entraram, absolutamente insuficiente."

(Giorgio Agamben)

"Se há indivíduos ou grupos dentro da sociedade que são (de fato, ainda que não por projeto) persistente e sistematicamente excluídos da participação da vida política e dos seus bens materiais, que são normativamente excluídos em seu tratamento pelas mãos das leis que regem a sociedade, e as instituições não apresentam nenhuma relação genuína para eles partilharem dos valores da comunidade (...), então a alegação de que eles são, como cidadãos, submetidos às leis e devem responder perante a comunidade, se torna um lugar vazio. Eles podem ser submetidos [às leis] apenas como cidadãos, mas tais falhas implicitamente negam sua cidadania através da negação do respeito e consideração devidos aos cidadãos."

(Antony Duff)

SUMÁRIO

PREFÁCIO
Vera Karam de Chueiri 17

APRESENTAÇÃO
INTERPRETAÇÃO CONSTITUCIONAL E SEUS NÓS
Luiz Edson Fachin 23

INTRODUÇÃO 33

CAPÍTULO 1
UM GOVERNO DE JUÍZES E CORTES? CRÍTICA À
SUPREMACIA JUDICIAL E O CONSTITUCIONALISMO
POPULAR COMO PONTO DE PARTIDA 45
1.1 Desconstruindo as origens do controle judicial de constitucionalidade
das leis: a desmitificação do caso *Marbury v. Madison* 62
1.2 O que o Caso *Marbury v. Madison* tem a nos ensinar?
A supremacia judicial no Brasil como sofisma 82
1.3 O constitucionalismo popular como crítica à supremacia judicial e
reivindicação de um papel protagonista do povo na interpretação e
aplicação da Constituição 98
1.4 Constitucionalismo popular e ditadura da maioria: uma associação
equivocada 104
1.5 Nós, o povo: esse estranho desconhecido porque sempre mantido
ausente 107

CAPÍTULO 2
COMO PODEM ENTÃO ATUAR JUÍZES E CORTES?
VIRTUDES, CAPACIDADES E DIÁLOGOS INSTITUCIONAIS
COMO POSSIBILIDADES NECESSÁRIAS 113
2.1 As virtudes passivas de juízes e cortes: o silêncio de Alexander
Bickel e o minimalismo de Cass Sunstein 114
2.2 As virtudes ativas de juízes e cortes: o constitucionalismo
democrático de Robert Post e Reva Siegel 128
2.3 Capacidades institucionais: uma abordagem
a ser explorada 139
2.4 Diálogos institucionais: uma categoria necessária e a ser levada
a sério 149
2.5 Diálogos institucionais e o Supremo Tribunal Federal:
possibilidades 166
2.6 Diálogos institucionais: uma crítica necessária 174

CAPÍTULO 3
PRÁTICAS DIALÓGICAS JURISDICIONAIS E
POLÍTICO-DEMOCRÁTICAS: LIMITES E POSSIBILIDADES 181

3.1 O Supremo Tribunal Federal e a sua utilização de audiências
públicas e admissão de *amici curiae* como instrumentos para sua
abertura à sociedade: o julgamento da (in)constitucionalidade da
Lei de Biossegurança como primeira experiência 183

3.2 As audiências públicas e os *amici curiae* (quando também aceitos
juntamente com as audiências públicas) influenciam as decisões
dos ministros do Supremo Tribunal Federal? 186

3.2.1 Tabela Geral 189

3.2.2 Lei de Biossegurança (ADI 3.510) 190

3.2.3 Importação de Pneus Usados (ADPF 101) 192

3.2.4 Interrupção da Gestação de Feto Anencefálico (ADPF 54) 194

3.2.5 Saúde/Concessão de Medicamentos (STA 36, STA 175, STA 211,
STA 278, SS 2.361, SS 2.944, SS 3.345, SS 3.355, SL 47 e SL 64) 196

3.2.6 Cotas (ADPF 186) 198

3.2.7 Conclusão a partir dos resultados obtidos 200

3.3 A realização de audiências públicas e as intervenções de
amici curiae têm possibilitado um diálogo efetivo entre o Supremo
Tribunal Federal e a sociedade? 200

3.4 O processo de discussão e redação da Lei Orgânica da Defensoria
Pública do Estado do Paraná (Lei Complementar Estadual nº 136
de 19 maio de 2011) 208

3.5 O processo de discussão e redação do Estatuto da Pessoa com
Deficiência do Estado do Paraná (Lei Estadual nº 18.419/2015) 213

CONCLUSÕES
O POVO COMO SUJEITO ATIVO E OS DIÁLOGOS
INSTITUCIONAIS COMO EXIGÊNCIA PARA O
CONSTITUCIONALISMO BRASILEIRO E PARA A POLÍTICA
DEMOCRÁTICA NO BRASIL (PONTO DE CHEGADA...) 225

POSFÁCIO
DEVOLVER A CONSTITUIÇÃO AO POVO
Roberto Gargarella.. 239

Introdução 239

Duzentos anos de debate sobre a supremacia judicial – Os anos
fundacionais 240

O início da discussão política e doutrinária 241

Controle judicial e igualdade 242

Controle de constitucionalidade e democracia 244

Controle judicial e democracia: da primazia judicial à primazia democrática? 245

Controle judicial e diálogo democrático 247

REFERÊNCIAS 249

PREFÁCIO

A democracia moderna é uma condição fugidia, um processo aberto, suscetível à permanente reinvenção e o povo é o principal ator da política democrática. Isto é, o acontecimento da democracia pode ser visto como a constituição e a reconstituição performativa do povo. Assim, falar de democracia é falar de um projeto sempre incompleto que tem nos cidadãos comuns, nas pessoas ordinárias, a sua potência. O *demos* se produz, contingencialmente, por meio da política democrática, em contextos de conflito, na medida em que os excluídos reclamam e reivindicam sua inclusão. Não se trata fundamentalmente de um sistema de governo ou de um meio de legitimar o Estado, mas, antes de qualquer coisa, de um acontecimento, um momento de irrupção da contestação política.

No entanto, essa é uma parte da narrativa política e constitucional moderna. A outra parte, ou o momento seguinte à performance, é de, mais ou menos, estabilidade, pois, algo, enfim, se constituiu. Aí podemos falar de um regime político, um sistema de governo, suas instituições, a forma como estas se relacionam, a estrutura do Estado, os direitos individuais, coletivos, sociais, as políticas públicas, seu exercício, etc., ou seja, podemos falar de uma Constituição, especialmente de uma Constituição escrita.

Essa Constituição que limita o *demos*, sua potência constituinte, resulta da ideia de constitucionalismo, ou ao menos de uma das ideias de constitucionalismo, isto é, a que se relaciona à contenção, limitação e ao controle do poder do *demos*. A estrutura constitucional surge, assim, para evitar que haja concentração de poder e com ela o seu abuso. Mas há outro sentido que podemos desdobrar da ideia de constitucionalismo: a de *empowerment* e de autoridade (WALDRON, *Political political theory*, 2016, p. 34). A Constituição investe as instituições de autoridade pública para que dela façam uso para controlar, restringir e limitar a si a mesmas, como também as suas relações e ações recíprocas, mas não só. Isto é, a autoridade pública credencia as instituições para agirem em nome do povo, de forma que as questões que afetam individual ou coletivamente as pessoas, suas vidas concretas, estejam relacionadas àquelas que pautam as instituições. As instituições são legitimas na medida em que representam as pessoas e assim o fazem por meio de procedimentos dialógicos e deliberativos que estimulam o debate amplo e robusto. O legado do constitucionalismo é tanto a limitação e o controle do poder, como também, a sua estruturação em termos de deliberação para que a multiplicidade de vozes do povo e suas demandas sejam ouvidas. Fica claro, portanto, que o constitucionalismo ao dar poder e autoridade às instituições pressupõe que elas sirvam como mediadoras do povo. Aqui começa o problema da tese sustentada no livro de Miguel Godoy, isto é, como *devolver a Constituição ao povo*, de maneira que este seja soberano o suficiente para não somente dar sentido às suas representações institucionais, mas, mais do que isso, participar diretamente das decisões institucionais que lhe afeta?

Nesse ponto da narrativa o enredo da democracia com o constitucionalismo coloca inúmeros e complexos desafios, pois nenhum arranjo entre eles é tranquilo ou isento de tensões e problemas. Ao contrário, essa é uma narrativa tensa embora ainda se encontrem alguns constitucionalistas e algumas "doutrinas" constitucionais que, de maneira ingênua, reconhecem ou negam o seu caráter tenso. Digo ingenuamente, pois qualquer arranjo possível entre democracia e constitucionalismo deve, antes de tudo, reconhecer-se precário e contingente; deve levar em conta a difícil dinâmica entre o *"empowerment"* das pessoas comuns e a sua limitação e, mais, deve ter como fio que alinhava o enredo a ideia de igualdade no seu sentido mais robusto: é o igual respeito e consideração o ponto de partida (e não de chegada) para políticas concretas de desconcentração e redistribuição de renda e propriedade, para políticas de reconhecimento das diferenças e das vulnerabilidades, etc.

Jovens constitucionalistas, como Miguel Gualano de Godoy, têm-se dedicado à pesquisa em direito constitucional com tal grau de sofisticação que os torna interlocutor direto de constitucionalistas internacionais como Roberto Gargarella e Lucas Arrimada (Argentina), Mark Tushnet (Estados Unidos) e Leonardo Jaramillo (Colombia), além dos brasileiros Conrado Hübner Mendes, Gilberto Bercovicci (São Paulo), Álvaro Ricardo de Souza Cruz, Marcelo Cattoni de Oliveira, Thomas Bustamante e Bernardo Gonçalves (Minas Gerais), Menelick de Carvalho Netto, Guilherme Scotti, Alexandre Bernardino Costa e Cristiano Paixão (Brasília), Bethania Assy, Cecília Caballero Lois, José Ribas Vieira e Juliana Neuenschwander Magalhães (Rio de Janeiro), José Rodrigo Rodriguez (São Paulo/Rio Grande do Sul). Isso sem falar do nosso Núcleo de Constitucionalismo e Democracia, do Programa de Pós-Graduação da Faculdade de Direito da UFPR que, impiedosamente, debateu com o Miguel ao longo da sua pesquisa e com ele se insere naquilo que em língua inglesa se denomina *progressive constitutionalism*.

De fato, somos a vanguarda da teoria constitucional e agregamos um coletivo de pesquisadores de altíssimo nível que, como o Miguel, vem fazendo toda a diferença na pesquisa, no estudo e na prática constitucional. Arrisco dizer que no Paraná inauguramos uma linha de pesquisa em *constitucionalismo e democracia* e introduzimos uma pioneira discussão

PREFÁCIO | 19

constitucional, cujos resultados se veem em trabalhos da qualidade deste do Miguel Gualano de Godoy e dos demais colegas do Núcleo. Não por acaso, Miguel corajosamente já afirma no início do livro a necessidade de compreendermos o direito constitucional e sua aplicação no cotidiano das instituições políticas e jurisdicionais para além do chamado constitucionalismo da efetividade. *A Constituição não se limita às suas categorias exclusivamente jurídicas, pois é ela, também, política. As questões constitucionais são igualmente políticas e percorrem os caminhos da democracia. A democracia só se realiza se determinadas condições jurídicas estiverem presentes, e essas condições são, justamente, os princípios e as regras estabelecidas pela Constituição. Ao mesmo tempo, a Constituição só adquire um sentido perene se ela mesma estiver situada em um ambiente democrático.*

Nesse sentido afirmo que a tese que o livro sustenta começa onde a maior parte dos constitucionalistas ingênuos – os dos manuais – acaba, isso é, os problemas resultantes da tensão entre democracia e constitucionalismo, especialmente aqueles que se vislumbram no exercício da jurisdição constitucional. Em seu trabalho anterior, *Consitucionalismo e Democracia: uma leitura a partir de Carlos Santiago Nino e Roberto Gargarella*, publicado pela Editora Saraiva em 2012, Miguel Gualano de Godoy nos provoca a pensar em que medida todos os potencialmente afetados por uma decisão devem, igualmente, tomar parte no seu processo de discussão e deliberação. Neste livro, o autor avança em sua pesquisa a partir da seguinte questão: como conferir maior legitimidade democrática às decisões judiciais e políticas que lidam com controvérsias morais? Para tanto ele recorre às premissas do constitucionalismo popular para, normativamente, construir uma possível resposta à questão, ao mesmo tempo em que analisa as posições teórico-normativas do minimalismo (virtudes e capacidades dos juízes e cortes), do constitucionalismo democrático e dos diálogos institucionais. A resposta do livro é radical: *para que decisões judiciais e políticas que versem sobre direitos moralmente justificados tenham maior legitimidade democrática, é necessário que o povo participe dessas decisões.* Isso significa criticar a supremacia judicial e a ideia da última palavra observando a atuação de juízes e cortes, segundo suas virtudes ativas e passivas, suas capacidades institucionais e levando em conta a prática do diálogo (entre juízes e cortes e entre eles e as demais instituições).

Nesse sentido é que o constitucionalismo é atravessado pela política democrática e novas práticas são experimentadas tanto no campo político, propriamente dito, quanto no campo jurisdicional. O livro oferece uma resposta normativa ao mesmo tempo em que analisa, empiricamente, três situações em que a participação do povo na tomada de decisão impactou positivamente sobre a mesma. A primeira diz respeito às audiências públicas e intervenção de *amici curiae* ocorridas no espaço da jurisdição constitucional do Supremo Tribunal Federal com destaque para os casos referentes à Lei de Biossegurança (ADI 3.510), à Importação de Pneus Usados (ADPF 101), à Interrupção da Gestação de Feto Anencefálico (ADPF 54) e à Saúde/Concessão de Medicamentos (STA 36, STA 175, STA 211, STA 278, SS 2.361, SS 2.944, SS 3.345, SS 3.355, SL 47 e SL 64). A segunda diz respeito ao processo de discussão e redação da Lei Orgânica da Defensoria do Estado do Paraná (Lei complementar estadual nº 136/2011) e a terceira diz respeito ao processo de discussão e redação do Estatuo da Pessoa com Deficiência do Estado do Paraná (Lei estadual nº 18.419/2015). Essas três situações demonstram as possibilidades e os limites de uma atuação jurisdicional e política democrática e dialógica, consistente com a premissa normativa de que o povo deve participar da tomada de decisão, como também de que as instituições podem ou devem ampliar o espaço de diálogo entre elas e construir boas soluções que no limite da sua contingência são as melhores possíveis, mas não finais, pois a única coisa que temos de definitivo quando nos comprometemos com a democracia é ela mesma, seu valor epistêmico que agrega substância ao seu permanente processo histórico e conflitivo de experimentação.

Quando Miguel Gualano de Godoy propõe *devolver a Constituição ao povo*, ampliando os espaços e os canais de diálogo e criticando a supremacia judicial, ele dá um passo importante em direção ao que Roberto Gargarella chama a nossa atenção em seu livro *La sala de Máquinas de la Constitución*. Isto é, as Constituições como as que sucederam os processos de transição democrática na América Latina, para que sejam virtuosas, precisam possibilitar a alteração radical da estrutura tradicional, verticalizada e centralizadora do poder.

A propósito, Roberto Gargarella igualmente orientou a pesquisa do autor, desde a sua monografia de conclusão de curso, a dissertação de mestrado até a tese de doutorado que agora se publica. Mark Tushnet também teve participação decisiva na direção da tese, no tempo de pesquisa do autor na Faculdade de Direito de Harvard, no ano de 2013.

A banca que avaliou o trabalho, respectivamente Katya Kozicki, Álvaro Ricardo de Souza Cruz, José Ribas Vieira, Roberto Gargarella e eu não poupamos o autor de testar seus conhecimentos e sua capacidade de diálogo científico. Cada arguidor, a sua maneira, fez uma leitura atenta e minuciosa do manuscrito, trazendo considerações que lhe agregaram ainda mais densidade e suscitaram novas questões. A tese obteve a nota máxima, dez, com a recomendação da sua publicação que agora se faz.

Por fim, eu preciso falar do autor. Um jovem constitucionalista que desde o primeiro ano na faculdade de direito da UFPR brilha e faz a diferença no estudo e na pesquisa constitucional, codirigindo o blog do Núcleo de Pesquisa em Constitucionalismo e Democracia, do qual é fundador (do Núcleo e do Blog) e corresponsável pelos eventos realizados com pesquisadores nacionais e internacionais ao longo desses seis anos

PREFÁCIO | 21

de atividades. No meio jurídico-acadêmico estadunidense os melhores alunos das melhores Escolas de Direito são, quase sempre, escolhidos como assessores (*clerks*) dos juízes das Cortes Estaduais e, especialmente, da Suprema Corte dos Estados Unidos. Nada mais razoável do que os julgadores se cercarem dos melhores egressos das melhores Escolas. Pois bem, Miguel Gualano de Godoy não foge a essa regra e hoje assessora o Ministro do Supremo Tribunal, Luiz Edson Fachin, e o faz com o brilho nos olhos verdes do militante incansável, do crítico impiedoso e do constitucionalista responsável e comprometido radicalmente com a democracia.

Com a licença dos afetos finalizo este prefácio oferecendo ao *Mig* um poema do genial Paulo Leminski, que também estudou Direito e sentou nas mesmas duras cadeiras de nossa Faculdade: *isso de querer ser / exatamente aquilo / que a gente é / ainda vai / nos levar além.*

Vera Karam de Chueiri
Diretora da Faculdade de Direito da Universidade Federal do Paraná (UFPR)
Professora de Direito Constitucional dos Programas de Graduação e Pós-
Graduação (Mestrado e Doutorado) em Direito da UFPR

APRESENTAÇÃO

INTERPRETAÇÃO CONSTITUCIONAL E SEUS NÓS

Introdução

O tempo recente tem feito ecoar com intensidade ainda maior a parêmia instalada por Menezes Cordeiro na apresentação que fez à tradução do *Pensamento Sistemático e Conceito de Sistema na Ciência do Direito*, de Claus-Wilhelm Canaris: "O Direito é um modo de resolver casos concretos", escreveu o jurista português. Atada a essa alocução e oriunda da mesma fonte, calha a afirmação segundo a qual a *Ciência Jurídica capaz de responder a uma realidade em evolução permanente* requer *conhecimentos hermenêuticos*. Essa liga entre saber e realização tem batido o ponto nos reptos emergentes do exercício cotidiano da Corte Constitucional no Brasil.

No âmbito desse dia a dia concreto, a consumação prática da judicatura, demarcada pelo compromisso único e irretorquível com a fidedigna interpretação e aplicação da Constituição brasileira, tem cultivado – o quanto possível – contributos em pesquisa e diálogo. Avulta em tal perspectiva, na seara do Direito Constitucional, a atuação que, nesse viés, tem ofertado o Professor Doutor Miguel Gualano Godoy, autor do livro que ora apresentamos. Já o conhecia tanto da Faculdade de Direito da Universidade Federal do Paraná, quanto de seu trabalho na Secretaria de Justiça, Cidadania e Direitos Humanos do Estado do Paraná, e posso atestar a sua cancha de experiências consistentes, comprometida com a pedra angular constitucional. Por isso mesmo, dele conhecer obra que intenta alargar fronteiras, de modo crítico e construtivo dentro do sistema normativo, é passo de grande valor no plano das ideias.

Temos em mãos um trabalho de vigor para o horizonte teórico de ampliação de confins. Formula crítica à ausência de controle exógeno, a *um sistema representativo extremamente desconfiado e arredio às maiorias*. Joga luz sobre *a forma como se deve dar o processo democrático de tomada das decisões*, indicando, pois, assim, o núcleo do trabalho: *a forma de exercício do poder*. Iniciativa popular, plebiscito e referendo seriam, então, nessa perspectiva, de *difícil aplicação*, e aspira dilatar o sentido da Constituição para além *da interpretação que os juízes e as cortes constitucionais fazem dela*. Dialoga, nesse patamar, com o pensamento de Roberto Mangabeira Unger, Paulo Bonavides, Mark Tuschnet e Roberto Gargarella, a fim de refutar um *governo de juízes e de cortes*.

Colhe a construção crítica de Gilberto Bercovici sobre *soberania e Constituição*, e se assenta em Friedrich Müller ao debater sobre *quem é povo* no Brasil. Sustenta um procedimento *ongoing*, permanente, de consensos transitórios, sem decisões definitivas ou absolutas; sem embargo, creio que valoriza, mesmo assim, a atuação de juízes e cortes construída a partir do legado que redundou em capacidades e virtudes que o próprio autor designa como *possibilidades necessárias*. É mesmo um trabalho de fôlego, e não por acaso.

Com as medidas apropriadas a um dos mais talentosos da nova geração, e dentro de tais limiares e em seus termos, entendo que vem de ser posta à comunidade jurídica uma senda que, com ousio e sem temor à controvérsia, desvenda ideias e se expõe como reflexão: trata-se do texto que emerge de tese de autoria de Miguel Gualano Godoy, defendida perante banca composta pelos Professores Doutores Vera Karam de Chueiri (de quem recebeu refinada orientação segura), Álvaro Ricardo de Souza Cruz, Roberto Gargarella, José Ribas Vieira e Katya Kozicki. Preencheu, por certo, os requisitos de uma tese que se sustenta em exposição, críticas e proposições.

Um livro apto ao debate presente e ao descortinar de novas discussões

A Constituição brasileira está no palco das questões jurídicas dos dias correntes. Recapturado simbolicamente pela sociedade o pacto constitucional em 1988, a Constituição se insere mesmo no cotidiano oxigênio da democracia. Nada mais oportuno que expor limites e possibilidades de sua compreensão e aplicação, problematizando meios e modos para incorporar o próprio povo (concomitantemente fonte e destino da democracia) na interpretação e aplicação da própria Constituição.

Tomando como premissa o enfrentamento de conflitos entre direitos moralmente justificados, a questão sobre legitimidade democrática nas decisões judiciais, por exemplo, sugere um debate propício, especialmente no Brasil, desse primeiro quartel do século XXI. Afinal, diálogos institucionais, supremacia judicial, constitucionalismo popular, correspondem a marcos teóricos dentro dos quais se assentam dilemas do perímetro prático da interpretação e aplicação da Constituição.

Tem total razão quando focaliza decisões que devem ser resultados de raciocínio coerente e coeso, isto é, *a construção coletiva em favor de uma efetiva opinião da corte*, sendo, no entanto, quiçá problemática a dinâmica exposta sobre o modelo decisório; não obstante, parece-nos que o intento é aprimorar o sistema, desenvolvendo-o de tal modo que se edifiquem deliberações, e mesmo o sabor picante da crítica deve ser, em nosso ver, haurido como contributo à dialogicidade. Inclusão e justiça ali se aspiram, sendo segurança jurídica e justiça tomadas aqui em sinonímia teleológica.

Há temas que são mais próximos da especificidade espacial da política jurídica, e nem sempre cabem, perfeitamente, nos limites da juridicidade em si mesma; separar esses terrenos é, ao nosso mirar, uma homenagem à democracia. Sociais e políticos também são os reptos jurídicos que incitam os afazeres da jurisdição constitucional em direção à indesejada *politização da justiça* ou da *judicialização da política*; resistir a esse extremo também é um preito à democracia.

Explorar os padrões da *última palavra*, arrostar as fronteiras da participação popular dentro das linhas da hermenêutica constitucional, esmiuçar as balizas do constitucionalismo contemporâneo, do minimalismo, dos mecanismos das audiências públicas e dos *amici curiae* cria círculos dialógicos relevantes para apreender, reverenciar e debater o papel do Supremo Tribunal Federal, mais ainda no Brasil da *alta voltagem* jurídica e política.

Eclipsando motes encanecidos

O fio condutor da travessia que se operou, no Direito Civil, da *função* para a *liberdade*, reclamava mesmo, no Direito Constitucional, uma semelhante mirada sistemática, racional e sensível que, nesse *leitmotiv* da dogmática crítica, reconhecesse, de uma parte, o liame dos limites das tarefas de aplicação da Constituição, nomeadamente pelo Supremo Tribunal Federal, e de outra, traduzisse os desafios dos diálogos imprescindíveis entre as teorias de interpretação constitucional e a política democrática, bem como, dentro de tais demarcações, colhesse possibilidades de compartilhamento, em tais afazeres, entre o povo, os Poderes e a sociedade.

Para esse tríplice desafio se mostrava necessária ir além da recuperação histórica, como *e.g.* se faz frequentemente quer dos *Federalist Papers*, quer mesmo de Alexander Hamilton, e quer do mesmo modo da polêmica clássica entre Carl Schmitt e Hans Kelsen sobre o guardião da Constituição de Weimar. Naquele debate, de modo distinto, além da discussão institucional inclusive sobre a função das instituições na democracia, é induvidoso que esteve presente uma disputa sobre concepções dessemelhantes no que concerne ao próprio direito e bem assim ao ordenamento jurídico. Mais que isso: sabe-se que, por exemplo, não é possível bem compreender o significado de *guardião da constituição* em Carl Schmitt sem apreender o que o autor alemão sustenta como direito, qual o papel da decisão no direito, e ainda quem é o *soberano*.

Ao lado desse debate clássico, controvérsias recentes que já se assentaram nas páginas do constitucionalismo contemporâneo bem expuseram a expansão da jurisdição constitucional e do uso de princípios e da máxima proporcionalidade por essa jurisdição. Ocorre que, em nosso ver, especialmente nas tutelas de feitio não majoritário, cumpre colocar em primeira cena nesse palco a questão da democracia (como faz Miguel Godoy no livro em comento), inclusive para o fim de entender a crítica à dramática lição segundo a qual seria necessária uma instituição externa apta a garantir a concretização e o respeito de direitos humanos e fundamentais.

Suplantando essas questões (sem que sejam mitigadas nem desconhecidas), o texto em pauta parece-nos ter o cuidado de não promover associação direta ou mecânica entre jurisdição constitucional e controle de constitucionalidade, nem mesmo entre jurisdição constitucional e supremacia constitucional. O uso recorrente da expressão *controle de constitucionalidade* é gênero que às vezes exclui, inadequadamente, controle que não é necessariamente judicial; além disso, não se reduz o texto a repetir erronia na maioria das vezes observada segundo a qual a supremacia da Constituição segue o modelo marcado pela presença de um *tribunal constitucional*, como se dá nas experiências norte-americana e alemã; bem atesta em realidade diversa o constitucionalismo no âmbito de *common law*.

Cumpria, pois, reposicionar o debate entre *legalidade* e *legitimidade*, e não mais apenas discutir a seara da justiça constitucional. Mais ainda, impendia contrastar a discussão sobre o feitio de Corte destinada a proteger minorias como tribunal independente e imparcial diante dos argumentos do controle democrático da constitucionalidade.

Essa cavidade reflexiva restou bem esquadrinhada pelo livro. Desde a introdução vê-se o propósito de tratar das teorias dos diálogos institucionais, da interpretação como tarefa compartilhada, e de algumas das propostas do constitucionalismo popular surgido nos Estados Unidos em reação à Corte Rehnquist, sem transplantá-las acriticamente para contextos distintos de sua própria origem. Esclarece desde logo que não se trata de afastar o controle nem instaurar supremacias entre os Poderes, mas sim colher subsídios para repensar, dentro do contexto brasileiro, limites e possibilidades da intepretação constitucional tendo como mote a participação da sociedade as capacidades e limitações de juízes e cortes.

É um texto que destina a luz merecida à interpretação da Constituição, debatendo, nesse âmbito, o que denomina de comportamento juriscêntrico e a própria relevância da interpretação realizada não obstante o ofício das cortes. Realça a atuação do Supremo Tribunal Federal como fundamental na concretização de compromissos constitucionais, e ao espaço do povo na interpretação da Constituição reclama lugar de inclusão desse elemento da sociedade para levar a cabo uma interpretação constitucional inclusiva, realizando, para tanto, diversas travessias em seu texto.

Travessias construídas pelo livro

Aquilo que se reconstruiu durante décadas, a partir do pensamento tópico e sistemático, e da releitura de obras cardeais de Jean Carbonnier, Pietro Perlingieri, Orlando de Carvalho, Orlando Gomes, entre outros, e sustentou a formulação do tríplice vértice do Direito Privado contemporâneo, assentado nas dimensões formais, substanciais e prospectivas, as portas abriram, em situação análoga, agora na teoria do Direito Público.

Prova desse fato é, sem favor algum, a tese de Miguel Gualano de Godoy, merecedora, a todos os títulos, do que lhe concedeu a banca examinadora perante o Doutoramento da centenária Faculdade de Direito da Universidade Federal do Paraná. Com ousio, sustentou o desafio de criticar o *excesso de legalidade formal* no Poder Judiciário e a exclusão normativa que torna a própria normatividade um *lugar vazio*. Percebe-se que não é em busca de concordância ou assentimento que tais concepções raiam, mas sim em direção aos debates, à expansão das capacidades institucionais, das virtudes de Juízes e Cortes, e que fazem brotar dissensos e práticas, consensos e construções teóricas diversas.

Em três pilares o autor edificou seu pensamento: de início, dissecou o denominado *governo de juízes*, colocando em questão sua crítica à supremacia judicial e tomando o constitucionalismo popular como ponto de partida; ali, a partir das raízes relidas do caso *Marbury v. Madison*, arrosta sofismas e traduz a base de sua obra: a crítica à ausência do povo no idear constitucional concreto, bem como a condenação à associação entre *ditadura da maioria* e o constitucionalismo popular.

Isso feito, fez despontar, nesse cenário, dos diálogos institucionais, suas possibilidades especialmente diante das regras e experiências do Supremo Tribunal Federal. Prosseguiu com uma exposição concreta sobre casos apreciados na Suprema Corte brasileira, nomeadamente a Lei de Biossegurança, a interrupção da Gestação de Feto Anencefálico e as Cotas, entre outros. Irrompe, a essa altura, no trabalho de Miguel Godoy, problematização de realce sobre a realização de audiências públicas e as intervenções de *amici curiae*; fornece como exemplo prático do que brotou em sua tese os processos de discussão e redação (ainda que externo do controle de constitucionalidade, assumido em seu sentido mais estrito) tanto da Lei Orgânica da Defensoria Pública no Estado do Paraná quanto do Estatuto da Pessoa com Deficiência. Da teoria à exemplificação edificou ponte por meio da qual percorrer, de uma margem à outra, as veredas da exposição e da reflexão.

Para além do discurso de justificação

O livro a partir do qual aqui são deduzidas essas parcimoniosas notas situa-se, meritoriamente, para além do discurso de justificação. Esse formato de voz está presente em diversos autores e mesmo magistrados de Cortes constitucionais. Refletindo sobre o papel da Corte no sistema constitucional norte-americano, assim procedeu Hugo Lafayette Black especialmente na obra "A constitutional Faith"; Hugo Black foi juiz da Suprema Corte norte-americana de 1937 a 1971, tendo sido indiscutivelmente influente nesse período do século XX. Entre o discorrer histórico da visão dos *founding fathers* e a presença dos *levellers* (reformistas puritanos), Black indica, originariamente, os lócus da Constituição norte-americana tanto como acordo formal e mútuo entre os estados quanto como forma de proteger as minorias da tirania da maioria.

Há, pois, uma justificativa para o importantíssimo documento que o contexto histórico apreendeu a partir do qual ali Black desenvolve sua *fé constitucional*, cujas raízes estão principalmente no historicismo e no textualismo. Unem-se, nessa espécie de *recibo*, linguagem e histórica; numa expressão, a interpretação deveria se aproximar ao máximo das condições, contexto e texto, da concepção original.

O livro que ora tomamos como objeto de digressão não se reduz a esse caminho; por evidente, não subscreve posicionamento textualista ou historicista na interpretação e aplicação da Constituição pelas cortes judiciais, mas admite que resultados desejáveis podem implicar ressignificação.

Essa diferença é imensa e fala por si só. Seguir a Constituição da melhor forma possível como ela parece (ao intérprete) ter sido escrita, envolve, por certo, tentativa legítima de resistir a um resultado que aparente ser desejável. Essa via deixa de atribuir demasiados poderes aos juízes, o que se traduz em meritória apreensão sobre a tomada de decisão política pelo Judiciário sob o pálio da determinação da constitucionalidade.

O *governo pelo povo*, de acordo com as ideias da obra de Hugo Black, significa colocar *fé* nas pessoas e seus representantes eleitos, muito mais que a juízes vitalícios e onipotentes. Ali estaria, no governo pelo povo, via eleição de prática democrática, a maior segurança da liberdade. É o campo do *judicial restraint*.

A contradição entre a não adaptação da Constituição por meio da interpretação e a interpretação de acordo com a justiça e a desejabilidade,

Hugo Black resolve pela primazia dos representantes eleitos pelo povo sobre os juízes. O texto de Miguel Godoy não desconhece tais paradoxos e por isso mesmo também expõe sua visão da Constituição (sua *fé*, digamos), não rechaçando, como o faz aquele discurso de justificação presente em Black, a ideia do *substantive due process*.

É que, sem dubiedade, a interpretação historicista e textualista também é um modo hermenêutico, e mesmo que se pretenda fidelidade ao máximo possível ao escrito e àqueles que escreveram a Constituição, o julgador, não obstante deva ser, mesmo, isento, não está imune (nem mesmo Hugo Black esteve fora de seu contexto quando na década de 50 apreciou o tema *separare but igual*, conhecido caso Brown *v.* Conselho de Educação, de 1954) à complexidade da sociedade, ao contexto global, às temporalidades e à dinamicidade da lei constitucional.

Superando o isolacionismo do discurso da justificação textual e histórica, o debate trazido pelo livro em tela problematiza o papel dos juízes diante das demandas atuais. E para isso é fundamental que a Constituição esteja, sempre, realmente *viva*. Parece-me ser disso que trata o pano de fundo, aberto e plural, proposto por Miguel Godoy. Tal pluralidade também implica diversidade de miradas sobre o mesmo objeto de análise, no caso a Constituição, sem descurar que dela emanam tanto possibilidades quanto limites.

O terceiro olhar sobre Mona Lisa

Tome-se, nada obstante, como hipótese metafórica de reflexão, a ideia segundo a qual um olhar pode significar a construção e a reconstrução do objeto mirado. Um exemplo: tomemos um quadro bem visto pelo público que visita o Museu do Louvre, a Mona Lisa também conhecida como A Gioconda ou ainda Mona Lisa del Giocondo, quiçá a mais notável e conhecida obra de Leonardo da Vinci, um dos eminentes homens do Renascimento italiano.

Ao observar esse quadro, quem sabe o mais famoso e valioso de todo o mundo, o que nele se vê? O quadro e suas dimensões objetivas: 77 cm por 53 cm, dentro do Museu desde 1797, criado aproximadamente entre 1503-1517.

De um lado, representa uma mulher com uma expressão introspectiva e um pouco tímida, nela um sorriso restrito, contido; de outro lado, se vê também um sorriso ao mesmo tempo sedutor, com elegante padrão de beleza, daí nada reservado, sendo apenas aparentemente quieto; mas há um terceiro ponto de vista, por assim dizer há algo muito bem mais profundo, e por isso, um convite para vocacionar o observador a ser parte da constituição do sentido da obra: uma mensagem nas camadas de pintura, um ocultamento a ser desvendado. Mais ainda: diz-se que a linha do horizonte que Da Vinci pintou se encontra num nível visivelmente mais baixo que a da direita, o que teria feito com que a Mona Lisa parecesse diferente se vista da esquerda, menor que se for vista da direita. De frente, à canhota ou à destra, o quadro, fisicamente, é o mesmo, esse mesmo, um dos trabalhos de arte mais controverso, questionado, elogiado, exaltado ou reproduzido. São ao menos três, sem embargo, modos de ver a pintura de Mona Lisa.

Um olhar não é imune ao movimento entre o observador e o objeto reconhecido; o mirar é, de algum modo, ato de constituição: ação dotada de espacialidade e de tempo: pretérito, presente e futuro. A primeira constituição pelo ver: o olhar destro para Mona Lisa, ali a racionalidade codificadora, relevante compreensão do ícone da Modernidade sob completude, totalidade, permanência e transcendência temporal. A segunda constituição: olhar Mona Lisa *gauche*, da racionalidade constituinte, a fonte substancial do Estado Social. E a terceira constituição: olhar Mona Lisa pela frente, à testa, vanguarda que guarda o frontispício, o anverso plural, aberto, prospectivo, em permanente construção e reconstrução dos significados, desafio que inclui o observador na construção do sentido sobre o objeto mirado, dando-lhe, assim, certa coautoria de uma interpretação inclusiva. O terceiro olhar é, não raro, um *aggiornamento*.

Três também são os juízes convidados para divisar Mona Lisa; de uma borda, Hércules, herói da mitologia grega, inspira-se em seus Doze Trabalhos; de outra, Júpiter, avô dos lendários fundadores da Cidade Eterna; e ainda, à frente, Hermes, arrostando ao mesmo tempo a tríade: conceito, experiência e síntese. E daí a jurisprudência como casa da hermenêutica e como método de construção e reconstrução de sentidos.

Se a *morada das almas*, como se escreveu na poética, é a *casa de Hermes*, a vista frontal, o terceiro olhar sobre Mona Lisa, abre a porta para a zona de interseção que cumpre, no tempo e no espaço, de unir num ponto o transmitido, o coetâneo e o porvindouro. Esse laço se tece na interpretação inclusiva.

A sustentação teórica da tese

Ocupam lugar proeminente no livro as ideias sustentadas por Roberto Gargarela, especialmente em torno do conceito de *la sala de maquinas de la Constitución*; não por acaso, no âmbito das atividades que designamos como *Hora de Atualização Acadêmica* em nossos afazeres no Supremo Tribunal Federal com a equipe de assessoramento do Gabinete, em novembro de 2015 esteve o professor Gargarela, em proveito e frutífero encontro coordenado pelo Doutor Miguel Godoy.

A tese vem assentada em espessa base doutrinária, apresentando fontes a partir de juristas brasileiros e pensadores contemporâneos (dentre eles, cite-se como exemplo: Ministro Luís Roberto Barroso, Conrado Hübner Mendes, Adriano Pilatti, Gilberto Bercovici, Vera Karam de Chueiri, Clèmerson Merlin Clève, Álvaro Ricardo de Souza Cruz, Menelick de Carvalho Neto, Oscar Vilhena Vieira, mencionando aqui alguns), e ainda estrangeiros de escol (como Roberto Gargarella, Carlos Santiago Nino, Bruce Ackerman, Jack Balkin, Joshua Cohen, Larry Kramer, Cass Sunstein, Mark Tushnet, Roberto C. Post, Reva B. Siegel), além de inúmeros autores clássicos e modernos, a exemplo: Locke, James Madison, Carl Schmitt, Wittgeinstein, Hans Kelsen, Habermas, Friedrich Müller, António Manuel Hespanha, Dworkin, Edmund Burke, Paulo Bonavides.

Estão as ideias do livro, pois, em companhia de refinado pensamento, de autores que vincaram seu tempo, e de juristas que são marcos teóricos, clássicos, modernos e contemporâneos.

Pontos e pontes em aberto

Como realizar, na prática, o brioso desiderato almejado pelo livro? Quais instrumentos, meios e modo, dentro da vida democrática e nas linhas demarcadas pela Constituição são suscetíveis de serem utilizados para tal fim?

A essas e outras questões o redigido dedica um segmento seleto. Trata ali dos *amigos da corte* e das audiências públicas em diversos casos específicos apreciados pelo Supremo Tribunal Federal, bem assim de experiências no âmbito de atuação no Estado do Paraná, atinentes à Defensoria Pública e às pessoas com deficiência. Vai além ao propor diálogos institucionais. Não deixa, outrossim, de tratar das estruturas previstas na atual Carta.

Cumpre, pois, o intento de exemplificação na busca de redarguir o que contém as inquietações pragmáticas que emergem das verticalizadas reflexões teóricas do autor.

Tais pontos se abrem em janelas de comunicação sob os limites e as possibilidades da intepretação constitucional, nomeadamente em sede de controle objetivo pelo Supremo Tribunal Federal, circunscrito, em nosso ver, à incontornável posição lindeira da Constituição.

Persistem, assim, desígnios de pontes a serem construídas, entre a teoria e a prática, que, sem desbordar dos mandatórios comandos constitucionais, propiciem o aprimoramento das ferramentas previstos em lei ou regimento, coerente com o lavrado na Constituição.

Constituição bussolar

Temos em mãos um escrito tecido de corpo e alma, por razão e emoção. Visto do ponto de vista racional e sistemático, o objeto que se interpreta desafia o intérprete; nos limites da obra criada, a interpretação inclusiva introduz intérprete e destinatário na tarefa de compreensão do objeto, sem desnaturá-lo.

Daí porque a experiência, unindo-se ao conhecimento, requer sinalizações para uma fundamentação racional, especialmente quando são propostas novas fronteiras. Assim o fez Miguel Godoy (e por isso, certamente, granjeia o respeito de todos que o conhecem) ao propor o que aqui se permite designar provisoriamente, ainda que a nominação esteja aquém da complexidade do texto, de interpretação constitucional inclusiva; tal como as demais formas dessa hermenêutica qualificada pelo objeto constitucional, é inclusiva especialmente de elemento que (sem descurar de múltiplos outros) propõe como central e que, em tal patamar, não suprime demais componentes. Tais são mesmo os limites e as possibilidades que emergem da interpretação e aplicação da Constituição: *inputs* e *outputs* que são próprios de um sistema normativo que, nada obstante desafiante dos sentidos, se circunscreve nas possibilidades que oferecem segurança jurídica, previsibilidade e estabilidade.

E os conhecedores do texto de seu livro não deixarão de lhe dedicar idêntico respeito, justo e merecido, sem embargo de dissensões ou parciais concordâncias, próprias do debate, nomeadamente na ambiência de tese acadêmica. O *problema* da tese no livro e suas origens estão postos, e o fez muito bem; da adequação das soluções, dir-nos-á o futuro vocacionado como testemunha.

Irmãs siamesas, *legalidade* e *legitimidade* devem caminhar juntas; a ausência dessa comunhão foi trágica em diversos quadrantes da histórica constitucional brasileira. Preocupa-nos sobremaneira cogitar de *desacoplamento entre Direito e povo*, pois em nosso sentir impende valorizar o papel institucional na interpretação constitucional, sem embargo do relevo que se deva mesmo atribuir, nos limites da Constituição, a grupos ou instituições nesse processo.

Fica, desde logo, em meu ver, uma certeza que tenho ao conhecer o texto e concluir a gratificante leitura e exame em tela: nesse trabalho se reúnem, sob a pena refinada e sensível do autor, mentes e corações vocacionados para a esperança e para a construção de um País mais justo, por meio da interpretação e aplicação da Constituição que é, ao fim e ao cabo, a bússola democrática.

Luiz Edson Fachin
Ministro do Supremo Tribunal Federal
Professor Titular da Faculdade de Direito da Universidade Federal do Paraná

INTRODUÇÃO

O presente livro tem por objetivo apresentar um aporte teórico e normativo para lidar com o problema de como se conferir maior legitimidade democrática às decisões judiciais e políticas que tratem de controvérsias morais e, assim, apontar caminhos e soluções possíveis.[1] Para isso, este trabalho parte do arcabouço teórico e crítico do constitucionalismo popular e percorre os caminhos do minimalismo, do constitucionalismo democrático e dos diálogos institucionais. Dessa maneira, este livro acaba por oferecer uma nova perspectiva teórica e prática para a própria jurisdição constitucional brasileira e para a política democrática do país, possibilitando que ambas se tornem mais democráticas, dialógicas e eminentemente populares.

Para que decisões judiciais e políticas que versem sobre direitos moralmente justificados tenham maior legitimidade democrática, é necessário que o povo participe dessas decisões. Considerando essa premissa, o presente trabalho se propõe a estabelecer uma crítica às ideias de supremacia judicial e última palavra, tomando como ponto de partida a crítica do constitucionalismo popular e a reivindicação de retomada do povo como elemento necessário na interpretação da Constituição.[2]

---

[1] O presente trabalho estabelece como recorte do que se compreende como controvérsias morais os casos cujas soluções exigem o enfrentamento de um conflito entre direitos moralmente justificados. Sobre a concepção de direitos moralmente justificados vide: DWORKIN, Ronald. *Taking rights seriously.* Cambridge: Harvard University Press, 1982. DWORKIN, Ronald. *Levando os direitos a sério.* Tradução Jefferson Luiz Camargo. 2. ed. São Paulo: Martins Fontes, 2007. Vide também: NINO, Carlos Santiago. *La validez del derecho.* Astrea: Buenos Aires, 2006. NINO, Carlos Santiago. *Ética y derechos humanos:* un ensayo de fundamentación. 2. ed. Buenos Aires: Astrea, 2007. NINO, Carlos Santiago. *Fundamentos de derecho constitucional:* análisis filosófico, jurídico y politológico de la práctica constitucional. Buenos Aires: Astrea, 2005. NINO, Carlos Santiago. *La constitución de la democracia deliberativa.* Barcelona: Gedisa, 2003. Vide ainda: GODOY, Miguel Gualano de. *Constitucionalismo e democracia:* uma leitura a partir de Carlos Santiago Nino e Roberto Gargarella. São Paulo: Saraiva, 2012.

[2] Um esclarecimento quanto à utilização do termo constituição. Quando me refiro à constituição de modo genérico, sem particularizar de qual constituição estou a falar, utilizo o

Surge, assim, a pergunta: como podem então agentes políticos, juízes e cortes atuar para incorporar o povo na interpretação e aplicação da Constituição de maneira a tornar as suas decisões mais democráticas? Mediante a compreensão e o exercício de suas virtudes ativas e passivas, de suas capacidades institucionais e por meio da prática do diálogo. Um diálogo a ser realizado entre os Poderes, as instituições e o povo. Nesse sentido, as teorias dos diálogos institucionais apresentam-se como alternativas à supremacia judicial e à última palavra, possibilitando que a interpretação e aplicação da Constituição sejam uma tarefa compartilhada entre o povo, os Poderes e as instituições da sociedade.

Esse aporte teórico e normativo permite não apenas uma nova forma de atuação jurisdicional e política, mais democrática, dialógica e popular, mas também possibilita que se analise a forma como o Supremo Tribunal Federal tem utilizado as audiências públicas e os *amici curiae* para abrir-se à sociedade, bem como explorar exemplos práticos de atuações dialógicas político-democráticas.

Por isso, logo no início do Capítulo 1 mostra-se como foi construída no Brasil a ideia de supremacia judicial, especialmente a partir da Constituição de 1988. A recepção e o desenvolvimento de teorias hermenêuticas e de aplicação da Constituição tiveram como consequência uma crença exacerbada na transformação do Estado e da sociedade por meio do Direito e de seus aplicadores. O pêndulo tendeu demasiadamente para um lado – o lado do Direito. Daí a necessidade de se retomar a interpretação e aplicação da Constituição não apenas por meio de teorias de interpretação e aplicação, mas também por meio da política democrática. Se é certo que a Constituição é norma e deve ser cumprida, por outro lado ela só se realiza plenamente por meio da política democrática. Uma política democrática que, no Brasil, tem deixado de lado seu elemento mais fundamental: o povo. Daí a importância do constitucionalismo popular, compreendido como movimento teórico crítico da ideia de supremacia judicial, última palavra e defensor de um papel central para o povo na interpretação da constituição.

O constitucionalismo popular consiste em um movimento teórico-crítico, surgido nos Estados Unidos, como reação às posturas conservadoras da Corte Rehnquist, a qual pôs fim à atuação proativa e progressista da Corte Warren em favor dos direitos civis. Essa postura conservadora da Corte Rehnquist, de certa forma, se mantém até hoje fiel a uma atuação extremamente contida e baseada em sua autoridade última de interpretar a constituição.

---

termo constituição com a letra 'c' minúscula. Quando me refiro ao Brasil e à Constituição da República Federativa do Brasil de 1988 utilizo o termo constituição com a letra 'c' maiúscula.

INTRODUÇÃO | 35

O constitucionalismo popular deve ser compreendido como um movimento teórico crítico que congrega autores diversos, como Mark Tushnet,[3] Larry Kramer,[4] Richard Parker,[5] Akhil Amar,[6] entre outros, e que busca desafiar a ideia de supremacia judicial na interpretação da constituição;[7] criticar posturas de defesa do controle de constitucionalidade que se baseiam em uma sensibilidade antipopular e avessa ao povo;[8] e que valoriza a interpretação extrajudicial que cidadãos, grupos, movimentos sociais e instituições fazem da constituição.[9] Ou seja, o constitucionalismo popular reúne uma série de autores e diferentes perspectivas que possuem como denominador comum uma crítica contundente ao monopólio interpretativo da constituição por parte do Poder Judiciário e o resgate do povo como ator fundamental na tarefa de interpretação da constituição.

Diante disso, alguém talvez pudesse invocar como críticas ao constitucionalismo popular o fato de ele ter surgido na academia norte-americana e não no seio do povo, ou ainda, que suas reflexões se dirigem exclusivamente aos Estados Unidos. Outros poderiam dizer que as extremas desigualdades que afetam países como o Brasil impedem uma participação adequada do povo na interpretação da Constituição, tal qual reivindicado pelos constitucionalistas populares. Alguns poderiam ainda dizer que as críticas do constitucionalismo popular não se aplicam à realidade brasileira, pois muitas das transformações sociais no Brasil foram promovidas pelas cortes, e não pelos representantes diretos do povo e que, dessa forma, suas propostas normativas de mitigação do controle judicial de constitucionalidade das leis são muito pouco interessantes.

No entanto, conforme aponta Roberto Gargarella, tais críticas estão mal direcionadas.[10] A crítica fundamental do constitucionalismo popular

---

[3] TUSHNET, Mark. *Taking the constitution away from the courts*. Princeton: Princeton University Press, 1999.

[4] KRAMER, Larry. *The people themselves*: popular constitutionalism and judicial review. New York: Oxford University Press, 2004.

[5] PARKER, Richard. *Here, the people rule*: a constitutional populist manifesto. Cambridge: Harvard University Press, 1994.

[6] AMAR, Akhil; HIRSCH, Alan. *For the people*: what the constitution really says about your rights. New York: Simon & Schuster, 1998.

[7] TUSHNET, Mark. *Taking the constitution away from the courts*. Princeton: Princeton University Press, 1999.

[8] PARKER, Richard. *Here, the people rule*: a constitutional populist manifesto. Cambridge: Harvard University Press, 1994.

[9] KRAMER, Larry. *The people themselves*: popular constitutionalism and judicial review. New York: Oxford University Press, 2004.

[10] GARGARELLA, Roberto. ¿Por qué estudiar el constitucionalismo popular en América Latina? In: ALTERIO, Ana Micaela; ORTEGA, Roberto Niembro (Orgs.). *Constitucionalismo popular en Latinoamérica*. México: Porrúa, 2013.

reside no desacoplamento entre o Direito e o povo. Ou seja, o constitucionalismo popular ao criticar de forma severa a ideia de supremacia judicial, última palavra, e reivindicar um papel protagonista do povo, nos obriga a repensar sobre o amplo e profundo distanciamento que hoje existe entre o Direito que temos e as pessoas sobre as quais esse Direito se aplica.[11] Quando falamos em direitos fundamentais como o direito à saúde, à moradia, à educação, entre outros, boa parte dos cidadãos até escuta essa fala, mas não encontra e nem reconhece sua própria voz naquela que lhes fala de direitos tão distantes ou mal concretizados.

Em países que padecem de desigualdades extremas e opressões (como é o caso do Brasil), veem-se também formas extraordinárias de confrontação e resistência popular. O Direito que se mostra sempre tão distante do povo, de difícil acesso e concretização, se transforma, assim, em objeto de questionamento, desafio, e até mesmo desobediência. Ou seja, não são incomuns as situações em que o povo está a denunciar, questionar e desafiar um Direito que lhe pertence, mas que não possui.

Por tudo isso, o constitucionalismo popular tem muito a contribuir com as teorias e práticas jurisdicionais e políticas de nosso tempo, por desconstruir o discurso histórico e tradicional sob o qual se erigiu a revisão judicial das leis, por jogar luzes sobre a equivocada associação entre supremacia da constituição e supremacia judicial interpretativa, mas, principalmente, por invocar um papel ativo do povo na tarefa de interpretação e aplicação da constituição – o que consequentemente acaba por descortinar os problemas de nossa estrutura institucional e de nossa política democrática.

É certo que a adoção de teorias nascidas distantes da realidade brasileira, como é o caso do constitucionalismo popular, exige cautela e atenção. Se, por um lado, é importante trazer à tona umas das principais discussões da teoria constitucional contemporânea, por outro é preciso cuidado para a adequada tradução desse debate aos nossos problemas, de tal forma que essa adoção nos possibilite descortinar os nossos próprios problemas jurídicos, políticos e sociais. Por isso, é preciso destacar que neste trabalho opto por tomar o constitucionalismo popular como um ponto de partida, vale dizer, como instrumental teórico-crítico apto a nos fazer repensar as nossas teorias e práticas jurisdicionais e políticas. Nesse sentido, busco, sobretudo, valer-me mais das reflexões e críticas teóricas do constitucionalismo popular do que de suas propostas normativas. Se não me parece adequado importar as alternativas normativas e institucionais propostas pelo constitucionalismo popular, como, por exemplo, a extinção

---

[11] GARGARELLA, Roberto. ¿Por qué estudiar el constitucionalismo popular en América Latina? In: ALTERIO, Ana Micaela; ORTEGA, Roberto Niembro (Orgs.). *Constitucionalismo popular en Latinoamérica*. México: Porrúa, 2013.

INTRODUÇÃO | 37

do controle judicial de constitucionalidade das leis (Mark Tushnet),[12] o *impeachment* de juízes (Larry Kramer),[13] ou até mesmo a primazia do Parlamento sobre os demais Poderes,[14] suas reflexões e críticas teóricas, no entanto, nos permitem repensar as nossas próprias instituições e práticas jurisdicionais e políticas. Quando tomo o constitucionalismo popular como ponto de partida e me refiro ao povo, é preciso deixar claro de que povo está a se falar. Os teóricos do constitucionalismo popular não se detiveram de forma profunda sobre esse ponto e, em geral, tomam o povo como corpo coletivo capaz de se manifestar por diversos meios e a partir de diferentes grupos.[15] Aprofundando essa perspectiva, compreendo o povo, na esteira de Friedrich Müller,[16] não como sujeito histórico fetichizado, entendido como somatório de interesses individuais ou coletivos, tampouco como a soma de partes autônomas que compõem um todo, mas como categoria política em permanente construção.[17] Ou seja, o povo é uma categoria a ser sempre construída, redefinida, ressiginificada, a partir das diversas demandas e

---

[12] TUSHNET, Mark. *Taking the Constitution away from the courts*. Princeton: Princeton University Press, 1999.

[13] KRAMER, Larry. *The people themselves*: popular constitutionalism and judicial review. New York: Oxford University Press, 2004.

[14] WALDRON, Jeremy. *A dignidade da legislação*. Tradução Luís Carlos Borges. São Paulo: Martins Fontes, 2003. Apesar de Jeremy Waldron não poder ser enquadrado como um teórico do constitucionalismo popular, sua proposta de supremacia legislativa por vezes é invocada como alternativa normativa e institucional.

[15] Larry Kramer enxerga o povo como um corpo coletivo capaz de ação e expressão independentes, tal qual pode ser verificado em diversos momentos da história norte-americana. Vale dizer, o povo deve ser compreendido a partir da existência de uma multiplicidade de diferentes comunidades que coexistem em seu interior. Mark Tushnet, de forma semelhante, também compreende o povo como corpo coletivo que se expressa por meios formais e institucionais (como a mídia e os partidos políticos) e meios informais e não institucionais (manifestações e protestos). Richard Parker concebe o povo como o conjunto de pessoas comuns, ordinárias, que se organizam coletivamente para intervir nos rumos de seu governo. Vide: KRAMER, Larry. *The people themselves*: popular constitutionalism and judicial review. New York: Oxford University Press, 2004. KRAMER, Larry. *Constitucionalismo popular y control de constitucionalidad*. Tradução Paola Bergallo. Madrid: Marcial Pons, 2011. TUSHNET, Mark. *Taking the Constitution away from the courts*. Princeton: Princeton University Press, 1999. TUSHNET, Mark. *Why the constitution matters?* New Haven: Yale University Press, 2010. TUSHNET, Mark. *¿Por qué la Constitución importa?* Tradução Alberto Supelano. Bogotá: Universidad Externado de Colombia, 2012. PARKER, Richard. *Here, the people rule*: a constitutional populist manifesto. Cambridge: Harvard University Press, 1994.

[16] MÜLLER, Friedrich. *Quem é o povo?* A questão fundamental da democracia. Tradução Peter Neumann.4. ed. São Paulo: Revista dos Tribunais, 2009.

[17] MÜLLER, Friedrich. *Quem é o povo?* a questão fundamental da democracia. Tradução Peter Neumann. 4. ed. São Paulo: Revista dos Tribunais, 2009.

conflitos existentes em uma sociedade.[18] Uma categoria que, conforme asseverou Friedrich Müeller, não para de ser questionada e redefinida a todo tempo.[19] A categoria de povo aqui adotada, portanto, não é singular e fechada, mas plural e aberta, em constante construção.[20]

A partir dessa noção de povo, nossa função então passa a ser a de imaginar e tornar possível um sistema institucional aberto ao povo, atento, preocupado e responsável por ele, para que, dessa maneira, a Constituição seja compreendida como um compromisso político-normativo do povo, para o povo e, sobretudo, definido pelo próprio povo.

A partir daí, e ainda no Capítulo 1, busca-se desconstruir as origens do controle judicial de constitucionalidade das leis mediante a desmitificação do caso *Marbury v. Madison*. Nesse ponto, é importante ressalvar que, apesar de não ser objeto do presente trabalho, não ignoro o debate sobre as origens do controle de constitucionalidade na Europa, notadamente o debate entre Carl Schmitt e Hans Kelsen sobre quem é (deve ser) o guardião da constituição.[21] Essa ressalva é importante porque se assume, desde logo, o fato de que o controle judicial de constitucionalidade no Brasil tem um caráter misto, fruto da associação do controle de constitucionalidade por via incidental e difuso (tipicamente norte-americano) e do controle de constitucionalidade por via principal e concentrado (típico do sistema continental europeu).[22] No entanto, o estudo aqui feito se debruçará sobre as origens do controle judicial de constitucionalidade a partir da experiência norte-americana por ter sido ela a primeira a fazer a associação entre supremacia da constituição e controle judicial de constitucionalidade das leis, e também por levar em conta, de uma certa maneira, a importância do povo na interpretação da constituição. Ou seja, em que pese se saiba e se assuma a importância e influência das origens do controle de constitucionalidade

---

[18] MÜLLER, Friedrich. *Quem é o povo?* a questão fundamental da democracia. Tradução Peter Neumann. 4. ed. São Paulo: Revista dos Tribunais, 2009.

[19] MÜLLER, Friedrich. *Quem é o povo?* a questão fundamental da democracia. Tradução Peter Neumann. 4. ed. São Paulo: Revista dos Tribunais, 2009.

[20] Quando compreendo o povo como categoria aberta, plural e em constante construção, me refiro também, e sobretudo, ao povo que sai às ruas para denunciar sua exclusão, seu sofrimento, sua condição invisível e quase sempre ignorada.

[21] SCHMITT, Carl. *La defensa de la Constitución.*Tradução Manuel Sanchez Sarto. 2. ed. Madrid: Tecnos, 1998. KELSEN, Hans. Quem deve ser o guardião da Constituição. In: KELSEN, Hans. *Jurisdição constitucional.* Tradução Alexandre Krug; Eduardo Brandão; Maria E. A. P. Galvão. 2. ed. São Paulo: Martins Fontes, 2007. p. 237-298.

[22] MENDES, Gilmar Ferreira. *Jurisdição constitucional:* o controle abstrato de normas no Brasil e na Alemanha. 5. ed. São Paulo: Saraiva, 2009.

INTRODUÇÃO | 39

alemão[23] e do debate entre Carl Schmitt e Hans Kelsen, este trabalho se concentrará na experiência norte-americana. Tradicionalmente, a decisão do caso *Marbury v. Madison* é invocada como o principal precedente que assentou nos Estados Unidos o poder de juízes e cortes de fazer a revisão judicial das leis que afrontassem a constituição. No entanto, a revisão judicial das leis já vinha sendo exercida pelo Poder Judiciário antes do caso *Marbury v. Madison* e, para tanto, em momento algum defendeu-se ou invocou-se uma primazia de juízes e cortes sobre a interpretação da constituição. Ao contrário, conforme mostra Larry Kramer, a tarefa de interpretação e aplicação da constituição era realizada pelos Poderes e também pelo povo.[24] O povo, aliás, tinha uma tarefa muito importante na definição do significado das normas constitucionais. Dessa forma, para mostrar a falácia da conclusão sobre a supremacia judicial do Poder Judiciário na interpretação da constituição, Larry Kramer faz uma crítica histórica incisiva à construção do controle judicial de constitucionalidade nos Estados Unidos, bem como à exclusão do povo no processo de interpretação e definição dos significados e conteúdos da constituição.

Diante dessa desmitificação do caso *Marbury v. Madison*, descortina-se como, no Brasil, se adotou a postura de supremacia judicial a partir da ideia de supremacia da Constituição e da previsão constitucional que confere ao Supremo Tribunal Federal a guarda da Constituição (art. 102). Em que pese a Constituição de fato se sobrepor às demais normas e apesar de ela conferir ao Supremo Tribunal Federal a sua guarda, a conclusão (i)lógica não é que a Constituição é o que o Supremo Tribunal Federal diz que ela é, pois a supremacia da Constituição e o controle judicial de constitucionalidade das leis feito pelo Supremo Tribunal Federal não importam, em definitivo, a exclusão da atividade interpretativa dos demais Poderes, instituições e do povo. Daí a afirmação de que é preciso superar o sofisma de que a supremacia judicial decorre de uma tradição histórica, da supremacia da Constituição ou da opção institucional feita pela Constituição de 1988.

Diante disso, é preciso então resgatar o papel fundamental que o povo pode e deve ter na interpretação da Constituição. Um papel que, no entanto, enfrenta duas dificuldades fundamentais: a associação equivocada entre participação popular e ditadura da maioria e a histórica exclusão do povo dos assuntos públicos e constitucionais de nossa comunidade. Cada uma dessas dificuldades será abordada a fim de que se demonstre como é

---

[23] MENDES, Gilmar Ferreira. *Jurisdição constitucional:* o controle abstrato de normas no Brasil e na Alemanha. 5. ed. São Paulo: Saraiva, 2009. p. 3-47.

[24] KRAMER, Larry. *The people themselves:* popular constitutionalism and judicial review. New York: Oxford University Press, 2004. Vide também: KRAMER, Larry. *Constitucionalismo popular y control de constitucionalidad.* Tradução Paola Bergallo. Madrid: Marcial Pons, 2011.

possível levar a sério as críticas do constitucionalismo popular e retomar o papel protagonista do povo na interpretação da Constituição.

A partir das críticas do constitucionalismo popular e do desvelamento da supremacia judicial no Brasil, o Capítulo 2 mostra como podem então atuar juízes e cortes. O objetivo desse capítulo é demonstrar como a atuação jurisdicional na interpretação e aplicação da Constituição pode ser melhor realizada quando encarada a partir das virtudes e capacidades de juízes e cortes, de tal forma que essa atuação esteja orientada a um diálogo interinstitucional e popular sobre o significado da Constituição.

Analisar a atuação jurisdicional segundo as virtudes de juízes e cortes significa deixar de lado uma postura dicotômica que separa tal atuação entre ser a favor ou contra a atuação jurisdicional na interpretação da constituição para se debruçar sobre as possibilidades e limites dessa atuação segundo as habilidades e limitações de juízes e cortes. Daí a importância de se resgatarem as críticas e propostas de uma atuação passiva feitas por Alexander Bickel e a leitura renovada dessa proposta feita por Cass Sunstein. Se Bickel deu os primeiros e fundamentais passos na defesa de uma atuação autocontida, baseada no silêncio, diante da dificuldade contramajoritária do Poder Judiciário, é Sunstein quem renova a visão de Bickel ao propor uma atuação não mais estritamente passiva, mas minimalista. É preciso decidir, mas é possível decidir pouco, sem invocar grandes e expansivas teorias.

Por outro lado, é também possível e desejável que em alguns momentos o Poder Judiciário tenha uma atuação mais proeminente, e não passiva ou minimalista. Muitas vezes decisões judiciais podem justamente fomentar o debate público ao tirar da dormência questões que até então vinham sendo renegadas pelos poderes públicos. Daí o estudo das virtudes ativas de juízes e cortes a partir do modelo de análise de Robert Post e Reva Siegel denominado constitucionalismo democrático.

O constitucionalismo democrático de Post e Siegel é importante porque leva em consideração as críticas do constitucionalismo popular, apresenta as limitações de uma postura eminentemente minimalista e defende uma atuação proativa do Poder Judiciário que seja compreendida como mais uma voz a ser levada em conta em um diálogo a ser estabelecido com os demais Poderes e com o povo. Dessa maneira, atuações minimalistas ou proativas são diferentes faces de uma mesma moeda.

A partir daí, busca-se então mostrar a importância de encarar a interpretação e aplicação da Constituição, e, sobretudo, a atuação jurisdicional, sob a óptica das capacidades institucionais. Vale dizer, é preciso não apenas levar em conta as teorias hermenêuticas que fundamentam a decisão, mas também as reais capacidades de juízes e cortes para encarar as questões que lhes são apresentadas. Dessa forma, rompe-se com o mito do juiz como sujeito sempre apto a produzir a melhor decisão e passa-se

INTRODUÇÃO | 41

a pensar como possibilitar uma atuação jurisdicional melhor, que leve em conta as capacidades e limitações de juízes e cortes, bem como os efeitos sistêmicos de suas decisões.

Diante das análises sobre as virtudes ativas e passivas de juízes e cortes, bem como de suas capacidades institucionais, é possível pensar a atuação do Poder Judiciário, no exercício de sua competência de revisão judicial das leis, como promotor ou partícipe de um diálogo sobre a melhor forma de se interpretar e aplicar a Constituição. Daí a análise feita sobre as teorias dos diálogos institucionais. O objetivo desse ponto no Capítulo 2 é mostrar como a interpretação e aplicação da Constituição deve ser uma tarefa dialógica e cooperativa entre os Poderes, e não uma competição entre adversários. Dessa forma, busca-se demonstrar como tal diálogo é não apenas desejável, mas também possível no Brasil.

Apesar da defesa dos diálogos institucionais, é preciso, no entanto, tomá-los de forma crítica, pois (i) a forma como o exercício do poder é estruturado no Brasil não incentiva esse diálogo e (ii) porque esse diálogo tem prescindido do elemento mais fundamental de uma sociedade – o povo.

É preciso destacar que o Capítulo 2, apesar de tratar de diferentes autores e perspectivas, não busca uni-los ou concipá-los. Tampouco se deseja aqui perquirir eventuais identidades ou diferenças entre suas categorias. Ao contrário, o que se busca é colocar em relação seus conceitos e análises com o objeto do presente trabalho. Ou seja, mostrar como esses distintos autores e teorias, nas suas diferenças e oposições, abrem possibilidades e oferecem importantes instrumentos para a tese que aqui se constrói, qual seja, a de como conferir maior legitimidade democrática às decisões que lidem com controvérsias que têm por base um conflito entre direitos moralmente justificados.

No Capítulo 3 busca-se, a partir do aporte teórico e normativo anteriormente construído, analisar a forma com o Supremo Tribunal Federal tem se utilizado de audiências públicas e da admissão de *amici curiae* para promover sua abertura à sociedade. Essa análise mostra os limites e as possibilidades de uma atuação do Supremo Tribunal Federal que, mesmo diante de sua dificuldade contramajoritária, pode (e deve) atuar de forma mais democrática, dialógica, de modo a possibilitar e ampliar a participação popular nos processos de discussão e decisão, corrigindo desigualdades e vícios que afetem esses processos e, assim, conferir maior legitimidade democrática às suas decisões. O Capítulo 3 também apresenta exemplos práticos da construção de leis e políticas públicas que fizeram da interpretação e aplicação da Constituição uma tarefa compartilhada entre o povo, os Poderes e diversas instituições da sociedade. Os casos apresentados mostram, assim, os limites e as possibilidades de uma atuação dialógica político-democrática na construção de leis e políticas públicas mediante a participação e o diálogo com os demais Poderes, instituições e principalmente com o povo.

É importante ressaltar que este trabalho dá continuidade (complementa) a uma pesquisa que vem sendo levada a cabo sobre a relação entre constitucionalismo e democracia e seus desdobramentos sobre a teoria e a dogmática constitucionais contemporâneas e sobre as instituições políticas e jurídicas de nossa sociedade. A primeira parte desta pesquisa foi condensada em outro trabalho – a saber – "Constitucionalismo e Democracia: uma leitura a partir de Carlos Santiago Nino e Roberto Gargarella".[25]

Nesse primeiro trabalho, buscou-se lançar as bases teóricas da democracia deliberativa para se repensar a fundamentação e o exercício do constitucionalismo, da jurisdição constitucional. Daí a afirmação de que não há constitucionalismo sem democracia e nem democracia sem constitucionalismo. Um é constitutivo do outro. Só pode haver democracia ao se assumir um compromisso robusto com os direitos e em especial com a igualdade (e/com liberdade) e, assim, com a possibilidade de participação e intervenção dos cidadãos na resolução dos assuntos públicos que afetam sua comunidade. Ao mesmo tempo, só pode haver constitucionalismo se todos os cidadãos puderem estabelecer um acordo sobre o que são e quais são os direitos que orientarão sua comunidade, bem como os conteúdos, alcances e limites desses direitos.

A escolha de Carlos Santiago Nino e Roberto Gargarella como marcos teóricos daquele trabalho foi cuidadosamente estudada e pensada. Ambos são não apenas referenciais teóricos da democracia deliberativa, mas também do direito constitucional. Nino e Gargarella são juristas latino-americanos, argentinos, e provêm, portanto, de uma sociedade e uma realidade marcadas por profundas desigualdades. Tanto Nino quanto Gargarella buscam repensar os fundamentos do direito e da democracia para mostrar como uma concepção deliberativa de democracia, comprometida com um debate público, robusto, que trate a todos como iguais, implica um papel renovado para o constitucionalismo. Naquele trabalho buscou-se, assim, mostrar como a teoria da democracia deliberativa, em especial a construída por Carlos Santiago Nino e Roberto Gargarella, permite repensar o papel e a importância da democracia e suas práticas políticas, bem como do constitucionalismo e suas práticas jurisdicionais. A noção de democracia invocada neste trabalho, portanto, é aquela defendida por Carlos Santiago Nino e Roberto Gargarella, segundo a qual todos os

---

[25] GODOY, Miguel Gualano de. *Constitucionalismo e democracia*: uma leitura a partir de Carlos Santiago Nino e Roberto Gargarella. São Paulo: Saraiva, 2012.

INTRODUÇÃO | 43

potencialmente afetados por uma decisão devem tomar parte no processo de discussão e decisão em pé de igualdade.[26] Ao tratar da igualdade, assumo a noção de igualdade defendida por Ronald Dworkin, a qual também se configura em não somente assinalar um valor idêntico a cada um, mas também em igual consideração e respeito.[27] Nesse sentido, incorpora-se igualmente a ideia de que para tratar a todos como iguais é necessário fazê-lo nas medidas de suas igualdades e, da mesma forma, nas medidas de suas desigualdades. Ou seja, como expõe John Rawls, implica assegurar que a vida de cada indivíduo dependa das escolhas que ele fizer e não das circunstâncias em que ele nasceu. Este ideal concebido por Rawls, em que se assegura a igualdade e a vida de cada um segundo suas escolhas, sem dúvida se mostra como um ideal regulador e, destaque-se, está sujeito a violações por ações ou omissões do Estado e também dos particulares.[28]

Assim, o ideal de escolha e decisão de cada um sobre sua vida deve ser observado de maneira crítica, em especial quando se trata de um sistema democrático e constitucional de países periféricos e latino-americanos, como o Brasil. Isso porque esse ideal de escolha e decisão leva em conta as conjunturas culturais, sociais e econômicas do sujeito, bem como deve(ria) implicar um processo mínimo de formação, informação e reflexão críticas

---

[26] NINO, Carlos Santiago. *La constitución de la democracia deliberativa*. Barcelona: Gedisa, 2003. NINO, Carlos Santiago. *Fundamentos de derecho constitucional*: análisis filosófico, jurídico y politológico de la práctica constitucional. Buenos Aires: Astrea, 2005. GARGARELLA, Roberto. *La justicia frente al gobierno*: sobre el carácter contramayoritario del poder judicial. Barcelona: Ariel, 1996. GARGARELLA, Roberto. Constitución y democracia. In: ALBANESE, Susana. et al. (Orgs.). *Derecho constitucional*. Buenos Aires: Editorial Universidad, 2004. GARGARELLA, Roberto. *Crítica de la Constitución*: sus zonas oscuras. Buenos Aires: Capital Intelectual, 2004. GARGARELLA, Roberto. ¿Democracia deliberativa y judicialización de los derechos sociales? In: GARGARELLA, Roberto; ALEGRE, Marcelo (Orgs.). *El derecho a la igualdad*: aportes para un constitucionalismo igualitario. Buenos Aires: Lexis Nexis, 2007. GODOY, Miguel Gualano de. *Constitucionalismo e democracia*: uma leitura a partir de Carlos Santiago Nino e Roberto Gargarella. São Paulo: Saraiva, 2012.

[27] DWORKIN, Ronald. *Levando os direitos a sério*. Tradução Jefferson Luiz Camargo. 2. ed. São Paulo: Martins Fontes, 2007. p. 279-282, 419-427. DWORKIN, Ronald. *Uma questão de princípio*. Tradução Luis Carlos Borges. 2. ed. São Paulo: Martins Fontes, 2005. p. 123-128. DWORKIN, Ronald. *A virtude soberana*: a teoria e a prática da igualdade. Tradução Jussara Simões. São Paulo: Martins Fontes, 2005. RAWLS, John. *Uma teoria da justiça*. Tradução Jussara Simões. 3. ed. São Paulo: Martins Fontes, 2008, p. 121-122. GARGARELLA, Roberto. Constitución y democracia. In: ALBANESE, Susana. *et al.* (Orgs.). *Derecho constitucional*. Buenos Aires: Universidad, 2004. p. 79. GODOY, Miguel Gualano de. *Constitucionalismo e democracia*: uma leitura a partir de Carlos Santiago Nino e Roberto Gargarella. São Paulo: Saraiva, 2012. p. 66-67. Ressalte-se que a ideia de igualdade aqui defendida não ignora as críticas tão importantes e necessárias do Comunitarismo e do Republicanismo. É evidente que, para uma defesa consistente da igualdade, o cultivo de virtudes cívicas deve sempre estar presente.

[28] RAWLS, John. *Uma teoria da justiça*. Tradução Jussara Simões. 3. ed. São Paulo: Martins Fontes, 2008. p. 121-122. GARGARELLA, Roberto. Constitución y democracia. In: ALBANESE, Susana. et al. (Orgs.). *Derecho constitucional*. Buenos Aires: Universidad, 2004. p. 79.

sobre sua própria condição. Ademais, essa concepção, na esteira do que se propõe e compartilhando da noção de igualdade proposta por Carlos Santiago Nino e Roberto Gargarella, também envolve a possibilidade de tomar decisões coletivas orientadas a remediar situações de coletividades evidentemente prejudicadas.[29]

Além disso, ainda adoto Roberto Gargarella como um marco teórico fundamental deste trabalho, dada a importância e transversalidade de sua obra ao objeto do presente livro, sendo ele o elo necessário entre as discussões e os conceitos dos marcos teóricos estrangeiros (sobretudo os norte-americanos) e as reflexões e propostas apresentadas por este trabalho para a nossa realidade latino-americana.

É a partir desses pressupostos – (i) a democracia deliberativa concebida por Carlos Santiago Nino e Roberto Gargarella como fundamentação teórica e possibilidade prática e, consequentemente, (ii) um papel renovado para a política democrática e para o constitucionalismo – que se propõe a presente obra.

Se a Constituição, mais do que organizar o poder do Estado, constitui o compromisso fundamental de uma comunidade de pessoas que se reconhecem reciprocamente como livres e iguais,[30] então o significado e conteúdo das normas constitucionais também só adquirem sentido quando o povo participa da tarefa de interpretação e concretização da Constituição.

Diante disso, retomar a afirmação de que não há constitucionalismo sem democracia e nem democracia sem constitucionalismo deve, hoje, implicar, necessariamente, também outra afirmação: não pode haver Constituição sem povo.

---

[29] GARGARELLA, Roberto. Constitución y democracia. In: ALBANESE, Susana. et al. (Orgs.). *Derecho constitucional*. Buenos Aires: Universidad, 2004. p. 79.

[30] CARVALHO NETO, Menelick de; SCOTTI, Guilherme. *Os direitos fundamentais e a (in)certeza do direito*: a produtividade das tensões principiológicas e a superação do sistema de regras. Belo Horizonte: Fórum, 2011. p. 19-20.

CAPÍTULO 1

UM GOVERNO DE JUÍZES E CORTES? CRÍTICA À SUPREMACIA JUDICIAL E O CONSTITUCIONALISMO POPULAR COMO PONTO DE PARTIDA

O processo de redemocratização do Brasil e a promulgação da Constituição da República de 1988 inauguraram uma nova ordem político-jurídica no Brasil, na qual a Constituição passou a ser compreendida não mais como documento meramente definidor da organização do Estado e da repartição de competências, mas principalmente como um projeto de construção nacional, definindo os princípios e objetivos da República, estabelecendo os direitos e as garantias fundamentais, a organização dos Estados e dos Poderes, da ordem econômica, social e tributária.[31] Nesse

---

[31] No Brasil, até 1988, o Poder Judiciário não tinha um papel preponderante na interpretação e aplicação da Constituição. Ao contrário, antes de 1988, as constituições brasileiras eram quase sempre tomadas por seus intérpretes e aplicadores apenas e tão somente como organização do Estado e repartição de competências, e não como norma a ser seguida, obedecida e cumprida. É evidente que cada uma das constituições que foram promulgadas ou outorgadas (1824, 1891, 1934, 1937, 1946, 1967 e 1969 – as duas últimas estabelecidas pela Ditadura Militar instalada no País a partir de 1964) – tinha características particulares que influenciaram, dessa forma, a organização do Estado e o funcionamento das instituições. No entanto, todas elas tinham como ponto comum a necessidade de atuação preponderante do Poder Executivo e do Poder Legislativo, e não do Poder Judiciário, para se fazerem concretas. Vale dizer, até a promulgação da Constituição de 1988, o Poder Judiciário não exercia um papel protagonista na aplicação da Constituição. Vide: BONAVIDES, Paulo; ANDRADE, Paes de. *História constitucional do Brasil*. Brasília: OAB Editora, 2008. PILATTI, Adriano. *A constituinte de 1987-1988*: progressistas, conservadores, ordem econômica e regras do jogo. Rio de Janeiro: Lumen Juris, 2008. BARBOSA, Leonardo Augusto de Andrade. *História constitucional brasileira*: mudança constitucional, autoritarismo e democracia no Brasil pós-1964. Brasília: Câmara dos Deputados, 2012. SILVA, José Afonso da. *Aplicabilidade das normas constitucionais*. 3. ed. São Paulo: Malheiros, 1998.

MIGUEL GUALANO DE GODOY
DEVOLVER A CONSTITUIÇÃO AO POVO – CRÍTICA À SUPREMACIA JUDICIAL E DIÁLOGOS INSTITUCIONAIS

sentido, a questão central, a partir de 1988, deixou de ser "o que é uma constituição", e passou a ser "o que uma constituição constitui". A resposta a essa nova questão central é que a Constituição de 1988 inaugura uma ordem política e normativa nova porque ela deixa de ser entendida como mero documento organizador do poder do Estado e passa a ser compreendida como o compromisso fundamental de uma comunidade de pessoas que se reconhecem reciprocamente como livres e iguais.[32] É a partir desse giro que a teoria e a dogmática constitucionais brasileiras também se transformaram.

No processo de transição do governo autoritário da Ditadura de 1964 para a democracia, com a Constituição de 1988, desenvolveu-se a então chamada doutrina da efetividade com juristas como Luís Roberto Barroso[33] e Clèmerson Merlin Clève.[34] Segundo Barroso, essa doutrina tinha por objetivo (i) atribuir normatividade plena à Constituição, dando-lhe aplicabilidade direta e imediata; (ii) reconhecer ao direito constitucional objeto próprio e autônomo e (iii) contribuir para a ascensão do Poder Judiciário no Brasil, dando a ele um papel destacado na concretização dos valores e direitos constitucionais.[35] É daí que surge o chamado constitucionalismo brasileiro da efetividade.[36]

---

[32] NETO, Menelick de Carvalho; SCOTTI, Guilherme. *Os direitos fundamentais e a (in)certeza do direito*: a produtividade das tensões principiológicas e a superação do sistema de regras. Belo Horizonte: Fórum, 2011. p. 19-20.

[33] BARROSO, Luís Roberto. *O direito constitucional e a efetividade de suas normas*. 6. ed. Rio de Janeiro: Renovar, 2002. BARROSO, Luís Roberto. *O novo direito constitucional brasileiro*: contribuições para a construção teórica e prática da jurisdição constitucional no Brasil. Belo Horizonte: Fórum, 2012. p. 26-29. BARROSO, Luís Roberto. *Curso de direito constitucional contemporâneo*: os conceitos fundamentais e a construção do novo modelo. São Paulo: Saraiva, 2009. p. 224. Vide também: BRANDÃO, Rodrigo. *Supremacia judicial versus diálogos constitucionais*: a quem cabe a última palavra sobre o sentido da Constituição? Rio de Janeiro: Lumen Juris, 2012. p. 134.

[34] CLÈVE, Clèmerson Merlin. *O direito e os direitos*: elementos para uma crítica do direito contemporâneo. Belo Horizonte: Fórum, 2011. CLÈVE, Clèmerson Merlin. *Para uma dogmática constitucional emancipatória*. Belo Horizonte: Fórum, 2012. p. 53-70, 85-105. CLÈVE, Clèmerson Merlin. A teoria constitucional e o direito alternativo. In: *Uma vida dedicada ao Direito*: homenagem a Carlos Henrique de Carvalho – o editor dos juristas. São Paulo: RT, 1995. p. 34-53.

[35] BARROSO, Luís Roberto. *O novo direito constitucional brasileiro*: contribuições para a construção teórica e prática da jurisdição constitucional no Brasil. Belo Horizonte: Fórum, 2012. p. 28-29. Vide também: BARROSO, Luís Roberto. *Curso de direito constitucional contemporâneo*: os conceitos fundamentais e a construção do novo modelo. São Paulo: Saraiva, 2009. p. 224.

[36] A expressão foi criada por Cláudio Pereira de Souza Neto. NETO, Cláudio Pereira de Souza. Fundamentação e normatividade dos direitos fundamentais: uma reconstrução teórica à luz do princípio democrático. In: BARROSO, Luís Roberto (Org.). *A nova interpretação constitucional*: ponderação, direitos fundamentais e relações privadas. Rio de Janeiro: Renovar, 2003. Vide também: BARROSO, Luís Roberto. *O novo direito constitucional brasileiro*: contribuições para a construção teórica e prática da jurisdição constitucional no Brasil. Belo Horizonte: Fórum, 2012. p. 28. BARROSO, Luís Roberto. *Curso de direito constitucional contemporâneo*: os conceitos fundamentais e a construção do novo modelo. São Paulo: Saraiva, 2009. p. 225.

CAPÍTULO 1
UM GOVERNO DE JUÍZES E CORTES? CRÍTICA À SUPREMACIA JUDICIAL E O CONSTITUCIONALISMO POPULAR... | 47

A premissa básica dessa doutrina foi a adoção de um positivismo constitucional cujo objetivo não era reduzir o direito à norma, mas sim elevá-lo a esta condição, pois até então ele havia sido menos do que norma.[37] Ou seja, a Constituição, ainda que norma já fosse, como norma não era encarada. Daí a importância do constitucionalismo brasileiro da efetividade. A partir disso passou-se a ter a compreensão de que se as normas constitucionais são normas jurídicas, elas são imperativas e, portanto, podem ser aplicadas pelo Poder Judiciário.[38]

Ressalve-se, no entanto, que a ideia de positivismo constitucional invocada por Barroso não deixa exatamente claro de que positivismo está a se falar nesse momento. É de depreender-se que tal ideia em realidade seja equivalente à de direito positivo, ou seja, a compreensão do direito que guarda relação com o Estado e é por ele sancionado. Uma compreensão, portanto, bastante diferente da concepção kelseniana de positivismo jurídico, dominante nos sistemas de tradição romano-germânica, que compreendeu o Direito como um sistema fechado de regras abstratas e universais, completamente separado da política e da moral.[39] Destaque-se ainda, nesse período, a importância da obra de José Afonso da Silva sobre a aplicabilidade das normas constitucionais e a sua proposta de classificação, que buscava justamente dar concretude às previsões constitucionais.[40]

BRANDÃO, Rodrigo. *Supremacia judicial versus diálogos constitucionais*: a quem cabe a última palavra sobre o sentido da Constituição? Rio de Janeiro: Lumen Juris, 2012. p. 133.

[37] BARROSO, Luís Roberto. *O novo direito constitucional brasileiro*: contribuições para a construção teórica e prática da jurisdição constitucional no Brasil. Belo Horizonte: Fórum, 2012. p. 28-29. Vide também: BARROSO, Luís Roberto. *Curso de direito constitucional contemporâneo*: os conceitos fundamentais e a construção do novo modelo. São Paulo: Saraiva, 2009. p. 224.

[38] BARROSO, Luís Roberto. *O novo direito constitucional brasileiro*: contribuições para a construção teórica e prática da jurisdição constitucional no Brasil. Belo Horizonte: Fórum, 2012. p. 28-29. Vide também: BARROSO, Luís Roberto. *Curso de direito constitucional contemporâneo*: os conceitos fundamentais e a construção do novo modelo. São Paulo: Saraiva, 2009. p. 224. BRANDÃO, Rodrigo. *Supremacia Judicial versus diálogos constitucionais*: a quem cabe a última palavra sobre o sentido da Constituição? Rio de Janeiro: Lumen Juris, 2012. p. 134.

[39] KELSEN, Hans. *Teoria pura do Direito*. Tradução João Baptista Machado. 6. ed. São Paulo: Martins Fontes, 1998. Destaque-se que essa diferenciação somente veio a ser analisada por Barroso mais tarde, em outra obra: BARROSO, Luís Roberto. *Interpretação e aplicação da constituição*: fundamentos de uma dogmática constitucional transformadora. 6. ed. Rio de Janeiro: Saraiva, 2004. Clèmerson Merlin Clève, por sua vez, já deixava bastante claras as diferenças entre direito positivo e positivismo. Vide: CLÈVE, Clèmerson Merlin. *O direito e os direitos*: elementos para uma crítica do direito contemporâneo. Belo Horizonte: Fórum, 2011. Destaco que não desconheço ou desconsidero outras concepções de positivismo como a de Herbert Lionel Adolphus Hart. Vide: HART, Herbert Lionel Adolphus. *The concept of law*. Oxford: Clarendon Press, 1975. Nesse sentido, vide também: KOZICKI, Katya. *Herbert hart e o positivismo jurídico*: textura aberta do direito e discricionariedade judicial. Curitiba: Juruá, 2014.

[40] SILVA, José Afonso da. *Aplicabilidade das normas constitucionais*. 3. ed. São Paulo: Malheiros, 1998.

É nesse contexto e movimento que se estabeleceram as condições políticas, institucionais e interpretativas para que o Poder Judiciário então expandisse suas atuações na concretização da Constituição.[41] Essa nova forma de encarar a Constituição de 1988 e todo o direito constitucional no Brasil possibilitou a afirmação normativa da Constituição, que passou a poder ser reivindicada como norma e, portanto, passível de concretização pelo juiz mediante o processo de interpretação e aplicação.

A Constituição de 1988 estabeleceu, assim, uma nova forma de se encarar o direito constitucional, a interpretação e aplicação das normas constitucionais, especialmente a partir do seu caráter programático, de sua caracterização normativa e da centralidade dos direitos fundamentais. A partir dessa nova perspectiva sobre a Constituição e o direito constitucional, o papel do juiz também ganhou destaque, pois este já não mais necessita, obrigatoriamente, da intermediação do legislador para aplicar os princípios e as regras estabelecidos pela Constituição, podendo, pois, aplicá-los diretamente.

José Joaquim Gomes Canotilho foi o autor mais representativo e quem mais influenciou o Direito brasileiro nessa tendência de conferir normatividade à Constituição ao construir a sua teoria da constituição dirigente.[42] A expressão "constituição dirigente" foi utilizada pela primeira vez, entretanto, em 1961 pelo alemão Peter Lerche (*dirigierende Verfassung*), ao estabelecer que as constituições modernas se caracterizariam por possuir uma série de diretrizes constitucionais que configurariam imposições permanentes ao legislador.[43] Essas diretrizes seriam justamente o que ele denominou constituição dirigente. Se a constituição estabelece diretrizes permanentes ao legislador, segundo Lerche, é no âmbito da constituição dirigente que poderia então ocorrer a discricionariedade do legislador. Vale dizer, a preocupação de Lerche é definir quais normas vinculam o legislador. Identificadas essas normas – as diretrizes permanentes (constituição dirigente) – o legislador então teria discricionariedade material para legislar sobre o tema.[44] Já a concepção de Canotilho de constituição dirigente é

---

[41]   BRANDÃO, Rodrigo. *Supremacia judicial versus diálogos constitucionais*: a quem cabe a última palavra sobre o sentido da Constituição? Rio de Janeiro: Lumen Juris, 2012. p. 72-88. Vide também: SILVA, Cecília de Almeida. *et al. Diálogos institucionais e ativismo*. Curitiba: Juruá, 2012. p. 29-33.

[42]   CANOTILHO, José Joaquim Gomes. *Constituição dirigente e vinculação do legislador*. 2. ed. Coimbra: Coimbra Editora, 2001. Vide também: CANOTILHO, José Joaquim Gomes. *Direito constitucional e teoria da Constituição*. 7. ed. Coimbra: Almedina, 2003. p. 1130, 1435-1441.

[43]   BERCOVICI, Gilberto. A constituição dirigente e a constitucionalização de tudo (ou do nada). In: SOUZA NETO, Cláudio Pereira; SARMENTO, Daniel (Orgs.). *A constitucionalização do direito*: fundamentos teóricos e aplicações específicas. Rio de Janeiro: Lumen Juris, 2007. p. 174.

[44]   BERCOVICI, Gilberto. A constituição dirigente e a constitucionalização de tudo (ou do nada). In: SOUZA NETO, Cláudio Pereira; SARMENTO, Daniel (Orgs.). *A constitucionalização*

UM GOVERNO DE JUÍZES E CORTES? CRÍTICA À SUPREMACIA JUDICIAL E O CONSTITUCIONALISMO POPULAR...

muito mais ampla, pois para ele não apenas uma parte da constituição se caracteriza como dirigente, mas toda ela assim o é.[45] A semelhança entre ambos é a desconfiança do legislador e o desejo de encontrar um meio de vinculá-lo à constituição. Se foi Lerche quem definiu a característica de certas disposições constitucionais como vinculantes, cunhando, assim, o termo constituição dirigente, foi, no entanto, Canotilho quem deu amplitude e profundidade a essa característica. Seu objetivo é a reconstrução da Teoria da Constituição por meio de uma Teoria Material da Constituição, concebida também como teoria social.[46]

Para Canotilho, a constituição dirigente busca racionalizar a política, incorporando uma dimensão materialmente legitimadora ao estabelecer um fundamento constitucional para a política.[47] O núcleo da constituição dirigente é a proposta de legitimação material da constituição por meio dos fins e das tarefas previstos no texto constitucional. Dessa forma, a constituição estabelece não apenas as normas definidoras do presente, mas também um programa para o futuro.[48] A teoria da constituição dirigente busca, portanto, investigar a vinculação do Estado e da sociedade ao programa transformador estabelecido pela constituição.[49] Vale dizer, para

---

do direito: fundamentos teóricos e aplicações específicas. Rio de Janeiro: Lumen Juris, 2007. p. 168.

[45] CANOTILHO, José Joaquim Gomes. *Constituição dirigente e vinculação do legislador*. 2. ed. Coimbra: Coimbra Editora, 2001. p. 224-225; 313. nota 60. Vide também BERCOVICI, Gilberto. A constituição dirigente e a constitucionalização de tudo (ou do nada). In: SOUZA NETO, Cláudio Pereira; SARMENTO, Daniel (Orgs.). *A constitucionalização do direito:* fundamentos teóricos e aplicações específicas. Rio de Janeiro: Lumen Juris, 2007. p. 168.

[46] CANOTILHO, José Joaquim Gomes. *Constituição dirigente e vinculação do legislador*. 2. ed. Coimbra: Coimbra Editora, 2001. p. 13-14. Vide também: BERCOVICI, Gilberto. A constituição dirigente e a constitucionalização de tudo (ou do nada). In: SOUZA NETO, Cláudio Pereira; SARMENTO, Daniel (Orgs.). *A constitucionalização do direito:* fundamentos teóricos e aplicações específicas. Rio de Janeiro: Lumen Juris, 2007. p. 168.

[47] CANOTILHO, José Joaquim Gomes. *Constituição dirigente e vinculação do legislador*. 2. ed. Coimbra: Coimbra Editora, 2001. p. 42-49; 462-471. Vide também: BERCOVICI, Gilberto. A constituição dirigente e a constitucionalização de tudo (ou do nada). In: SOUZA NETO, Cláudio Pereira; SARMENTO, Daniel (Orgs.). *A constitucionalização do direito:* fundamentos teóricos e aplicações específicas. Rio de Janeiro: Lumen Juris, 2007. p. 168.

[48] CANOTILHO, José Joaquim Gomes. *Constituição dirigente e vinculação do legislador*. 2. ed. Coimbra: Coimbra Editora, 2001. p. 150-153, 166-169, 453-456. Vide também: BERCOVICI, Gilberto. A constituição dirigente e a constitucionalização de tudo (ou do nada). In: SOUZA NETO, Cláudio Pereira; SARMENTO, Daniel (Orgs.). *A constitucionalização do direito:* fundamentos teóricos e aplicações específicas. Rio de Janeiro: Lumen Juris, 2007. p. 169.

[49] É importante destacar que, nesse sentido, o exemplo mais expressivo de constituição dirigente é a Constituição Portuguesa de 1976, resultado da Revolução dos Cravos e atualmente em vigor. A Constituição Portuguesa de 1976 estabeleceu expressamente em seu texto originário a previsão de transformação do Estado e da sociedade definindo, por exemplo, em seu art. 1º "a transição para o socialismo" e em seu art. art. 2º a criação de uma "sociedade sem classes". Tais previsões, entretanto, foram alteradas pela primeira revisão constitucional, realizada em 1982, alterando-se a previsão do art. 1º para a "construção de uma sociedade livre, justa e solidária" e a do art. art. 2º para "realização da democracia econômica, social e cultural".

Canotilho, "a teoria da constituição assume-se como teoria da constituição dirigente enquanto problematiza a tendência das leis fundamentais para: (i) se transformarem em estatutos jurídicos do Estado e da sociedade; (ii) se assumirem como norma (garantia) e tarefa (direcção) do processo político social".[50] Para Canotilho, a constituição é, assim, norma diretiva fundamental porque estabelece a estruturação do poder, a defesa das liberdades fundamentais e um projeto amplo de desenvolvimento do Estado e da sociedade mediante as normas programáticas nela estabelecidas. A constituição é dirigente porque conduz o Estado na realização dos compromissos assumidos constitucionalmente, os quais vinculam o legislador.[51]

O legislador estaria vinculado ao programa constitucional, devendo não apenas observar as normas que instituem direitos e procedimentos, mas também aquelas que estabelecem programas de ação.[52] Ou seja, determinadas normas constitucionais finalísticas estabelecem imposições constitucionais, de forma que a edição de lei para a realização de uma finalidade estabelecida na constituição deixa de ser uma questão meramente política e legislativa e passa a ser então, e também, uma questão jurídica, de cumprimento da constituição.[53] Assim, a constituição dirigente, ao estabelecer uma ação dirigida ao futuro e de transformação do Estado e da sociedade por meio de suas normas programáticas, impõe deveres de legislar ao Poder Legislativo e transfere também ao Poder Judiciário o zelo pela correta execução das normas programáticas.[54]

Na incorporação da teoria da constituição dirigente de J. J. Gomes Canotilho pelo Direito brasileiro, predominou a compreensão de que, por ser menor a organização e atuação política da sociedade civil, deveria ser aumentada a responsabilidade dos integrantes do Poder Judiciário na

---

Ainda assim, tais previsões estabelecem um caráter dirigente, programático, bastante forte. Vide: SOUZA NETO, Cláudio Pereira de; SARMENTO, Daniel. *Direito constitucional*: teoria, história e métodos de trabalho. Belo Horizonte: Fórum, 2013. p. 195-197.

50 CANOTILHO, José Joaquim Gomes. *Constituição dirigente e vinculação do legislador*. 2. ed. Coimbra: Coimbra Editora, 2001. p. 169-170.

51 CANOTILHO, José Joaquim Gomes. *Direito constitucional e teoria da Constituição*. 7. ed. Coimbra: Almedina, 2003. p. 217-218; p. 1130; 1436-1437.

52 CANOTILHO, José Joaquim Gomes. *Constituição dirigente e vinculação do legislador*. 2. ed. Coimbra: Coimbra Editora, 2001. p. 169-170. Vide também: SOUZA NETO, Cláudio Pereira de; SARMENTO, Daniel. *Direito constitucional*: teoria, história e métodos de trabalho. Belo Horizonte: Fórum, 2013. p. 196.

53 BRANDÃO, Rodrigo. *Supremacia judicial versus diálogos constitucionais*: a quem cabe a última palavra sobre o sentido da Constituição? Rio de Janeiro: Lumen Juris, 2012. p. 136.

54 BRANDÃO, Rodrigo. *Supremacia judicial versus diálogos constitucionais*: a quem cabe a última palavra sobre o sentido da Constituição? Rio de Janeiro: Lumen Juris, 2012. p. 136.

concretização e no cumprimento das normas constitucionais.[55] Associada a essa recepção da teoria da constituição dirigente pelo constitucionalismo brasileiro, houve também a incorporação da crítica ao positivismo, o que resultou em uma produção acadêmica ampla sobre interpretação e aplicação da Constituição, especialmente a partir da teoria dos princípios, ponderação de valores, teorias da argumentação, proporcionalidade, além da aplicabilidade imediata dos direitos fundamentais, especialmente os direitos fundamentais sociais.[56]

Sem negar a importância desse movimento de compreensão da força normativa da Constituição, de superação do positivismo e das renovadas formas de conceber-se a interpretação e aplicação da Constituição, a crença na transformação do Estado e da sociedade por meio do Direito em geral e do direito constitucional em particular aparta, deixa de lado, um elemento fundamental ao Direito, e especialmente ao direito constitucional, qual seja, a importância e o papel central da política democrática na concretização da Constituição.

A Constituição não se limita a suas categorias exclusivamente jurídicas, pois é ela, também, política (e moral). As questões constitucionais são

---

[55] KRELL, Andréas. J. Controle judicial dos serviços públicos básicos na base dos direitos fundamentais sociais. In: SARLET, Ingo Wolfgang (Org.). *A Constituição concretizada*: construindo pontes entre o público e o privado. Porto Alegre: Livraria do Advogado, 2000. p. 46-47. *Direitos Sociais e controle judicial no Brasil e na Alemanha*: os (des)caminhos de um direito constitucional comparado. Porto Alegre: S. A. Fabris, 2002. p. 93. Vide também: SOUZA NETO, Cláudio Pereira de; SARMENTO, Daniel. *Direito constitucional*: teoria, história e métodos de trabalho. Belo Horizonte: Fórum, 2013. p. 197.

[56] BARCELLOS, Ana Paula de. *A eficácia jurídica dos princípios constitucionais*:o princípio da dignidade da pessoa humana. Rio de Janeiro/São Paulo: Renovar, 2002. BARROSO, Luís Roberto. *O Direito constitucional e a efetividade de suas normas*. 6. ed. Rio de Janeiro: Renovar, 2002. BARROSO, Luís Roberto. *Interpretação e aplicação da constituição*: fundamentos de uma dogmática constitucional transformadora. 6. ed. Rio de Janeiro: Saraiva, 2004. BINENBOJM, Gustavo. *A nova jurisdição constitucional brasileira*: legitimidade democrática e instrumentos de realização. 2. ed Rio de Janeiro: Renovar, 2004. BRANDÃO, Rodrigo. *Supremacia judicial versus diálogos constitucionais*: a quem cabe a última palavra sobre o sentido da Constituição? Rio de Janeiro: Lumen Juris, 2012. p. 137. KRELL, Andreas Joachim. *Direitos sociais e controle judicial no Brasil e na Alemanha*: os (des) caminhos de um direito constitucional "comparado". Porto Alegre: Sérgio Antônio Fabris, 2002. MORO, Sérgio Fernando. *Desenvolvimento e efetivação judicial das normas constitucionais*. São Paulo: Max Limonad, 2001. OLSEN, Ana Carolina Lopes. *Direitos fundamentais sociais*: efetividade frente à reserva do possível. Curitiba: Juruá, 2008. SARLET, Ingo Wolfgang. *A eficácia dos direitos fundamentais*. 9. ed. Porto Alegre: Livraria do Advogado, 2008. SARMENTO, Daniel. *A ponderação de interesses na Constituição federal*. Rio de Janeiro: Lumen Juris, 2002. SILVA, Virgílio Afonso da. *A constitucionalização do direito*: os direitos fundamentais nas relações entre particulares. São Paulo: Malheiros, 2005. TORRES, Ricardo Lobo. *O mínimo existencial, os direitos sociais e a reserva do possível*. In: NUNES, António José Avelãs; COUTINHO, Jacinto Nelson de Miranda (Orgs.). *Diálogos constitucionais*: Brasil/Portugal. Rio de Janeiro: Renovar, 2004.

igualmente políticas e percorrem os caminhos da democracia.[57] A democracia só se realiza se determinadas condições jurídicas estiverem presentes, e essas condições são, justamente, os princípios e as regras estabelecidas pela Constituição. Ao mesmo tempo, a Constituição só adquire um sentido perene se ela mesma estiver situada em um ambiente democrático.[58] Por isso, "o discurso constitucional contemporâneo se afirma pela inexorabilidade dos compromissos republicanos e democráticos que estão na sua base".[59] Vale dizer, a Constituição não pode ser compreendida de forma isolada da realidade, pois é direito político. A Constituição está situada no processo político.[60] Dessa forma, o direito constitucional não pode ser encarado do ponto de vista meramente técnico-jurídico, mas deve ser visto também do ponto de vista político, pois deve tratar da difícil relação da Constituição com a política.[61]

Conforme aponta Gilberto Bercovici, a normatização unilateral da Constituição gerou sua dessubstancialização, ignorando seu caráter político.[62] O entendimento da Constituição exclusivamente como norma jurídica provocou a ampliação das questões sobre interpretação e aplicação do direito constitucional, e deixou de lado elementos fundamentais para a sua própria realização como, por exemplo, a democracia.[63]

A teoria da constituição dirigente de Canotilho, tal qual recepcionada no Brasil, sustenta ser possível mudar a sociedade e transformar a realidade apenas com os dispositivos constitucionais, afinal eles são dirigentes e vinculantes. O que se tem então é uma teoria da constituição sem teoria do Estado e sem política.[64] Essa é a principal falha da teoria da

---

[57] BERCOVICI, Gilberto. Constituição e política: uma relação difícil. *Lua Nova*, n. 61, p. 5-24, 2004. Disponível em: <http://www.scielo.br/pdf/ln/n61/a02n61>.

[58] CHUEIRI, Vera Karam de. O discurso do constitucionalismo: governo das leis *versus* governo do povo. In: FONSECA, Ricardo Marcelo (Org.). *Direito e discurso*. Florianópolis: Boiteux, 2006. p. 161.

[59] CHUEIRI, Vera Karam de. O discurso do constitucionalismo: governo das leis *versus* governo do povo. In: FONSECA, Ricardo Marcelo (Org.). *Direito e discurso*. Florianópolis: Boiteux, 2006. p. 161.

[60] BERCOVICI, Gilberto. *Soberania e Constituição*: para uma crítica do constitucionalismo. São Paulo: Quartier Latin, 2008. p. 15.

[61] BERCOVICI, Gilberto. *Soberania e Constituição*: para uma crítica do constitucionalismo. São Paulo: Quartier Latin, 2008. p. 14.

[62] BERCOVICI, Gilberto. *Soberania e Constituição*: para uma crítica do constitucionalismo. São Paulo: Quartier Latin, 2008. p. 15.

[63] BERCOVICI, Gilberto. *Soberania e Constituição*: para uma crítica do constitucionalismo. São Paulo: Quartier Latin, 2008. p. 15.

[64] BERCOVICI, Gilberto. A constituição dirigente e a constitucionalização de tudo (ou de nada). In: SOUZA NETO, Cláudio Pereira; SARMENTO, Daniel (Orgs.). *A constitucionalização do direito*: fundamentos teóricos e aplicações específicas. Rio de Janeiro: Lumen Juris, 2007. p. 172.

UM GOVERNO DE JUÍZES E CORTES? CRÍTICA À SUPREMACIA JUDICIAL E O CONSTITUCIONALISMO POPULAR...

constituição dirigente de Canotilho, uma teoria centrada em si mesma, uma teoria da constituição autossuficiente.[65] Com base nela, a Constituição se apresenta, por si só, como receita e remédio para a resolução de todos os problemas, havendo apenas que se aplicá-la de forma instrumental. Ou seja, para se mudar o Estado e a sociedade, tal qual previsto pela Constituição, bastaria aplicar seus dispositivos constitucionais.[66] Consequentemente, o Estado e a política democrática são deixados de lado.[67] A teoria da constituição dirigente esqueceu-se de que a constituição somente se concretiza por meio da política democrática, que seus dispositivos transformadores são apenas o primeiro passo na definição dos rumos a serem tomados e esqueceu-se de que a definição substancial de suas prescrições somente acontece por meio da política democrática. Nesse sentido, vale ressaltar que, contemporaneamente, tal política tem o dever moral, democrático, republicano e constitucional de resgatar um elemento sistematicamente ausente tanto da política quanto do Direito – o povo.

Diante disso, correta é a pergunta proposta por Gilberto Bercovici: "qual é ainda o sentido de se falar em uma constituição dirigente?".[68] Ao constitucionalizar tudo, a teoria da constituição dirigente, na prática, não constitucionaliza nada e, por isso, perde sua importância.[69] Por outro lado, ela faz sentido como projeto emancipatório, de integração nacional que, por meio de suas normas, vincula o legislador a atuar e efetivar suas disposições constitucionais a fim de que se cumpra o objetivo nela estabelecido. Vale dizer,

---

[65] BERCOVICI, Gilberto. Constituição e política: uma relação difícil. *Lua Nova*, n. 61. 2004. p. 13. Disponível em: <http://www.scielo.br/pdf/ln/n61/a02n61>.

[66] BERCOVICI, Gilberto. Constituição e política: uma relação difícil. *Lua Nova*, n. 61. p. 13, 2004. Disponível em: <http://www.scielo.br/pdf/ln/n61/a02n61>.

[67] O próprio J. J. Gomes Canotilho reviu sua posição sobre o significado e alcance de sua proposta sobre o dirigismo constitucional ao afirmar que a constituição dirigente estaria morta se se compreender o dirigismo constitucional como capaz de, por si próprio, realizar as transformações sociais desejadas. Por outro lado, a constituição dirigente permanece enquanto estabelecer os fundamentos materiais das políticas públicas a serem realizadas. Tal revisão pode ser conferida no prefácio à segunda edição de seu livro "Constituição dirigente e vinculação do legislador". Vide: CANOTILHO, José Joaquim Gomes. *Constituição dirigente e vinculação do legislador*. 2. ed Coimbra: Coimbra Editora, 2001. p. XIII-XV, XXIII-XXVI, XXIX-XXX. Ainda assim, permanece a crítica de que falta na teoria da constituição dirigente de J. J. G. Canotilho uma abordagem política e democrática que a complemente. Vide: BERCOVICI, Gilberto. Constituição e política: uma relação difícil. *Lua Nova*, n. 61, p. 13-14, 2004. Disponível em: <http://www.scielo.br/pdf/ln/n61/a02n61>.

[68] BERCOVICI, Gilberto. A constituição dirigente e a constitucionalização de tudo (ou do nada). In: SOUZA NETO, Cláudio Pereira; SARMENTO, Daniel (Orgs.). *A constitucionalização do direito:* fundamentos teóricos e aplicações específicas. Rio de Janeiro: Lumen Juris, 2007. p. 174.

[69] BERCOVICI, Gilberto. A constituição dirigente e a constitucionalização de tudo (ou do nada). In: SOUZA NETO, Cláudio Pereira; SARMENTO, Daniel (Orgs.). *A constitucionalização do direito:* fundamentos teóricos e aplicações específicas. Rio de Janeiro: Lumen Juris, 2007. p. 174-175.

a Constituição dirigente ainda faz sentido como denúncia da não realização das tarefas que o povo brasileiro entende como absolutamente necessárias para a superação do subdesenvolvimento, para a conclusão da construção da nação. A Constituição dirigente ainda faz sentido, portanto, como um projeto nacional compartilhado entre seus cidadãos, o qual deve ser realizado por meio da política democrática.[70]

O que se pode concluir é que o constitucionalismo brasileiro da efetividade teve grande importância ao contribuir para que a Constituição deixasse de ser compreendida apenas como mero programa político e fosse encarada como norma.[71] Ainda que as premissas e a importância do constitucionalismo brasileiro da efetividade sejam sempre valorizadas pela literatura constitucional pátria, é de se destacar também que seus teóricos não se limitaram à defesa da normatividade da Constituição, e avançaram em seus estudos e proposições, tendo ainda grande presença e relevância no direito constitucional brasileiro.[72]

Concomitantemente ao constitucionalismo brasileiro da efetividade, a recepção da teoria da constituição dirigente também contribuiu para a consolidação da força normativa da constituição, bem como para

---

[70] BERCOVICI, Gilberto. A constituição dirigente e a constitucionalização de tudo (ou do nada). In: SOUZA NETO, Cláudio Pereira; SARMENTO, Daniel (Orgs.). *A constitucionalização do direito*: fundamentos teóricos e aplicações específicas. Rio de Janeiro: Lumen Juris, 2007. p. 174-175. Para uma leitura profunda sobre a coompreensão da Constituição da República Federativa do Brasil de 1988 como projeto nacional de superação do subdesenvolvimento e construção da nação vide: BERCOVICI, Gilberto. *Desigualdades regionais, estado e constituição*. São Paulo: Max Limonad, 2003.

[71] SOUZA NETO, Cláudio Pereira de; SARMENTO, Daniel. *Direito constitucional*: teoria, história e métodos de trabalho. Belo Horizonte: Fórum, 2013. p. 199-200.

[72] BARROSO, Luís Roberto. *A dignidade da pessoa humana no direito constitucional contemporâneo*: a construção de um conceito jurídico à luz da jurisprudência mundial. Belo Horizonte: Fórum, 2013. BARROSO, Luís Roberto. *O novo direito constitucional brasileiro*: contribuições para a construção teórica e prática da jurisdição constitucional no Brasil. Belo Horizonte: Fórum, 2012. BARROSO, Luís Roberto. Constituição, democracia e supremacia judicial: direito e política no Brasil contemporâneo. *Revista da Faculdade de Direito da Universidade do Estado do Rio de Janeiro*, v. 2, n. 21, 2012. BARROSO, Luís Roberto. *Curso de direito constitucional contemporâneo*: os conceitos fundamentais e a construção do novo modelo. São Paulo: Saraiva, 2009. BARROSO, Luís Roberto. *O controle de constitucionalidade no Direito brasileiro*. 3. ed. São Paulo: Saraiva, 2009. CLÈVE, Clèmerson Merlin; FREIRE, Alexandre (Orgs.). *Direitos fundamentais e jurisdição constitucional*. São Paulo: Revista dos Tribunais, 2014. CLÈVE, Clèmerson Merlin (Org.). *Direito constitucional brasileiro*. São Paulo: Revista dos Tribunais, 2014. v. I, II, III. CLÈVE, Clèmerson Merlin. *Temas de direito constitucional*. 2. ed. Belo Horizonte: Fórum, 2014. CLÈVE, Clèmerson Merlin. *Para uma dogmática constitucional emancipatória*. Belo Horizonte: Fórum, 2012. CLÈVE, Clèmerson Merlin. *Soluções práticas de direito*: pareceres. São Paulo: Revista dos Tribunais, 2012. v. I, II. CLÈVE, Clèmerson Merlin. *Fidelidade partidária e impeachment*: estudo de caso. 2. ed Curitiba: Juruá, 2012. CLÈVE, Clèmerson Merlin. *Atividade legislativa do poder executivo*. 3. ed. São Paulo: Revista dos Tribunais, 2011. CLÈVE, Clèmerson Merlin. *O Direito e os direitos*: elementos para uma crítica do Direito contemporâneo. 3. ed. Belo Horizonte: Fórum, 2011. CLÈVE, Clèmerson Merlin. *Medidas provisórias*. 3. ed. São Paulo: Revista dos Tribunais, 2010.

UM GOVERNO DE JUÍZES E CORTES? CRÍTICA À SUPREMACIA JUDICIAL E O CONSTITUCIONALISMO POPULAR...

a concretização de suas exigências. Por outro lado, a crítica político-democrática a essa forma de conceber-se a Constituição e a sua aplicação fez com que se retomassem as necessárias fundamentações filosóficas, políticas e democráticas da Constituição. Assim deixa-se de dissociar a aplicação da Constituição de sua fundamentação, compreendendo-se ambos os planos não mais como complementares, mas sim como inter-relacionados.[73] A partir disso, inúmeras propostas têm sido formuladas para oferecer uma fundamentação e instrumentalidade prática ao Direito, sem que se retroceda ao positivismo jurídico e sem que se recaia novamente no jusnaturalismo.[74]

O constitucionalismo contemporâneo se caracteriza, assim, pelo resgate da relação entre o Direito e a Moral por meio da interpretação dos princípios jurídicos, agora também compreendidos como normas. Dessa forma, não há mais que se recorrer a valores metafísicos ou doutrinas religiosas (como faz o jusnaturalismo), tampouco buscar sua fundamentação e aplicação nos sistemas, métodos e critérios formais (como faz o positivismo). Ao contrário, as teorias jurídicas críticas do positivismo jurídico recorrem a uma argumentação jurídica aberta, intersubjetiva, permeada pela Moral e que não se esgota na lógica formal.[75]

Nesse sentido, a maioria das constituições elaboradas após a Segunda Guerra Mundial consagraram princípios abstratos, dotados de profundo conteúdo moral. É dentro desse paradigma que se tem difundido nas últimas décadas o chamado neoconstitucionalismo.[76] Há que se

---

[73] SOUZA NETO, Cláudio Pereira de; SARMENTO, Daniel. *Direito constitucional*: teoria, história e métodos de trabalho. Belo Horizonte: Fórum, 2013. p. 199-200.

[74] DWORKIN, Ronald. *Taking rights seriously*. Cambridge: Harvard University Press, 1982. GÜNTHER, Klaus. *Teoria da argumentação no direito e na moral*: justificação e aplicação. São Paulo: Landy, 2004. HABERMAS, Jürgen. *Between facts and norms*. Tradução William Rehg. Cambridge: MIT Press, 1996. HABERMAS, Jürgen. Paradigms of law. In: ARATO, Andrew; Rosenfeld, Michel. *Habermas on law and democracy*: critical exchanges. Berkeley: University of California Press, 1998. NINO, Carlos Santiago. *La validez del derecho*. Astrea: Buenos Aires, 2006. NINO, Carlos Santiago. *Fundamentos de derecho constitucional*: análisis filosófico, jurídico y politológico de la práctica constitucional. Buenos Aires: Astrea, 2005.

[75] DWORKIN, Ronald. *Taking rights seriously*. Cambridge: Harvard University Press, 1982. GÜNTHER, Klaus. *Teoria da argumentação no direito e na moral*: justificação e aplicação. São Paulo: Landy, 2004. HABERMAS, Jürgen. *Between facts and norms*. Tradução William Rehg. Cambridge: MIT Press, 1996. HABERMAS, Jürgen. Paradigms of law. In: ARATO, Andrew; Rosenfeld, Michel. *Habermas on law and democracy*: critical exchanges. Berkeley: University of California Press, 1998. NINO, Carlos Santiago. *La validez del derecho*. Astrea: Buenos Aires, 2006. NINO, Carlos Santiago. *Fundamentos de derecho constitucional*: análisis filosófico, jurídico y politológico de la práctica constitucional. Buenos Aires: Astrea, 2005.

[76] CARBONEL, Miguel. *Neoconstitucionalismo(s)*. Madrid: Trotta, 2003. CARBONEL, Miguel; JARAMILLO, Leonardo García (Eds.). *El canon neoconstitucional*. Bogotá: Universidad Externado de Colombia, 2010. SARMENTO, Daniel. O neoconstitucionalismo no Brasil: riscos e possibilidades. In: SARMENTO, Daniel (Org.). *Filosofia e teoria constitucional contemporânea*. Rio de Janeiro: Lumen Juris, 2009. p. 113-146. SOUZA NETO, Cláudio Pereira

fazer, entretanto, uma ressalva crítica à expressão neoconstitucionalismo. Conforme aponta Roberto Gargarella, o termo neoconstitucionalismo soa um tanto incômodo (para não dizer equivocado), já que, em geral, as suas propostas e características são o desenvolvimento e aprofundamento de perspectivas, teorias e trabalhos de inúmeros autores (como Ronald Dworkin, por exemplo), que há muito tempo vinham buscando superar as limitações do positivismo e do jusnaturalismo. É certo que o que vem sendo produzido pelo chamado neoconstitucionalismo é não apenas importante, como também necessário. No entanto, não é exatamente algo novo.[77]

De toda forma, o neoconstitucionalismo pode ser caracterizado pelo "reconhecimento da força normativa dos princípios jurídicos e valorização da sua importância no processo de aplicação do direito; rejeição ao formalismo e recurso mais frequente a métodos ou 'estilos' mais abertos de raciocínio jurídico: ponderação, tópica, teorias da argumentação, etc.; constitucionalização do Direito, com a irradiação das normas e valores constitucionais (...); reaproximação entre o Direito e a Moral e a judicialização da política e das relações sociais, com um significativo deslocamento de poder da esfera do Legislativo e do Executivo para o Poder

---

de; SARMENTO, Daniel. *Direito constitucional*: teoria, história e métodos de trabalho. Belo Horizonte: Fórum, 2013. p. 202. BRANDÃO, Rodrigo. *Supremacia judicial versus diálogos constitucionais*: a quem cabe a última palavra sobre o sentido da Constituição? Rio de Janeiro: Lumen Juris, 2012. p. 138. ROSSI, Amélia do Carmo Sampaio. *Neoconstitucionalismo*: ultrapassagem ou releitura do positivismo jurídico? Curitiba: Juruá, 2011.

[77] Para uma breve crítica informal de Roberto Gargarella sobre o termo neoconstitucionalismo vide: <http://seminariogargarella.blogspot.com.br/2011/08/piazzolla-dworkin-y-el.html>. Vide também a crítica feita por Lucas Arrimada ao neoconstitucionalismo defendido por Luigi Ferrajoli: "Ferrajoli parece reafirmar su desconfianza a la democracia y justificar así la impronta de 'las mayorías son peligrosas'. Justamente eso es lo extraño. La desconfianza hacia las mayorías es lo que produjo sistemas contramayoritarios a nivel institucional. De esta forma, cabe remarcar lo que se suele olvidar: el sistema institucional de la grandísima mayoría de los países, comenzando por los países presidencialistas pero también en los países parlamentarios -aunque sus sistemas se hayan presidencializados- diseñaron sistemas contramayoritarios. Los sistemas representativos hacen a los representantes 'una aristocracia electa'. Esto es: Las mayorías de las que desconfían los neoconstitucionalistas no son las mismas mayorías que le generaban tanta desconfianza a Madison o cualquier de los 'Founding Fathers' en Estados Unidos o los padres fundadores latinoamericanos. Esa desconfianza no debe estar dirigida hacia la mayorías en la sociedad, sino a las mayorías parlamentarias o a los congresistas en el sistema político, incluso cuando esas mayorías son controladas por uno o dos líderes en el ejecutivo de turno. Esas, en rigor de verdad, son minorías políticas en un sistema contramayoritario. No son mayorías sociales, no es la sociedad la que amenaza, es el sistema político en nombre del pueblo, de la sociedad. Se confunde mayorías en una sociedad con mayorías legislativas. Las mayorías legislativas son minorías políticas en un sistema contramayoritario. Esos sistemas contramayoritarios suelen concentrar el poder en líderes personalistas que manejan esas mayorías con mayor o menor dificultad. El populismo institucionalizado a nivel social y político debe ser diferenciado de la democracia como práctica social, como aspiración de un sistema político inclusivo y deliberativo." Disponível em: <http://www.antelaley.com/2014/02/criticando-ferrajoli-mayorias.html>.

Judiciário".[78] O neoconstitucionalismo, assim, tem um foco muito centrado no Poder Judiciário, nas possibilidades de que ele, por meio da aplicação das normas constitucionais, realize os objetivos emancipatórios previstos na Constituição.[79] O neoconstitucionalismo tem, em suma, se destacado especialmente por conferir um protagonismo ao Poder Judiciário, transformando os juízes em geral e as cortes constitucionais em particular nos principais detentores do poder de aplicação das normas constitucionais, caracterizando-se, assim, por um positivismo jurisprudencial, segundo o qual o conteúdo e alcance das normas constitucionais são definidos não mais pela política democrática, mas sim por juízes e cortes.[80]

Essa tendência cada vez maior à normativização da Constituição, associada aos déficits e deficiências do sistema representativo político-partidário, os quais se acentuam com uma atuação do Poder Legislativo geralmente autointeressada e desconectada das vontades e necessidades do povo, fez com que o papel preponderante da política e dos partidos políticos fosse tomado pelas cortes constitucionais e pela discussão sobre o controle de constitucionalidade. Assim, toda discussão sobre interpretação e concretização da constituição passou a ser, ao mesmo tempo, uma discussão sobre o conceito e a teoria da constituição, bem como suas formas de aplicação. Dessa maneira, a partir de uma metodologia jurídica circunscrita ao material normativo, o juiz torna-se um aplicador asséptico, convicto de que tudo o que é necessário para a compreensão do Estado está nas normas jurídicas.[81] Consequentemente, a política é reduzida ao poder constituinte e a jurisdição constitucional é alçada à função de única garantidora da correta aplicação da constituição, refugiando-se na exegese das interpretações das cortes constitucionais.[82] Sob essa perspectiva, o

---

[78] SOUZA NETO, Cláudio Pereira de; SARMENTO, Daniel. *Direito constitucional*: teoria, história e métodos de trabalho. Belo Horizonte: Fórum, 2013. p. 202-203. Vide também: BRANDÃO, Rodrigo. *Supremacia judicial versus diálogos constitucionais*: a quem cabe a última palavra sobre o sentido da Constituição? Rio de Janeiro: Lumen Juris, 2012. p. 138-139. Vide ainda: ROSSI, Amélia do Carmo Sampaio. *Neoconstitucionalismo*: ultrapassagem ou releitura do positivismo jurídico? Curitiba: Juruá, 2011.

[79] SOUZA NETO, Cláudio Pereira de; SARMENTO, Daniel. *Direito constitucional*: teoria, história e métodos de trabalho. Belo Horizonte: Fórum, 2013. p. 205. Vide também: ROSSI, Amélia do Carmo Sampaio. *Neoconstitucionalismo*: ultrapassagem ou releitura do positivismo jurídico? Curitiba: Juruá, 2011.

[80] BRANDÃO, Rodrigo. *Supremacia judicial versus diálogos constitucionais*: a quem cabe a última palavra sobre o sentido da Constituição? Rio de Janeiro: Lumen Juris, 2012. p. 138,139,140. Vide também: ROSSI, Amélia do Carmo Sampaio. *Neoconstitucionalismo*: ultrapassagem ou releitura do positivismo jurídico? Curitiba: Juruá, 2011.

[81] BERCOVICI, Gilberto. Constituição e política: uma relação difícil. *Lua Nova,* n. 61, p. 19, 2004. Disponível em: <http://www.scielo.br/pdf/ln/n61/a02n61>.

[82] BERCOVICI, Gilberto. Constituição e política: uma relação difícil. *Lua Nova,* n. 61, p. 19, 2004. Disponível em: <http://www.scielo.br/pdf/ln/n61/a02n61>.

58 | MIGUEL GUALANO DE GODOY
DEVOLVER A CONSTITUIÇÃO AO POVO – CRÍTICA À SUPREMACIA JUDICIAL E DIÁLOGOS INSTITUCIONAIS

chamado neoconstitucionalismo se revela, por fim, como um neopositivismo ao transferir para a corte constitucional a definição dos conteúdos, alcances e limites das normas constitucionais.[83] A supremacia das cortes constitucionais sobre os demais Poderes caracteriza-se pelo fato de as cortes serem compreendidas, ou melhor, se autointitularem, como as detentoras da última palavra sobre o significado da constituição. A partir desse protagonismo crescente dos tribunais, os juízes foram convertidos em instrumentos de garantia da legitimidade do sistema constitucional. Se esse é um papel que certamente cabe ao Poder Judiciário na garantia e no cumprimento da Constituição, por outro lado, ao se arrogar a competência final de estabelecer o conteúdo da Constituição, percebe-se uma clara extrapolação de sua função. De guardião do poder constituinte e, assim, da Constituição, os juízes em geral e o tribunal constitucional em particular acabam por substituir esse poder constituinte, usurpando-o do povo.[84]

A questão que precisa ser debatida com a transformação das cortes constitucionais em atores hegemônicos da ordem constitucional é a relação cada vez mais distante entre Constituição e política democrática. Quanto mais a Constituição se torna objeto de interpretação exclusiva, final e vinculante das cortes, mais a política democrática abandona o terreno da Constituição. Dessa forma, a Constituição se liberta do poder constituinte, mas a política também se desvincula das finalidades constitucionais.[85]

Esse fenômeno de transferência de poder das instituições representativas do povo para os juízes e as cortes a partir da segunda metade do século XX foi chamado por Ran Hirschl de "juristocracia" (*juristocracy*) [86] e, no Brasil, chamado por Oscar Vilhena Vieira de "supremocracia".[87] Se ambos concordam no diagnóstico, as razões para tal fenômeno, no entanto, diferem. Para Hirschl, um dos fundamentos desse processo é o interesse das elites em isolar certas questões da política democrática a fim de se garantir a preservação de certos interesses hegemônicos que não

---

[83] BERCOVICI, Gilberto. *Soberania e Constituição*: para uma crítica do constitucionalismo. São Paulo: Quartier Latin, 2008. p. 324. Vide também: BERCOVICI, Gilberto. Constituição e política: uma relação difícil. *Lua Nova*, n. 61, p. 20, 2004. Disponível em: <http://www.scielo.br/pdf/ln/n61/a02n61>.

[84] BERCOVICI, Gilberto. *Soberania e Constituição*: para uma crítica do constitucionalismo. São Paulo: Quartier Latin, 2008. p. 324.

[85] BERCOVICI, Gilberto. *Soberania e Constituição*: para uma crítica do constitucionalismo. São Paulo: Quartier Latin, 2008. p. 326.

[86] HIRSCHL, Ran. *Towards juristocracy*: the origins and consequences of the new constitutionalism. Cambridge: Harvard University Press, 2004. Vide também: BERCOVICI, Gilberto. *Soberania e Constituição*: para uma crítica do constitucionalismo. São Paulo: Quartier Latin, 2008. p. 326.

[87] VIEIRA, Oscar Vilhena. Supremocracia. *Revista Direito FGV*, v. 4, n. 2, p. 444-445, 2008.

UM GOVERNO DE JUÍZES E CORTES? CRÍTICA À SUPREMACIA JUDICIAL E O CONSTITUCIONALISMO POPULAR...

teriam sustentação popular.[88] Sem prejuízo dos argumentos apresentados por Hirschl, os quais podem até mesmo, em alguma medida, se mostrar igualmente válidos para o Brasil, Oscar Vilhena Vieira aponta que o termo empregado por ele – supremocracia – tem por objetivo traduzir a recente autoridade adquirida pelo Supremo Tribunal Federal com a Constituição de 1988 de governar jurisdicionalmente o Poder Judiciário no Brasil – especialmente após as Emendas nº 03/1993 e nº 45/2005, bem como as Leis nº 9.868/1999 e nº 9.882/1999 – e também a sua expansão em detrimento dos demais Poderes.[89] Isso se deve à inserção de diversos campos e relações na Constituição de 1988. Constitucionalizando-se diversos temas, diminui-se em certa medida a liberdade do legislador e do gestor público. Como resultado, qualquer medida controversa tomada por esses atores torna-se objeto de disputa judicial e tem-se como resultado a judicialização da política.[90] Somem-se a isso as excessivas competências cumuladas pelo Supremo Tribunal Federal, quais sejam, a de corte constitucional destinada

---

[88] HIRSCHL, Ran. *Towards juristocracy*: the origins and consequences of the new constitutionalism. Cambridge: Harvard University Press, 2004. p. 1-5, 11-12, 38-49, 149-168, 211-223. "The expansion of the province of courts in determining political outcomes at the expense of politicians, civil servants, and/or the populace has not only become globally widespread than ever before; it has also expanded to become a manifold, multifaceted phenomenon, extending well beyond the now-standard concept of judge-made police-making through constitutional rights jurisprudence and judicial redrawing of legislative boundaries. The judicialization of politics now includes the wholesale transfer to the courts of same the most pertinent and polemical political controversies a democratic polity can contemplate. What has been loosely termed "judicial activism" has evolved beyond the existing conventions found in normative constitutional theory literature. A new political order – juristocracy – has been rapidly establishing throughout world". p. 222. Vide também: BERCOVICI, Gilberto. *Soberania e Constituição*: para uma crítica do constitucionalismo. São Paulo: Quartier Latin, 2008. p. 326.

[89] VIEIRA, Oscar Vilhena. Supremocracia. *Revista Direito FGV*, v. 4, n. 2, p. 445, 2008.

[90] BARROSO, Luís Roberto. *O novo direito constitucional brasileiro*: contribuições para a construção teórica e prática da jurisdição constitucional no Brasil. Belo Horizonte: Fórum, 2012. p. 39-40, 241-246. BARROSO, Luís Roberto. Constituição, democracia e supremacia judicial: direito e política no Brasil contemporâneo. *Revista da Faculdade de Direito da Universidade do Estado do Rio de Janeiro*, v. 2, n. 21, p. 04-08, 2012. BRANDÃO, Rodrigo. *Supremacia judicial versus diálogos constitucionais*: a quem cabe a última palavra sobre o sentido da Constituição? Rio de Janeiro: Lumen Juris, 2012. p. 17. SOUZA NETO, Cláudio Pereira de; SARMENTO, Daniel. *Direito constitucional*: teoria, história e métodos de trabalho. Belo Horizonte: Fórum, 2013. p. 30-31. SWEET, Alec Stone. *Governing with judges*: constitutional politics in Europe. Nova York: Oxford University Press, 2000. p. 35-36,130. VIEIRA, Oscar Vilhena. Supremocracia. *Revista Direito FGV*, v. 4, n. 2, p. 447, 2008. Ressalte-se aqui a diferença entre judicialização da política e ativismo judicial feita por esses autores. A judicialização da política significa que relevantes questões políticas, sociais e morais estão sendo decididas em última análise pelo Poder Judiciário. A judicialização da política é um fato, presente em boa parte das democracias constitucionais contemporâneas, e existe no Brasil como resultado do desenho constitucional e institucional brasileiro que previu na Constituição de 1988 diversos temas e conferiu ao Poder Judiciário uma ampla competência. O ativismo judicial, por sua vez, significa uma atuação mais ampla e intensa do Poder Judiciário na concretização das normas constitucionais. Consiste, portanto, em uma atitude ativa de juízes e cortes que expandem sua atuação para suprir omissões e equívocos políticos e legislativos.

a julgar a constitucionalidade das leis e dos atos normativos, a de foro judicial especializado e ainda a de último grau recursal.[91] O resultado do alargamento das competências do Supremo Tribunal Federal é também uma maior concentração de poder em suas mãos e a consequente tendência a uma atuação excessivamente expansiva, mediante: (i) a adoção de técnicas interpretativas que afastam o significado do sentido literal do dispositivo interpretado (interpretação conforme a constituição);[92] (ii) a criação de norma infraconstitucional quando da declaração da inconstitucionalidade por omissão (sentenças aditivas em sede de inconstitucionalidade por omissão);[93] (iii) a invalidação de norma legal ou administrativa com base em princípio constitucional abstrato;[94] (iv) criação ou alteração de norma constitucional através de sentença aditiva[95] ou modificativa[96] do texto constitucional;[97] (v) imposição de

---

[91] Como corte constitucional, o Supremo Tribunal Federal tem a competência de julgar as leis e atos normativos federais e estaduais por via de ação direta. Destaque-se que a Constituição de 1988 ampliou largamente em seu art. 103 o rol de legitimados à propositura das ações do controle abstrato e concentrado de constitucionalidade. O STF também realiza o controle judicial de constitucionalidade de emendas à Constituição que firam as cláusulas pétreas estabelecidas pelo art. 60, §4º da Constituição. Também foi atribuído ao Supremo Tribunal Federal o julgamento das omissões inconstitucionais do Congresso Nacional e do Poder Executivo por meio do Mandado de Injunção e a efetivação imediata dos direitos fundamentais violados. Como foro judicial especializado, o Supremo Tribunal Federal possui a competência de processar e julgar diversas autoridades da república como se fosse um juízo de primeira instância, além de ter que apreciar originariamente diversos atos do Congresso Nacional ou do Poder Executivo. E como última instância recursal o Supremo Tribunal Federal ainda julga em grau de recurso diversos casos resolvidos pelos tribunais inferiores. A criação de filtros processuais como a repercussão geral, a súmula vinculante e o efeito *erga omnes* de suas decisões têm ajudado muito a diminuir esse problema. No entanto, concentram ainda mais poderes no Supremo Tribunal Federal. Vide: VIEIRA, Oscar Vilhena. Supremocracia. *Revista Direito FGV*, v. 4, n. 2, p. 448-450, 2008.

[92] ADI 1.351/DF. Voto do Min. Gilmar Mendes. p. 155. Para uma descrição detalhada dessa atuação do Supremo Tribunal Federal vide: BRANDÃO, Rodrigo. *Supremacia judicial versus diálogos constitucionais*: a quem cabe a última palavra sobre o sentido da Constituição? Rio de Janeiro: Lumen Juris, 2012. p. 144-152. Vide também: SAMPAIO, José Adércio Leite. *A Constituição reinventada pela jurisdição constitucional*. Belo Horizonte: Del Rey, 2002. p. 210.

[93] MI 283-5 (concessão de indenização aos perseguidos pela Ditadura Militar); MI 232-1 (concessão de imunidade de contribuição para a seguridade social para entidades beneficentes de assistência social); MI 708 (direito de greve dos servidores públicos). Para uma descrição detalhada dessa atuação do Supremo Tribunal Federal vide: BRANDÃO, Rodrigo. *Supremacia judicial versus diálogos constitucionais*: a quem cabe a última palavra sobre o sentido da Constituição? Rio de Janeiro: Lumen Juris, 2012. p. 153-155.

[94] Vejam-se as diferentes posturas adotas pelo Supremo Tribunal Federal no julgamento da chamada cláusula de barreira: ADI 958-3 e ADI 966-4; e ADI 1.351-3 e ADI 1.354-8. Vide: BRANDÃO, Rodrigo. *Supremacia judicial versus diálogos constitucionais*: a quem cabe a última palavra sobre o sentido da Constituição? Rio de Janeiro: Lumen Juris, 2012. p. 155-157.

[95] MS 26.602 (infidelidade partidária) e ADI 3.999/DF.

[96] Reclamação 4.335 (mutação constitucional sobre o significado do disposto no art. 52, X, da Constituição da República de 1988).

[97] BRANDÃO, Rodrigo. *Supremacia judicial versus diálogos constitucionais*: a quem cabe a última palavra sobre o sentido da Constituição? Rio de Janeiro: Lumen Juris, 2012. p. 157-160.

medidas concretas aos demais Poderes (Legislativo ou Executivo).[98] Tudo isso demonstra como o Supremo Tribunal Federal vem aprimorando sua atuação jurisdicional, mas tem, no entanto, concomitantemente adotado um comportamento juriscêntrico, que enfatiza a interpretação judicial da Constituição e confere pouca importância à interpretação realizada fora das cortes.[99]

Ressalve-se, desde logo, que não se está a caracterizar como uma atitude ruim, muito menos incorreta, a adoção das referidas técnicas interpretativas e decisórias por parte do Supremo Tribunal Federal. Ao contrário, muitas das atuações descritas foram fundamentais para a concretização dos compromissos constitucionais, especialmente em relação a direitos antes negados. O que se busca mostrar é que tal atuação tem sido acompanhada, no entanto, por uma autodeclaração de superioridade e supremacia judicial na interpretação da Constituição, o que exclui a importância e atuação dos demais intérpretes da Constituição. É essa atuação excessivamente expansiva que pode e deve ser criticada quando ela é realizada sob o fundamento de que ao Supremo Tribunal Federal cabe a última palavra sobre a interpretação da Constituição, pois tal entendimento exclui os principais atores, as instituições e os destinatários da tarefa de interpretar, construir e aplicar a Constituição de 1988.[100] Por essa razão, o direito constitucional e a interpretação da Constituição não podem ser monopolizados por um único Poder, sujeito ou instituição.

Essas questões remontam a problemas semelhantes expostos pelos Federalistas[101] quando do debate sobre a Constituição dos Estados Unidos, e também por Hans Kelsen e Carl Schmitt quando do debate entre eles sobre a guarda da constituição.[102] Ocorre que esses problemas apontados, desde o século XVIII e durante todo o século XX, parecem simplesmente

---

[98]   ADPF 45 (concessão de medicamentos).

[99]   BRANDÃO, Rodrigo. *Supremacia judicial versus diálogos constitucionais*: a quem cabe a última palavra sobre o sentido da Constituição? Rio de Janeiro: Lumen Juris, 2012. p. 143.

[100] TUSHNET, Mark. *Taking the Constitution away from the courts*. Princeton: Princeton University Press, 1999. p. 9-32. BARROSO, Luís Roberto. Constituição, democracia e supremacia judicial: direito e política no Brasil contemporâneo. *Revista da Faculdade de Direito da Universidade do Estado do Rio de Janeiro*, v. 2, n. 21, p. 8-10, 2012. BRANDÃO, Rodrigo. *Supremacia judicial versus diálogos constitucionais*: a quem cabe a última palavra sobre o sentido da Constituição? Rio de Janeiro: Lumen Juris, 2012. p. 17. SILVA, Cecília de Almeida. *et al*. *Diálogos institucionais e ativismo*. Curitiba: Juruá, 2012. p. 29-32. VIEIRA, Oscar Vilhena. Supremocracia. *Revista Direito FGV*, v. 4, n. 2, p. 450-451, 2008.

[101] HAMILTON, Alexander; MADISON, James; JAY, John. *The federalist*. Cambridge: Harvard University Press, 2009.

[102] KELSEN, Hans. Quem deve ser o guardião da Constituição. In: KELSEN, Hans. *Jurisdição constitucional*. Tradução Alexandre Krug; Eduardo Brandão; Maria E. A. P. Galvão. 2. ed. São Paulo: Martins Fontes, 2007. p. 237-298. SCHMITT, Carl. *La defensa de la Constitución*. Tradução Manuel Sanchez Sarto. 2. ed Madrid: Tecnos, 1998.

resolvidos pela dogmática constitucional quando esta assume o caso *Marbury v. Madison* como episódio paradigmático que encerra(ria) o debate sobre a legitimidade do Poder Judiciário para anular os atos dos demais Poderes e, assim, estabelece(ria), em definitivo, o conteúdo e alcance das normas constitucionais. Por isso, e contra essa postura simplistamente apaziguadora, é absolutamente relevante desconstruir a ideia de que o controle judicial de constitucionalidade das leis se origina e se fundamenta no caso *Marbury*.

1.1 Desconstruindo as origens do controle judicial de constitucionalidade das leis: a desmitificação do caso *Marbury v. Madison*

O povo, por meio do poder constituinte, institui a constituição, a qual será hierarquicamente superior a todas as normas criadas pelos poderes constituídos. Por isso, leis e atos normativos que ofendam a constituição são desprovidos de validade, não podendo gerar, portanto, direitos e obrigações. A tarefa de garantir a supremacia da constituição é dever de todos os poderes constituídos (Executivo, Legislativo e Judiciário), bem como de todos os cidadãos. O controle de constitucionalidade das leis e dos atos normativos é, assim, uma tarefa compartilhada por todos os Poderes.

O controle de constitucionalidade realizado pelo Poder Executivo e pelo Poder Legislativo é político. O controle de constitucionalidade realizado pelo Poder Judiciário é judicial. É na atividade político-democrática ordinária que o povo e seus representantes vão dar densidade e concretude às previsões constitucionais mediante a criação de leis, atos normativos e políticas públicas. Se o povo pode atuar diretamente ou por meio de seus representantes na criação de leis e políticas públicas, a legitimidade do controle político de constitucionalidade é facilmente compreendida, pois a concretização da constituição pela edição de leis ou políticas públicas é realizada justamente pelos representantes eleitos pelo povo. E o povo não elegeria representantes que quisessem desrespeitar justamente aquilo que eles querem ver concretizado – a constituição. E para garantir que isso, de fato, não aconteça há as formas e os meios estabelecidos para o controle político de constitucionalidade.

A legitimidade do Poder Executivo e Legislativo na concretização da constituição reside justamente no fato de que seus membros são representantes eleitos pelo povo. E como tal, estão democraticamente legitimados a definir o conteúdo e a aplicação da constituição por meio de leis, atos normativos e políticas públicas. Mas, se a legitimidade do Poder Executivo e Legislativo se fundamenta em sua representação democrático-popular, no que se fundamenta então a legitimidade do Poder Judiciário, uma vez

UM GOVERNO DE JUÍZES E CORTES? CRÍTICA À SUPREMACIA JUDICIAL E O CONSTITUCIONALISMO POPULAR...

que os juízes não são eleitos pelo povo, para rever e invalidar judicialmente os atos dos demais Poderes? Como aceitar que a última palavra sobre a constitucionalidade de uma lei, um ato normativo ou uma política pública fique nas mãos dos juízes ou ainda nas mãos de pouquíssimos ministros do Supremo Tribunal Federal? Se o povo não possui qualquer controle sobre o Poder Judiciário, ao lhe conferir a possibilidade de revisar as leis, os atos e as políticas públicas dos demais Poderes, não se estaria abrindo a possibilidade de que a vontade do povo seja substituída pela vontade de alguns juristas que em geral são pouco conhecidos e a quem não se podem controlar?[103]

A associação entre a supremacia da constituição e o controle judicial de constitucionalidade foi feita de forma precursora nos Estados Unidos no começo do século XIX e foi Alexander Hamilton quem tentou responder a essas questões em um artigo que ficou conhecido como O Federalista nº 78.[104] Hamilton sustentou que o fato de o Poder Judiciário ter a capacidade de negar validade a uma lei do Poder Legislativo não implica de forma alguma que os juízes sejam superiores aos legisladores. Para Hamilton, não há que se falar em supremacia judicial, mas sim em supremacia da constituição, entendida como a vontade constituinte do povo. Segundo Hamilton, tampouco significa que tal atuação por parte do Poder Judiciário desconsidere ou ponha abaixo a vontade do povo. Ao contrário, o poder de anular leis por parte do Poder Judiciário serve justamente para se garantir e reafirmar a vontade soberana do povo – representada em última análise pela constituição. Assim, ao anular uma lei o Poder Judiciário protege e ratifica a constituição, o documento que mais fielmente reflete a vontade popular.[105]

Essa argumentação de Alexander Hamilton foi logo retomada e reforçada pelo então presidente da Suprema Corte dos Estados Unidos John Marshall no famoso caso *Marbury v. Madison*,[106] julgado em 1803. Destaque-se que tal debate teve início porque a constituição norte-ame-

---

[103] GARGARELLA, Roberto. *Crítica de la Constitución*: sus zonas oscuras. Buenos Aires: Capital Intelectual, 2004. p. 68.

[104] HAMILTON, Alexander. *The federalist*. Cambridge: Harvard University Press. 2009. p. 508-517. HAMILTON, Alexander. *Os federalistas*. Tradução Leônidas Gontijo de Carvalho; A. Della Nina; J. A. G. Albuquerque; Francisco C. Weffort. 2. ed. São Paulo: Abril Cultural, 1979. p. 161-166. Vide também: GARGARELLA, Roberto. *Crítica de la Constitución*: sus zonas oscuras. Buenos Aires: Capital Intelectual, 2004. p. 68-72.

[105] HAMILTON, Alexander. *The federalist*. Cambridge: Harvard University Press. 2009. p. 508-517. HAMILTON, Alexander. *Os federalistas*. Tradução Leônidas Gontijo de Carvalho; A. Della Nina; J. A. G. Albuquerque; Francisco C. Weffort. 2. ed. São Paulo: Abril Cultural, 1979. p. 161-166. Vide também: GARGARELLA, Roberto. *Crítica de la Constitución*: sus zonas oscuras. Buenos Aires: Capital Intelectual, 2004. p. 70.

[106] 5 U.S. 137 (1803).

MIGUEL GUALANO DE GODOY
DEVOLVER A CONSTITUIÇÃO AO POVO – CRÍTICA À SUPREMACIA JUDICIAL E DIÁLOGOS INSTITUCIONAIS

ricana não previu em seu texto o controle judicial de constitucionalidade das leis. Daí a intensa discussão sobre a legitimidade do Poder Judiciário para negar validade às leis e aos atos dos demais Poderes. Marshall desenvolve um raciocínio tão lógico quanto bem fundamentado. Para ele, a nulidade da lei inconstitucional é uma decorrência lógica da supremacia da constituição sobre as demais leis. Dessa forma, sendo a constituição a norma maior em um dado ordenamento jurídico, compete a todo juiz ou tribunal realizar a interpretação da constituição e da lei e, assim, negar aplicação a qualquer lei que afronte a constituição. Além disso, o Poder Judiciário contaria com uma maior capacidade para a intepretação da constituição dado o seu benéfico e relativo afastamento da política ordinária e das pressões majoritárias de turno, podendo, assim, garantir também a segurança e proteção das minorias.[107]

Foi com base nesses argumentos que o caso *Marbury v. Madison* assentou nos Estados Unidos o controle judicial de constitucionalidade das leis, conferindo aos juízes e às cortes o poder de invalidar leis e atos normativos dos demais Poderes. Foi a partir daí que também se concluiu que à Suprema Corte dos Estados Unidos cabe a última palavra sobre a interpretação constitucional. No entanto, tal conclusão não pode ser lógica e consequência automática do poder de revisão judicial das leis por parte do Poder Judiciário.

Para mostrar a falácia da conclusão de supremacia do Poder Judiciário na interpretação da constituição, Larry Kramer faz uma crítica histórica contundente à construção do controle judicial de constitucionalidade nos Estados Unidos, bem como à exclusão do povo no processo de interpretação e definição dos significados e conteúdos da constituição.[108]

Kramer inicia sua crítica apontando três importantes casos anteriores à decisão de *Marbury v. Madison* que mostram a relevância da participação popular na intepretação da constituição. O primeiro caso é de julho de 1793, no qual um júri, em contrariedade à recomendação da Corte, absolve certo Gideon Henfield da acusação de crime contra o direito internacional por servir a bordo de um navio corsário francês. A decisão foi compreendida como a preservação da constituição pelo povo em face da Corte.

---

[107] 5 U.S. 137 (1803). Vide também: HAMILTON, Alexander. *The federalist*. Cambridge: Harvard University Press. 2009. p. 516-517. HAMILTON, Alexander. *Os federalistas*. Tradução Leônidas Gontijo de Carvalho; A. Della Nina; J. A. G. Albuquerque; Francisco C. Weffort. 2. ed. São Paulo: Abril Cultural, 1979. p. 165-166. GARGARELLA, Roberto. *Crítica de la Constitución*: sus zonas oscuras. Buenos Aires: Capital Intelectual, 2004. p. 69-71.

[108] KRAMER, Larry. *The people themselves*: popular constitutionalism and judicial review. New York: Oxford University Press, 2004. Vide também: KRAMER, Larry. *Constitucionalismo popular y control de constitucionalidad*. Tradução Paola Bergallo. Madrid: Marcial Pons, 2011.

O segundo caso aconteceu em julho de 1795. Mais de cinco mil pessoas se reuniram em frente ao *Federal Hall* em Nova Iorque para protestar contra um tratado recém-editado pelo governo americano – o *Jay Treaty*. A manifestação, composta majoritariamente por comerciantes e trabalhadores, fora organizada pelos republicanos que queriam ver o referido tratado anulado. No entanto, o federalista Alexander Hamilton tratou de logo trazer ao protesto integrantes da elite da cidade e outros comerciantes adeptos dos federalistas. Quando Hamilton subiu ao palanque para falar e controlar a manifestação, foi sistematicamente vaiado. Hamilton, decidido a sair vitorioso da manifestação e crendo que com seus apoios conseguiria convencer a multidão, propôs a edição de uma declaração escrita que refletisse a vontade do povo. A multidão parou para lhe escutar, mas se enfureceu quando Hamilton disse que "seria desnecessário que o povo opinasse sobre o tratado" porque o povo tinha "total confiança na sabedoria e virtude do Presidente dos Estados Unidos, a quem, junto com o Senado, competia a discussão sobre a questão". A proposta de Hamilton foi expressamente rejeitada pelo povo e ele e seus apoiadores tiveram de sair às pressas após a demonstração da enorme insatisfação popular. A revolta contra tal ato se repetiu em diversos estados e cidades de todos os Estados Unidos.

O terceiro caso aconteceu em julho de 1798, quando ocorreu uma mobilização pública em vários Estados do país como forma de repúdio ao *Alien* e *Sediction Acts*. Tal ato dava ao Presidente o poder de prender e deportar estrangeiros, mesmo em tempos de paz. Houve grande revolta do povo e de diversos republicanos contra tal ato sob a alegação de que ele afrontava expressamente a constituição norte-americana. O *Alien Act* e o *Sediction Act* foram logo declarados inconstitucionais e anulados após debates públicos realizados nos estados de Kentucki e Virgínia. Uma companhia militar da Virgínia chegou inclusive a declarar que não colaboraria para cumprir tais leis por serem flagrantemente inconstitucionais. Em resposta a toda essa movimentação, os Federalistas argumentaram que "a decisão sobre a constitucionalidade de todos os atos legislativos incumbe apenas ao Poder Judiciário". De pronto tal declaração foi rechaçada sob a alegação de que, dessa forma, estariam os Federalistas removendo a pedra fundamental sobre a qual o pacto federal se ergue, pois se estaria retirando do povo sua soberania suprema.[109]

Esses casos mostram como à época da fundação dos Estados Unidos, os norte-americanos não só concebiam como apoiavam o governo popular.

---

[109] KRAMER, Larry. *The people themselves*: popular constitutionalism and judicial review. New York: Oxford University Press, 2004. p. 3-5. Vide também: KRAMER, Larry. *Constitucionalismo popular y control de constitucionalidad*. Tradução Paola Bergallo. Madrid: Marcial Pons, 2011. p. 15-17.

O que se vê, portanto, é como o povo, sem ser encarado como abstração vazia ou mito filosófico, participou da implementação da constituição, avocando para si o direito de interpretá-la e definir seus significados. Os pais-fundadores tinham receios dos perigos de um governo popular. No entanto, também eram cativados por suas possibilidades e sentiam um profundo respeito pela sua importância. Afinal, a constituição norte-americana havia sido produto de uma mobilização fundamentalmente popular. E era esse mesmo povo que a todo momento estava atuando diretamente e pressionando seus representantes para que a constituição fosse interpretada e aplicada de forma adequada. Simplesmente entregar essa tarefa nas mãos exclusivas do Poder Judiciário era algo impensável. Além disso, a revisão judicial das leis surgiu muito antes do caso *Marbury v. Madison*, o qual apenas sistematizou e repetiu os argumentos levantados em outros casos prévios. A compreensão moderna de que a interpretação da constituição cabe apenas aos juízes e cortes não reflete, assim, a concepção original do constitucionalismo norte-americano (um constitucionalismo, aliás, do qual o Brasil é herdeiro).

Por isso, mais do que realizar uma revisão histórica das origens do controle judicial de constitucionalidade, é preciso resgatar e reestabelecer o papel ativo e necessário do povo na tarefa de interpretação da constituição – algo que foi esquecido na história e prática do direito constitucional contemporâneo.[110]

A ideia de uma constituição não era nova em 1787 e nem mesmo em 1776. Os norte-americanos, antes e depois da revolução, acreditavam que existia uma "lei fundamental", cujos termos demarcavam e fixavam as principais linhas e limites entre a autoridade dos governantes e as liberdades e os privilégios do povo. A tradição inglesa compreendia a constituição como o conjunto dos princípios extensamente arraigados em sua cultura e prática jurídicas. Daí a qualificação da constituição inglesa como uma constituição consuetudinária. É preciso ter cuidado, no entanto, ao dizer que a constituição inglesa surgiu como prática costumeira, pois se os costumes e as práticas jurídicas eram fontes centrais do Direito inglês do século XVII e XVIII, também é certo que a eles se juntava uma série de documentos escritos como a Carta Magna, a Declaração de Direito de 1689 e o *Act of Settlement* de 1701.[111]

---

[110] KRAMER, Larry. *The people themselves*: popular constitutionalism and judicial review. New York: Oxford University Press, 2004. p. 06-08. Vide também: KRAMER, Larry. *Constitucionalismo popular y control de constitucionalidad*. Tradução Paola Bergallo. Madrid: Marcial Pons, 2011. p. 18-20.

[111] KRAMER, Larry. *The people themselves*: popular constitutionalism and judicial review. New York: Oxford University Press, 2004. p. 11-13. Vide também: KRAMER, Larry.

A constituição inglesa era, assim, simultaneamente imutável e evolutiva; imodificável, mas sempre diferente. Detalhes, aplicações e mesmo instituições poderiam ser modificadas, mas os direitos mais fundamentais permaneciam constantes e mantinham seu núcleo como um escudo de proteção da liberdade em face do poder. Sua alteração era possível mediante duas formas principais: (i) o consentimento, diante da modificação da base contratual quanto ao exercício do governo, concepção essa adotada especialmente após a Revolução Gloriosa em 1688; e (ii) a prescrição, que significa a sua alteração em razão da modificação dos costumes, o surgimento de novas práticas que, alcançando certo grau de aceitação, poderiam ser citadas como precedentes.[112]

A interpretação e aplicação dessa constituição consuetudinária eram precipuamente realizadas pelo Parlamento inglês. Isso não significava que o Parlamento era supremo. Ao contrário, a ideia de supremacia parlamentar só ganhou força após o 1716 com a edição do *Septential Act*, que aumentou de três para sete anos o mandato parlamentar. Ademais, a ideia de supremacia parlamentar nunca foi aceita pelas colônias estadunidenses. As lutas entre a Coroa inglesa e o Parlamento em geral giravam em torno do que a constituição inglesa ordenava e não de quem podia dizer o que ela significava. Vale dizer, todos os envolvidos em querela constitucional sentiam-se vinculados e obrigados pela constituição e a disputa era justamente sobre quem deveria cumpri-la, e não sobre a prerrogativa exclusiva de quem poderia criá-la ou interpretá-la. Tampouco a constituição fazia qualquer referência ao controle judicial de constitucionalidade.[113] Essa ideia foi naturalmente assimilada pelos colonos norte-americanos.

Kramer também descontrói as afirmações tradicionais de que as origens remotas do controle judicial de constitucionalidade residiriam em uma breve passagem citada por Sir Edward Coke no caso *Dr. Bonham*. Isso porque raramente a autoridade de Coke foi invocada como justificativa para o controle judicial de constitucionalidade e, ainda que se pudesse vislumbrar essa proposição em Coke, ela sequer foi importante para o desenvolvimento posterior do controle de constitucionalidade. Além disso, não se sustenta nos Estados Unidos a ideia de que o reconhecimento

---

Constitucionalismo popular y control de constitucionalidad. Tradução Paola Bergallo. Madrid: Marcial Pons, 2011. p. 24-25.

[112] KRAMER, Larry. *The people themselves*: popular constitutionalism and judicial review. New York: Oxford University Press, 2004. p. 14-16. Vide também: KRAMER, Larry. *Constitucionalismo popular y control de constitucionalidad.* Tradução Paola Bergallo. Madrid: Marcial Pons, 2011. p. 27-29.

[113] KRAMER, Larry. *The people themselves*: popular constitutionalism and judicial review. New York: Oxford University Press, 2004. p. 18-19. Vide também: KRAMER, Larry. *Constitucionalismo popular y control de constitucionalidad.* Tradução Paola Bergallo. Madrid: Marcial Pons, 2011. p. 32.

de lei superior e lei inferior no direito inglês seria um precedente para o controle judicial de constitucionalidade, pois tal argumento jamais foi levantado para sustentar a possibilidade do controle de constitucionalidade por juízes e cortes.[114] O certo é que o direito constitucional era encarado como um tipo especial de direito, diferente do direito ordinário – este sim interpretado e aplicado pelos juízes e cortes. Quem era então responsável pela interpretação da constituição recém-editada nos Estados Unidos? O próprio povo.[115] E não se trata de afirmação meramente retórica. Havia já nos Estados Unidos uma série de remédios jurídicos, assimilados da experiência revolucionária inglesa, conhecidos e compartilhados pelos cidadãos por meio dos quais ele, povo – concebido como um corpo coletivo capaz de ação independente –, tinha o poder para fazer cumprir a constituição contra os governantes quando estes estivessem equivocados.

O primeiro e principal meio de correção pelo povo das atuações governamentais para a concretização da constituição era o voto; depois o direito de petição e o direito de reunião. Denunciar publicamente leis inconstitucionais, explicar por que tais leis afrontavam a constituição e requerer às autoridades que retificassem a lei editada eram não apenas instrumentos importantes, mas também com impactos bastante grandes no século XVIII e XIX.

Um exemplo claro do compartilhamento desses instrumentos foram as petições enviadas pelos colonos estadunidenses ao Parlamento britânico quando este editou o *Stamp Act* em 1765, antes da independência dos Estados Unidos. Tais instrumentos continuaram a ser compartilhados e amplamente utilizados pelos cidadãos norte-americanos após a sua independência a fim de verem sua recente constituição concretizada.

---

[114] KRAMER, Larry. *The people themselves*: popular constitutionalism and judicial review. New York: Oxford University Press, 2004. p. 19-21, 23-24. Vide também: KRAMER, Larry. *Constitucionalismo popular y control de constitucionalidad*. Tradução Paola Bergallo. Madrid: Marcial Pons, 2011. p. 32-35, 37-39.

[115] KRAMER, Larry. *The people themselves*: popular constitutionalism and judicial review. New York: Oxford University Press, 2004. p. 24. "Constitutional or fundamental law subsisted as an independent modality, distinct from both politics and from the ordinary law interpreted and enforced by courts. It was a special category of law. It possessed critical attributes of ordinary law: its obligations were meant to be binding, for example, and its content was not a matter of mere will or policy but reflected rules whose meaning was determined by argument based on precedent, analogy, and principle. Yet constitutional law also purported to govern the sovereign itself, thus generating controversies that were inherently matters for resolution in a political domain. Modern discourse has so thoroughly conflated the meaning of "constitution" with "law" and of "law" with "courts" that we no longer possess the language to describe a distinct category of this sort; the best way to capture its essence today may thus be (as one leading historian has done) to call it "political-legal.". Which still leaves the question: if neither judges nor legislators were responsible for interpreting and enforcing fundamental law, who was? The people themselves". Vide também: KRAMER, Larry. *Constitucionalismo popular y control de constitucionalidad*. Tradução Paola Bergallo. Madrid: Marcial Pons, 2011. p. 40.

Se petições e panfletos não eram suficientes, o povo se reunia em grandes protestos e, por vezes, impedia que a lei fosse cumprida caso a considerasse inconstitucional.

É importante lembrar que durante o século XVIII ainda não existiam as forças policiais profissionais, os cárceres eram poucos e frágeis e o número de magistrados era pequeno. Assim, fazer cumprir a lei quando havia uma comoção popular era algo quase impossível.[116] É importante compreender a diferença que o povo fazia entre direito ordinário e o que previa a constituição. Diferentemente do que ocorre contemporaneamente, a noção de legalidade era menos rígida e mais tolerante a controvérsias sobre interpretações plausíveis e concorrentes sobre a constituição. Vale dizer, a definição sobre as controvérsias constitucionais pautava-se num contexto em que agentes públicos, líderes da comunidade e cidadãos ordinários acreditavam numa distinção entre direito e política, compartilhavam um conjunto de convenções sobre como argumentar em cada domínio e levavam a sério a diferença assim produzida, com a diferença de que todos concordavam que o árbitro final sobre a interpretação da constituição seria o povo. Essa é a ideia fundamental do "constitucionalismo popular". E se é certo que havia divergências sobre que leis e atos eram constitucionais, havia por outro lado um amplo consenso sobre a maior parte das disposições constitucionais.[117]

Diferentemente daquela época, atualmente é quase natural a ideia de que deixar as controvérsias constitucionais serem decididas pelo povo desestabilizaria o ordenamento jurídico e a própria constituição. Tal assertiva, no entanto, é mera pressuposição e, portanto, uma questão empírica e não teórica. Isso não significa que se deva ignorar os períodos difíceis e de violações de direitos que a história aponta. Significa, por outro lado, enxergar um lado da história que tem permanecido oculto e esquecido – o de que algo que hoje parece anômalo foi, entretanto, normal para a Inglaterra e os Estados Unidos no século XVIII.[118] A crença de que uma constituição limita o governo e pode ser exigida pelo povo tinha e ainda tem sentido. Essa crença não é mera suposição, existiu e pode e deve ser

---

[116] KRAMER, Larry. *The people themselves*: popular constitutionalism and judicial review. New York: Oxford University Press, 2004. p. 25-28. Vide também: KRAMER, Larry. *Constitucionalismo popular y control de constitucionalidad*. Tradução Paola Bergallo. Madrid: Marcial Pons, 2011. p. 41-43.

[117] KRAMER, Larry. *The people themselves*: popular constitutionalism and judicial review. New York: Oxford University Press, 2004. p. 29-32. Vide também: KRAMER, Larry. *Constitucionalismo popular y control de constitucionalidad*. Tradução Paola Bergallo. Madrid: Marcial Pons, 2011. p. 46-49.

[118] KRAMER, Larry. *The people themselves*: popular constitutionalism and judicial review. New York: Oxford University Press, 2004. p. 33. Vide também: KRAMER, Larry. *Constitucionalismo popular y control de constitucionalidad*. Tradução Paola Bergallo. Madrid: Marcial Pons, 2011. p. 51.

70 | MIGUEL GUALANO DE GODOY
DEVOLVER A CONSTITUIÇÃO AO POVO – CRÍTICA À SUPREMACIA JUDICIAL E DIÁLOGOS INSTITUCIONAIS

resgatada como estratégia para (re)moldar nosso Direito, nossas instituições, nossa vida em comunidade.

Com a independência dos Estados Unidos, os estados norte-americanos passaram a estabelecer suas estruturas básicas de governo, com algumas experiências radicais e inovadoras. A adoção de constituições estaduais escritas era, de fato, algo novo, mas fundamentava-se em uma tradição constitucional já há tempos estabelecida pelos usos e costumes.[119] Esse fato pode ser demonstrado por uma série de casos nas décadas de 1780 e 1790 em que os reclamantes se baseavam em argumentos extratextuais e centrados no costume e na tradição.

Para Kramer, os acadêmicos modernos teriam falhado em não considerar a persistência da tradição costumeira depois da independência. Essa tradição de participação popular na definição da constituição pode ser verificada em diversos casos, como, por exemplo, no caso *Calder v. Bull*, de 1798, no qual houve um intenso debate entre os juízes da Suprema Corte Chase e Iredell. Nesse caso, o Poder Legislativo do estado de Connecticut deixou sem efeito uma ordem em favor de Bull ordenando um novo julgamento. A Corte Suprema, por unanimidade, descartou a apelação de Bull, segundo o qual a ordem legislativa de Connecticut violava a cláusula *Ex Post Facto* da constituição norte-americana (cláusula que proíbe efeitos retroativos). Segundo a Suprema Corte, tal cláusula se limitava aos casos criminais. O interessante é que o juiz Chase em certo ponto argumentou que "uma lei editada contra os princípios superiores do contrato social não pode ser considerada um exercício correto da autoridade legislativa". Em resposta, o juiz Iredell sustentou que de fato uma lei contra o direito natural deve ser anulada, mas isso não significa que tal anulação caiba a qualquer juiz ou tribunal, pois se os princípios do direito natural não eram fixados por um parâmetro fixo, as razões dos juízes e tribunais não seriam maiores do que as razões do Poder Legislativo ou do próprio povo.[120]

Outro exemplo importante foi a forma como o próprio Poder Judiciário demonstrou ao Poder Legislativo do estado da Virgínia que o apelo final sobre uma controvérsia caberia ao povo. Os parlamentares do Estado da Virgínia editaram uma lei que determinava que os juízes da câmara de apelação ocupassem os cargos de juiz em um tribunal recém criado em um determinado distrito. Tal ato, no entanto, faria com que os

---

[119] KRAMER, Larry. *The people themselves*: popular constitutionalism and judicial review. New York: Oxford University Press, 2004. p. 39-40. Vide também: KRAMER, Larry. *Constitucionalismo popular y control de constitucionalidad*. Tradução Paola Bergallo. Madrid: Marcial Pons, 2011. p. 58-60.

[120] KRAMER, Larry. *The people themselves*: popular constitutionalism and judicial review. New York: Oxford University Press, 2004. p. 42. Vide também: KRAMER, Larry. *Constitucionalismo popular y control de constitucionalidad*. Tradução Paola Bergallo. Madrid: Marcial Pons, 2011. p. 62.

salários dos juízes que ocupassem assento no novo tribunal fossem diminuídos, o que era proibido pela constituição. Os juízes então enviaram uma petição aos legisladores expressando suas preocupações e pedindo que retificassem o erro cometido. E ao final da referida petição, os juízes advertiram os legisladores de que caso não houvesse entendimento, eles apelariam ao povo, a quem ambos os Poderes devem servir e estar submetidos. Os legisladores então corrigiram o equívoco e aprovaram uma nova lei de acordo com as objeções feitas pelos juízes.[121] Esses exemplos mostram como havia um entendimento, tanto dos cidadãos quanto dos representantes do povo, juízes e cortes, de que a participação popular era não apenas comum na definição da interpretação da constituição, mas algo necessário e somente ao povo cabia a última palavra sobre o significado da constituição.

Nesse sentido, é importante retomar a proposta de Thomas Jefferson para a constituição do Estado da Virgínia, segundo a qual quando houvesse uma divergência entre os Poderes do Estado, deveria haver uma convenção para por fim a tal divergência. O que Jefferson propôs não foi nada mais do que formalizar o papel do povo na definição da constituição e resolução das controvérsias constitucionais.[122] Contra a proposta de Jefferson, seu amigo James Madison escreveu em Os Federalistas nº 49-50 uma crítica a esse chamamento contínuo do povo. Muitos interpretam a posição de Madison como uma postura contra a participação popular. No entanto, a preocupação de Madison não era suprimir a participação do povo, mas sim as dificuldades de operacionalizá-la. Para Madison, um frequente apelo ao povo privaria o governo de respeitabilidade e estabilidade. Kramer atribui essa postura de Madison à experiência negativa que ele teve no Poder Legislativo do Estado da Virgínia. No entanto, a crítica de Madison não tinha por objetivo colocar abaixo o constitucionalismo popular, mas, ao contrário, partia desse pressuposto e se preocupava em como fazê-lo funcionar da melhor forma.[123]

---

[121] KRAMER, Larry. *The people themselves*: popular constitutionalism and judicial review. New York: Oxford University Press, 2004. p. 44-45. Vide também: KRAMER, Larry. *Constitucionalismo popular y control de constitucionalidad*. Tradução Paola Bergallo. Madrid: Marcial Pons, 2011. p. 65.

[122] KRAMER, Larry. *The people themselves*: popular constitutionalism and judicial review. New York: Oxford University Press, 2004. p. 45. Vide também: KRAMER, Larry. *Constitucionalismo popular y control de constitucionalidad*. Tradução Paola Bergallo. Madrid: Marcial Pons, 2011. p. 65-66.

[123] KRAMER, Larry. *The people themselves*: popular constitutionalism and judicial review. New York: Oxford University Press, 2004. p. 45-46. Vide também: KRAMER, Larry. *Constitucionalismo popular y control de constitucionalidad*. Tradução Paola Bergallo. Madrid: Marcial Pons, 2011. p. 66.

Paulatinamente os casos de controle judicial de constitucionalidade foram surgindo com mais frequência e sendo aceitos sem grandes controvérsias. O caso *Hayburn* foi precursor nesse sentido. O caso tratava dos pedidos de pensão feitos por veteranos da guerra civil. Tais pedidos deveriam ser feitos ao *state's federal circuit court* – formado pelo juiz da corte e dois juízes da Suprema Corte. As decisões dessa corte deveriam passar pelo crivo do Secretário de Guerra. Em pouco tempo todas as três cortes federais haviam questionado a constitucionalidade do ato com base na divisão entre Poderes, pois dessa forma os juízes estariam sendo obrigados a exercer funções não judiciais. Outro caso mais expressivo da mudança de perspectiva foi o *Champion & Dickson v. Casey*, no qual um circuito federal invalidou pela primeira vez uma lei estadual.[124]

O que se verifica é que, apesar de não haver um conceito plenamente definido de controle judicial de constitucionalidade, havia, ao menos, uma aceitação pacífica da sua existência. Em um discurso tratando do *Bill of Rights*, Madison apontou os juízes e tribunais como guardiões de direitos incorporados à constituição. No entanto, o que caracteriza o controle judicial de constitucionalidade desse período é que os juízes e as cortes não se proclamavam como os únicos responsáveis pela adequada interpretação da constituição. Ao contrário, justificavam a declaração de nulidade de certas leis como um ato "político-legal" em benefício do povo, uma responsabilidade adquirida pela posição de agentes fiéis. O controle judicial de constitucionalidade era um substituto para a ação popular, um artifício para manter a soberania popular sem a necessidade de uma comoção civil.[125]

É, no entanto, quando chega o caso *Marbury v. Madison* para a análise da Suprema Corte dos Estados Unidos que John Marshall toma sua célebre decisão e diz "é um dever necessário do Poder Judiciário dizer o que a lei é".[126] No entanto, tal decisão deve ser lida de acordo com as compreensões e contingências da época. Tal assertiva de Marshall não significava que apenas o Poder Judiciário tinha a competência de dizer o que a constituição é. Significava, ao contrário, a afirmação da Suprema Corte como mais um ator competente para definir o significado da constituição. Tal conclusão pode ser tirada da continuação da própria decisão de Marshall: "Aqueles que aplicam a regra a casos particulares devem necessariamente expor e

---

[124] KRAMER, Larry. *The people themselves*: popular constitutionalism and judicial review. New York: Oxford University Press, 2004. p. 95-97. Vide também: KRAMER, Larry. *Constitucionalismo popular y control de constitucionalidad*. Tradução Paola Bergallo. Madrid: Marcial Pons, 2011. p. 125-128.

[125] KRAMER, Larry. *Constitucionalismo popular y control de constitucionalidad*. Tradução Paola Bergallo. Madrid: Marcial Pons, 2011. p. 122, 130.

[126] 5 U.S. 137 (1803). "It is emphatically the duty of the Judicial Department to say what the law is".

interpretar essa regra. Se duas leis colidem uma com a outra, os tribunais devem julgar acerca da eficácia de cada uma delas".[127] Marshall estava insistindo, portanto, assim como evidenciaram os casos predecessores de *Marbury v. Madisson* e também como asseveraram quase todos os juízes da época, que o Poder Judiciário tinha o mesmo dever e a mesma obrigação de fazer cumprir a constituição, tanto quanto os demais Poderes ou cidadãos.[128]

O controle judicial de constitucionalidade continuou então a ser exercido. Menos por uma predisposição dos juízes e mais pelo enfrentamento de questões práticas que se apresentavam às cortes. No entanto, o seu exercício não era realizado de forma pacífica ou inquestionável. Um exemplo foi a oposição sistemática feita pelo juiz Gibson da própria Suprema Corte dos Estados Unidos. Gibson argumentava sempre contra a decisão *Marbury v. Madison* e insistia que o poder soberano de corrigir abusos de legislação pertencia ao povo. O posicionamento de Gibson foi tratado por historiadores, incorretamente, como uma postura excepcional, quando em verdade não o era. Os Estados de Ohio e Kentucky passaram por cismas ou quase cismas de suas cortes devido ao exercício do controle judicial de constitucionalidade. Na maioria dos demais estados, no entanto, o controle judicial feito pelas cortes foi aceito sem maiores controvérsias. No nível da federação nada tão dramático ocorreu. As controvérsias giravam em torno não do controle judicial de constitucionalidade das leis e da separação dos Poderes, mas acerca do federalismo e da jurisdição.[129]

Entretanto, com o tempo, a sociedade norte-americana foi se modificando. Passou a contar com uma diversidade cultural marcante, o crescimento econômico fez necessário uma ampliação e maior especialização dos operadores do direito e dos órgãos de justiça. Somado a isso, o século XIX trouxe a importância do conceito de ciência e o Direito também passou a ser compreendido como ciência e campo do saber com objeto autônomo e estrutura própria. A partir de 1820 a lei e as questões jurídicas já eram encaradas como questões inacessíveis ao cidadão comum e associadas apenas aos advogados e juízes. Concomitantemente, surgiram os partidos

---

[127] 5 U.S. 137 (1803). "Those who apply the rule to particular cases must, of necessity, expound and interpret the rule. If two laws conflict with each other, the Court must decide on the operation of each.".

[128] KRAMER, Larry. *The people themselves*: popular constitutionalism and judicial review. New York: Oxford University Press, 2004. p. 125-126. Vide também: KRAMER, Larry. *Constitucionalismo popular y control de constitucionalidad*. Tradução Paola Bergallo. Madrid: Marcial Pons, 2011. p. 162-164.

[129] KRAMER, Larry. *The people themselves*: popular constitutionalism and judicial review. New York: Oxford University Press, 2004. p. 151-153. Vide também: KRAMER, Larry. *Constitucionalismo popular y control de constitucionalidad*. Tradução Paola Bergallo. Madrid: Marcial Pons, 2011. p. 191-193.

políticos que passaram a servir de instituições mediadoras entre o povo e o governo. Esse foi um fator decisivo na transformação das formas de se resolverem os problemas sociais. A política popular foi então absorvida pela política partidária, sempre mais interessada em disputar e ganhar cargos. Assim, a existência de uma sociedade tão ampla, dinâmica e agora mediada não mais pela participação direta do povo, mas por partidos, fez com que a maior parte dos cidadãos norte-americanos adotasse com facilidade a ideia de que aos juízes cabia a última palavra sobre a interpretação da constituição. Contudo, para aqueles ainda comprometidos com a tradição do constitucionalismo popular, a ideia da supremacia judicial continuava a ser artificial e antirrepublicana.[130]

Em meio a diversas polêmicas e embates com a Suprema Corte, o Presidente Andrew Jackson retirou todos os depósitos dos Estados Unidos do *Second Bank* por entender que ele era inconstitucional. Tal ato gerou um ato de censura por parte do Senado. O Presidente Jackson declarou guerra ao Senado se afirmando superior a ele. Essa crise fez com que o juiz da Suprema Corte Joseph Story recomendasse a criação de um dispositivo que permitisse a resolução de conflitos constitucionais. Para Story, "um árbitro supremo ou autoridade de interpretação é, se não absolutamente indispensável, ao menos, da maior utilidade e importância práticas".[131] O argumento de Story se baseou na ideia de que a constituição, apesar de superior, era também lei comum, com seus predicados de certeza, previsibilidade e uniformidade. Dessa forma, a equiparação da constituição às leis ordinárias, para esse fim, tornou mais plausível o argumento em favor da supremacia judicial, pois se ao Judiciário compete a aplicação das leis ordinárias, também lhe cabe a interpretação e aplicação da constituição. Também um longo caminho foi percorrido para que James Madison, antes muito comprometido com o constitucionalismo popular, passasse a defender a supremacia judicial, chegando a conclusões semelhantes às do juiz da Suprema Corte Joseph Story. Em 1823, devido a uma discussão sem fim entre estados e autoridade federal, James Madison falou privadamente a Thomas Jefferson que essas disputas deveriam ser resolvidas pela Suprema Corte, pois seria muito custoso chamar o povo para sucessivas

---

[130] KRAMER, Larry. *The people themselves*: popular constitutionalism and judicial review. New York: Oxford University Press, 2004. p. 168-169. Vide também: KRAMER, Larry. *Constitucionalismo popular y control de constitucionalidad*. Tradução Paola Bergallo. Madrid: Marcial Pons, 2011. p. 212-213.

[131] KRAMER, Larry. *The people themselves*: popular constitutionalism and judicial review. New York: Oxford University Press, 2004. p. 184-185. Vide também: KRAMER, Larry. *Constitucionalismo popular y control de constitucionalidad*. Tradução Paola Bergallo. Madrid: Marcial Pons, 2011. p. 231-232.

convenções – solução preconizada quarenta anos antes por Jefferson na Constituição da Virgínia.[132]

O que se verifica nesse processo histórico é a alternância entre momentos de opção pela tradição do constitucionalismo popular e momentos de deixar as decisões para os juízes e as cortes. Assim, já no início da década de 1840 o constitucionalismo popular e a supremacia judicial dividiam espaço na cultura política norte-americana. Encerrava-se um ciclo e iniciava-se outro, no qual a Corte e seus apoiadores empreendiam esforços para estabelecer a supremacia judicial. Essa constatação é importante, porque contradiz e põe abaixo a ideia pacificada de que durante a maior parte da história constitucional, ou ao menos após a decisão em *Marbury v. Madison*, sempre coube às Cortes dar a última palavra sobre o significado da constituição. Tal ideia se mostra equivocada tanto do ponto de vista histórico, que demonstra como a constituição norte-americana foi fundada sob os pilares da participação popular, quanto do ponto de vista da prática jurídico-institucional, segundo a qual o constitucionalismo popular sempre fez parte da tradição jurídica e assim seguiu, mesmo após a decisão em *Marbury v. Madison*. Destaque-se ainda que o constitucionalismo popular nunca negou aos juízes e às cortes o poder de exercer o controle judicial de constitucionalidade. O que o constitucionalismo popular sempre combateu é que apenas os juízes detivessem a palavra final sobre a interpretação correta da constituição.[133] Prova disso é que durante os períodos em que não surgia nenhuma controvérsia maior, a maioria dos cidadãos e dos políticos estava satisfeita em considerar, como disse James Madison, a Suprema Corte como "a expositora mais segura da constituição".[134] Mas sempre que uma questão mais relevante e controversa surgia, os cidadãos norte-americanos consistentemente optavam pelo constitucionalismo popular em detrimento da supremacia judicial.[135] As discussões e os casos sobre a escravidão deixam isso claro.

---

[132] KRAMER, Larry. *The people themselves*: popular constitutionalism and judicial review. New York: Oxford University Press, 2004. p. 186. Vide também: KRAMER, Larry. *Constitucionalismo popular y control de constitucionalidad*. Tradução Paola Bergallo. Madrid: Marcial Pons, 2011. p. 233.

[133] KRAMER, Larry. *The people themselves*: popular constitutionalism and judicial review. New York: Oxford University Press, 2004. p. 208-209. Vide também: KRAMER, Larry. *Constitucionalismo popular y control de constitucionalidad*. Tradução Paola Bergallo. Madrid: Marcial Pons, 2011. p. 258-259.

[134] Tal afirmação foi feita por James Madison em carta escrita a Caleb Wallace em 23.08.1785 *"the surest expositor of the Constitution"* Vide: KRAMER, Larry. *The people themselves*: popular constitutionalism and judicial review. New York: Oxford University Press, 2004. p. 146, 208, 308. nota 3. Vide também: KRAMER, Larry. *Constitucionalismo popular y control de constitucionalidad*. Tradução Paola Bergallo. Madrid: Marcial Pons, 2011. p. 186, nota 3, 259, 325.

[135] KRAMER, Larry. *The people themselves*: popular constitutionalism and judicial review. New York: Oxford University Press, 2004. p. 209. Vide também: KRAMER, Larry. *Constitucionalismo popular y control de constitucionalidad*. Tradução Paola Bergallo. Madrid: Marcial Pons, 2011. p. 259.

A escravidão dominou o cenário político americano por uma década e meia, de 1846 (quando David Wilmot introduziu sua provisão para evitar a introdução da escravidão fora do velho sul) até 1861 (com a Guerra da Secessão). O tema era considerado por todos como uma questão constitucional a ser decidida pelo povo. No entanto, os esforços dos líderes partidários não conseguiram colocar um ponto final ao problema. A questão foi então levada à Suprema Corte, que decidiu o debate julgando o famoso caso *Dred Scott v. Sandford*.[136]

Como se sabe, tal decisão estabeleceu que os negros trazidos como escravos para os Estados Unidos não estavam protegidos pela constituição, tampouco poderiam tornar-se cidadãos norte-americanos e, dessa forma, não tinham competência para postular perante a Corte. Estabeleceu ainda que o Congresso não poderia proibir a escravidão em territórios federais e que os escravos, assim como os bens móveis e imóveis, não poderiam ser retirados de seus donos sem o devido processo legal.

Os republicanos e nortistas denunciaram duramente a decisão tomada pela Suprema Corte, enquanto sulistas e democratas nortistas continuaram a defendê-la e a insistir na obediência à sua opinião.[137] Democratas como Van Buren e Thomas Benton deixaram sua aposentadoria para redigir ataques à decisão da Suprema Corte. Van Buren, em seu *"Inquiry in the Origin and Course of Political Parties in the United States"*, advertiu os democratas a *"não entrarem em um caminho que substituiria a saudável e presente ação da opinião pública pela egoísta e contraída decisão de uma oligarquia judicial"*.[138]

O principal efeito do caso *Dred Scott* foi despertar a consciência política no Norte, estimulando parte do público a adotar visões que eram abertamente contra a Suprema Corte e sua supremacia judicial, tanto quanto contra a escravatura.

---

[136] 60 U.S 393 (1856).

[137] É de se ressaltar a diferença entre democratas e republicanos à época. Se atualmente o Partido Democrata tem uma postura mais progressista no debate político norte-americano, inclusive sobre temas ligados aos negros, e o Partido Republicano uma postura mais conservadora, à época, no entanto, o Partido Democrata era contra a abolição imediata da escravatura, e o Partido Republicano, por sua vez, a favor de tal medida. Daí a união entre republicanos nortistas e democratas e sulistas. Entretanto, atualmente tal divisão sobre a questão racial é completamente diferente. Enquanto os democratas invocam concepções robustas e substanciais do direito à igualdade, sobretudo por meio de políticas de ações afirmativas, em defesa dos negros, os republicanos invocam um conceito de igualdade eminentemente formal, fundado especialmente na liberdade e, em geral, criticam as políticas de assistência e inclusão dos negros na sociedade norte-americana.

[138] KRAMER, Larry. *The people themselves*: popular constitutionalism and judicial review. New York: Oxford University Press, 2004. p. 211. Vide também: KRAMER, Larry. *Constitucionalismo popular y control de constitucionalidad*. Tradução Paola Bergallo. Madrid: Marcial Pons, 2011. p. 262.

UM GOVERNO DE JUÍZES E CORTES? CRÍTICA À SUPREMACIA JUDICIAL E O CONSTITUCIONALISMO POPULAR...

O recém-eleito Presidente Abraham Lincoln, que já havia criticado o caso *Dred Scott* em bases departamentais quando concorreu ao Senado em 1858, voltou a criticar duramente a decisão da Suprema Corte em seu primeiro discurso de posse destacando que "se as políticas de governo sobre questões vitais, que afetam todo o povo, devem ser fixadas de forma irrevogável pelas decisões da Suprema Corte (...) o povo terá deixado de ser seu próprio governante, tendo, dessa forma, praticamente se resignado a deixar o seu governo nas mãos desse eminente tribunal".[139]

Os efeitos das críticas à decisão da Suprema Corte no caso *Dred Scott* demoraram a desaparecer de tal forma que a Suprema Corte declarou apenas duas leis inconstitucionais em todo o período anterior à Guerra da Secessão, justamente os casos *Marbury* e *Dred Scott*. Somente nas últimas décadas do século XIX a Suprema Corte voltou a tentar reafirmar sua autoridade. Na década de 1860 a Suprema Corte declarou quatro leis inconstitucionais, sete na década de 1870, quatro na década de 1880 e cinco durante a década de 1890. Esses números parecem pequenos se comparados às trinta anulações que a Suprema Corte realizou entre a década de 1990 a 2000. Mas foi a partir daquele período que a Suprema Corte realmente estabeleceu seu poder de exercer o controle judicial de constitucionalidade das leis.[140]

Vários fatores justificam esse aumento de poder da Suprema Corte. A ascensão do Partido Republicano deu lugar, após 1874, a várias décadas de governo dividido, o que naturalmente proporcionou maior liberdade de ação aos juízes da Suprema Corte. Foi nesse ambiente que a própria Suprema Corte passou a empreender esforços para mostrar como a resolução das disputas políticas dependiam de um Poder Judiciário forte e independente que tinha por função também proteger os direitos das minorias de retrógradas decisões majoritárias. Tal ideia veio a reforçar a necessária competência da Suprema Corte para exercer o controle judicial de constitucionalidade a fim de evitar uma ditadura da maioria.

---

[139] Discurso de posse proferido por Abraham Lincoln em 04.08.1861. "[T]he candid citizen must confess that if the policy of the government upon vital questions, affecting the whole people, is to be irrevocably fixed by decisions of the Supreme Court, the instant they are made, in ordinary litigation between parties, in personal actions, the people will have ceased to be their own rulers, having to that extent practically resigned their government into the hands of that eminent tribunal.". Vide: KRAMER, Larry. *The people themselves*: popular constitutionalism and judicial review. New York: Oxford University Press, 2004. p. 212. Vide também: KRAMER, Larry. *Constitucionalismo popular y control de constitucionalidad*. Tradução Paola Bergallo. Madrid: Marcial Pons, 2011. p. 263.

[140] KRAMER, Larry. *The people themselves*: popular constitutionalism and judicial review. New York: Oxford University Press, 2004. p. 213. Vide também: KRAMER, Larry. *Constitucionalismo popular y control de constitucionalidad*. Tradução Paola Bergallo. Madrid: Marcial Pons, 2011. p. 265.

O advento da crise de 1929 e o Plano *New Deal* do Presidente Franklin Delano Roosevelt foram períodos de grande atuação da Suprema Corte no exercício do controle judicial de constitucionalidade das leis, mas um exercício concomitantemente acompanhado por um constitucionalismo popular extremamente atuante e vivo. Essa atuação concomitante não aconteceu, é claro, sem conflitos. Os termos básicos do Plano *New Deal* são familiares e buscavam, resumidamente, ampliar o poder nacional para assegurar a estabilidade econômica dos Estados Unidos, garantir uma mínima segurança econômica por meio de uma rede de seguridade social, alcançar a igualdade substantiva entre os cidadãos, especialmente por meio de programas de ações afirmativas e ampliar as proteções associadas à autonomia individual.[141]

Foi nesse contexto que os Estados Unidos se viram tomados por movimentos populares que se mobilizaram por todo o país para a transformação da sociedade, sempre invocando a própria constituição e suas previsões, sem que fosse necessário recorrer a qualquer tipo de interpretação ou autoridade judicial para tanto.[142]

Esses movimentos conseguiram aprovar uma série de leis e medidas destinadas a restaurar o controle popular sobre o governo e a constituição fazendo com que seus representantes fossem responsáveis frente ao povo. Para tanto, promoveram e implementaram uma série de mecanismos de democracia direta (eleições primárias, eleições diretas para Senador, leis de iniciativa popular, referendo etc.). Dessa forma, enfraqueceram os chefes de partidos e deram ao povo novos instrumentos de intervenção na determinação dos rumos da política e do governo. Também foram propostos diversos métodos para reestabelecer o controle do povo sobre a interpretação constitucional, incluindo propostas de revogação dos mandatos dos juízes e abolição expressa do controle judicial de constitucionalidade das leis. Tais propostas, no entanto, não vingaram.

A reação da Suprema Corte, por outro lado, foi imediata e impediu a aplicação de diversos programas do Plano *New Deal* do Presidente Franklin Delano Roosevelt. Tal decisão da Suprema Corte transformou o *New Deal*, uma política pública eminentemente governamental, em uma disputa política controvertida para o próprio povo. O Presidente Franklin Delano Roosevelt chegou a apelar expressamente ao constitucionalismo popular e a dizer que tal decisão não cabia à Suprema Corte, mas ao povo dos Estados

---

[141] TUSHNET, Mark. *Why the constitution matters?* New Haven: Yale University Press, 2010. p. 42. Vide também: TUSHNET, Mark. *¿Por qué la Constitución importa?* Tradução Alberto Supelano. Bogotá: Universidad Externado de Colombia, 2012. p. 52-53.

[142] KRAMER, Larry. *The people themselves*: popular constitutionalism and judicial review. New York: Oxford University Press, 2004. p. 215. Vide também: KRAMER, Larry. *Constitucionalismo popular y control de constitucionalidad*. Tradução Paola Bergallo. Madrid: Marcial Pons, 2011. p. 266.

CAPÍTULO 1
UM GOVERNO DE JUÍZES E CORTES? CRÍTICA À SUPREMACIA JUDICIAL E O CONSTITUCIONALISMO POPULAR... 79

Unidos. Roosevelt afirmou que "a constituição foi um documento para o homem comum, e não um contrato entre advogados".[143] Apesar dos constantes embates com a Suprema Corte, o Plano *New Deal* revolucionou a economia e a sociedade norte-americanas, gerando efeitos, inclusive, e sobretudo, no direito constitucional até a década de 1990. O coração desse novo arranjo promovido pelo *New Deal* no direito constitucional basicamente consistiu na rígida divisão entre (i) questões constitucionais concernentes à definição ou escopo de poderes afirmativos delegados pela constituição ao Poder Legislativo e ao Poder Executivo e (ii) questões constitucionais pertencentes à vasta categoria de direitos individuais que limitam a forma ou a circunstância nas quais aqueles poderes podiam ser exercidos.[144]

Nesse sentido, as Cortes Warren e Burger foram ativistas, mas seu ativismo se limitou ao cumprimento das promessas do *New Deal*. No entanto, tal atuação não aconteceu sem uma expressa reafirmação da autoridade da Suprema Corte para definir o significado da constituição. Já em 1958 na decisão do caso *Cooper v. Aaron*,[145] os nove juízes da Suprema Corte assinaram um voto no qual afirmavam que desde o caso *Marbury v. Madison* havia sido declarado o princípio básico de que a Suprema Corte é soberana na definição do significado da constituição e que tal ideia tem sido respeitada desde então pela própria Suprema Corte e por todos os demais Poderes e cidadãos. Entretanto, como se viu, o caso *Marbury* não instituiu e nem afirmou a suprema judicial. Tampouco foi um caso que definiu uma postura recebida pacífica ou incontroversamente. O que a Suprema Corte fez não foi reafirmar um feito e uma postura historicamente construídos e aceitos, mas sim criar tal ideia. Porém, fato é que depois da decisão do caso *Cooper*, a ideia de supremacia judicial encontrou ampla aceitação institucional e também popular.[146] As próprias decisões tomadas pela Suprema Corte que se seguiram comprovam tal assertiva e são exemplares

---

[143] ROOSEVELT, Franklin Delano. Address on Constitution Day, Washington D.C. September 17, 1937. The Constitution of the United States was a layman's document, not a lawyer's contract. Disponível em: <http://docs.fdrlibrary.marist.edu/CONSTDAY.HTML>. Vide também: KRAMER, Larry. *The people themselves*: popular constitutionalism and judicial review. New York: Oxford University Press, 2004. p. 216-217. Vide ainda: KRAMER, Larry. *Constitucionalismo popular y control de constitucionalidad*. Tradução Paola Bergallo. Madrid: Marcial Pons, 2011. p. 269.

[144] KRAMER, Larry. *The people themselves*: popular constitutionalism and judicial review. New York: Oxford University Press, 2004. p. 219. Vide também: KRAMER, Larry. *Constitucionalismo popular y control de constitucionalidad*. Tradução Paola Bergallo. Madrid: Marcial Pons, 2011. p. 271.

[145] 358 U.S. 1 (1958).

[146] KRAMER, Larry. *The people themselves*: popular constitutionalism and judicial review. New York: Oxford University Press, 2004. p. 221. Vide também: KRAMER, Larry. *Constitucionalismo popular y control de constitucionalidad*. Tradução Paola Bergallo. Madrid: Marcial Pons, 2011. p. 273.

as decisões em casos como *Brown v. Board of Education*[147] sobre a segregação racial, passando pelos casos *Baker v. Carr* sobre redistribuição,[148] *Roe v. Wade* sobre o aborto,[149] *Engle v. Vitale* sobre os credos religiosos nas escolas,[150] *Craig v. Boren* sobre a discriminação por sexo,[151] *Brandenburg v. Ohio* sobre a liberdade de expressão,[152] *Miranda v. Arizona* sobre os interrogatórios policiais[153] e *Furman v. Georgia* sobre a pena de morte.[154]

Tais decisões da Suprema Corte demonstraram que um Poder Judiciário realmente ambicioso, comprometido com o plano político de amplo apoio popular de reestruturação do país (o *New Deal*), poderia cumprir com seus compromissos na esfera dos direitos individuais e também consolidar a ideia da supremacia judicial. Com a eleição do Presidente Ronald Reagan e a retomada do poder pelos republicanos conservadores, o New Deal foi completamente desestruturado e substituído. Foi nesse período que ficou famosa a frase dita pelo então Presidente Reagan: "o governo não é a solução de nossos problemas, o governo é o nosso problema". Diante do retrocesso das políticas sociais, o povo passou a se manifestar e reivindicar as promessas da constituição. Mas, diante de um governo extremamente conservador e de um recente histórico de afirmação de direitos por parte da Suprema Corte, o povo passou a protestar em favor da atuação da Suprema Corte e não mais contra ela.[155]

Se nesse período a Suprema Corte experimentou um extenso progressismo e afirmação de direitos, especialmente sob a vigência da Corte Warren, foi também a primeira vez que os partidos políticos mais progressistas nos Estados Unidos, em especial os democratas, passaram a ver o Poder Judiciário e a Suprema Corte como aliados e não como inimigos. A reação conservadora, em geral republicana, passou então a invocar o déficit contramajoritário do Poder Judiciário para atacar a Suprema Corte alegando que tal atuação bloqueava as vias políticas ordinárias. No entanto, tanto

---

[147] 347 U.S. 483 (1954).

[148] 369 U.S. 186 (1962).

[149] 410 U.S. 113 (1973).

[150] 360 U.S. 421 (1962).

[151] 429 U.S. 190 (1976).

[152] 395 U.S. 444 (1969).

[153] 384 U.S. 436 (1966).

[154] 408 U.S. 238 (1972).

[155] TUSHNET, Mark. *Why the constitution matters?* New Haven: Yale University Press, 2010. p. 44. Vide também: TUSHNET, Mark. *¿Por qué la Constitución importa?* Tradução Alberto Supelano. Bogotá: Universidad Externado de Colombia, 2012. p. 54. Uma das razões para o encolhimento do constitucionalismo popular depois da Segunda Guerra foi o ceticismo que recaiu sobre governos populares após as trágicas experiências dos governos totalitários na Europa a partir de 1930 e as ditaduras instauradas na América Latina.

CAPÍTULO 1
UM GOVERNO DE JUÍZES E CORTES? CRÍTICA À SUPREMACIA JUDICIAL E O CONSTITUCIONALISMO POPULAR...

liberais quanto conservadores passaram a concordar com a prerrogativa da Suprema Corte em ter a última palavra sobre a constituição, ainda que discordassem sobre seus limites. Já sob a presidência do juiz conservador William Rehnquist em 1986, a Suprema Corte assentou a ideia de que é a ela que cabe a última palavra sobre a Constituição. As decisões nos casos *City of Boerne v. Flores*[156] em 1997 e *United States v. Morrison*[157] em 2000 deixam tal postura bem clara. No último caso o Juiz Rehnquist chegou a declarar que "sem dúvida os poderes políticos tem um rol importante na interpretação e aplicação da constituição, mas desde *Marbury* esta Corte tem permanecido como o último expositor do texto constitucional".[158]

O que se tem ressaltado aqui, porém, é que, apesar da ampla aceitação política e popular da última palavra da Suprema Corte na interpretação constitucional, tal conclusão não é lógica, não decorre do caso *Marbury v. Madison* e tampouco encontra amparo histórico, tradicional ou consuetudinário. Ao contrário, a história norte-americana e sua prática jurídico-constitucional mostram justamente que a definição dos conteúdos da constituição sempre foi uma tarefa compartilhada entre os Poderes e principalmente entre estes e o povo. Se atualmente se aceita que a Suprema Corte seja a última intérprete da constituição, isso não significa que tal postura seja pacífica, encontre sua fundamentação na história ou na prática jurisdicional, ou que sequer esteja correta. Ao contrário, por mais de dois séculos, cada esforço de afirmação pela supremacia judicial por parte da Suprema Corte era seguido de uma reafirmação do constitucionalismo popular. Em um passado não muito distante, os cidadãos norte-americanos sempre chegaram à mesma conclusão: a de que é seu direito e responsabilidade dizer finalmente o que significa a constituição.[159]

---

[156] 521 U.S. 507 (1997).

[157] 529 U.S. 598 (2000).

[158] 529 U.S. 598 (2000). Vide também: KRAMER, Larry. *The people themselves*: popular constitutionalism and judicial review. New York: Oxford University Press, 2004. p. 225. Vide também: KRAMER, Larry. *Constitucionalismo popular y control de constitucionalidad*. Tradução Paola Bergallo. Madrid: Marcial Pons, 2011. p. 278.

[159] Resta claro, assim, a importância da análise detalhada e analítica da obra de Larry Kramer. Apenas uma leitura aprofundada desse trabalho pode demonstrar e trazer a lume os fatos e argumentos que fundamentam a desconstrução histórica da atual ideia de supremacia judicial. Por outro lado, essa leitura profunda também exige do leitor uma compreensão crítica concomitante sobre a forma como Larry Kramer realiza seu trabalho. Isso porque a obra de Kramer se fundamenta em uma análise histórica e crítica da ideia de supremacia judicial pela projeção que atualmente se faz do antigo e clássico caso *Marbury v. Madison*, como se este tivesse fincado as bases da supremacia judicial na interpretação da constituição. Entretanto, ao fazer sua crítica histórica, e também concluir que havia um constitucionalismo popular, poderia o autor incorrer na mesma projeção (da existência de um constitucionalismo eminentemente popular) que ele critica. Tal observação, no entanto, não afasta a importância do trabalho de Larry Kramer, servindo apenas de alerta.

1.2 O que o Caso *Marbury v. Madison* tem a nos ensinar? A supremacia judicial no Brasil como sofisma

Essa reconstrução da história e da prática constitucional norte-americanas são fundamentais para se compreender adequadamente a criação do controle judicial de constitucionalidade das leis e se desmitificar o caso *Marbury v. Madison*, sobretudo porque ele é, muitas vezes, tomado por boa parte da doutrina constitucional brasileira como a decisão fundamental na qual a Suprema Corte dos Estados Unidos afirmou seu poder de exercer o controle judicial de constitucionalidade das leis.

No entanto, como foi demonstrado, a instituição do controle judicial de constitucionalidade não é uma consequência lógica e inexorável da supremacia da constituição, tampouco foi aceita de forma consensual e pacífica e muito menos resulta na ideia que tem sido equivocadamente naturalizada de que aos juízes e às cortes cabe a última palavra sobre o significado e a interpretação da constituição. Ao contrário, o exercício do controle judicial de constitucionalidade das leis compõe um dos vários elementos e ações na interpretação da constituição. É certo que aos juízes e às cortes cabe exercer o referido controle judicial de constitucionalidade, mas não como intérpretes supremos, e sim como mais um ator na tarefa de interpretação da constituição.

A instituição do controle judicial de constitucionalidade das leis trata-se também de uma escolha sobre o desenho institucional do Estado, que deve ser feita tomando-se em conta os riscos e as vantagens envolvidos na adoção desse tipo de instrumento.[160] Se nos Estados Unidos o embate entre constitucionalismo popular, por um lado, e controle judicial de constitucionalidade e supremacia judicial, por outro, está em voga desde o século XVIII até os dias de hoje, na Europa o debate sobre o controle de constitucionalidade apareceu, ainda que com diferentes matizes, no começo do século XX (especialmente com Hans Kelsen[161] e Carl Schmitt)[162] e também, mais marcadamente, na segunda metade do século XX, com as novas constituições promulgadas após a Segunda Guerra Mundial, as quais adotaram justamente um controle judicial de constitucionalidade das leis concentrado nas cortes constitucionais (tais como Alemanha,

---

[160] SOUZA NETO, Cláudio Pereira; SARMENTO, Daniel. *Direito constitucional*: teoria, história e métodos de trabalho. Belo Horizonte: Fórum, 2013. p. 29.

[161] KELSEN, Hans. *Jurisdição constitucional*. Tradução Alexandre Krug; Eduardo Brandão; Maria E. A. P. Galvão. 2. ed. São Paulo: Martins Fontes, 2007. KELSEN, Hans. *Teoria pura do Direito*. Tradução João Baptista Machado. 6. ed. São Paulo: Martins Fontes, 1998.

[162] SCHMITT, Carl. *Teoría de la Constitución*. Tradução Francisco Ayala. Madrid: Alianza, 1992. SCHMITT, Carl. *O guardião da constituição*. Tradução Geraldo de Carvalho. Belo Horizonte: Del Rey, 2007.

Itália, Espanha, Portugal, entre outros). Por sua vez, no Brasil, o debate sobre o controle de constitucionalidade ganha uma nova conformação a partir da Constituição de 1988 e especialmente a partir da adoção de uma postura mais protagonista do Supremo Tribunal Federal na definição das controvérsias constitucionais do país. De toda forma, essa retomada dos fundamentos e construção do controle judicial de constitucionalidade das leis é importante porque qualquer país que hoje adote a revisão judicial das leis – seja no modelo difuso (como nos Estados Unidos), seja no modelo concentrado (como na maior parte dos países da Europa), seja no modelo misto (difuso e concentrado, como no Brasil)[163] – tem o desafio de buscar oferecer melhores fundamentações, instrumentos e respostas para o exercício do controle judicial de constitucionalidade e a adequada interpretação da constituição.

No Brasil, o controle judicial de constitucionalidade das leis é misto. Ou seja, pode ser exercido (i) de maneira difusa, por qualquer juiz ou tribunal, nos casos concretos e (ii) de maneira concentrada, pelo Supremo Tribunal Federal, de forma abstrata (contra leis e atos normativos em tese) ou concreta. Entretanto, além da previsão constitucional expressa do controle judicial de constitucionalidade das leis, tem-se aceitado no Brasil, assim como tem ocorrido nos Estados Unidos, a ideia de que a última palavra sobre a interpretação da Constituição cabe unicamente ao Supremo Tribunal Federal. Tal conclusão tem sido invocada com argumentos muito similares aos que historicamente foram sempre invocados nos Estados Unidos para legitimar o controle judicial de constitucionalidade das leis. Ou seja, a supremacia da constituição e seu caráter normativo e, somado a isso, a expressa opção institucional adotada pelo Brasil na Constituição de 1988 que, em seu art. 102, conferiu ao Supremo Tribunal Federal, precipuamente, a guarda da constituição.[164]

Essa opção institucional feita pela Constituição de 1988, a supremacia da constituição, o desenvolvimento da teoria constitucional no Brasil, expressamente o constitucionalismo brasileiro da efetividade, a recepção da teoria da constituição dirigente e o neoconstitucionalismo, fizeram com que se assentasse a ideia de que ao Supremo Tribunal Federal cabe a última palavra sobre a interpretação da constituição. Tal postura tem

---

[163] Ressaltem-se as pertinentes críticas às (ultrapassadas) classificações do controle de consitucionalidade que o dividem em controle abstrato ou concreto, difuso ou concentrado. Vide: CRUZ, Álvaro Ricardo de Souza. *Jurisdição constitucional democrática*. Belo Horizonte: Del Rey, 2004. CRUZ, Álvaro Ricardo de Souza; DUARTE, Bernardo Augusto Ferreira. *Além do positivismo jurídico*. Belo Horizonte: Arraes, 2013.

[164] Art. 102. Compete ao Supremo Tribunal Federal, precipuamente, a guarda da Constituição (...).

sido, inclusive, expressamente afirmada em diversos julgamentos[165] e discursos.[166]

Um caso exemplar é o da Ação Direta de Inconstitucionalidade 2.860,[167] julgada em conjunto com a Ação Direta de Inconstitucionalidade

---

[165] ADI 293-MC. Rel. Min. Celso de Mello. Julg. 06.06.1990.
ADI 2797/DF. Rel. Min. Sepúlveda Pertence. Julg. 15.09.2005.
ADI 2860/DF. Rel. Min. Mezes Direito. Julg. 15.09.2005. O Min. Carlos Velloso afirmou em tal oportunidade que o "Supremo Tribunal Federal é o intérprete maior da Constituição".
MS 26.603. Rel. Min. Celso de Mello. Julg. 04.10.2007. Assim afirmou o Min. Celso de Mello no referido julgamento ao se referir que ao Supremo Tribunal Federal compete "a singular prerrogativa de dispor do monopólio da última palavra em tema de exegese de normas constitucionais inscritas no texto da Lei Fundamental". Nessa ocasião o Min. Celso de Mello foi ainda mais longe e chegou a afirmar que "A Constituição está em elaboração permanente nos tribunais incumbidos de aplicá-la [...]. Nos Tribunais incumbidos da guarda da Constituição, funciona, igualmente, o poder constituinte".

Extradição 1085. Rel. Min. Cezar Peluso. Julg. 16.12.2009. Caso Cesare Batisti. No julgamento do referido caso, o Ministro Gilmar Mendes declarou que: "a última palavra compete à Corte Constitucional quanto à configuração, ou não, da natureza política de delito imputado ao extraditando".

O próprio Supremo Tribunal Federal expressa esse entendimento na publicação oficial que edita: "A Constituição e o Supremo". A referida obra traz o texto completo da Constituição da República Federativa do Brasil de 1988 e abaixo de cada artigo da Constituição apresenta os principais julgados do STF que refletem a sua posição em relação àquela previsão normativa da Constituição. Vide: SUPREMO TRIBUNAL FEDERAL. *A Constituição e o Supremo*. 4. ed. Brasília: Secretaria de Documentação. Supremo Tribunal Federal, 2011.

Disponível em: <http://www.stf.jus.br/portal/constituicao/artigoBd.asp?item=1079>.

Vide ainda: BARROSO, Luís Roberto. Constituição, democracia e supremacia judicial: direito e política no Brasil contemporâneo. *Revista da Faculdade de Direito da Universidade do Estado do Rio de Janeiro*, v. 2, n. 21, 2012. BIGONHA, Antonio Carlos Alpino; MOREIRA, Luiz. Legitimidade da jurisdição constitucional. Rio de Janeiro: Lumen Juris, 2010. BRANDÃO, Rodrigo. *Supremacia judicial versus diálogos constitucionais*: a quem cabe a última palavra sobre o sentido da Constituição? Rio de Janeiro: Lumen Juris, 2012. SILVA, Cecília de Almeida. *et al. Diálogos institucionais e ativismo*. Curitiba: Juruá, 2012. SOUZA NETO, Cláudio Pereira de; SARMENTO, Daniel. *Direito constitucional*: teoria, história e métodos de trabalho. Belo Horizonte: Fórum, 2013. VALLE, Vanice Regina Lírio do (Org.). Audiências públicas e ativismo: diálogo social no STF. Belo Horizonte: Fórum, 2012. VIEIRA, Oscar Vilhena. Supremocracia. *Revista Direito FGV*, v. 4, n. 2, 2008.

[166] O Min. Celso de Mello assim se manifestou em 23.04.2008 ao proferir discurso na posse do Min. Gilmar Mendes na presidência do Supremo Tribunal Federal: "É preciso, pois, reafirmar a soberania da Constituição, proclamando-lhe a superioridade sobre todos os atos do Poder Público e sobre todas as instituições do Estado, o que permite reconhecer, no contexto do Estado Democrático de Direito, a plena legitimidade da atuação do Poder Judiciário na restauração da ordem jurídica lesada e, em particular, a intervenção do Supremo Tribunal Federal, que detém, em tema de interpretação constitucional, e por força de expressa delegação que lhe foi atribuída pela própria Assembléia Nacional Constituinte, *o monopólio da última palavra*" (grifo feito pelo próprio Min. Celso de Mello à p. 28). Disponível em: <http://www.stf.jus.br/arquivo/cms/publicacaoPublicacaoInstitucionalPossePresidencial/anexo/Plaqueta_de_Posse_do_Min._Gilmar_Mendes_na_Presidencia.pdf>.

[167] ADI 2860/DF. Rel. Min. Mezes Direito. Julg. 15.09.2005.

UM GOVERNO DE JUÍZES E CORTES? CRÍTICA À SUPREMACIA JUDICIAL E O CONSTITUCIONALISMO POPULAR...

2.797,[168] que questionava a constitucionalidade da Lei nº 10.628/2002. Tal lei estabelecia foro por prerrogativa de função a quem fosse processado criminalmente mesmo após ter deixado o cargo. No julgamento das referidas ações, o Supremo Tribunal Federal não apenas declarou a inconstitucionalidade da Lei nº 10.628/2002, mas também estabeleceu que a ele cabe a última palavra sobre o significado da Constituição. Tal decisão é ilustrativa porque desde a Constituição de 1946, e por muitos anos seguintes, o Supremo Tribunal Federal adotou o entendimento de que o foro privilegiado por prerrogativa de função se mantinha mesmo se o sujeito processado criminalmente deixasse o cargo que ocupava (tal qual previa a Lei nº 10.628/2002). Tal posicionamento foi, inclusive, consolidado por meio da Súmula 394.

No entanto, após muito tempo sustentando tal entendimento, em 25 de agosto de 1999 ao julgar o Inquérito 687, o Supremo Tribunal Federal reviu sua posição e modificou radicalmente seu entendimento sobre o foro privilegiado por prerrogativa de função. A partir desse julgamento em 1999, o Supremo Tribunal Federal passou a entender que o foro privilegiado por prerrogativa de função era uma proteção do cargo e não da pessoa. Segundo esse novo entendimento, se o sujeito processado deixar o cargo que lhe conferia o foro privilegiado, consequentemente ele também deveria perder o foro especial. O Supremo Tribunal Federal então cancelou a Súmula 394 e estabeleceu esta nova postura como entendimento prevalecente.

Entretanto, a fim de reverter o novo entendimento do Supremo Tribunal Federal, o Congresso Nacional editou a Lei nº 10.628/2002, que estabeleceu que a competência especial por prerrogativa de função deveria prevalecer mesmo após a cessação do exercício da função pública. Contra tal previsão legal, a Associação dos Magistrados Brasileiros (AMB) propôs uma ação direta de inconstitucionalidade – a ADI 2.860. No julgamento dessa ação, o Relator do caso Ministro Sepúlveda Pertence votou pela inconstitucionalidade da Lei nº 10.638/2002, alegando que ela tinha por objetivo principal estabelecer uma determinada e específica interpretação sobre Constituição de 1988. Tal objetivo, segundo Pertence, feriria a supremacia da Constituição, pois norma inferior não poderia ditar interpretação de norma superior, incorrendo, assim, em expressa inconstitucionalidade formal. O Ministro Pertence também alegou a existência de inconstitucionalidade material, pois a Lei nº 10.638/2002 se contrapôs a entendimento consolidado pelo Supremo Tribunal Federal. Segundo o raciocínio do Ministro Pertence, como cabe ao STF a guarda da Constituição, as decisões do STF sobre a interpretação da Constituição não podem estar sujeitas a

---

[168] ADI 2797/DF. Rel. Min. Sepúlveda Pertence. Julg. 15.09.2005.

revisões por meio de legislação ordinária sob pena de tornar-se inviável a supremacia da Constituição.[169] Diante disso, vê-se que o Supremo Tribunal Federal fundamenta a sua supremacia judicial como consequência decorrente da previsão constitucional do art. 102 e da supremacia da Constituição. A partir dessa perspectiva, qualquer lei que contrarie a interpretação dada pelo Supremo Tribunal Federal à Constituição deve ser reputada inconstitucional, independentemente do seu conteúdo. Isso equivale a dizer que a Constituição é o que o Supremo Tribunal Federal diz que ela é. Diante dessa postura, a supremacia judicial consolida-se, assim, tanto do ponto de vista formal quanto do ponto de vista material. Do ponto de vista formal, pois uma decisão do Supremo Tribunal Federal só poderia ser superada por ele mesmo mediante a revisão de seu entendimento sobre a interpretação da Constituição, ou então por meio de emenda à Constituição. E do ponto de vista material, pois como uma decisão do STF tem, em geral, caráter final, ela poria, assim, fim à discussão e controvérsia. Em nome do exercício de sua competência, o Supremo Tribunal Federal tem afirmado e reafirmado um salvo-conduto que o permite ser o único fiel intérprete da Constituição. É a concretização, portanto, da primazia do Supremo Tribunal Federal – a "supremocracia"[170] – em detrimento dos demais Poderes e, principalmente, em detrimento e à revelia do povo.

A reconstrução histórica da origem do controle judicial de constitucionalidade das leis e a desmitificação do famoso caso *Marbury v. Madison* já demonstraram como a supremacia judicial não é uma dedução lógica da supremacia da constituição, e tampouco se afigurou como entendimento pacífico ou estável – seja na história dos Estados Unidos, do Brasil, seja de qualquer outro país.[171] Afirmar que a Constituição é hierarquicamente superior às demais leis, que goza de normatividade, imperatividade e autoaplicação não significa que a única forma correta de interpretá-la e aplicá-la sejam aquelas estabelecidas pelo Poder Judiciário. Ao contrário, a história constitucional mostra que se o Poder Judiciário e seu órgão de cúpula tem um papel fundamental a desempenhar na interpretação da

---

[169] ADI 2797/DF. Rel. Min. Sepúlveda Pertence. Julg. 15.09.2005. Vide também: BRANDÃO, Rodrigo. *Supremacia judicial versus diálogos constitucionais*: a quem cabe a última palavra sobre o sentido da Constituição? Rio de Janeiro: Lumen Juris, 2012. p. 10-11.

[170] VIEIRA, Oscar Vilhena. Supremocracia. *Revista Direito FGV*, v. 4, n. 2. São Paulo: Fundação Getúlio Vargas, 2008. p. 444-445. Vide também: SILVA, Cecília de Almeida. et al. *Diálogos institucionais e ativismo*. Curitiba: Juruá, 2012.

[171] VIEIRA, Oscar Vilhena. Supremocracia. *Revista Direito FGV*, v. 4, n. 2. São Paulo: Fundação Getúlio Vargas, 2008. p. 442-446. Vide também: BRANDÃO, Rodrigo. *Supremacia judicial versus diálogos constitucionais*: a quem cabe a última palavra sobre o sentido da Constituição? Rio de Janeiro: Lumen Juris, 2012. p. 22.

Constituição – e certamente eles têm – o exercício de sua competência não pode excluir os demais Poderes e muito menos o povo dessa tarefa.

A supremacia da Constituição e o controle judicial de constitucionalidade das leis não importam a exclusão da atividade interpretativa dos demais Poderes, instituições e do povo. Ao contrário, o Poder Judiciário é mais um ator nessa tarefa de interpretação da Constituição e o exercício da sua competência é mais um elemento a ser levado em conta na definição do conteúdo da Constituição. A interpretação da Constituição deve, portanto, ser uma tarefa compartilhada entre os Poderes, as instituições e entre estes e o povo.

Superada a ideia e a fraca justificativa de que a supremacia judicial decorre da supremacia da constituição ou de uma eventual tradição histórica, é imperioso apontar as fragilidades dos argumentos invocados para sustentar a supremacia judicial no Brasil como decorrência da opção institucional feita pelo constituinte, especialmente como consequência da previsão do art. 102 da Constituição de 1988.

É certo que o Brasil de fato adotou a opção institucional de estabelecer o controle judicial de constitucionalidade das leis, prevendo especificamente no art. 102 da Constituição de 1988 que "compete ao Supremo Tribunal Federal, precipuamente, a guarda da Constituição". No entanto, tal previsão em sua origem buscou traduzir a consolidação do processo de redemocratização do Brasil, complementando o equilíbrio e a harmonia entre os Poderes e a preservação da ordem constitucional nascente. Quando da elaboração da Constituição de 1988 e da redação de tal previsão, a preocupação principal era proteger a Constituição de possíveis aviltamentos aos compromissos fundamentais ali exarados tendo em vista a trágica experiência da ditadura experimentada anteriormente pelo Brasil. Ou seja, na origem, o Poder Judiciário e especialmente o Supremo Tribunal Federal foram vistos como garantidores da abertura política, da democracia, e por isso se incumbiu ao Supremo Tribunal Federal a guarda da Constituição. Como garante da Constituição, o Supremo Tribunal Federal era visto como um órgão promotor da democracia, e não como órgão que encerra(ria) o debate democrático.[172]

Ademais, o art. 102 não estabeleceu que "compete ao STF a última palavra sobre a interpretação da constituição". Vale dizer, não está óbvio no art. 102 ou em parte alguma da Constituição que é o Supremo Tribunal Federal quem define, em última análise, o significado da Constituição. E mesmo que estivesse literalmente previsto, tal texto ainda estaria sujeito à tarefa interpretativa. Tal entendimento decorre, portanto, da interpretação

---

[172] SILVA, Cecília de Almeida. *et al. Diálogos institucionais e ativismo*. Curitiba: Juruá, 2012. p. 29. Vide também: VIEIRA, Oscar Vilhena. *Supremo Tribunal Federal*: jurisprudência política. São Paulo: Malheiros, 1994.

que o Supremo Tribunal Federal dá ao art. 102 da Constituição de 1988 com base na supremacia da Constituição sobre as demais normas. Ressalte-se aqui a importante diferença entre texto e norma, visto que qualquer texto (neste caso o texto do art. 102 da Constituição de 1988) só adquire sentido e densificação convertendo-se em norma, a partir da atividade hermenêutica que o intérprete realiza.[173] O que importa deixar claro neste momento é que a conclusão a que o Supremo Tribunal Federal tem chegado sobre sua competência prevista no art. 102, não é, portanto, lógica ou automaticamente aferida do texto da Constituição como ele em geral afirma, mas sim produto da interpretação que ele dá ao art. 102 e, consequentemente, o resultado de como ele compreende o significado de "guarda da Constituição". Uma compreensão que não encontra fundamentação nas origens da elaboração da Constituição e tampouco da literalidade de seu texto como em geral afirma o Supremo Tribunal Federal.

Mas, se o texto da Constituição não tinha por objetivo e tampouco atribuiu literalmente ao Supremo Tribunal Federal a última palavra sobre a Constituição e se da supremacia da Constituição não decorre lógica ou automaticamente a supremacia do Poder Judiciário ou do Supremo Tribunal Federal na definição do significado da Constituição, por que devemos então aceitar a interpretação que o Supremo Tribunal Federal faz do art. 102 e que resulta na sua autoproclamação como intérprete final da Constituição? Simplesmente não devemos.

Como dito antes, se o sentido de um texto não pode ser dado pelo próprio texto, mas sim por alguém que lhe seja externo (o intérprete), a interpretação e aplicação dos princípios da Constituição encontram um grande desafio diante da abertura semântica de seus comandos normativos (os razoáveis e profundos desacordos sobre os conteúdos dos princípios constitucionais),[174] a interpretação e aplicação da Constituição devem ser uma tarefa compartilhada entre os Poderes, as instituições e o povo. É certo que o Poder Judiciário e o Supremo Tribunal Federal contam com uma série de condições especiais que os qualificam para fazer uma interpretação profunda e relevante da Constituição, tais como sua especialidade técnica, seu relativo afastamento das disputas e interesses político-partidários etc. No entanto, apelar a essas condições como fundamentos da supremacia judicial, a fim de que a sua interpretação prevaleça sobre as demais é um

---

[173] DWORKIN, Ronald. *O império do direito*. Tradução Jefferson Luiz Camargo. São Paulo: Martins Fontes, 2007. p. 60-65. GRAU, Eros Roberto. *A ordem econômica na Constituição de 1988*. 14. ed. São Paulo: Malheiros, 2010. p. 160-161. GRAU, Eros Roberto. *O direito posto e o direito pressuposto*. 8. ed. São Paulo: Malheiros, 2011. p. 205. NETO, Menelick de Carvalho; SCOTTI, Guilherme. *Os direitos fundamentais e a (in)certeza do direito*: a produtividade das tensões principiológicas e a superação do sistema de regras. Belo Horizonte: Fórum, 2011. p. 76-82. STRECK, Lênio Luiz. *Hermenêutica jurídica em crise*: uma exploração hermenêutica da construção do direito. 11. ed. Porto Alegre: Livraria do Advogado, 2014.

[174] WALDRON, Jeremy. *Law and disagreement*. Oxford: Clarendon Press, 1999.

erro, pois tais condições não são absolutas, fixas e imutáveis. Quando isso acontece, os elementos que, na interpretação da Constituição, qualificam o Poder Judiciário, juízes, cortes e especialmente o Supremo Tribunal Federal, perdem o seu valor e se enfraquecem, pois eles não se sustentam por si sós.

Defensores da supremacia judicial argumentam que ela é necessária para assegurar a função decisória do direito, o que sem um controle judicial firme tornaria o direito constitucional imprevisível, caótico e não uniforme.[175] No entanto, tal argumento não é óbvio. Isso porque não existem finalidades ou decisões perfeitas no Direito. Aliás, no próprio Direito as decisões dadas são um exemplo claro da transformação constante pela qual ele passa. Dessa forma, incerteza e instabilidade existirão mesmo em um regime de total supremacia judicial. A escolha, portanto, não é entre ordem ou caos, estabilidade ou anarquia, mas entre diferentes tipos de estabilidade e diferentes mecanismos para obtê-la, como o fizeram, por exemplo, Canadá, Reino Unido ou Nova Zelândia.[176] Ninguém discorda que as decisões são importantes para resolver as questões que se apresentam e assentar expectativas. A divergência está na forma como as respostas devem ser buscadas. Os defensores da supremacia judicial têm sido desatentos às formas como diferentes atores políticos lidam com a constituição. Ademais, é certo que os críticos da supremacia judicial também esperam que as decisões da Suprema Corte definam e concluam questões constitucionais controversas. Não se está, de forma alguma, a mitigar a importância do Poder Judiciário na interpretação da Constituição. Mas tais decisões podem ser dadas sem necessariamente serem acompanhadas pela afirmação de supremacia judicial. Uma decisão dada pelo Supremo Tribunal Federal, nesse sentido, continua respaldada por sua necessidade, seus fundamentos, sua importância e a dificuldade em superá-la. Pois, para tanto, não bastará a maioria simples na Câmara e no Senado. Para superar uma decisão do Supremo Tribunal Federal será preciso muito mais do que isso – uma emenda à constituição; lei ordinária que busque novos argumentos ou novas razões para mostrar ao Supremo Tribunal Federal

---

[175] ALEXANDER, Larry; SCHAUER, Fredrick. Defending judicial supremacy: a reply. *Constitutional Commentary*, v. 17, n. 3, p. 455-282, 2000. ALEXANDER, Larry; SCHAUER, Fredrick. On extrajudicial constitutional Interpretation. *Harvard Law Review*, v. 110, n. 7, p. 1359-1387, 1997.

[176] Sobre esses exemplos e outros, vide: GARDBAUM, Stephen. The New Commonwealth Model of Constitutionalism. *American Journal of Comparative Law*, v. 49, n. 4, p. 707-760, 2001. TUSHNET, Mark. *Weak Courts, strong rights*: judicial review and social welfare rights in comparative constitutional law. Princeton: Princeton University Press, 2008. Vide também: KRAMER, Larry. *The people themselves*: popular constitutionalism and judicial review. New York: Oxford University Press, 2004. p. 234-235. Vide também: KRAMER, Larry. *Constitucionalismo popular y control de constitucionalidad*. Tradução Paola Bergallo. Madrid: Marcial Pons, 2011. p. 287.

que ele se equivocou; mobilização popular e debate público. O Poder Judiciário, juízes e cortes não precisam, portanto, da suprema judicial para serem respeitados ou terem as suas decisões respeitadas.

O argumento em defesa da supremacia judicial de que o Poder Judiciário oferece um foro mais seguro para a preservação da Constituição ou a adequada interpretação de seus compromissos fundamentais, apesar de ser mais plausível, também carece de substância. Sempre haverá um desacordo moral profundo na sociedade.[177] Dessa forma, é difícil dar respostas últimas, absolutas e imodificáveis. As respostas judiciais são sempre contingentes, precárias. Não podem se pretender absolutamente corretas e imutáveis. Ademais, o povo tem, sem dúvida, um papel importante e também necessário na preservação da constituição e do que se entende por ela.[178] O fato de o Poder Judiciário ser um Poder afastado das paixões políticas e pressões eleitorais realmente é um benefício. Mas, tal fato não é suficiente para transferir-se a ele o poder exclusivo de interpretação da constituição. Se, por um lado, tal isolamento é benéfico, por outro somente quem está profundamente envolvido com a causa, ouviu e participou juntamente com os potencialmente afetados poderá tomar a melhor decisão. Ou seja, aquele é um argumento epistêmico bom, mas que sucumbe diante de outro ainda melhor.

O Poder Judiciário também não protege necessariamente as pré-condições da democracia, pois ele não está fora da política e, portanto, não escapa da tarefa de também definir o que é a própria democracia. Nesse mesmo sentido, juízes e cortes, ainda que afastados dos interesses e debates político-partidários, também são atores políticos por excelência. Não estão isolados do mundo e muito menos da política que os circunda.[179] A formação de suas convicções se baseia nos autos dos processos, mas são inevitavelmente permeadas pelo mundo que os rodeia. Não há que se confundir, assim, imparcialidade com neutralidade.[180]

Além disso, a existência do controle judicial de constitucionalidade das leis não garante por si só a proteção das minorias. Se o caso *Brow v. Board of Education*[181] é um célebre caso invocado para evidenciar como de

---

[177] WALDRON, Jeremy. *Law and disagreement*. Oxford: Clarendon Press, 1999. p. 268.

[178] KRAMER, Larry. *The people themselves*: popular constitutionalism and judicial review. New York: Oxford University Press, 2004. p. 236-238. Vide também: KRAMER, Larry. *Constitucionalismo popular y control de constitucionalidad*. Tradução Paola Bergallo. Madrid: Marcial Pons, 2011. p. 289-291.

[179] MENDES, Conrado Hübner. *Direitos fundamentais, separação de poderes e deliberação*. São Paulo: Saraiva, 2011. p. 96-97, 99, 101-103.

[180] VALLE, Vanice Regina Lírio do (Org.). Audiências públicas e ativismo: diálogo social no STF. Belo Horizonte: Fórum, 2012. p. 18-23.

[181] 347 U.S. 483 (1954).

fato a Suprema Corte pode proteger as minorias, por outro lado, o caso *Dread Scot v. Stanford*[182] mostra que essa mesma Corte pode adotar, sobre o mesmo tema, um entendimento absolutamente diferente e em completo desfavor das minorias.

No Brasil, o controle judicial abstrato de constitucionalidade das leis exercido pelo Supremo Tribunal Federal também não tem sido primordialmente utilizado como mecanismo de proteção dos direitos fundamentais ou então das minorias. Ao contrário, tem servido precipuamente, ao menos entre 1988 e 2012, para a preservação das competências da União, limitação da autonomia dos Estados para adotar desenhos institucionais diversos dos estabelecidos para a esfera federal e nos poucos casos diretamente relacionados à proteção dos direitos fundamentais, há uma atuação eminentemente corporativa para a proteção de direitos de certos grupos, em geral daqueles ligados ao próprio sistema de justiça.[183]

---

[182] 60 U.S. 393 (1857).

[183] Dados da pesquisa "A Quem Interessa o Controle Concentrado de Constitucionalidade?: O Descompasso entre Teoria e Prática na Defesa dos Direitos Fundamentais", realizada por pesquisadores da Faculdade de Direito e do Instituto de Ciência Política da Universidade de Brasília (UnB), sob a coordenação dos Professores Juliano Zaiden Benvindo (Direito/UnB) e Alexandre Araújo Costa (Instituto de Ciência Política/UnB). A pesquisa foi realizada entre 2012 e 2014, financiada pelo Conselho Nacional de Desenvolvimento Científico (CNPq), envolveu trabalho de mais de uma dezena de pesquisadores e realizou uma análise das quase 4.900 Ações Diretas de Inconstitucionalidade (ADI) ajuizadas no Supremo Tribunal Federal (STF) entre 1988 e 2012, buscando compreender como têm funcionado os mecanismos de controle concentrado de constitucionalidade no Brasil. Diferentemente de outras pesquisas que tratam do assunto, que normalmente focam na identificação do perfil de ajuizamento dessas ações, a referida pesquisa se concentrou na identificação do perfil dos julgamentos realizados, examinando de que forma o STF tem apreciado as demandas que lhe são submetidas no sistema de controle abstrato, destacando também como os atores políticos legitimados a provocar esse sistema têm atuado para esse fim. É interessante destacar algumas conclusões da pesquisa: "(...) o sistema de controle concentrado de constitucionalidade vigente no Brasil possui uma predominância jurisprudencial de argumentos formais ou de organização do Estado, cumulada com uma atuação ligada a direitos fundamentais cuja maior parte é ligada à garantia de interesses corporativos. Há também um espaço razoável para a cooptação dos legitimados por grupos de pressão que, com isso, adquirem acesso ao controle concentrado, acesso esse que é vedado às entidades que defendem os interesses dos cidadãos, e não interesses coletivos de certos grupos profissionais. Com isso, não realizam o objetivo final do controle de constitucionalidade que seria o de servir como uma via concentrada e rápida para a solução de questões constitucionais mais amplas, especialmente para a defesa dos direitos fundamentais. (...) Tudo isso indica que deve ser repensada a narrativa comum que atribui um grande mérito à Constituição de 1988 por ela ter ampliado substancialmente o rol de legitimados para propor ações de controle concentrado. De fato, o rol foi ampliado, mas basicamente com a introdução de entidades que atuam na defesa dos seus interesses corporativos e que são muito abertas a serem cooptadas por interesses de grupos de pressão. Além disso, devemos ter em mente que a jurisprudência defensiva do STF, com a afirmação e ampliação dos requisitos de pertinência temática, limitou sensivelmente a possibilidade de que as entidades corporativas pudessem adotar uma atuação que ultrapassasse a defesa corporativa dos seus próprios interesses. Todavia, essa percepção também deve ser temperada pela constatação de que as decisões obtidas pela única entidade corporativa que não está sujeita à pertinência temática, a

MIGUEL GUALANO DE GODOY
DEVOLVER A CONSTITUIÇÃO AO POVO – CRÍTICA À SUPREMACIA JUDICIAL E DIÁLOGOS INSTITUCIONAIS

Ademais, no Brasil, durante algum tempo o Poder Judiciário tratou dos direitos fundamentais sociais como normas que não podiam ser aplicadas direta e imediatamente, mas dependiam de norma posterior para conferir-lhes eficácia.[184] Esse posicionamento, no entanto, foi revisto posteriormente, sobretudo a partir dos casos que demandaram a disponibilização de medicamentos por parte do poder público. A defesa da supremacia judicial se mostra, assim, moralmente controversa e empiricamente falsa.[185]

Do ponto de vista democrático,[186] sobram razões para se criticar a interpretação e compreensão do Supremo Tribunal Federal sobre o que é "a guarda da Constituição". A supremacia judicial defendida pelo STF viola

---

OAB, estão longe de mostrar uma especial concentração na defesa do interesse público e dos direitos da coletividade. (…) Essas constatações conduzem a corroborar a hipótese de que, na atuação concentrada, o STF realiza basicamente um controle da própria estrutura do Estado, voltada à preservação da competência da União e à limitação da autonomia dos estados de buscarem desenhos institucionais diversos daqueles que a Constituição da República atribui à esfera federal. Além disso, nas poucas decisões em que o STF anula normas com base na aplicação dos direitos fundamentais, existe uma preponderância de interesses corporativos."

"Nessa medida, o processo de fortalecimento do controle concentrado de constitucionalidade, especificamente no que toca às ADIs, aparentemente não se mostra apto a gerar um debate mais amplo das questões constitucionais relevantes para a população em geral, especialmente na medida em que os atores que podem protagonizar as ADIs estão mais vinculados aos seus interesses corporativos e institucionais que à garantia do interesse comum. Assim, o discurso que deu margem à ampliação do rol de legitimados na Constituição de 1988, como uma forma de tornar socialmente mais aberto o controle concentrado, mostra-se na prática vazio, pois os novos legitimados atuam quase que apenas em nome de interesses de grupos específicos. O que assistimos desde a promulgação da atual Constituição foi uma ampliação do controle federativo e do controle corporativo, e não uma ampliação do controle voltado à defesa dos interesses coletivos, que continua sendo realizado fundamentalmente pela PGR."

[184] Nesse sentido, destaque-se a classificação das normas constitucionais elaborada por José Afonso da Silva e a crítica feita a ele, anos mais tarde, por Virgílio Afonso da Silva. Vide: SILVA, José Afonso da. *Aplicabilidade das Normas Constitucionais*. 3. ed. São Paulo: Malheiros, 1998. Vide também: SILVA, Virgílio Afonso da. *Direitos fundamentais*: conteúdo essencial, restrições e eficácia. 2. ed. São Paulo: Malheiros, 2011.

[185] MENDES, Conrado Hübner. *Direitos fundamentais, separação de poderes e deliberação*. São Paulo: Saraiva, 2011. p. 97-98. Vide também: GARGARELLA, Roberto. *Crítica de la Constitución*: sus zonas oscuras. Buenos Aires: Capital Intelectual, 2004. p. 74-75.

[186] Relembre-se que a concepção de democracia aqui invocada é aquela defendida por Carlos Santiago Nino e Roberto Gargarella, segundo a qual todos os potencialmente afetados por uma decisão devem tomar parte no processo de discussão e decisão em pé de igualdade. Vide: GODOY, Miguel Gualano de. *Constitucionalismo e democracia*: uma leitura a partir de Carlos Santiago Nino e Roberto Gargarella. São Paulo: Saraiva, 2012. NINO, Carlos Santiago. *La constitución de la democracia deliberativa*. Barcelona: Gedisa, 2003. NINO, Carlos Santiago. *Fundamentos de derecho constitucional*: análisis filosófico, jurídico y politológico de la práctica constitucional. Buenos Aires: Astrea, 2005. GARGARELLA, Roberto. *La justicia frente al gobierno*: sobre el carácter contramayoritario del poder judicial. Barcelona: Ariel, 1996. GARGARELLA, Roberto. Constitución y democracia. In: ALBANESE, Susana. *et al.* (Orgs.). *Derecho constitucional*. Buenos Aires: Editorial Universidad, 2004. GARGARELLA, Roberto. *Crítica de la Constitución*: sus zonas oscuras. Buenos Aires: Capital Intelectual, 2004. GARGARELLA, Roberto. ¿Democracia deliberativa y judicialización de los derechos sociales?

a ideia básica de que a democracia é o governo do povo, exercido por ele diretamente ou por meio de seus representantes. Ou seja, ao se autodeclarar o intérprete final da Constituição, o Supremo Tribunal Federal exclui o Poder Legislativo, o Poder Executivo, as demais instituições, órgãos e o próprio povo da tarefa de interpretação e concretização da Constituição.[187] Não há tampouco uma suposta representação argumentativa da Corte Constitucional ou do Supremo Tribunal Federal, pois os juízes não representam, eles não são eleitos, não estão submetidos ao controle popular. Ao contrário, compõem uma elite profissional.[188]

Tal postura viola ainda a noção básica de igualdade,[189] tão cara à democracia e ao constitucionalismo. Ao se estabelecer que ao Supremo Tribunal Federal cabe a última palavra sobre a interpretação da Constituição, põe-se abaixo a ideia fundamental de igualdade segundo a qual cada sujeito tem o mesmo valor moral do que o outro e tem, assim, o direito de intervir nas decisões mais importantes sobre a sua vida e de sua comunidade. Essa perspectiva faz com que a vida pública e coletiva da sociedade deixe de ser o resultado de uma discussão pública e democrática entre todos e passe a refletir as posições de algumas poucas pessoas mais

---

In: GARGARELLA, Roberto; ALEGRE, Marcelo (Orgs.). *El derecho a la igualdad*: aportes para un constitucionalismo igualitario. Buenos Aires: Lexis Nexis, 2007.

[187] É nesse cenário que se desenvolve o debate entre Ronald Dworkin e Jeremy Waldron sobre a possibilidade e necessidade do controle judicial de constitucionalidade das leis. Dworkin acredita no importante papel a ser desempenhado pelos juízes e cortes, enquanto Waldron se vê muito cético em relação ao Poder Judiciário e propõe o resgate da dignidade da legislação. Vide: DWORKIN, Ronald. *Taking rights seriously*. Cambridge: Harvard University Press, 1982. DWORKIN, Ronald. *Law's empire*. London: Fontana Press, 1986. DWORKIN, Ronald. *Law's empire*. London: Fontana Press, 1986. DWORKIN, Ronald. *Sovereign virtue*. Cambridge/London: Harvard University Press, 2000. WALDRON, Jeremy. *Law and disagreement*. Oxford: Clarendon Press, 1999. WALDRON, Jeremy. A dignidade da legislação. Tradução Luís Carlos Borges. São Paulo: Martins Fontes, 2003. Para uma leitura profunda e completa sobre o debate entre Ronald Dworkin e Jeremy Waldron vide: MENDES, Conrado Hübner. *Controle de constitucionalidade e democracia*. Rio de Janeiro: Elsevier, 2008. Vide também: SILVA, Cecília de Almeida. *et al. Diálogos institucionais e ativismo*. Curitiba: Juruá, 2012. p. 33-37. GARGARELLA, Roberto. *Crítica de la Constitución*: sus zonas oscuras. Buenos Aires: Capital Intelectual, 2004. p. 73-76.

[188] MENDES, Conrado Hübner. *Direitos Fundamentais, separação de poderes e deliberação*. São Paulo: Saraiva, 2011. p. 101.

[189] DWORKIN, Ronald. *Levando os direitos a sério*. Tradução Jefferson Luiz Camargo. 2. ed. São Paulo: Martins Fontes, 2007, p. 279-282, 419-427. DWORKIN, Ronald. *Uma questão de princípio*. Tradução Luis Carlos Borges. 2. ed. São Paulo: Martins Fontes, 2005. p. 123-128. DWORKIN, Ronald. *A virtude soberana*: a teoria e a prática da igualdade. Tradução Jussara Simões. São Paulo: Martins Fontes, 2005. RAWLS, John *Uma teoria da justiça*. Tradução Jussara Simões. 3. ed. São Paulo: Martins Fontes, 2008, p. 121-122. GARGARELLA, Roberto. Constitución y democracia. In: ALBANESE, Susana. *et al.* (Orgs.). *Derecho constitucional*. Buenos Aires: Universidad, 2004, p. 79. GODOY, Miguel Gualano de. *Constitucionalismo e Democracia*: uma leitura a partir de Carlos Santiago Nino e Roberto Gargarella. São Paulo: Saraiva, 2012. p. 66-67.

bem posicionadas na sociedade – os 11 Ministros do Supremo Tribunal Federal. E que não se argumente que as decisões não são de pessoas, mas da instituição, pois o argumento continuaria sendo válido. Por que a opinião do STF deveria valer mais do que a opinião dos demais Poderes, órgãos, instituições ou do próprio povo? Quando uma sociedade é caracterizada por sua grande desigualdade e pela injustificada e desigual distribuição de recursos (como são as sociedades latino-americanas, em geral, e a sociedade brasileira, em particular), a possibilidade de que os resultados das questões públicas da comunidade sejam dados em benefício próprio por essa parcela minoritária e privilegiada da sociedade é enorme, sobretudo pela distância que marca tais pessoas da maioria em geral. E mesmo que tal distância fosse, de alguma forma, mitigada, ainda assim haveria um déficit democrático, visto que as questões públicas mais importantes continuariam a ser decididas por uns poucos e não por muitos.[190]

A supremacia judicial também assume uma compreensão equivocada sobre o conceito de república e separação entre os Poderes. Ela fere o princípio republicano ao estabelecer que um órgão que não é eleito, que não tem seus mandatos periodicamente sujeitos à revisão e que não precisa prestar contas continuamente à população define as principais questões da vida pública em uma sociedade. Ademais, compreende a separação entre os Poderes não apenas como uma divisão estrita, estanque, mas que também confere um poder desproporcional ao Supremo Tribunal Federal em detrimento dos demais. Assim, não apenas se deixam de lado o debate e a decisão sobre que República se quer, mas também a separação entre os Poderes deixa de ser concebida como um sistema de freios e contrapesos no qual os Poderes fiscalizam-se mutuamente a fim de evitar abusos e ingerências de uns sobre os outros.[191] Pior do que isso, a ideia de supremacia judicial põe abaixo e encerra um debate atual absolutamente necessário, qual seja, como se deve entender atualmente a separação entre os Poderes. A postura da supremacia judicial não fomenta uma ação conjunta, coordenada e colaborativa entre os Poderes na definição do que é a Constituição, mas ao contrário a compreende como uma disputa (e não um diálogo) entre os Poderes sobre quem então deve ter a última palavra. Assim, ao

---

[190] GARGARELLA, Roberto. *Los fundamentos legales de la desigualdade*: el constitucionalismo en América (1776-1860). Buenos Aires: Siglo XXI, 2008. p. 260-261. HIRSCHL, Ran. *Towards juristocracy*: the origins and consequences of the new constitutionalism. Cambridge: Harvard University Press, 2004. p. 1-5, 11-12, 38-49, 149-168, 211-223. Vide também: GODOY, Miguel Gualano de. *Constitucionalismo e democracia*: uma leitura a partir de Carlos Santiago Nino e Roberto Gargarella. São Paulo: Saraiva, 2012. p. 62-63.

[191] GARGARELLA, R. *Los fundamentos legales de la desigualdad*: el constitucionalismo en América (1776-1860). Buenos Aires: Siglo XXI, 2008. p. 249.

invés de os Poderes buscarem de forma dialógica e colaborativa a melhor resposta sobre o significado da Constituição, eles passam a disputá-la, não importando o debate, a qualidade argumentativa, se a resposta será boa ou ruim ou se protegerá ou não os direitos fundamentais.[192]

Diante disso, é flagrante o risco de o Poder Judiciário, sob o pretexto de interpretar e aplicar a Constituição, conforme sua competência constitucional, substituir-se ao poder constituinte dotando suas decisões de uma eficácia até mesmo superior à das normas constitucionais. Vale dizer, a supremacia judicial, ao estabelecer o Supremo Tribunal Federal como o intérprete final da Constituição, transforma a supremacia da Constituição em uma instância de justificação que ganha independência e põe fim a sua própria justificação, legitimando toda e qualquer decisão do Supremo Tribunal Federal, independentemente de seu conteúdo e pelo simples fato de ter sido prolatada pelo Supremo Tribunal Federal, como se ele representasse a vontade do poder constituinte.[193]

No entanto, não há garantia alguma de que a interpretação dada pelo Poder Judiciário seja melhor para a efetivação dos direitos fundamentais do que a interpretação levada a cabo pelos outros Poderes. Ao contrário, a história constitucional tem mostrado como são variáveis as posições e posturas dos juízes e das cortes ao longo do tempo e como, muitas vezes, adotam-se posturas e decisões que representam retrocessos jurídicos e sociais.[194] Seria esse o que Roberto Mangabeira Unger justamente chamou de "segredo sujo" da teoria do direito contemporânea.[195] Uma postura em

---

[192] GODOY, Miguel Gualano de; CHUEIRI, Vera Karam de. Quem detém a última palavra sobre o significado da Constituição: a PEC 33, seus limites e possibilidades. *Jornal Gazeta do Povo*. Curitiba, 10 maio 2013. Vide também: MENDES, Conrado Hübner. *Direitos fundamentais, separação de poderes e deliberação*. São Paulo: Saraiva, 2011. p. 101. Para uma nova compreensão sobre a separação entre os Poderes vide: MAUSS, Ingeborg. Separação dos poderes e função judiciária. In: BIGONHA, Antonio Carlos Alpino; MOREIRA, Luiz. Legitimidade da jurisdição constitucional. Rio de Janeiro: Lumen Juris, 2010. p. 20-63. GARGARELLA, Roberto. *Nos los representantes*: critica a los fundamentos del sistema representativo. 2. ed Buenos Aires: Miño y Dávila, 2010. ACKERMAN, Bruce. *A nova separação dos poderes*. Tradução Isabelle Maria Campos Vasconcelos e Eliana Valadares Santos. Rio de Janeiro: Lumen Juris, 2013. p. 116. "O que se deve buscar é tornar o ideal da soberania popular uma realidade possível, relevar a burocracia judicial excludente em favor de uma tutela dos direitos fundamentais que garanta os recursos básicos a todo e cada cidadão"

[193] BRANDÃO, Rodrigo. *Supremacia judicial versus diálogos constitucionais*: a quem cabe a última palavra sobre o sentido da Constituição? Rio de Janeiro: Lumen Juris, 2012. p. 23.

[194] TUSHNET, Mark. *Taking the Constitution away from the courts*. Princeton: Princeton University Press, 1999.

[195] UNGER, Roberto Mangabeira. *What should legal analysis become?* London: Verso Press, 1996. p. 72-73, 152-153. "The two dirty little secrets of contemporary jurisprudence - jurisprudence in the age of rationalizing legal analysis are its reliance upon a rightwing Hegelian view of social and legal history and its discomfort with democracy: the worship of historical triumph and the fear of popular action. The rightwing Hegelianism finds expression in a daily practice emphasizing the cunning of history in developing rational order advances toward allocational

desconformidade com a democracia e que se expressa sobretudo na incessante identificação de limites sobre as maiorias ao invés de limitar o poder das minorias dominantes. Um comportamento que resulta na hipertrofia de práticas e arranjos contramajoritários em detrimento das reformas institucionais que buscam expandir o nível de engajamento e compromisso público popular.[196] Uma democracia, portanto, sistematicamente bloqueada sob a falácia de sua promoção ou proteção. É preciso, pois, superar o sofisma (ou na melhor das hipóteses o paralogismo) de que a supremacia judicial decorre, portanto, de uma tradição histórica, da supremacia da Constituição ou da opção institucional feita pela Constituição de 1988.

Ter a competência para guardar a Constituição, exercer o controle judicial de constitucionalidade das leis e atos normativos a fim de justamente preservar a Constituição, não significa que o conteúdo da Constituição seja sempre definido finalmente pelo Supremo Tribunal Federal. Guardar a Constituição não significa, portanto, ter a última palavra sobre seu significado. Declarar uma lei inconstitucional e invalidar atos dos demais Poderes são, sim, competências e atribuições do Poder Judiciário e especialmente do Supremo Tribunal Federal. Ele pode e deve exercer essa competência. Tem autorização expressa da Constituição de 1988 para isso. Mas, daí a se concluir que apenas ele pode, em caráter final, estabelecer o significado da Constituição, é uma conclusão ilógica, moralmente controversa, empiricamente falsa e afronta os nossos compromissos mais fundamentais com a democracia, o republicanismo e a igualdade.

Ressalve-se que essa crítica à ideia de supremacia judicial na interpretação da Constituição não significa ser a favor do modo como os demais

---

efficiency, or clarifications of institutional responsibility, or principles of moral and political right out of the unpromising stuff of historical conflict and compromise. The discomfort with democracy shows up in every area of contemporary legal culture: in the ceaseless identification of restraints upon majority rule, rather than of restraints upon the power of dominant minorities, as the overriding responsibility of judges and jurists; in the consequent hypertrophy of countermajoritarian practices and arrangements; in the opposition to all institutional reforms, particularly those designed to heighten the level of popular political engagement, as threats to a regime of rights; in the equation of the rights of property with the rights of dissent; in the effort to obtain from judges, under the cover of improving interpretation, the advances popular politics fail to deliver; in the abandonment of institutional reconstruction to rare and magical moments of national refoundation; in the single-minded focus upon the higher judges and their selection as the most important part of democratic politics; in an ideal of deliberative democracy as most acceptable when closest in style to a polite conversation among gentlemen in an eighteenth-century drawing room; and, occasionally, in the explicit treatment of party government as a subsidiary, last-ditch source of legal evolution, to be tolerated when none of the more refined modes of legal resolution applies. Fear and loathing of the people always threaten to become the ruling passions of this legal culture. Far from being confined to conservative variants of contemporary legal doctrine, these passions have left their mark upon centrist and progressive legal thought."

[196] UNGER, Roberto Mangabeira. *What should legal analysis become?* London: Verso Press, 1996. p. 72-73, 152-153.

poderes políticos, em especial o Poder Executivo e o Poder Legislativo, atuam e exercem suas funções. Criticar o Poder Judiciário em geral e o Supremo Tribunal Federal em particular não implica uma consequente exaltação ao Congresso Nacional e à forma como a política democrática majoritária é realizada no Brasil. As conhecidas mazelas do Poder Legislativo brasileiro – seu déficit de representação efetiva, a baixa credibilidade de que goza junto ao povo, sua atuação autointeressada e corporativa etc. – tornam injustificável qualquer confiança na atuação parlamentar como o meio exclusivo de interpretação e garantia da Constituição.

Aliás, a crítica aqui realizada é também plenamente compatível (e necessária) com uma crítica radical ao modo como estão organizados os poderes políticos no Brasil. Dessa forma, é importante deixar claro que quaisquer propostas de reforma que objetivem limitar a atuação do Poder Judiciário, mas deixem de lado o atual e questionável modo de organização e exercício dos Poderes Executivo e Legislativo devem ser vistas com extrema desconfiança, quando não com rechaço. Isso porque uma reforma que imponha limites apenas às cortes e aos juízes teria como resultado um consequente aumento do poder dos demais ramos políticos devido à constrição imposta ao Poder Judiciário. Assim, estar-se-ia contribuindo para o aumento, reforço e concentração de poder nos Poderes Executivo e Legislativo, os quais hoje também carecem de amplos, efetivos e contínuos controles e participação populares.[197] Por isso, contrariamente a essa ideia, o que se busca com esta crítica à ideia de supremacia judicial é justamente aperfeiçoar as formas de compreensão e exercício dos poderes das cortes e juízes na definição dos significados e alcances das normas constitucionais para que se expandam também os poderes e a participação do povo nessa tarefa de interpretação da Constituição. É nesse sentido que defendo um constitucionalismo popular e a devolução da Constituição ao povo. Para que a Constituição, esse documento fundante que nos constitui como uma comunidade de cidadãos que se reconhecem livres e iguais, seja produto não apenas das decisões de juízes, cortes, do Supremo Tribunal Federal ou dos nossos representantes eleitos, mas também e principalmente o resultado do que nós, o povo, desejamos que ela seja.

---

[197] GARGARELLA, Roberto. *Crítica de la Constitución*: sus zonas oscuras. Buenos Aires: Capital Intelectual, 2004. p. 86-87. GARGARELLA, Roberto. *Latin American Constitutionalism 1810-2010*: the engine room of the Constitution Oxford: Oxford University Press, 2013. p. 172. Para uma crítica à falta de participação popular na vida político-institucional do Brasil e à falta de instrumentos de fiscalização e controle popular sobre os representantes do povo vide: COMPARATO, Fábio Konder. *Brasil*: verso e reverso constitucional. Disponível em: <http://www.inesc.org.br/biblioteca/textos/25-anos-da-constituicao>.

1.3 O constitucionalismo popular como crítica à supremacia judicial e reivindicação de um papel protagonista do povo na interpretação e aplicação da Constituição

A crítica à supremacia judicial e a defesa de maior participação do povo devem possibilitar uma efetiva interpretação da Constituição que seja distribuída entre os Poderes, os órgãos, as instituições e entre todos eles e o povo. Dessa forma, tira-se a exclusividade das cortes e compartilha-se a tarefa de interpretar a Constituição. A interpretação feita pelo Poder Judiciário é importante e tem peso, sobretudo porque é feita por especialistas, mas deve ser encarada como mais uma, e não como a única correta.[198]

O constitucionalismo popular parte do pressuposto de que as interpretações sobre o conteúdo, alcance e limites das previsões mais fundamentais da constituição só podem ser estabelecidas em um ambiente público e radicalmente democrático. Nesse sentido, Mark Tushnet estabelece uma diferença entre o que chama de constituição fina (*thin constitution*) e constituição grossa (*thick constitution*).[199] A constituição fina representa os compromissos mais fundamentais do povo, o que nos Estados Unidos correspondem aos princípios da Declaração de Independência e ao preâmbulo da Constituição de 1787.[200] A constituição grossa, por sua vez, seria composta pelas normas específicas da constituição, suas emendas e a construção jurisprudencial típica do *common law*.[201] Para Tushnet, enquanto a constituição grossa é contingente e é usualmente interpretada e modificada pelos poderes constituídos, a constituição fina representa os compromissos imodificáveis do povo norte-americano e a atualização desses compromissos às circunstâncias históricas e atuais de cada momento ao longo da história deve ser realizada pelo povo. O constitucionalismo popular deve reivindicar sempre a constituição fina. Ou seja, a concretização dos princípios mais básicos que fundamentam e norteiam o povo deve ser realizada em um debate público aberto e democrático.[202]

---

[198] TUSHNET, Mark. *Taking the Constitution away from the courts.* Princeton: Princeton University Press, 1999. p. X, 181.

[199] TUSHNET, Mark. *Taking the Constitution away from the courts.* Princeton: Princeton University Press, 1999. p. 9-12.

[200] Mark Tushnet compreende também como parte integrante da constituição fina os direitos humanos orientados ao autogoverno. Vide: TUSHNET, Mark. *Taking the Constitution away from the courts.* Princeton: Princeton University Press, 1999. p. 181.

[201] TUSHNET, Mark. *Taking the Constitution away from the courts.* Princeton: Princeton University Press, 1999. p. 9-12.

[202] TUSHNET, Mark. *Taking the Constitution away from the courts.* Princeton: Princeton University Press, 1999. p. 12, 31.

Defensores do direito ao aborto, por exemplo, pensam que a posição pró-vida é tirânica para as mulheres. Por outro lado, os defensores pró-vida creem que a posição em favor do aborto é tirânica em relação aos embriões por colocarem fim a uma vida latente. Da mesma forma, há quem defenda políticas afirmativas e de inclusão e aqueles que discordam veemente delas. Esse desacordo foi claramente visto no Brasil quando a reserva de vagas para negros e índios foi duramente criticada por diversos setores da sociedade e, inclusive, questionada perante o Supremo Tribunal Federal.[203] O desfecho desse debate no Brasil é conhecido: não apenas a reserva de vagas para negros e índios foi declarada constitucional, como também gerou uma reação política em favor da inclusão de amplos setores da sociedade por meio de políticas públicas afirmativas e de inclusão.[204] Esses exemplos mostram como os desacordos somente podem ser resolvidos por meio de uma discussão pública robusta e democrática. O caso das cotas no Brasil é uma demonstração disso. Apesar da discordância de setores da sociedade, tais medidas foram afirmadas judicialmente e reafirmadas e ampliadas, logo em seguida, por decisões políticas de governantes e representantes do povo. Decisões essas que não apenas contavam com um respaldo judicial, mas também popular. E, mesmo assim, o desacordo permanece, pois ainda há setores da sociedade que seguem se manifestando contra as políticas afirmativas e de inclusão por meio de cotas. Ou seja, as decisões são tomadas e os desacordos, no entanto, permanecem.

As divergências sobre a atribuição de sentido e conteúdo a esses princípios só podem ser resolvidas em um ambiente democrático. Os cidadãos que não concordarem com a decisão tomada devem sempre respeitá-la, mas gozam do direito de continuar a insistir e tentar persuadir os demais cidadãos de que a decisão adotada não é a que melhor satisfaz os compromissos que os unem. Novamente, a democracia é a única saída para a resolução desses conflitos.[205] Por outro lado, quando essas questões mais fundamentais são simplesmente entregues ao Poder Judiciário para que ele decida em definitivo qual é a interpretação adequada da constituição, esvaziam-se as competências e deveres dos representantes do povo e exclui-se o próprio povo dessa tarefa. Além disso, essa postura da supremacia judicial promove a irresponsabilidade dos legisladores, os quais diante de questões polêmicas e controversas se eximem de exercer

---

[203] ADPF 186. Rel. Min. Ricardo Lewandowski. Julg. 26/04/2012.

[204] A Lei nº 12.288/2011 estabeleceu o Estatuto da Igualdade Racial e a Lei nº 12.711/2012 estabeleceu a reserva de 50% das vagas das instituições federais de ensino superior para alunos egressos de escolas públicas, negros, pardos, índios e carentes.

410 U.S. 113 (1973).

[205] TUSHNET, Mark. *Taking the Constitution away from the courts*. Princeton: Princeton University Press, 1999. p. 31.

sua função e delegam a decisão definitiva para a Suprema Corte. O controle judicial de constitucionalidade das leis passa então a servir aos interesses dos políticos que buscam evitar posicionar-se sobre controvérsias constitucionais que lhes poderiam gerar ônus eleitorais.[206] Dessa forma, de uma só vez excluem-se os cidadãos da tarefa de definir os rumos de suas próprias vidas e eximem-se os representantes do povo de fazer justamente o que lhes cabe fazer.

Frequentemente também se associa a ideia de que uma vitória na arena jurídica é mais importante do que uma vitória na arena pública. Essa é uma ideia cuja prática constitucional mostra ser equivocada. Uma vitória exclusivamente no espaço jurídico promove, em geral, bons efeitos apenas no curto prazo ao dar cabo à controvérsia. No entanto, ela não garante que seus efeitos serão permanentemente seguidos no longo prazo.[207] Um exemplo claro disso é o famoso caso *Brown v. Board of Education.*[208] Se por um lado ele representou um grande avanço ao declarar inconstitucional a segregação racial nas escolas dos Estados Unidos em 1954, por outro lado até 1964 apenas uma pequena minoria das escolas do sul dos Estados Unidos obedecia à decisão da Suprema Corte. Isso mostra como uma vitória jurídica é importante, mas como ela também depende de uma série de outras ações e medidas políticas e governamentais.

Decisões exclusivamente jurídicas muitas vezes põem fim às discussões e transformações que vinham sendo realizadas paulatinamente. Dessa forma, ao estabelecer uma decisão final para o conflito, ela também pode gerar uma grande rejeição e levar tempo para que seja integralmente cumprida. Nesse tipo de situação, quatro cenários são possíveis: (i) a vitória jurídica também é uma vitória política; (ii) vencer juridicamente, mas perder politicamente; (iii) perder juridicamente, mas ganhar politicamente e (iv) perder juridicamente e perder politicamente.

O caso *Brown v. Board of Education* representou uma vitória jurídica ao proibir políticas segregacionistas e também uma vitória política ao inserir um grupo antes discriminado e possibilitar que ele então se inserisse de forma mais ativa no debate público. No entanto, foi uma vitória política parcial, do ponto de vista ideológico, moral, democrático e igualitário. Não foi uma vitória política ampla, com apoio e apelo populares, pois não foi capaz de gerar no curto prazo uma vitória política em termos legislativos e de políticas públicas, o que aconteceu apenas uma década depois com a

---

[206] TUSHNET, Mark. *Taking the Constitution away from the courts.* Princeton: Princeton University Press, 1999. p. 57-58, 65-66.

[207] TUSHNET, Mark. *Taking the Constitution away from the courts.* Princeton: Princeton University Press, 1999. p. 135.

[208] 347 U.S. 483 (1954).

lei dos direitos civis aprovada em 1964.[209] O caso *Brown v. Board of Education* é, assim, ao mesmo tempo um exemplo de vitória jurídica e política, mas também um exemplo de vitória jurídica e derrota política. No Brasil pode-se destacar o caso da concessão de medicamentos para o tratamento do vírus HIV como um exemplo de vitória jurídica e política. A proposição e êxito de diversas ações judiciais em todo o país exigindo a disponibilização de medicamentos para tratamento do vírus HIV[210] culminou com a providência dos representantes do povo e a edição da Lei nº 9.313/1996 que concedeu tratamento universal e gratuito aos portadores do vírus HIV. Da mesma forma, o julgamento pelo Supremo Tribunal Federal da ADPF 186,[211] proposta pelo Partido Democratas (DEM), que contestava a criação de cotas para negros e índios na Universidade de Brasília (UnB), também representou uma vitória jurídica e política para os defensores de políticas afirmativas e de inclusão. Ao declarar constitucional a escolha da UNB por reservar um certo número de vagas para negros e índios, sucederam-se diversas iniciativas similares em outras Universidades brasileiras e também a criação de leis e políticas públicas destinadas a promover a inclusão desses e outros setores excluídos da sociedade.[212]

Um exemplo de vitória jurídica e derrota política é o caso *Roe v. Wade*[213] sobre o aborto nos Estados Unidos. A decisão final da Suprema Corte em favor do direito de escolha da mulher interrompeu um processo de construção pública que vinha sendo realizado pelo debate popular democrático nos estados, o que causou forte rejeição social (*backlash*) em diversos estados, os quais demoraram em cumprir integralmente o disposto pela Suprema Corte. Isso em geral acontece porque a decisão final sobre o caso muitas vezes desmobiliza aqueles que vinham lutando pela mudança e fortalece a rejeição dos que saíram perdedores.[214] Como

---

[209] TUSHNET, Mark. *Taking the Constitution away from the courts.* Princeton: Princeton University Press, 1999. p. 136.

[210] RE 242.859-3/RS, RE 271.286/RS, AgRE 271.286/RS, RE 232.335/RS, RE 267.612/RS, AI 238.328/RS, RE 247.900/RS, AI 232.469/RS, RE 247.352/RS, RE 244.087/RS, RE 248.300/RS, AgRE 259.508/RS e AgRE 257.109/RS.

[211] ADPF 186. Rel. Min. Ricardo Lewandowski. Julg. 26.04.2012.

[212] A Lei nº 12.288/2011 estabeleceu o Estatuto da Igualdade Racial e a Lei nº 12.711/2012 estabeleceu a reserva de 50% das vagas das instituições federais de ensino superior para alunos egressos de escolas públicas, negros, pardos, índios e carentes.

[213] 410 U.S. 113 (1973).

[214] TUSHNET, Mark. *Taking the Constitution away from the courts.* Princeton: Princeton University Press, 1999. p. 138-139. TUSHNET, Mark. *¿Por qué la Constitución importa?* Tradução Alberto Supelano. Bogotá: Universidad Externado de Colombia, 2012. p. 143-145. SUNSTEIN, Cass. *One case at a time*: judicial minimalism on the supreme court. Cambridge: Harvard University Press, 2001. p. 36. POST, Robert C; SIEGEL, Reva B. *Constitucionalismo democrático*: por una

afirmou a juíza da Suprema Corte norte-americana Ruth B. Ginsburg, diante do debate público que acontecia na sociedade estadunidense, a Suprema Corte poderia ter adotado uma postura de autorrestrição judicial, na qual ela manifestaria a sua posição e a defesa em prol da mudança (nesse caso a favor da liberdade de escolha das mulheres), mas deixaria a decisão para o processo político democrático.[215]

No Brasil um exemplo que talvez represente uma vitória jurídica e uma derrota política seja o caso Raposa Serra do Sol,[216] que reconheceu a demarcação de terras indígenas feitas pela União e determinou a desocupação da área em favor dos índios. Se tal decisão representou, por um lado, uma vitória imediata na proteção dos direitos indígenas, por outro causou uma forte reação política contrária aos índios e em favor dos agricultores. Uma reação que até hoje vem sendo sentida e que se reflete nos constantes embates entre a bancada ruralista do Congresso Nacional e a Fundação Nacional do Índio (FUNAI), bem como nas seguidas tentativas de reverter-se legislativamente as formas de as terras indígenas serem demarcadas.

Diferentemente dos Estados Unidos, o caso do aborto no Canadá é um exemplo de derrota jurídica e vitória política. A Suprema Corte canadense declarou inconstitucional a lei que permitia o aborto naquele país devido à desobediência a exigências procedimentais. O Parlamento poderia, assim, editar uma nova lei que atendesse aos critérios e exigências da Corte. No entanto, não havendo conveniência política para tanto, deixou-se de lado a proposta legislativa. Como resultado, o Canadá ficou sem regulamentação legislativa para o aborto, sendo apenas regulado pelas normas gerais dos procedimentos médicos, o que facilitou a realização do aborto pelas mulheres que assim desejassem. A derrota jurídica representou, então, justamente a vitória política do direito de escolha da mulher.[217]

Um caso de derrota jurídica e política aconteceu com o movimento pelos direitos sociais durante a década de 1960 nos Estados Unidos. Havia uma rejeição popular tão grande aos direitos sociais que a Suprema Corte era o único lugar possível de reivindicá-los. No entanto, quando a Suprema Corte deixou de defendê-los, a derrota foi completa.

---

reconciliación entre Constitución y pueblo. Tradução Leonardo García Jaramillo. Buenos Aires: Siglo XXI, 2013. p. 43-118.

[215] "My criticism of Roe is that it seemed to have stopped the momentum that was on the side of change. (…) The court can put its stamp of approval on the side of change and let that change develop in the political process.". Disponível em: <https://socialreader.com/me/channels/3945/content/Lx1H8?utm_source=webapp&utm_medium=fbsend&utm_content=articlePage>.

[216] Pet. 3.388. Rel. Min. Carlos Britto. Julg. 19.03.2009.

[217] TUSHNET, Mark. *Taking the Constitution away from the courts*. Princeton: Princeton University Press, 1999. p. 136-137.

CAPÍTULO 1 | 103

É certo que as demandas judiciais têm um papel importante, pois fazem com que o povo e os representantes tomem conhecimento sobre essas requisições e as levem a sério. No entanto, quando se apostam todas as fichas em uma luta exclusivamente jurídica, deixa-se de lado a contrapartida fundamental que é também mostrar e persuadir os concidadãos e representantes de que essa demanda não é vã.[218] No Brasil talvez um caso que represente, em certa medida, uma derrota jurídica e também uma derrota política seja a (falta de) responsabilização dos agentes da ditadura militar. O Supremo Tribunal Federal julgou improcedente a Arguição de Descumprimento de Preceito Fundamental 153,[219] [220] que buscava dar interpretação conforme a Constituição à Lei de Anistia (Lei nº 6.683/1979) e, assim, possibilitar a apuração e responsabilização de agentes da ditadura que houvessem cometido crimes contra os opositores do regime militar. Essa derrota jurídica representou também um retrocesso ante as iniciativas legislativas que tinham o mesmo objetivo de responsabilizar os agentes da ditadura que cometeram crimes contra a humanidade.

É de se destacar, no entanto, que tal decisão também provocou uma forte reação popular e de diversos representantes do povo que ainda sustentam o debate vivo e buscam, tanto por meios jurídicos quanto legislativos, sustentar a discussão e reverter a decisão do Supremo Tribunal Federal. Nesse sentido, destaquem-se a criação da Comissão Nacional da Verdade,[221] seguida pela criação, por leis e decretos, de inúmeras comissões da verdade nos Estados, a oposição de embargos de declaração na ADPF 153 pela OAB e a propositura de novas ações judiciais[222] buscando dar entendimento diferente àquele esposado pelo Supremo Tribunal Federal, como o de que o crime de sequestro é permanente e, portanto, não pode ser abarcado pela Lei de Anistia.[223]

---

[218] TUSHNET, Mark. *Taking the Constitution away from the courts*. Princeton: Princeton University Press, 1999. p. 137-138.

[219] APDF 153. Rel. Min. Luiz Fux. Julg. 29.04.2010.

[220] O Núcleo de Pesquisa Constitucionalismo e Democracia da Faculdade de Direito da Universidade Federal do Paraná (UFPR), sob a Coordenação da Prof. Dra. Vera Karam de Chueiri, realizou profunda pesquisa sobre o tema e por meio dos seus membros e pesquisadores atuou como Procurador da Associação Democrática e Nacionalista de Militares, aceita como *Amicus Curiae* no julgamento da ADPF 153.

[221] Plano Nacional de Direito Humanos PNDH-3, instituído pelo Decreto nº 7.037, de 21 de dezembro de 2009, atualizado pelo Decreto nº 7.177, de 12 de maio de 2010, e Lei nº 12.528/2011.

[222] Destaque-se a ação nº 0004204-32.2012.403.6181 proposta pelo Ministério Público Federal em São Paulo para responsabilização do Coronel Carlos Alberto Brilhante Ulstra, Comandante do Destacamento de Operações Internas de São Paulo (Doi-Codi-SP), no período de 1970 a 1974, pela ocorrência de torturas e assassinatos durante a ditadura militar.

[223] PIOVESAN, Flávia; SOARES, Inês Virgínia Prado. *Direitos humanos atual*. São Paulo: Elsevier, 2014. Vide também as ações propostas pelo Ministério Público Federal:<http://files.comunidades.net/massacres-e-genocidios/MPF__Relatorio__Crimes_da_Ditatura.pdf>.

Esses exemplos mostram como a supremacia judicial não apenas não garante a melhor interpretação e aplicação da Constituição como também pode promover resultados imprevistos e não desejados. Por isso, o constitucionalismo popular reivindica o resgate da participação popular nessa tarefa tão importante de definir o conteúdo e significado dos direitos fundamentais estabelecidos pela constituição.[224]

É certo que a inclusão e participação do povo pressupõe, necessariamente, a efetivação de direitos fundamentais mínimos que, em sociedades periféricas e marcadas por uma profunda desigualdade como o Brasil, são sistematicamente negados e impedem tal participação. Reivindicar o resgate de um papel protagonista do povo na interpretação e aplicação da Constituição não significa ignorar essa situação de privação, desigualdade e exclusão. Nesse sentido, o constitucionalismo popular surge justamente por conta da existência dessas desigualdades, pelo inconformismo com situações como essas e deve servir para exigir ainda mais o cumprimento da Constituição e a necessária inclusão do povo.[225]

O constitucionalismo popular mostra como a constituição não pode ser compreendida como um documento técnico, manejado apenas por juristas ou representantes, de forma distante do povo. Ao contrário, os compromissos mais fundamentais assumidos por uma sociedade por meio de sua constituição só podem ser definidos mediante uma participação popular direta e ativa do povo que, em conjunto com outros atores, representantes e instituições, determinará os rumos da vida pública e coletiva de sua comunidade.[226]

1.4 Constitucionalismo popular e ditadura da maioria: uma associação equivocada

E que não se confunda ou faça uma equivocada associação entre constitucionalismo popular e populismo ou entre constitucionalismo popular e governos autoritários que contam com apoio majoritário. Esse tipo de associação parece expressar um medo do povo, reiteradamente difundido a partir da expressão "ditadura da maioria", que resulta quase sempre na conclusão pela necessidade de um controle judicial de

---

[224] TUSHNET, Mark. *Taking the Constitution away from the courts*. Princeton: Princeton University Press, 1999. p. 186.

[225] Sobre a satisfação de direitos *a priori* ao processo democrático e o conflito substancialismo X procedimentalismo, vide: GODOY, Miguel Gualano de. *Constitucionalismo e democracia*: uma leitura a partir de Carlos Santiago Nino e Roberto Gargarella. São Paulo: Saraiva, 2012. p. 110-119.

[226] TUSHNET, Mark. *Taking the Constitution away from the courts*. Princeton: Princeton University Press, 1999. p. 196.

constitucionalidade das leis, como se tal conclusão fosse axiomática.[227] Não é. Países com controle judicial de constitucionalidade fraco, como Canadá ou Nova Zelândia, por exemplo, não têm como resultado uma ditadura majoritária e um consequente desrespeito às minorias.[228] As instituições democráticas podem, é verdade, chegar a decisões que se reputem incorretas sobre os direitos e os modos de aplicá-los. Mas, da mesma forma, também as cortes e os juízes podem incidir nesse erro.[229] Diante dos desacordos sobre como interpretar a constituição e efetivar os direitos nela previstos, optar por um arranjo que exclua o povo desse processo de discussão e decisão é minar a democracia e comprometer a igualdade. E é justamente a preservação desse ideal democrático e desse compromisso igualitário que o constitucionalismo popular invoca. Diante disso, ao invés de se transferir toda a carga decisória para o Poder Judiciário, deve-se antes ouvir o povo e encarar os juízes e as cortes como mais um ator nesse processo coletivo de discussão e decisão. Nesse sentido, o exercício do controle judicial de constitucionalidade das leis deve servir para promover o debate democrático, incluir possíveis minorias alijadas do debate, incrementar e descortinar argumentos, mas não para impor verticalmente a toda a sociedade a interpretação constitucional que alguns poucos juízes entendem como correta. O constitucionalismo popular, assim, antes promove a democracia do que a transforma em uma ditadura da maioria.

Isso não significa que uma possível ditadura da maioria não aconteça ou seja algo com o qual não se deva preocupar. O que não se pode concluir, no entanto, é que o constitucionalismo popular esteja associado a esse tipo de ideia. Se é certo que a história mostra a existência de governos populistas ou ditaduras que contaram com apoios populares majoritários, por outro lado também é certo que tais governos se fundaram sobre a violação das premissas mais básicas que devem sustentar a vida em comunidade e que, portanto, são também pressupostos do constitucionalismo popular: um espaço público radicalmente democrático, livre e igualitário. Nesse sentido, governos populistas que concentrem poderes nas mãos de um único Poder (em geral o Executivo) e governos autoritários que ofendam a vida digna de outros cidadãos não podem se sustentar como regimes constitucionais

---

[227] WALDRON, Jeremy. A essência da oposição ao judicial review. In: BIGONHA, Antonio Carlos Alpino; MOREIRA, Luiz. Legitimidade da jurisdição constitucional. Rio de Janeiro: Lumen Juris, 2010. p. 145.

[228] TUSHNET, Mark. Weak Courts, strong rights: judicial review and social wealfare rights in comparative constitutional law. Princeton: Princeton University Press, 2008.

[229] WALDRON, Jeremy. A essência da oposição ao judicial review. In: BIGONHA, Antonio Carlos Alpino; MOREIRA, Luiz. Legitimidade da jurisdição constitucional. Rio de Janeiro: Lumen Juris, 2010. p. 146.

populares e democráticos, nem mesmo quando apoiados por maiorias, pois se tal situação fosse admitida se estaria a ofender os princípios que fundamentam a própria democracia: o princípio da soberania popular (e não soberania de um único sujeito) e o princípio de que todos são iguais, possuem o mesmo valor moral e merecem igual consideração e respeito.[230]

E para que não reste dúvida sobre essa possível e equivocada confusão ou associação, uma das experiências totalitárias mais trágicas que contaram com amplo apoio popular – o nacional socialismo alemão – não partiu de uma decisão do povo sobre a Constituição de Weimar. Ao contrário, o regime nazista foi antes construído sob fundamentos jurídicos que deslegitimaram e descaracterizam o Parlamento como sede das principais decisões do país e alteraram a ideia de poder soberano, retirando-o das mãos do povo para entregá-lo às mãos do presidente do Reich.[231]

Foi precisamente Carl Schmitt quem radicalizou a teoria do direito livre e destinou ao Poder Judiciário uma função defensiva contra o legislador, bem como defendeu a concentração do poder soberano nas mãos do *Führer*. Foi nesse sentido que Schmitt invocou a primazia de princípios constitucionais supralegais sobre leis ordinárias para justificar uma aplicação discricionária das vontades e determinações do *Führer* e seus agentes sob o referendo e apoio do Poder Judiciário.[232] Dessa forma, o Tribunal Constitucional passou a interpretar tais proposições do novo regime como valores suprapositivos e decisões fundamentais da constituição, incorrendo num ativismo jurisprudencial que ditava parâmetros e requisitos ao Poder Legislativo, distanciando-se de sua verdadeira função e entrando em verdadeira concorrência com a legislação corrente.[233] Assim, inverteu-se completamente a separação entre os Poderes, esvaziou-se o Parlamento, retirou-se do povo o seu poder soberano e acabou-se com o Estado Democrático de Direito alemão sem que fosse sequer necessário derrubar a Constituição de Weimar.[234]

---

[230] DWORKIN, Ronald. *Uma questão de princípio*. Tradução Luis Carlos Borges. 2. ed. São Paulo: Martins Fontes, 2005. p. 123-128. DWORKIN, Ronald. *A virtude soberana*: a teoria e a prática da igualdade. Tradução Jussara Simões. São Paulo: Martins Fontes, 2005.

[231] MAUS, Ingeborg. Separação dos poderes e função judiciária. In: BIGONHA, Antonio Carlos Alpino; MOREIRA, Luiz. Legitimidade da jurisdição constitucional. Rio de Janeiro: Lumen Juris, 2010. p. 53-54.

[232] MAUS, Ingeborg. Separação dos poderes e função judiciária. In: BIGONHA, Antonio Carlos Alpino; MOREIRA, Luiz. Legitimidade da jurisdição constitucional. Rio de Janeiro: Lumen Juris, 2010. p. 54, 57-58.

[233] MAUS, Ingeborg. Separação dos poderes e função judiciária. In: BIGONHA, Antonio Carlos Alpino; MOREIRA, Luiz. Legitimidade da jurisdição constitucional. Rio de Janeiro: Lumen Juris, 2010. p. 58.

[234] MAUS, Ingeborg. Separação dos poderes e função judiciária. In: BIGONHA, Antonio Carlos Alpino; MOREIRA, Luiz. Legitimidade da jurisdição constitucional. Rio de Janeiro: Lumen

Diferentemente disso, em oposição ao que aconteceu no regime nazista ou ao que em geral sustentam governos populistas e autoritários, o constitucionalismo popular não apenas concebe o povo como detentor do poder soberano, como também critica uma pretensa totalização da justiça como a melhor forma de se cumprirem os objetivos e compromissos fundamentais da constituição.

1.5 Nós, o povo: esse estranho desconhecido porque sempre mantido ausente

Um olhar crítico sobre a forma como o Poder Judiciário vem exercendo a sua competência no controle judicial de constitucionalidade das leis, e também sobre a forma de representação e exercício do poder por parte dos representantes do povo, especialmente pelo Poder Legislativo, é fundamental para que se resgate o papel que o povo deve ter na interpretação da constituição. Um papel que nas experiências latino-americanas e, assim, também na brasileira, historicamente foi relegado e socavado.[235]

O constitucionalismo latino-americano do século XIX foi influenciado pelo constitucionalismo liberal dos Estados Unidos e se caracterizou em geral por um sistema representativo extremamente desconfiado e arredio às maiorias e baseado na diferenciação entre representantes e representados; uma concepção de distinção e separação entre os Poderes que sempre privilegiou os mecanismos de controle endógenos (internos a cada Poder) e horizontais (no qual cada Poder exerce um certo controle sobre o outro) em detrimento de mecanismos de controle popular ou exógenos (feitos por outros órgãos ou instituições); um sistema de freios e contrapesos; um Poder Judiciário que paulatinamente foi estendendo seu poder e um acesso

---

Juris, 2010. p. 54. Ressalve-se, entretanto, a importância da crítica feita por Carl Schmitt à democracia parlamentar, bem como as atuais possibilidades de releitura de sua obra. Sobre a crítica de C. Schmitt à democracia parlamentar, vide: SCHMITT, Carl. *A crise da democracia parlamentar*. Tradução Inês Lohbauer. São Paulo: Scritta, 1996. Sobre as possibilidades de releitura da obra de C. Schmitt, vide: MOUFFE, Chantal. *The chalenge of Carl Schmitt*. London: Verso, 1999. MOUFFE, Chantal. *The democratic paradox*. New York: Verso, 2000. MOUFFE, Chantal. *En torno a lo político*. Tradução Soledad Laclau. Buenos Aires: Fondo de Cultura Económica, 2009. Vide também: CHUEIRI, Vera Karam de. Nas trilhas de Carl Schmitt (ou nas teias de Kafka): soberania, poder constituinte e democracia radical. In: FONSECA, Ricardo Marcelo (Org.). *Repensando a teoria do Estado*. Belo Horizonte: Fórum, 2004. p. 347-377.

[235] Para uma leitura profunda e crítica sobre a história constitucional na América Latina, bem como sobre o papel do povo nessa trajetória, vide: GARGARELLA, Roberto. *Los fundamentos legales de la desigualdad*: el constitucionalismo en América (1776-1860). Buenos Aires: Siglo XXI, 2008. Vide também: GARGARELLA, Roberto. *Latin American Constitutionalism 1810-2010*: the engine room of the Constitution Oxford: Oxford University Press, 2013.

108 | MIGUEL GUALANO DE GODOY
DEVOLVER A CONSTITUIÇÃO AO POVO – CRÍTICA À SUPREMACIA JUDICIAL E DIÁLOGOS INSTITUCIONAIS

muito limitado e restrito aos tribunais.[236] Assim moldou-se o constitucionalismo latino-americano em geral do século XIX, baseado na perspectiva liberal de limitação do poder e repartição de competências, mas também sob um forte viés conservador que concentrou excessivos poderes nas mãos do chefe do Poder Executivo, manteve uma íntima vinculação com concepções religiosas e jamais levou em consideração o povo.

O século XX inaugurou as constituições sociais, sendo a Constituição Mexicana de 1917 a primeira delas, e, durante esse período, diversos direitos foram estabelecidos e expandidos, incluindo-se direitos políticos, individuais e também os direitos sociais. O advento das ditaduras na América Latina e a sua posterior superação promoveram uma nova onda de demandas e expansão por direitos durante a redemocratização desses países. Foi nesse contexto que se editaram as mais recentes e ainda vigentes constituições na América Latina, as quais em sua grande maioria são bastante fortes e exigentes na proteção e garantia de direitos.[237]

A Constituição brasileira de 1988 é um bom exemplo de uma constituição que estabeleceu um amplo rol de direitos fundamentais e um compromisso irrestrito com a democracia. Nesse sentido, ela quebrou, não sem lutas e conflitos, com o paradigma de exclusão do povo ao ter sido construída de forma ampla e plural. Também deixou claro logo em seu art. 1º, parágrafo único, que todo o poder emana do povo e que seu exercício se realiza diretamente ou por meio de seus representantes.[238]

No entanto, em que pese a necessária e bem-vinda expansão de direitos e garantias pela Constituição de 1988, tanto ela quanto a maioria das novas constituições latino-americanas (como, por exemplo, a Constituição Argentina de 1994, a da Venezuela de 1999 ou a da Bolívia de 2009, entre outras), apostaram muito mais fortemente na transformação social por meio da previsão e garantia de direitos do que na reformulação da organização e no exercício do poder. Vale dizer, tivemos avanços amplos e profundos, que devem ser celebrados e defendidos à exaustão, mas deixou-se praticamente inalterada e não se mexeu naquilo que Roberto Gargarella chamou de "casa de máquinas da constituição", ou seja, a forma como se deve dar

---

[236] GARGARELLA, Roberto. *Latin American Constitutionalism 1810-2010*: the engine room of the Constitution Oxford: Oxford University Press, 2013. p. 44-46, 54-61.

[237] GARGARELLA, Roberto. *Latin American Constitutionalism 1810-2010*: the engine room of the Constitution Oxford: Oxford University Press, 2013. p. 132.

[238] PILATTI, Adriano. *A Constituinte de 1987-1988*: progressistas, conservadores, ordem econômica e regras do jogo. Rio de Janeiro: Lumen Juris, 2008. BARBOSA, Leonardo Augusto de Andrade. *História constitucional brasileira*: mudança constitucional, autoritarismo e democracia no Brasil pós-1964. Brasília: Câmara dos Deputados, 2012. BONAVIDES, Paulo; ANDRADE, Paes de. *História constitucional do Brasil*. Brasília: OAB Editora, 2008.

o processo democrático de tomada das decisões.[239] A forma de exercício do poder, assim, permanece muito similar àquela que sempre foi exercida desde o século XIX, com uma concentração excessiva de poder nas mãos do Poder Executivo e com muito pouco acesso, participação e controle populares sobre os representantes do povo.

Diante disso, a crítica contundente que se faz à supremacia judicial deve também levar em consideração essa crítica sobre a forma de organização e exercício do poder. Uma crítica que deve ser especialmente dirigida aos representantes do povo, os quais, independentemente de suas bandeiras e filiações partidárias, insistem em deixar de lado a fundamental discussão sobre a organização e o exercício do poder. Essa omissão proposital representa o que Mark Tushnet chamou de "profundo e arraigado medo do voto", compreendido como o temor dos representantes sobre como votaria o povo ante as possibilidades de os cidadãos decidirem em uma reforma constitucional a modificação da estrutura e organização do poder pela qual são governados.[240] Por isso, frise-se, novamente, criticar a supremacia judicial não significa ser automaticamente a favor do Legislativo ou tampouco encará-lo como a melhor expressão da vontade popular. O que a crítica à supremacia judicial possibilita mostrar aos juristas é como se pode e deve conhecer os limites do Direito, da sua atuação jurisdicional, e, assim, melhorar justamente o desempenho do nosso papel no cumprimento das promessas constitucionais, bem como exigir o mesmo dos demais Poderes, órgãos e instituições.

Essa tarefa encontra dificuldades diante da também fechada casa de máquinas da Constituição de 1988, com poucos mecanismos de acesso, participação e controle por parte do povo. Os instrumentos de participação popular previstos pela Constituição são poucos e de difícil aplicação. As leis de iniciativa popular (CRFB/88 art. 14,III) são quase impossíveis de serem propostas diante dos exigentes requisitos necessários. Os plebiscitos (CRFB/88 art. 14, I) e referendos (CRFB/88 art. 14, II) não estão nas mãos do povo, e dependem de autorização e convocação do Congresso (CRFB/88 art. 49, XV). Não há também qualquer controle direto e efetivo sobre o exercício dos mandatos dos representantes, o que acaba por tornar a eleição de nossos representantes o mesmo que assinar um cheque em branco em favor deles e em detrimento do povo.

Todas essas e tantas outras dificuldades de inserção efetiva do povo na vida pública e coletiva do Brasil mostram como o ingresso do povo na

---

[239] GARGARELLA, Roberto. *Latin American Constitutionalism 1810-2010*: the engine room of the Constitution Oxford: Oxford University Press, 2013. p. 172, 179.

[240] TUSHNET, Mark. *Taking the Constitution away from the courts*. Princeton: Princeton University Press, 1999. p. 181.

Constituição e a efetivação plena do art. 1º, parágrafo único da Constituição de 1988 têm sido postergados. Por essa razão, estabelecer um debate público robusto sobre possíveis reformas que aprimorem o exercício do poder e possibilitem ao povo um exercício mais ativo e direto de sua cidadania é tão importante quanto necessário.[241]

E deixe-se claro desde logo, tal reforma não deve insistir no velho esquema tradicional, reforçando e melhorando as capacidades de ação dos órgãos políticos e judiciais, os quais ao fim e ao cabo continuam refratários ao poder popular e seguem incapazes de dar conta da enorme pluralidade de vozes e demandas da sociedade contemporânea. Uma reforma popular apropriada deveria abrir as possibilidades de fazerem-se audíveis as diversas vozes hoje caladas e alijadas do debate público e expandir os instrumentos de decisão e controle do povo sobre os assuntos coletivos comuns.[242]

O sentido da Constituição deve ser construído e definido coletivamente entre o povo e as instituições de sua sociedade. Dessa forma, é certo que o Poder Judiciário tem um papel fundamental na definição da interpretação constitucional e da aplicação da constituição, mas a efetivação da constituição não pode viver apenas da interpretação que os juízes e as cortes constitucionais fazem dela. Ao contrário, a constituição só pode ser plenamente realizada pela política democrática.[243] O Estado Constitucional foi conquistado no combate à falta do Estado de Direito. Esse combate segue com a democracia, que deve ser cumprida diariamente na efetivação dos direitos fundamentais,[244] pois ela, juntamente com a soberania popular, pressupõe a titularidade do poder do Estado, o qual, em última análise, reside no povo. Por isso, a democracia não pode, e nem deve, ser compreendida como mera técnica jurídica ou de representação,

---

[241] UNGER, Roberto Mangabeira. *What should legal analysis become?* London: Verso Press, 1996. UNGER, Roberto Mangabeira. *O direito e o futuro da democracia.* São Paulo: Boitempo, 2004. UNGER, Roberto Mangabeira. *O que a esquerda deve propor.* Rio de Janeiro: civilização brasileira, 2008. BONAVIDES, Paulo. *Teoria constitucional da democracia participativa*: por um direito constitucional de luta e resistência; por uma nova hermenêutica; por uma repolitização da legitimidade. 3. ed. São Paulo: Malheiros, 2008. TUSHNET, Mark. *¿Por qué la Constitución importa?* Tradução Alberto Supelano. Bogotá: Universidad Externado de Colombia, 2012. p. 171-188.

[242] GARGARELLA, Roberto. *Latin American Constitutionalism 1810-2010*: the engine room of the Constitution Oxford: Oxford University Press, 2013. p. 204-208.

[243] BERCOVICI, Gilberto. *Soberania e Constituição*: para uma crítica do constitucionalismo. São Paulo: Quartier Latin, 2008. p. 325.

[244] MÜLLER, Friedrich. *Quem é o povo?* A questão fundamental da democracia. Tradução Peter Naumann. 4. ed. São Paulo: Revista dos Tribunais, 2009. p. 70.

mas sim, como pressuposto, experimentação, substância e pauta para a toda atuação política e jurídica.[245] Quando o Supremo Tribunal Federal exerce sua competência, também está ele a dizer de que forma compreende a Constituição e, portanto, como ela deve ser concretizada. No entanto, suas interpretações e decisões sobre a Constituição não são e não podem nunca se pretender absolutas, sob pena de excluírem-se os demais Poderes, instituições e o próprio povo na tarefa de definir os conteúdos e limites da nossa Constituição. As decisões dos juízes e das cortes são importantes para garantir que os conflitos e as divergências terão uma resposta, mas o Poder Judiciário deve ser consciente de que suas respostas definitivas (nos casos em tese ou nos casos concretos) são sempre provisórias, temporárias, precárias, pois estão sujeitas à revisão e à superação. São decisões que põem fim a um processo judicial, mas não a um processo de debate público e democrático. Isso significa retomar, pois, a compreensão de que na tarefa de interpretação e aplicação da Constituição o Poder Judiciário, os juízes e as cortes podem muito, mas não podem tudo. Juízes e cortes são mais um dentre os vários atores responsáveis pela definição do significado da Constituição. Se a Constituição passa a ser apenas o que o Supremo Tribunal Federal diz o que ela é, consequentemente o que se tem já não é mais uma democracia, mas um governo de juízes e cortes. Em uma sociedade que se pretenda democrática e igualitária – e a Constituição de 1988 assim nos constitui – a tarefa de interpretar a Constituição, definir o conteúdo e o limite de suas previsões, deve ser feita de forma conjunta e compartilhada, pelo povo no exercício de sua cidadania, por cada Poder e instituição no cumprimento de suas funções e competências.[246] Ainda que haja um dissenso sobre o significado e conteúdo dos direitos, pode-se e deve-se obter um acordo sobre o procedimento que vai definir o valor e o alcance desses direitos. Dessa forma, pode-se aceitar o procedimento democrático como condição necessária da legitimidade da decisão, enquanto os direitos que o fundamentam, a satisfação desses direitos, irão justamente definir o valor epistêmico (e, também, a consequente legitimidade) do processo democrático-deliberativo.[247] É precisamente

---

[245] GODOY, Miguel Gualano de. *Constitucionalismo e democracia*: uma leitura a partir de Carlos Santiago Nino e Roberto Gargarella. São Paulo: Saraiva, 2012. p. 56.

[246] FISHER, Louis, *Constitutional dialogues*: interpretation as political process. Princeton: Princeton University Press, 1988. p. 3-6, 231-276. Vide também: BERCOVICI, Gilberto. Constituição e política: uma relação difícil. *Lua Nova*, n. 61, p. 20, 2004. Disponível em: <http://www.scielo.br/pdf/ln/n61/a02n61>.

[247] GODOY, Miguel Gualano de. *Constitucionalismo e democracia*: uma leitura a partir de Carlos Santiago Nino e Roberto Gargarella. São Paulo: Saraiva, 2012. p. 118. Vide também: MARTÍ, José Luis. *La república deliberativa*: una teoría de la democracia. Madrid: Marcial Pons, 2006. p. 169.

porque há uma discordância entre os sujeitos que falar, discutir e deliberar são ações necessárias.

A única forma de serem resolvidos os problemas de coexistência, as diferenças sobre o conteúdo dos direitos e do próprio processo democrático de tomada de decisão é mediante o diálogo mútuo sobre os referidos problemas.[248] Ou seja, é porque há uma pluralidade inegável e diferenças tão profundas (quiçá, insuperáveis) que é necessário dialogar, discutir e comunicar. De tal forma que, ao fim e ao cabo, vale a máxima do paradoxo da linguagem: "nós nos comunicamos porque não nos comunicamos".[249] É o diálogo e a deliberação que possibilitam essa comunicação que, devido às profundas diferenças existentes, em outro contexto não aconteceria. Dessa maneira, deve-se sempre encarar o processo democrático como um procedimento contínuo (*ongoing*). O processo nunca se detém, novas razões sempre podem ser analisadas (a favor ou contra a decisão tomada) de tal forma que o resultado do processo não é, necessariamente, permanente. O consenso é, assim, um consenso que se sabe precário e a decisão é uma decisão que se sabe sempre provisória.[250]

Nessa tarefa, certamente haverá desacordos profundos, embates, disputas e lados opostos. No entanto, é no dissenso que se constrói a democracia, são os desacordos que descortinam velhos dogmas e as deliberações que permitem novas possibilidades e experiências. Os erros e as decisões equivocadas certamente também hão de acontecer e existir. E é exatamente por causa deles e de sua inevitabilidade que não se pode admitir nenhuma decisão definitiva e absoluta – uma última palavra – sobre o significado da Constituição, devendo-se, pois, preservar sempre a possibilidade do desacordo e da retomada democrática, igualitária e popular do debate.

---

[248] MARTÍ, José Luis. *La república deliberativa*: una teoría de la democracia. Madrid: Marcial Pons, 2006. p. 172.

[249] NETO, Menelick de Carvalho. A contribuição do direito administrativo enfocado da óptica do administrado: para uma reflexão acerca dos fundamentos do controle de constitucionalidade das Leis no Brasil: um pequeno exercício de Teoria da Constituição. *Revista Fórum Administrativo*, Belo Horizonte, v. 1, n. 1, p. 11-20, 2001.

[250] GODOY, Miguel Gualano de. *Constitucionalismo e democracia*: uma leitura a partir de Carlos Santiago Nino e Roberto Gargarella. São Paulo: Saraiva, 2012. p. 119.

CAPÍTULO 2

COMO PODEM ENTÃO ATUAR JUÍZES E CORTES? VIRTUDES, CAPACIDADES E DIÁLOGOS INSTITUCIONAIS COMO POSSIBILIDADES NECESSÁRIAS

O Capítulo 1 apresentou uma crítica às ideias de exclusividade e supremacia judiciais. A interpretação da Constituição não pode ser objeto exclusivo do Poder Judiciário e tampouco a ele cabe a última palavra sobre o significado da Constituição. O conteúdo, os alcances e limites dos direitos fundamentais, da própria Constituição, são definidos e redefinidos todos os dias por diversos atores, pelos representantes do povo que interpretam e aplicam a Constituição ao elaborar leis e políticas públicas que irão dar concretude às previsões constitucionais; pelo Poder Judiciário que ao emitir suas decisões também exibe a sua compreensão sobre o significado da Constituição e suas normas; pelo povo, pelos movimentos sociais e demais instituições.

No entanto, o pluralismo inerradicável das sociedades contemporâneas e os profundos desacordos morais existentes entre os cidadãos exibirão divergentes e conflituosas compreensões sobre os conteúdos, alcances e limites dos direitos fundamentais.[251]

O presente Capítulo 2 tem por objetivo apontar importantes perspectivas, abordagens, categorias, que juízes e cortes podem e devem levar em consideração quando forem provocados a oferecer respostas a esses conflitos, sem, no entanto, apelar à ideia de supremacia judicial ou recair em uma deferência absoluta ao legislador.

---

[251] NEVES, Marcelo. *Entre Themis e Leviatã*: uma relação difícil. 2. ed. São Paulo: Martins Fontes, 2008. p. 144.

MIGUEL GUALANO DE GODOY
DEVOLVER A CONSTITUIÇÃO AO POVO – CRÍTICA À SUPREMACIA JUDICIAL E DIÁLOGOS INSTITUCIONAIS

Nesse sentido, é possível defender uma postura de juízes e cortes que não se respalde em uma pretensa autoridade última para interpretar a Constituição, mas que, ao contrário, seja sensível e permeável aos outros atores e instituições, num permanente diálogo. Essa postura não se restringe a uma escolha binária entre o constitucional e o inconstitucional. Ainda que a decisão final tenha que optar por uma dessas possibilidades, há diferentes intensidades na forma de fazê-lo.[252] Dessa maneira, mais do que decisões estritamente jurídicas, essa postura também deixa claro até onde juízes e cortes podem e devem interferir no respectivo caso.[253]

2.1 As virtudes passivas de juízes e cortes: o silêncio de Alexander Bickel e o minimalismo de Cass Sunstein

Teoria e prática constitucionais a todo o momento exploram e invocam diferentes teorias interpretativas. Na aplicação dos comandos constitucionais, juízes e cortes por vezes sustentam, por exemplo, o sentido literal do texto, invocando a vontade do constituinte ou do legislador. Em outros momentos, por outro lado, expõem suas compreensões sobre o significado da norma constitucional baseados em uma leitura moral, por exemplo, da constituição. Dessa forma, as diferenças entre as teorias interpretativas invocadas são fundamentais, pois têm um impacto direto sobre a decisão. Ao lado disso, além das diferenças entre as teorias interpretativas adotadas, há também outros importantes aspectos a serem considerados, como, por exemplo, a postura adotada pelo julgador e a forma como ele enxerga o seu papel diante da controvérsia a ser julgada.[254] Nesse sentido, destacam-se as obras de Alexander Bickel[255] e a renovada leitura que Cass Sunstein oferece às propostas de Bickel.

A obra de Alexander Bickel foi desenvolvida nos Estados Unidos, durante a década de 1960, uma época marcada por profunda agitação social, especialmente em torno dos direitos dos negros. A preocupação de Bickel nessa época era analisar o papel ativo e decisivo que a Suprema Corte norte-americana teve na transformação da sociedade estadunidense ao julgar importantes casos e assentar uma nova compreensão, mais

---

[252] MENDES, Conrado Hübner. *Direitos fundamentais, separação de poderes e deliberação*. São Paulo: Saraiva, 2011. p. 108.

[253] MENDES, Conrado Hübner. *Direitos fundamentais, separação de poderes e deliberação*. São Paulo: Saraiva, 2011. p. 108.

[254] SUNSTEIN, Cass. *Constitutional Personae*. New York: Oxford University Press, 2015. p. 01.

[255] BICKEL, Alexander. *Supreme Court and the idea of progress*. New Haven: Yale University Press, 1970. BICKEL, Alexander. *The morality of consent*. New Haven: Yale University Press, 1975. BICKEL, Alexander M. *The least dangerous branch*: the Supreme Court at the bar of politics. 2. ed. New Heaven: Yale University Press, 1986.

CAPÍTULO 2
COMO PODEM ENTÃO ATUAR JUÍZES E CORTES? VIRTUDES, CAPACIDADES E DIÁLOGOS INSTITUCIONAIS... | 115

ampla, inclusiva e igualitária sobre os direitos. É nesse mister que Bickel chama a atenção para a dificuldade contramajoritária do controle judicial de constitucionalidade das leis.[256] Bickel ajuda a perceber que no exercício do controle judicial de constitucionalidade das leis há mais elementos do que apenas a interpretação e aplicação do Direito. Bickel defende, e aqui reside sua perspectiva inovadora, as virtudes políticas da corte e as insere em uma teoria normativa da revisão judicial.[257]

Para Bickel, a permeabilidade da corte à política é não apenas uma realidade, mas também uma necessidade. Nesses termos, o Direito não está apartado da política. No entanto, a decisão emitida pela corte, ainda que sempre política, deve ser informada pela prudência e baseada em princípios. É o exercício da prudência que marca a corte como "animal político" e a decisão baseada em princípios que a diferencia dos demais Poderes.[258] Segundo Bickel, toda decisão política possui uma dimensão de princípio e outra de conveniência e oportunidade.[259] A dimensão de princípio é aquela que expressa um valor moral e a dimensão de conveniência e oportunidade, aquela que torna a decisão possível. Daí porque a corte deve buscar a acomodação prudente entre ambas dimensões ao emitir suas decisões. A função da corte, no entanto, é defender a dimensão do princípio.[260] É essa a característica que a marca e a diferencia do Parlamento.[261] No entanto, diante de casos controversos, o desafio da corte é defender os princípios,

---

[256] BICKEL, Alexander M. *The least dangerous branch*: the Supreme Court at the bar of politics. 2. ed. New Heaven: Yale University Press, 1986. p. 16.

[257] MENDES, Conrado Hübner. *Direitos fundamentais, separação de poderes e deliberação*. São Paulo: Saraiva, 2011. p. 109.

[258] BICKEL, Alexander M. *The least dangerous branch*: the Supreme Court at the bar of politics. 2. ed. New Heaven: Yale University Press, 1986. p. 132-133, 187-188. Vide também: MENDES, Conrado Hübner. *Direitos fundamentais, separação de poderes e deliberação*. São Paulo: Saraiva, 2011. p. 109.

[259] BICKEL, Alexander M. *The least dangerous branch*: the Supreme Court at the bar of politics. 2. ed New Heaven: Yale University Press, 1986. p. 63-64. Vide também: MENDES, Conrado Hübner. *Direitos fundamentais, separação de poderes e deliberação*. São Paulo: Saraiva, 2011. p. 110.

[260] BICKEL, Alexander M. *The least dangerous branch*: the Supreme Court at the bar of politics. 2. ed New Heaven: Yale University Press, 1986. p. 187-188. Vide também: MENDES, Conrado Hübner. *Direitos fundamentais, separação de poderes e deliberação*. São Paulo: Saraiva, 2011. p. 110.

[261] GÜNTHER, Klaus. *Teoria da argumentação no Direito e na moral*: justificação e aplicação. Tradução Cláudio Molz. São Paulo: Landy, 2004. p. 361-413. GÜNTHER, Klaus. Un concepto normativo de coherencia para una teoría de la argumentación jurídica. Doxa Publicaciones Periódicas, n. 17-18, p. 286-302, 1995. Disponível em: <http://www.cervantesvirtual.com/servlet/SirveObras/doxa/01371630344505945212257/cuaderno17/doxa17_12.pdf>. Vide ainda: HABERMAS, Jürgen. *Direito e democracia*: entre facticidade e validade. Rio de Janeiro: Tempo Brasileiro, 1997. v. I, p. 269-295. Para uma análise crítica da distinção entre discurso de justificação e discurso de aplicação no Brasil vide: CRUZ, Álvaro Ricardo de Souza. *Jurisdição constitucional democrática*. Belo Horizonte: Del Rey, 2004. p. 224-253. CRUZ, Álvaro Ricardo de Souza. *Hermenêutica jurídica e(m) debate*: o constitucionalismo brasileiro entre a teoria do discurso e a ontologia existencial. Belo Horizonte: Fórum, 2007. p. 163-233. CHUEIRI, Vera

mas sem impor, repentinamente a toda a sociedade, um novo compromisso antes não esboçado por esses princípios. Dessa forma, quando a corte invalida uma lei e a declara inconstitucional, ou quando ela confirma tal lei e a declara constitucional, ela decide com base em princípios e expressa, portanto, como compreende tais princípios.

No entanto, Bickel ressalta uma terceira possibilidade: a corte pode decidir não decidir, utilizando-se de diversos instrumentos processuais que a legislação norte-americana prevê.[262] Tal postura tem por objetivo favorecer e estimular os processos deliberativos na sociedade, a fim de que os cidadãos e seus representantes construam novos consensos sobre as divergências em torno de princípios. Para Bickel, em certas circunstâncias é melhor que a corte não interfira no processo democrático pondo fim a um debate em curso e impondo uma determinada interpretação sobre certo princípio.[263] Ao exercer essas virtudes passivas, a corte exerce um papel pedagógico, estimulando um colóquio entre os outros Poderes e a sociedade.[264] Esse colóquio tende a gerar uma resposta legislativa, muitas vezes mais efetiva do que uma ordem judicial, sempre estrita e inflexível.[265] A corte deve ter a sabedoria para deixar o colóquio acontecer e decidir apenas quando a decisão seja uma consequência natural desse debate. O princípio seria então fruto de uma construção coletiva e não da imposição unilateral da corte.[266]

Para Bickel, a corte deve sempre e primeiramente fazer uso de suas virtudes passivas. No entanto, ele também deixa claro quando compreende ser devida e necessária a atuação da corte: quando ela tem experiência no

---

Karam de; SAMPAIO, Joanna Maria de Araújo. Coerência, integridade e decisões judiciais. *Revista Nomos*, v. 32, p. 177-200, 2012.

[262] BICKEL, Alexander M. *The least dangerous branch*: the Supreme Court at the bar of politics. 2. ed New Heaven: Yale University Press, 1986. p. 29, 69. Vide também: MENDES, Conrado Hübner. *Direitos fundamentais, separação de poderes e deliberação*. São Paulo: Saraiva, 2011. p. 110-111.

[263] BICKEL, Alexander M. *The least dangerous branch*: the Supreme Court at the bar of politics. 2. ed. New Heaven: Yale University Press, 1986. p. 205-207. Vide também: MENDES, Conrado Hübner. *Direitos fundamentais, separação de poderes e deliberação*. São Paulo: Saraiva, 2011. p. 112.

[264] BICKEL, Alexander M. *The least dangerous branch*: the Supreme Court at the bar of politics. 2. ed. New Heaven: Yale University Press, 1986. p. 28, 69-71, 207. Vide também: MENDES, Conrado Hübner. *Direitos fundamentais, separação de poderes e deliberação*. São Paulo: Saraiva, 2011. p. 112-113.

[265] BICKEL, Alexander M. *The least dangerous branch*: the Supreme Court at the bar of politics. 2. Ed. New Heaven: Yale University Press, 1986. p. 195-198. Vide também: MENDES, Conrado Hübner. *Direitos fundamentais, separação de poderes e deliberação*. São Paulo: Saraiva, 2011. p. 112-113.

[266] BICKEL, Alexander M. *The least dangerous branch*: the Supreme Court at the bar of politics. 2. ed. New Heaven: Yale University Press, 1986. p. 28, 196, 239-243. Vide também: MENDES, Conrado Hübner. *Direitos fundamentais, separação de poderes e deliberação*. São Paulo: Saraiva, 2011. p. 113.

assunto, quando há informação e conhecimento confiáveis e quando seu senso político julgar necessário.[267] A corte só deve decidir, portanto, quando esgotados os canais de diálogo e quando absolutamente necessário. O próprio Bickel reconhece que seus critérios não são exatos e precisos, mas ele busca enxergar a corte como uma instituição que seja uma espécie de líder de opinião que aponta para o futuro.[268] A corte atuaria, assim, de forma prudente, promovendo um colóquio contínuo, e quando decidisse uma mudança paulatina, deveria fazê-lo de forma cautelosa, em pequena escala. Para Bickel, as mudanças de direção não devem ser bruscas e fracassam quando são impostas pela Suprema Corte. Para justificar sua postura, Bickel cita a decisão da Suprema Corte dos Estados Unidos no caso *Dread Scot v. Sandford*,[269] na qual a corte não se valeu de uma virtude passiva e ainda legitimou um regime escravocrata e segregacionista nos Estados Unidos.[270]

O que Bickel busca mostrar ao ressaltar a importância das virtudes passivas da corte é que o enraizamento de um princípio, a definição de seu conteúdo não é uma tarefa que deve ser realizada precipuamente pela corte. Bickel está interessado em demonstrar como a corte pode fazer com que os demais Poderes e também a sociedade se mobilizem, continuem o debate, redefinam seus compromissos. Mais do que decidir se uma lei deve ser declarada constitucional ou inconstitucional, a corte deve levar em conta se é o momento certo de decidir ou se há razões para esperar.[271]

Nesse sentido, o trabalho de Bickel tem o mérito de colocar a discussão sobre a legitimidade democrática do controle judicial de constitucionalidade das leis sob um enfoque mais sofisticado do que as meras análises sobre os tipos de decisão que a corte pode dar.[272] No entanto, o trabalho de Bickel deixa em aberto uma série de perguntas, especialmente porque a decisão de esperar está longe de ser uma análise estrita de constitucionalidade. Uma corte extremamente passiva corre o risco de tornar-se

---

[267] BICKEL, Alexander M. *The least dangerous branch*: the Supreme Court at the bar of politics. 2. Ed. New Heaven: Yale University Press, 1986. p. 187-242. Vide também: MENDES, Conrado Hübner. *Direitos fundamentais, separação de poderes e deliberação*. São Paulo: Saraiva, 2011. p. 114.

[268] BICKEL, Alexander M. *The least dangerous branch*: the Supreme Court at the bar of politics. 2. ed New Heaven: Yale University Press, 1986. p. 239-243. Vide também: MENDES, Conrado Hübner. *Direitos fundamentais, separação de poderes e deliberação*. São Paulo: Saraiva, 2011. p. 115.

[269] Dread Scott v. Sandford, 60 U.S. 393 (1857).

[270] BICKEL, Alexander M. *The least dangerous branch*: the Supreme Court at the bar of politics. 2. ed. New Heaven: Yale University Press, 1986. p. 239-243. Vide também: MENDES, Conrado Hübner. *Direitos fundamentais, separação de poderes e deliberação*. São Paulo: Saraiva, 2011. p. 116.

[271] MENDES, Conrado Hübner. *Direitos fundamentais, separação de poderes e deliberação*. São Paulo: Saraiva, 2011. p. 117.

[272] MENDES, Conrado Hübner. *Direitos fundamentais, separação de poderes e deliberação*. São Paulo: Saraiva, 2011. p. 118.

fechada, muito tímida e, nessa espera, permitir que graves injustiças continuem a ser praticadas.

Cass Sunstein, por sua vez, busca justamente resgatar os aspectos interessantes da utilização construtiva do silêncio de Bickel e da prudência de Edmund Burke[273] para oferecer uma análise mais sofisticada sobre a revisão judicial das leis. Diante disso, Sunstein identifica no debate constitucional quatro padrões de juízes (e suas consequentes posturas), o que ele chamou de *"Constitutional Personae"*: juízes heróis, juízes soldados, juízes minimalistas e juízes mudos.[274] Os juízes heróis seriam aqueles mais dispostos a invalidar leis e atos normativos (talvez coubesse aqui chamá-los de ativistas); os juízes soldados seriam aqueles mais deferentes aos poderes políticos; os juízes minimalistas aqueles a favor de pequenas mudanças; os juízes mudos aqueles que preferem, de alguma forma ou por meio de algum instrumento processual, não decidir.[275]

Tal classificação é evidentemente feita em abstrato, mais como um modelo pedagógico (que ressalta determinadas e importantes características dos juízes na tarefa de decidir) do que uma explicação científica ou constatação empírica de padrões rigorosos de comportamento e postura dos magistrados. Destaque-se também que a caracterização de um juiz como herói, soldado, minimalista ou mudo está íntima e diretamente associada à teoria interpretativa adotada pelo juiz. Vale dizer, a depender da teoria interpretativa escolhida pelo juiz, também poderá variar a sua postura. Uma postura originalista demandará uma posição heroica, de soldado, minimalista ou muda, dependendo do caso que se apresente. Da mesma forma uma leitura moral da constituição pode exigir diferentes posturas a depender do caso sob análise. Assim, a adoção de uma ou outra postura por parte do juiz não significa, necessariamente, incoerência, oportunismo ou manipulação. Ainda que isso possa acontecer, a postura adotada por um juiz em controvérsias constitucionais relevantes, em geral, é produto

---

[273] Edmund Burke foi um político e filósofo irlandês do século XIX, defensor da soberania popular, mas crítico ferrenho de postulados iluministas como os defendidos por Rousseau ou Voltaire. Burke foi igualmente um crítico ferrenho da Revolução Francesa devido ao seu caráter violento e opressor. Para Burke, as constituições não podem ser feitas ou produzidas. Elas devem ser o resultado de um processo político e cultural de uma sociedade. Por isso Burke é considerado o pai do conservadorismo norte-americano, pois defende uma mudança lenta e gradual, baseada nos costumes e nas tradições compartilhados por uma sociedade. Vide: BURKE, Edmund. *Reflections on the Revolution in France*. Indianapolis/Cambridge: Hackett Publishing Company, 1987. Vide também: SUNSTEIN, Cass. Burkean minimalism. *Michigan Law Review*, v. 105, n. 2, p. 353-408, 2006.

[274] SUNSTEIN, Cass. *Constitutional Personae*. New York: Oxford University Press, 2015. p. 02.

[275] SUNSTEIN, Cass. *Constitutional Personae*. New York: Oxford University Press, 2015. p. 02.

da sua mais profunda reflexão sobre o seu papel e também sobre a teoria interpretativa por ele adotada para a resolução do caso.[276] Segundo o modelo de Sunstein, talvez a postura mais facilmente identificável seja a do juiz herói. O juiz herói é aquele que invoca ambiciosamente a constituição para anular leis e atos normativos que julgue inconstitucionais. Tal conduta varia em diferentes graus. Há juízes heróis mais comedidos, que anulam leis e atos normativos sem invocar grandes mudanças. Há, por outro lado, aqueles que atuam baseados em discursos abrangentes, que propõem amplas mudanças e reformas na sociedade. Os juízes heróis são, portanto, aqueles que, em geral, têm uma profunda pretensão teórico-interpretativa e, a partir dela, exercem uma atuação bastante ambiciosa para defender o respeito e a prevalência da constituição. Dessa forma, pode haver juízes heróis que defendem soluções absolutamente opostas e incompatíveis. Basta imaginar diferentes juízes julgando casos como a união entre pessoas do mesmo sexo, a possibilidade de aborto etc. Um juiz que baseie a sua interpretação da constituição no originalismo e outro que baseie a sua em um liberalismo igualitário, por exemplo, provavelmente chegarão a decisões completamente diferentes, ainda que ambos tenham adotado a postura de um juiz herói.[277] Nesse sentido, a figura do juiz Hércules, e seus julgamentos morais, elaborada por Ronald Dworkin,[278] é a forma mais elaborada do juiz herói. O livro de John Hart Ely,[279] dedicado ao juiz Earl Warren, também pode ser visto sob uma óptica heroica de defesa do autogoverno e das condições necessárias para a democracia.[280]

A Corte Warren e o caso *Brown v. Board of Education*[281] são os típicos exemplos invocados para se mostrar a atuação de um juiz herói e de uma Suprema Corte comprometida com uma interpretação ambiciosa da constituição e destinada à transformação social. Willian Brennan[282] e Thurgood Marshall[283] também foram em suas respectivas judicaturas (parte delas em

---

[276] SUNSTEIN, Cass. *Constitutional Personae*. New York: Oxford University Press, 2015. p. 03.

[277] SUNSTEIN, Cass. *Constitutional Personae*. New York: Oxford University Press, 2015. p. 05-07.

[278] DWORKIN, Ronald. *Law's empire*. London: Fontana Press, 1986. p. 238-275. Vide também: DWORKIN, Ronald. *O império do direito*. Tradução Jefferson Luiz Camargo. São Paulo: Martins Fontes, 2007. p. 287.

[279] ELY, John Hart. *Democracy and distrust*: a theory of judicial review. Cambridge and London: Harvard University Press, 1980.

[280] SUNSTEIN, Cass. *Constitutional Personae*. New York: Oxford University Press, 2015. p. 09. Vide também: ELY, John Hart. *Democracy and distrust*: a theory of judicial review. Cambridge and London: Harvard University Press, 1980.

[281] 347 U.S. 483 (1954).

[282] New York Times v. Sullivan. 376 US 254 (1964).

[283] San Antonio School Dist. v. Rodriguez, 411 U.S. 1, 70 (1973) (Marshall, J., dissenting).

120 MIGUEL GUALANO DE GODOY
DEVOLVER A CONSTITUIÇÃO AO POVO – CRÍTICA À SUPREMACIA JUDICIAL E DIÁLOGOS INSTITUCIONAIS

conjunto com Earl Warren) juízes heróis. Por outro lado, o caso *Dread Scot v. Stanford*[284] é o exemplo oposto de como uma teoria abrangente e profundamente arraigada também pode ser heroicamente defendida, ainda que isso implique, como mostra o caso, a manutenção da segregação racial e a consequente perpetuação de injustiças baseadas no puro preconceito racial. A era Lochner, marcada por uma atuação conservadora da Suprema Corte norte-americana no começo do século XX, também teve inúmeros momentos em que seus membros adotaram posturas heroicas para defender tal conservadorismo, ainda que na maior parte das vezes os próprios juízes se apresentassem como profundos respeitadores das decisões políticas e, portanto, como juízes soldados ou minimalistas.[285] Atualmente, os juízes mais conservadores da Suprema Corte norte-americana, defensores do originalismo, como Antonin Scalia e Clarence Thomas, têm adotado posturas heroicas contra políticas de ações afirmativas.

O caráter heroico do juiz não reside, portanto, no conteúdo de suas decisões, mas sim na postura que ele adota diante de determinada controvérsia. Se a postura adotada é resultado da adoção ou defesa de uma profunda e determinada teoria interpretativa da constituição (uma leitura originalista ou moral da constituição, por exemplo), pode-se então caracterizar tal postura como heroica.

Os juízes soldados são o oposto do juiz herói. Eles demonstram grande respeito e deferência às decisões políticas emanadas pelo Poder Executivo e Legislativo e um grande apego à letra da lei.[286] O juiz da Suprema Corte norte-americana Oliver Wendel Holmes foi um típico e influente juiz soldado. Segundo C. Sunstein, atualmente o jurista Adrian Vermeule é o mais sofisticado teórico defensor da postura do juiz soldado, podendo também os adeptos do constitucionalismo popular serem considerados defensores da postura do juiz soldado.[287] Para esses pensadores, tais juízes podem ser considerados heróis, e não soldados, pois defendem

---

[284] 60 U.S. 393 (1857).

[285] SUNSTEIN, Cass. *Constitutional Personae*. New York: Oxford University Press, 2015. p. 07.

[286] SUNSTEIN, Cass. *Constitutional Personae*. New York: Oxford University Press, 2015. p. 10-11.

[287] SUNSTEIN, Cass. *Constitutional Personae*. New York: Oxford University Press, 2015. p. 11. Vide: VERMEULE, Adrian. *Judging under uncertainty*: an institutional theory of legal interpretation. Cambridge: Harvard University Press, 2006. TUSHNET, Mark. *Taking the Constitution away from the courts*. Princeton: Princeton University Press, 1999. KRAMER, Larry. *The people themselves*: popular constitutionalism and judicial review. New York: Oxford University Press, 2004. Diferentemente de Sunstein, não creio que se possam enquadrar constitucionalistas populares como Mark Tushnet e Larry Kramer como defensores absolutos de juízes soldados. Mais do que chamar a atenção de juízes e cortes para a necessidade de respeito às decisões dos poderes políticos, esses autores buscam realizar uma crítica forte à ideia de supremacia judicial e resgatar o papel central do povo na tarefa de interpretar a constituição. Essa crítica incisiva à supremacia judicial não implica necessariamente uma defesa automática dos demais órgãos políticos e de suas decisões.

CAPÍTULO 2
COMO PODEM ENTÃO ATUAR JUÍZES E CORTES? VIRTUDES, CAPACIDADES E DIÁLOGOS INSTITUCIONAIS... | 121

um rol limitado do Poder Judiciário e o respeito às decisões majoritárias, estas compreendidas como a vontade do povo. No entanto, apesar de os juízes soldados poderem ser vistos como heróis, eles não são heróis, pois ao invés de adotar uma comprometida e profunda teoria interpretativa da constituição, eles se mostram deferentes às escolhas majoritárias dos representantes do povo.[288] Nesse sentido, juízes adeptos ao originalismo, como o juiz da Suprema Corte norte-americana Antonin Scalia, dizem-se juízes soldados, porque defendem literalmente o texto da constituição. No entanto, esse tipo de postura acredita na possibilidade de invalidar uma lei para que se mantenha o sentido original da constituição. Eles seriam então uma espécie de soldados heróis, pois invocam o poder de declarar leis inconstitucionais a fim de manter intacto o texto e o sentido da constituição. A variação dessa postura, assim como acontece com os juízes heróis, é de grau, portanto. De qualquer maneira, o padrão de conduta dos juízes soldados é a deferência às escolhas políticas majoritárias sem a necessária invocação de uma profunda teoria interpretativa da constituição.

Alguns juízes não são heróis e tampouco soldados, mas sim minimalistas.[289] Juízes minimalistas optam por pequenos e cautelosos passos na hora de decidir controvérsias constitucionais, buscando incrementar as decisões e práticas passadas ao invés de rompê-las definitivamente como o fazem os juízes heróis, ou de mantê-las como o fazem os juízes soldados. Enquanto juízes heróis invocam ambiciosas concepções de liberdade e igualdade, juízes minimalistas chamam a atenção para os limites das teorias abrangentes. Tampouco ficam impassíveis e reféns das decisões majoritárias ou das tradições, mas preferem apontar os equívocos das escolhas políticas e tradições para avançar a pequenos passos, sem definir *a priori* de forma ampla e absoluta quais são os conteúdos das normas constitucionais. Juízes minimalistas preferem decidir casos particulares, apenas indicando, por meio do julgamento de cada caso, como compreendem os comandos constitucionais.[290] Juízes minimalistas se aproximam dos juízes soldados porque olham com respeito para as decisões majoritárias. No entanto, diferentemente dos juízes soldados, os juízes minimalistas veem no controle judicial de constitucionalidade a oportunidade de expor as possibilidades de mudança, ainda que isso deva ser feito de forma humilde, discreta, sem apelar a complexas teorias que resultem em profundas e amplas respostas. É uma postura pedagógica, que aponta o caminho sem impô-lo, que declara a lei inconstitucional, mas deixa uma margem de atuação e

---

[288] SUNSTEIN, Cass. *Constitutional Personae*. New York: Oxford University Press, 2015. p. 13-14.

[289] SUNSTEIN, Cass. *Constitutional Personae*. New York: Oxford University Press, 2015. p. 16.

[290] SUNSTEIN, Cass. *Constitutional Personae*. New York: Oxford University Press, 2015. p. 16-17.

complementação para os poderes políticos, para os representantes do povo e para o próprio povo.[291]

Nessa tarefa de incrementar mudanças, alguns juízes minimalistas podem ser vistos como heróis ao defender uma radical mudança de postura em relação a injustiças básicas. Nesse sentido, juízes minimalistas podem ser, em certo momento, também juízes heróis. E é bom que assim o sejam. Isso mostra que a postura minimalista não é sempre desejável ou pelo menos não deve ser sempre absoluta.[292] No entanto, diferentemente dos juízes heróis, os minimalistas não apelam a teorias abrangentes para promover a mudança desejada. Ao contrário, apontam e decidem em favor da mudança, mas para que se promovam ainda mais as possibilidades de escolha dos cidadãos e o autogoverno. Não impõem, assim, nenhum plano de vida ou ideal de sociedade e governo, mas buscam corrigir vícios e equívocos para que as possibilidades de escolha se mantenham abertas. Juízes da Suprema Corte norte-americana como Sandra Day O'Connor e Ruth Bader Ginsburg representam bem essa postura minimalista.[293]

Enquanto juízes minimalistas preferem decisões cautelosas, não ambiciosas, juízes mudos preferem não dizer coisa alguma a respeito, eles preferem não decidir.[294] É evidente que nenhum juiz pode ser completamente caracterizado como mudo, pois aos juízes é negada a possibilidade de não decidir. No entanto, os juízes por vezes apelam ao silêncio, à virtude completamente passiva das cortes. Processos ficam parados, não entram na pauta de julgamento, aguardam o avanço de discussões e tratos políticos, muitas vezes deixam de ser julgados em seu mérito por alguma questão processual, fazendo com que o caso volte a sua origem para uma nova rodada de discussão e possível decisão em outra esfera. Segundo Sunstein, Alexander Bickel foi o maior defensor da postura muda dos juízes, pois, para Bickel, haveria uma estratégica e prudencial importância no silêncio.[295]

Em uma eventual disputa, o juiz herói é aquele que invoca uma compreensão ampla e profunda de igualdade e liberdade, por exemplo. O juiz soldado é aquele que acata a concepção explicitada pelos poderes representantes do povo e acusa o juiz herói de arrogante por querer impor uma concepção diferente da expressada pelos representantes do povo. A réplica do juiz herói é a de que o juiz soldado não enxerga ou se nega a

---

[291] SUNSTEIN, Cass. *Constitutional Personae*. New York: Oxford University Press, 2015. p. 17.

[292] SUNSTEIN, Cass. Burkean Minimalism. *Michigan Law Review*, v. 105, n. 2. p. 360-361, 2006.

[293] SUNSTEIN, Cass. *Constitutional Personae*. New York: Oxford University Press, 2015. p. 18. Vide também: SUNSTEIN, Cass. Burkean minimalism. *Michigan Law Review*, v. 105, n. 2, p. 358, 2006.

[294] SUNSTEIN, Cass. *Constitutional Personae*. New York: Oxford University Press, 2015. p. 18-19.

[295] BICKEL, Alexander M. *The least dangerous branch*: the Supreme Court at the bar of politics. 2. ed. New Heaven: Yale University Press, 1986.

reconhecer os equívocos dos outros Poderes.[296] O juiz minimalista, por sua vez, rejeita ambas as posições porque enxerga arrogância na postura amplamente impositiva do juiz herói e também uma arrogância exageradamente deferente do juiz soldado. O juiz minimalista, diferentemente, insiste na importância de evitar-se grandes pronunciamentos e a necessidade de decidir-se caso a caso. O juiz herói o acusa de covarde por não ir além e se restringir ao caso ou se negar a ser mais profundo. O juiz soldado, por seu turno, acusa o juiz minimalista de ser um temporizador, com opinião pouco clara. O juiz minimalista replica sob o fundamento da prudência e da necessidade de se deixar espaço para o debate democrático. O juiz mudo se vale dos argumentos do juiz minimalista para se opor ao juiz herói e ao juiz soldado. No entanto, não gostaria de ver a controvérsia decidida por uma corte, mas preferiria que o consenso fosse buscado pelo próprio processo democrático. É certo que o juiz mudo sofreria críticas de todos os demais, pois não pode renunciar à competência de decidir.[297]

Diante dessa disputa imaginária, segundo Sunstein, o juiz minimalista é o melhor modelo a ser seguido, pois não idealiza o papel do juiz, permite que ele exponha suas razões, argumentos, a teoria interpretativa em que se baseia (e, portanto, alguns dos compromissos substantivos que assume), mas ao mesmo tempo demonstra respeito às diferentes concepções de bem, ao debate democrático e aos demais Poderes e instituições.

Sem ignorar os limites e as insuficiências do modelo que apresenta, o objetivo de Sunstein é resgatar alguns elementos e facetas importantes para um adequado exercício da jurisdição por parte dos juízes. A invocação de Edmund Burke e Alexander Bickel para caracterizarem o modelo de juiz minimalista não acontece por acaso. Sunstein busca em Burke o respeito às tradições e a necessidade das mudanças e transformações sociais levarem em conta os costumes e as crenças compartilhados. Ao mesmo tempo, vale-se das lições de Bickel para ressaltar os aspectos positivos das virtudes passivas e do silêncio da corte.

O exercício do controle judicial de constitucionalidade das leis exercido por juízes e cortes deve ser encarado, portanto, como uma conversa permanente, na qual as decisões têm o papel de mostrar, de forma prudente, cuidadosa, o caminho a ser construído gradativamente. A melhor postura para isso é a do juiz minimalista. O resultado dessa combinação é o que Sunstein chama justamente de minimalismo, a prática de dizer apenas o necessário para justificar a decisão e deixar o máximo possível

---

[296] SUNSTEIN, Cass. *Constitutional Personae*. New York: Oxford University Press, 2015. p. 24-27.

[297] SUNSTEIN, Cass. *Constitutional Personae*. New York: Oxford University Press, 2015. p. 27.

não decidido.[298] Enquanto Bickel defende o silêncio da corte, e, portanto, um modelo de juiz mudo, Sunstein dá um passo à frente e prefere explorar o potencial decisório da corte, um potencial que deve ser exercido de forma comedida. Uma corte que decide, mas que decide pouco, conforme o modelo de juiz minimalista.

O minimalismo de Sunstein se funda na crença de que os princípios constitucionais podem e devem ser interpretados por juízes e cortes, de tal forma que os conteúdos principiológicos se incrementem a cada decisão, paulatinamente, mas sem apelar a discursos abrangentes. O minimalismo acredita, portanto, na necessidade de decisões judiciais que promovam transformações, mas suas fundamentações não devem ser amplas, profundas, independentes e desconectadas da realidade.[299] Dessa forma, Sunstein busca fugir do conservadorismo de Burke, pois não ignora a possibilidade de serem rompidas certas crenças e tradições por meio da decisão judicial, e também não recai no imobilismo de Bickel, pois o minimalismo não escolhe o silêncio, mas a decisão, ainda que seja uma decisão comedida. Em suma, Sunstein oferece uma visão mais arrojada e produtiva das virtudes passivas de juízes e cortes.[300]

Ao exercer de forma mais produtiva as virtudes passivas da corte o minimalismo demonstra seu respeito à pluralidade de valores da sociedade, mostra-se permeável ao debate público, reconhece as limitações naturais de juízes e cortes. Defende, assim, uma atuação limitada, contida, que reduz os ônus da decisão judicial ao não forçar os juízes a adotarem e defenderem teorias abrangentes. O juiz minimalista não se compreende como o detentor da última palavra, mas, ao contrário, compreende sua atuação como mais uma peça necessária na engrenagem do debate público, na acomodação de conflitos e expectativas. Sua decisão não extingue o debate e nem torna impossível a busca por diferentes decisões posteriores ou a possibilidade de continuação do debate e de reversão da decisão. Em vez disso, prefere decidir um caso de cada vez, segundo as particularidades apresentadas em cada situação, oferecendo decisões que não deem sentidos completos a questões fundamentais, mas que possibilitem novos debates e favoreçam a democracia deliberativa.[301]

Nesse sentido, diante de questões complexas que reflitam um profundo desacordo moral, o minimalismo recorre a acordos teóricos

---

[298] SUNSTEIN, Cass. *One case at a time*: judicial minimalism on the supreme court. Cambridge: Harvard University Press, 2001.

[299] SUNSTEIN, Cass. Burkean minimalism. *Michigan Law Review*. v. 105, n. 2, p. 356, 2006.

[300] SUNSTEIN, Cass. *One case at a time*: judicial minimalism on the supreme court. Cambridge: Harvard University Press, 2001. p. 40.

[301] SUNSTEIN, Cass. *One judicial minimalism on the Supreme Court*. Cambridge: Harvard University Press, 2001. p. X, 4.

COMO PODEM ENTÃO ATUAR JUÍZES E CORTES? VIRTUDES, CAPACIDADES E DIÁLOGOS INSTITUCIONAIS...

incompletos para tornar possível suas decisões.[302] O recurso a acordos teóricos incompletos tem a vantagem de fazer um uso construtivo do silêncio – sobre algo que seja incerto, que possa resultar falso ou gere muitos conflitos – possibilitando aprendizados e correções futuras, ajudando a otimizar o tempo e os custos, minimizando os conflitos.[303] Os acordos teóricos incompletos promovem ainda dois importantes fundamentos da democracia: tornam possível a vida coletiva e permitem que cada cidadão mostre aos demais respeito e reciprocidade mútuos. Os juízes não precisam escolher um único princípio ou dotá-lo de máximo conteúdo, mas podem recorrer a uma definição minimamente compartilhada, evitando antagonismos desnecessários.[304] Acordos incompletos também reduzem o custo político de desacordos duradouros ou permanentes. Se em uma discussão ou decisão deixa-se de se levar em conta certas teorias abrangentes, os discordantes ou perdedores não saem tão prejudicados. Eles apenas perdem menos. Dessa forma, as partes vencidas podem aceitar as obrigações legais decorrentes da decisão, ainda que discordem dela, sem ter que renunciar às suas convicções ou ideais.[305] Por fim, os acordos incompletos privilegiam a busca por progresso e evolução moral em uma sociedade. Ao invés de definir de forma terminativa o conteúdo de princípios fundantes da sociedade, eles permitem que esses princípios sejam sempre redefinidos e ressignificados.[306]

---

[302] SUNSTEIN, Cass. Incompletely theorized agreements in constitutional law. *Chicago Public Law and Legal Theory Working Paper n. 147*, p. 01-02. Disponível em: <http://ssrn.com/abstract_ id=957369>. Vide também: SUNSTEIN, Cass. *Acuerdos carentes de una teoría completa en derecho constitucional y otros ensayos*. Tradução Alicia María Fernández. Cali: Universidad Icesi, 2010. p. 203-204.

[303] SUNSTEIN, Cass. Incompletely theorized agreements in constitutional law. *Chicago Public Law and Legal Theory Working Paper n. 147*, p. 02-11 Disponível em: <http://ssrn.com/abstract_ id=957369>. Vide também: SUNSTEIN, Cass. *Acuerdos carentes de una teoría completa en derecho constitucional y otros ensayos*. Cali: Universidad Icesi, 2010. p. 204, 219.

[304] SUNSTEIN, Cass. Incompletely theorized agreements in constitutional law. *Chicago Public Law and Legal Theory Working Paper n. 147*, p.13-14. Disponível em: <http://ssrn.com/abstract_ id=957369>. Vide também: SUNSTEIN, Cass. *Acuerdos carentes de una teoría completa en derecho constitucional y otros ensayos*. Tradução Alicia María Fernández. Cali: Universidad Icesi, 2010. p. 219.

[305] SUNSTEIN, Cass. Incompletely theorized agreements in constitutional law. *Chicago Public Law and Legal Theory Working Paper n. 147*, p.14. Disponível em: <http://ssrn.com/abstract_ id=957369>. Vide também: SUNSTEIN, Cass. *Acuerdos carentes de una teoría completa en derecho constitucional y otros ensayos*. Tradução Alicia María Fernández. Cali: Universidad Icesi, 2010. p. 221.

[306] SUNSTEIN, Cass. Incompletely theorized agreements in constitutional law. *Chicago Public Law and Legal Theory Working Paper n. 147*, p. 14. Disponível em: <http://ssrn.com/abstract_ id=957369>. Vide também: SUNSTEIN, Cass. *Acuerdos carentes de una teoría completa en derecho constitucional y otros ensayos*. Tradução Alicia María Fernández. Cali: Universidad Icesi, 2010. p. 221.

O que Sunstein busca mostrar é que o minimalismo destaca as virtudes passivas de juízes e cortes e que nesta tarefa os acordos incompletos podem ser um bom instrumento. Em outros termos, o minimalismo ao se valer de acordos teóricos incompletos busca, portanto, a redução do desacordo, a promoção da democracia e do respeito. No entanto, o grau de acordo desejado, possível e alcançado em uma certa decisão, por sua vez, só pode ser aferido pragmaticamente, caso a caso.[307] De toda forma, o minimalismo com o seu recurso aos acordos teóricos incompletos, torna possível que pessoas concordem quando o acordo é necessário, e torna desnecessário que pessoas concordem quando o acordo é impossível.[308]

É preciso reconhecer, no entanto, que essas virtudes dos acordos teóricos incompletos são apenas parciais. A estabilidade possibilitada por acordos teóricos incompletos não deve justificar um sistema constitucional injusto. A instabilidade nesse caso é não apenas desejável, mas necessária. É certo que alguns casos constitucionais não podem ser resolvidos sem que se recorra a uma teoria mais ambiciosa.[309] A busca por convergências e consensos não pode apaziguar o conflito produtivo existente na sociedade. O conflito também tem um potencial criativo, inovador e transformador que não pode ser deixado de lado na busca por respostas.[310] Os acordos teóricos incompletos devem, portanto, ser encarados como uma postura prudente sempre possível e desejável, e não como uma obrigação estanque e absoluta. Além disso, sempre que acordos teóricos incompletos forem utilizados, é importante que eles realcem e promovam o debate democrático e que eles estejam sujeitos à crítica e ao escrutínio públicos.[311] O reconhecimento das potencialidades e dos limites dos acordos teóricos

---

[307] MENDES, Conrado Hübner. *Direitos fundamentais, separação de poderes e deliberação*. São Paulo: Saraiva, 2011. p. 121.

[308] SUNSTEIN, Cass. *One case at a time*: judicial minimalism on the supreme court. Cambridge: Harvard University Press, 2001. p. 14. Vide também: MENDES, Conrado Hübner. *Direitos fundamentais, separação de poderes e deliberação*. São Paulo: Saraiva, 2011. p. 121.

[309] SUNSTEIN, Cass. Incompletely theorized agreements in constitutional law. In: *Chicago Public Law and Legal Theory Working Paper n. 147*, p.19-20. Disponível em: <http://ssrn.com/abstract_id=957369>. Vide também: SUNSTEIN, Cass. *Acuerdos carentes de una teoría completa en derecho constitucional y otros ensayos*. Tradução Alicia María Fernández. Cali: Universidad Icesi, 2010. p. 225.

[310] SUNSTEIN, Cass. Incompletely theorized agreements in constitutional law. *Chicago Public Law and Legal Theory Working Paper n. 147*, p. 20. Disponível em: <http://ssrn.com/abstract_id=957369>. Vide também: SUNSTEIN, Cass. *Acuerdos carentes de una teoría completa en derecho constitucional y otros ensayos*. Tradução Alicia María Fernández. Cali: Universidad Icesi, 2010. p. 226.

[311] SUNSTEIN, Cass. Incompletely theorized agreements in constitutional law. In: *Chicago Public Law and Legal Theory Working Paper n. 147*, p. 20-21. Disponível em: <http://ssrn.com/abstract_id=957369>. Vide também: SUNSTEIN, Cass. *Acuerdos carentes de una teoría completa en derecho constitucional y otros ensayos*. Tradução Alicia María Fernández. Cali: Universidad Icesi, 2010. p. 227.

incompletos é importante porque mostra como o minimalismo não implica uma defesa exclusivamente passiva de juízes e cortes. Se ele chama atenção para a prudência, para o respeito, para a busca de acordos, não ignora, no entanto, a importância do conflito, da crítica permanente e de teorias arrojadas. Sunstein deixa claro que os acordos teóricos incompletos são importantes pela estabilidade que oferecem, mas não são suficientes.[312]

Nesse sentido, o próprio Sunstein assume que algumas teorias substantivas merecem certo apoio e que seria uma tolice acreditar que qualquer decisão merece respeito independentemente de seu conteúdo. Tal reconhecimento por parte de Sunstein não é novidade e tampouco põe a sua defesa do minimalismo e dos acordos teóricos incompletos em risco. É preciso relembrar que Sunstein é um jurista que faz uma leitura arrojada e progressista da constituição norte-americana, é um defensor contumaz da democracia deliberativa, dos direitos sociais e da liberdade de expressão.[313] Sua defesa de uma atuação prudente e cautelosa por parte do Poder Judiciário não implica abrir mão de todo e qualquer compromisso substantivo com os direitos fundamentais. No entanto, esse compromisso substantivo não é estático, mas variável conforme as circunstâncias históricas, políticas, sociais. Nesse sentido, Sunstein não abre mão de um compromisso substantivo, e, portanto, da possibilidade de uma decisão maximalista, quando estão em jogo as pré-condições da democracia ou a necessidade de se reduzir o custo da incerteza para casos e litigantes futuros.[314]

O minimalismo de Sunstein, ao ressaltar as virtudes passivas de juízes e cortes, permite que eles, cautelosamente, se aproximem e se distanciem das várias leituras e interpretações possíveis da constituição no momento de emitir suas decisões sobre as controvérsias que se apresentam a eles.[315] Nesse sentido, a valorização das tradições e costumes ganha maior relevância quando a questão sob análise, por exemplo, diz respeito

---

[312] SUNSTEIN, Cass. Incompletely theorized agreements in constitutional law. *Chicago Public Law and Legal Theory Working Paper n. 147*, p. 21. Disponível em: <http://ssrn.com/abstract_id=957369>. Vide também: SUNSTEIN, Cass. *Acuerdos carentes de una teoría completa en derecho constitucional y otros ensayos*. Tradução Alicia María Fernández. Cali: Universidad Icesi, 2010. p. 227.

[313] SUNSTEIN, *A Constituição parcial*. Tradução Manassés Teixeira Martins e Rafael Triginelli. Belo Horizonte: Del Rey, 2009. SUNSTEIN, Cass. *The second bill of rights*: the FDR's unfinished revolution and why we need it more than ever. New York: Basic Books, 2004. SUNSTEIN, Cass. *Why societies need dissent*. Cambridge: Harvard University Press, 2003.

[314] SUNSTEIN, Cass. *One case at a time*: judicial minimalism on the supreme court. Cambridge: Harvard University Press, 2001. p. 57.

[315] SUNSTEIN, Cass. *A Constitution of many minds*: why the founding document doesn't mean what it meant before. Princeton: Princeton University Press, 2009. p. IX-XI, 6.

às práticas constitucionais consolidadas em uma sociedade.[316] Por outro lado, questões que envolvam a mudança de certos padrões, a alteração de costumes, dilemas morais devem levar em consideração o povo, a manifestação de instituições, especialistas etc. Por isso, a corte deve ser permeável ao debate público.[317] Em casos que envolvam assuntos absolutamente novos, é importante que juízes e cortes não se fechem em suas tradições ou manifestações de seu povo, mas também que olhem para as formas sobre como tais questões têm sido decididas em outros países e cortes.[318] Dessa maneira, o minimalismo reconhece a importância das tradições, não descarta as necessárias transformações sociais e tampouco nega as experiências do direito comparado, possibilitando que a constituição seja, ao menos do ponto de vista da atuação do Poder Judiciário e da revisão judicial das leis, o que Sunstein chamou de uma constituição de muitas mentes.[319]

2.2 As virtudes ativas de juízes e cortes: o constitucionalismo democrático de Robert Post e Reva Siegel

Se, por um lado, com Burke há uma defesa das tradições, com Bickel uma defesa do silêncio e com Sunstein uma renovada proposta de exercício das virtudes passivas por meio do minimalismo, por outro lado essas não são as únicas alternativas no modo de atuar de juízes e cortes. Dentro do mesmo propósito de fazer da constituição e de suas normas um produto da interpretação compartilhada entre as instituições e o povo, o Poder Judiciário pode (e muitas vezes deve) também ter um papel mais ativo no exercício do controle judicial de constitucionalidade das leis. É essa a postura defendida por Robert Post e Reva Siegel, chamada por eles de constitucionalismo democrático.[320]

---

[316] SUNSTEIN, Cass. *A Constitution of many minds*: why the founding document doesn't mean what it meant before. Princeton: Princeton University Press, 2009. p. 13

[317] SUNSTEIN, Cass. *A Constitution of many minds*: why the founding document doesn't mean what it meant before. Princeton: Princeton University Press, 2009. p. 13-14

[318] SUNSTEIN, Cass. *A Constitution of many minds*: why the founding document doesn't mean what it meant before. Princeton: Princeton University Press, 2009. p. 14.

[319] SUNSTEIN, Cass. *A Constitution of many minds*: why the founding document doesn't mean what it meant before. Princeton: Princeton University Press, 2009.

[320] POST, Robert C.; SIEGEL, Reva B. Democratic constitutionalism. In: BALKIN, Jack; SIEGEL, Reva B. (Orgs.). *Constitution 2020*. Oxford: Oxford University Press, 2009. p. 25-34. Vide: POST, Robert C.; SIEGEL, Reva B. *Roe Rage*: democratic constitutionalism and backlash. *Harvard Civil-Rights Civil-Liberties Law Review*. v. 42, p. 373-433, 2007. Vide também: POST, Robert C.;

O constitucionalismo democrático consiste em um modelo de análise do conflito inerradicável entre Estado de Direito e autogoverno coletivo.[321] Dessa forma, o constitucionalismo democrático analisa os discursos e as práticas empregados pelo poder público, especialmente pelos representantes do povo, e pelos cidadãos na interpretação e aplicação da constituição. Vale dizer, o constitucionalismo democrático busca avaliar como a autoridade da constituição, compreendida como norma suprema, impositiva, vinculante, aplicada pelo poder público sob a forma de leis ou políticas públicas, depende também de sua sensibilidade democrática, de sua significação e confiança por parte do povo.[322]

Nesse sentido, para Post e Siegel, o Poder Judiciário, apesar das críticas do constitucionalismo popular ou da proposta passiva do minimalismo, segue tendo um papel fundamental na interpretação da constituição e deve, portanto, exercer de forma ativa esse papel. Para tanto, porém, não basta que ele dê a sua palavra sobre a constituição, uma palavra que, destaque-se, não deve ser nem a primeira nem a última. É preciso que as manifestações judiciais de juízes e cortes sejam compreendidas como mais uma palavra em um diálogo com os outros Poderes, órgãos, instituições e o povo, na definição do significado da constituição.[323] O que se vê, assim, é que a diferença entre o constitucionalismo democrático e o minimalismo é, portanto, de grau. Tanto uma postura mais passiva quanto uma mais ativa são não apenas possíveis e desejáveis, como também legítimas. A utilização preponderante e adequada de uma ou outra capacidade não pode ser feita *a priori*, em abstrato, mas, ao contrário, dependerá das circunstâncias e também do caso concreto.[324]

SIEGEL, Reva B. *Constitucionalismo democrático*: por una reconciliación entre Constitución y pueblo. Tradução Leonardo García Jaramillo. Buenos Aires: Siglo XXI, 2013. p. 31-41.

[321] POST, Robert C.; SIEGEL, Reva B. Democratic constitutionalism. In: BALKIN, Jack; SIEGEL, Reva B. (Orgs.). *Constitution 2020*. Oxford: Oxford University Press, 2009. p. 27-28. Vide: POST, Robert C.; SIEGEL, Reva B. *Roe Rage*: democratic constitutionalism and backlash. *Harvard Civil-Rights Civil-Liberties Law Review*, v. 42, p. 374-376, 379, 2007. Vide também: POST, Robert C.; SIEGEL, Reva B. *Constitucionalismo democrático*: por una reconciliación entre Constitución y pueblo. Tradução Leonardo García Jaramillo. Buenos Aires: Siglo XXI, 2013. p. 34, 47, 51.

[322] POST, Robert C.; SIEGEL, Reva B. Democratic constitutionalism. In: BALKIN, Jack; SIEGEL, Reva B. (Orgs.). *Constitution 2020*. Oxford: Oxford University Press, 2009. p. 27. Vide: POST, Robert C.; SIEGEL, Reva B. *Roe Rage*: democratic constitutionalism and backlash. *Harvard Civil-Rights Civil-Liberties Law Review*, Cambridge, v. 42,Harvard University, 2007. p. 374, 376. Vide também: POST, Robert C.; SIEGEL, Reva B. *Constitucionalismo democrático*: por una reconciliación entre Constitución y pueblo. Tradução Leonardo García Jaramillo. Buenos Aires: Siglo XXI, 2013. p. 34, 44-45.

[323] GARGARELLA, Roberto. Presentación. In: POST, Robert C.; SIEGEL, Reva B. *Constitucionalismo democrático*: por una reconciliación entre Constitución y pueblo. Tradução Leonardo García Jaramillo. Buenos Aires: Siglo XXI, 2013. p. 09-10.

[324] TUSHNET, Mark. The jurisprudence of constitutional regimes: Alexander Bickel and Cass Sunstein. In: WARD, Kenneth D.; CATILLO, Cecilia R. (Eds.). *The judiciary and american*

Post e Siegel demonstram uma crença forte no papel a ser desempenhado por juízes e cortes na interpretação da constituição, para a garantia e efetivação de direitos, pois dessa forma as respostas e decisões judiciais definem padrões decisórios, põem fim a problemas concretos, diminuem expectativas. Desempenham, portanto, uma importante função de garantia, concretização e estabilização de uma democracia em funcionamento.[325] Por outro lado, o constitucionalismo democrático concorda e leva a sério as críticas feitas pelo constitucionalismo popular à supremacia judicial. As respostas e decisões do Judiciário são necessárias, importantes, mas não podem definir um sentido único para a constituição, de tal forma que a constituição signifique em definitivo o que a Suprema Corte diz que ela significa. Vale dizer, as decisões de juízes e cortes, inclusive da Suprema Corte, devem ser mais uma voz na definição do significado da constituição. E as vias de questionamento e superação de uma decisão da Suprema Corte devem manter-se sempre abertas.[326]

Post e Siegel não veem como excludentes, portanto, a reivindicação de retomada de um papel proativo e preponderante do povo na definição do significado da constituição e uma atuação forte do Poder Judiciário na garantia e aplicação da constituição.[327] Ambos desempenham papéis importantes e absolutamente necessários na definição dos conteúdos, alcances e limites dos direitos constitucionais. O fato de, por vezes, haver um conflito entre interpretações e compreensões divergentes sobre a constituição não

---

democracy: Alexander Bickel, the countermajoritarian difficulty, and contemporary constitutional theory. Albany: State Universitie of New York, 2005. p. 32. Vide também: TUSHNET, Mark. *Constitucionalismo y judicial review*. Tradução Manuel Chuquillanqui G. Lima: Palestra, 2013. p. 187. Vide ainda: MENDES, Conrado Hübner. *Direitos fundamentais, separação de poderes e deliberação*. São Paulo: Saraiva, 2011. p. 123.

[325] POST, Robert C.; SIEGEL, Reva B. Popular constitutionalism, departmentalism and judicial supremacy. *California Law Review*, v. 92, p. 1029, 2004. Vide também: POST, Robert C.; SIEGEL, Reva B. *Constitucionalismo democrático*: por una reconciliación entre Constitución y pueblo. Tradução Leonardo García Jaramillo. Buenos Aires: Siglo XXI, 2013. p. 121.

[326] POST, Robert C.; SIEGEL, Reva B. Popular constitutionalism, departmentalism and judicial supremacy. *California Law Review*, v. 92, p. 1030, 2004. Vide também: POST, Robert C.; SIEGEL, Reva B. *Constitucionalismo democrático*: por una reconciliación entre Constitución y pueblo. Tradução Leonardo García Jaramillo. Buenos Aires: Siglo XXI, 2013. p. 122-123.

[327] POST, Robert C.; SIEGEL, Reva B. Popular constitutionalism, departmentalism and judicial supremacy. *California Law Review*, v. 92, p. 1029, 2004. Vide também: POST, Robert C.; SIEGEL, Reva B. *Constitucionalismo democrático*: por una reconciliación entre Constitución y pueblo. Tradução Leonardo García Jaramillo. Buenos Aires: Siglo XXI, 2013. Destaque-se que Post e Siegel ainda utilizam a expressão "supremacia judicial" para se referir à importância de atuação do Poder Judiciário na concretização da constituição. No entanto, a noção de supremacia judicial que ambos defendem está clara e expressamente desvinculada de qualquer defesa de última palavra por parte do Poder Judiciário, especialmente da Suprema Corte, no significado da constituição. Ao contrário, como já dito, ambos fazem uma forte crítica a essa concepção de supremacia judicial e concordam com as premissas críticas do constitucionalismo popular.

afasta a importância e o papel primordial de cada um. A Suprema Corte só pode aplicar a constituição e garantir os direitos fundamentais a partir de uma interpretação que seja compreendida e compartilhada pelo povo. No entanto, é preciso deixar claro que quando a Suprema Corte o faz em desacordo com a vontade majoritária não significa que ela está sendo necessariamente autoritária ou arbitrária. Ao contrário, ela pode estar, justamente, atuando para garantir e proteger a constituição, para proteger os compromissos mais básicos definidos pelo próprio povo, e que podem estar sujeitos a uma ameaça majoritária circunstancial. Se tal decisão da Suprema Corte estará, de fato, correta, será o próprio povo quem o dirá, pois há sempre a possibilidade de superação das decisões judiciais por meio da retomada e do aprofundamento do debate público, que podem resultar em uma emenda à constituição ou ao reinício de um debate jurídico que busque a superação da decisão e do precedente. Assim, a revisão judicial das leis e o constitucionalismo democrático só são mutuamente excludentes se a democracia for considerada como mera soma de preferências individuais. Mas, se ao contrário, a democracia for concebida como um processo de discussão pública para o trato de questões coletivas, por meio de um intercâmbio de ideias, enfrentamento e mudança de preferências, não há cisão entre eles.

Diante disso, para Post e Siegel a oposição entre a decisão dada pela Suprema Corte e a compreensão do povo sobre a constituição é uma falsa dicotomia.[328] Não há razão para opor o controle judicial de constitucionalidade das leis à democracia. O exercício da revisão judicial das leis pode consistir exatamente na garantia e defesa dos mesmos direitos e valores desejados e expressados pela democracia. Nesse sentido, o Poder Judiciário tem um importante papel a desempenhar como protetor e promotor da democracia. A garantia e aplicação judicial dos direitos fundamentais podem desempenhar, dessa maneira, um importante papel para uma das condições básicas exigidas pelo constitucionalismo popular – justamente a oitiva e participação do povo.

No entanto, a crítica do constitucionalismo popular à supremacia judicial permanece válida e em tensão a todo tempo com o exercício do controle judicial de constitucionalidade das leis. Permitir que o Poder Judiciário, em última análise, defina o que é a constituição é corroer as crenças fundamentais do povo e suplantá-las pelas razões profissionais e organizacionais das cortes. A busca de um equilíbrio para essa tensão

---

[328] POST, Robert C.; SIEGEL, Reva B. Popular constitutionalism, departmentalism and judicial supremacy. *California Law Review*, v. 92, p. 1034, 2004. Vide também: POST, Robert C.; SIEGEL, Reva B. *Constitucionalismo democrático*: por una reconciliación entre Constitución y pueblo. Tradução Leonardo García Jaramillo. Buenos Aires: Siglo XXI, 2013. p. 128.

passa também pela forma como se compreendem os papéis dos atores não jurídicos e especialmente como se compreende a participação do povo.[329] A constituição guarda em si um profundo desacordo sobre como cumprir suas promessas e exigências. As decisões judiciais representam sempre uma opinião, um passo, para o cumprimento das normas constitucionais. A deferência a esses passos, a essas decisões, se dá caso a caso, ao longo do tempo, pela manutenção de algumas crenças e pela ruptura de outras. Essa atividade do Poder Judiciário implica também, e portanto, uma opção substantiva sobre o conteúdo dos direitos fundamentais. A escolha e permanência dessa opção, ou a sua superação, dependem sempre de uma complexa e necessária interação entre acordo e desacordo substantivo (moral), entre o reconhecimento necessário da atuação jurisdicional que busca garantir e efetivar a constituição e autonomia do povo para definir o conteúdo da constituição e, assim, outorgar-lhe vida e vitalidade.[330]

O constitucionalismo democrático não ignora, portanto, as necessárias críticas do constitucionalismo popular à supremacia judicial. Sem concordar, no entanto, com todas as suas propostas, especialmente as que rejeitam a atuação de juízes e cortes, o constitucionalismo democrático parte das críticas do constitucionalismo popular para se debruçar sobre as capacidades ativas de juízes e cortes para efetivar a constituição. E é justamente por acreditar nas virtudes ativas do Poder Judiciário que o constitucionalismo democrático faz uma dura crítica às virtudes passivas defendidas pelo minimalismo.[331] Para Post e Siegel, o minimalismo, ao adotar uma atuação passiva e cautelosa, coloca advogados, juízes e cortes contra a mudança e a favor do *status quo*. Para o constitucionalismo

---

[329] POST, Robert C.; SIEGEL, Reva B. Popular constitutionalism, departmentalism and judicial supremacy. *California Law Review*, v. 92, p. 1038-1039, 2004. Vide também: POST, Robert C.; SIEGEL, Reva B. *Constitucionalismo democrático*: por una reconciliación entre Constitución y pueblo. Tradução Leonardo García Jaramillo. Buenos Aires: Siglo XXI, 2013. p. 132-133.

[330] POST, Robert C.; SIEGEL, Reva B. Popular constitutionalism, departmentalism and judicial supremacy. *California Law Review*, v. 92, p. 1041-1042, 2004. Vide também: POST, Robert C.; SIEGEL, Reva B. *Constitucionalismo democrático*: por una reconciliación entre Constitución y pueblo. Tradução Leonardo García Jaramillo. Buenos Aires: Siglo XXI, 2013. p. 135-137.

[331] POST, Robert C.; SIEGEL, Reva B. *Roe Rage*: democratic constitutionalism and backlash. *Harvard Civil-Rights Civil-Liberties Law Review*, v. 42, p. 403-404, 2007. POST, Robert C.; SIEGEL, Reva B. Democratic constitutionalism. In: BALKIN, Jack; SIEGEL, Reva B. (Orgs.). *Constitution 2020*. Oxford: Oxford University Press, 2009. Vide também: POST, Robert C.; SIEGEL, Reva B. *Constitucionalismo democrático*: por una reconciliación entre Constitución y pueblo. Tradução Leonardo García Jaramillo. Buenos Aires: Siglo XXI, 2013. Vide ainda a crítica feita por Mark Tushnet ao minimalismo proposto por Cass Sunstein: TUSHNET, Mark. The jurisprudence of constitutional regimes: Alexander Bickel and Cass Sunstein. In: WARD, Kenneth D.; CATILLO, Cecilia R. (Eds.). *The judiciary and american democracy*: Alexander Bickel, the countermajoritarian difficulty, and contemporary constitutional theory. Albany: State Universitie of New York, 2005. p. 32. Vide também: TUSHNET, Mark. *Constitucionalismo y judicial review*. Tradução Manuel Chuquillanqui G. Lima: Palestra, 2013. p. 171-198.

democrático, uma sociedade que ainda não cumpriu de forma satisfatória suas principais promessas constitucionais não pode socavar o potencial transformador do Poder Judiciário e renunciar aos avanços sociais promovidos por ele por meio de suas decisões.[332]

Para o constitucionalismo democrático, apostar demasiadamente nas virtudes passivas de juízes e cortes implica mais do que acreditar na promoção de responsabilidade e deliberação, resulta também na compreensão equivocada de que uma decisão judicial limita a atuação político-democrática. Vale dizer, o erro do minimalismo seria acreditar que quando há uma atuação jurisdicional, há uma consequente negação da atuação política, como se fosse um jogo cujo resultado é sempre uma soma zero: onde um atua, anula-se a atuação do outro.[333]

O constitucionalismo democrático se nega a aceitar essa perspectiva excludente entre exercício da jurisdição e exercício da política democrática. Ao contrário, a judicialização de uma determinada questão e a sua solução pelo Poder Judiciário apenas altera a natureza da política democrática. A política democrática pode conformar-se com a decisão, aceitá-la e corrigir sua postura ou então o foco passará a ser as razões e os elementos que fundamentaram a decisão, a articulação de novos argumentos, a consideração sobre certos princípios invocados, para que se possa, assim, superar a decisão judicial. O constitucionalismo democrático enxerga nesse embate um conflito saudável, que deve ser promovido, e não temido ou silenciado.[334]

O minimalismo, ao recorrer a acordos teóricos incompletos, busca deixar grandes fundamentações de lado. No entanto, segundo o constitucionalismo democrático, tal postura acaba muitas vezes por evitar a busca de uma coesão social num ambiente de heterogeneidade normativa justamente pela tomada de posição em uma dada controvérsia. Vale dizer, muitas vezes o recurso aos acordos teóricos incompletos pode socavar ao invés de promover a estabilidade social que tanto deseja o minimalismo. O constitucionalismo democrático, por sua vez, se opõe a essa postura passiva

---

[332] POST, Robert C.; SIEGEL, Reva B. Democratic constitutionalism. In: BALKIN, Jack; SIEGEL, Reva B. (Orgs.). *Constitution 2020*. Oxford: Oxford University Press, 2009. p. 32-33. Vide também: POST, Robert C.; SIEGEL, Reva B. *Constitucionalismo democrático*: por una reconciliación entre Constitución y pueblo. Tradução Leonardo García Jaramillo. Buenos Aires: Siglo XXI, 2013. p. 41.

[333] POST, Robert C.; SIEGEL, Reva B. *Roe Rage*: democratic constitutionalism and backlash. *Harvard Civil-Rights Civil-Liberties Law Review*, v. 42, p. 403-404, 2007. Vide também: POST, Robert C.; SIEGEL, Reva B. *Constitucionalismo democrático*: por una reconciliación entre Constitución y pueblo. Tradução Leonardo García Jaramillo. Buenos Aires: Siglo XXI, 2013. p. 81-82.

[334] POST, Robert C.; SIEGEL, Reva B. *Roe Rage*: democratic constitutionalism and backlash. *Harvard Civil-Rights Civil-Liberties Law Review*, v. 42, p. 403, 2007. Vide também: POST, Robert C.; SIEGEL, Reva B. *Constitucionalismo democrático*: por una reconciliación entre Constitución y pueblo. Tradução Leonardo García Jaramillo. Buenos Aires: Siglo XXI, 2013. p. 81.

e demasiado cautelosa para apostar no exame profundo das práticas e concepções que promovem a coesão social e a legitimidade da constituição.[335] A crítica do constitucionalismo democrático de Post e Siegel ao minimalismo de Sunstein consiste mais em uma diferença entre posturas do que em uma oposição irreconciliável entre as ideias desses autores. Enquanto o minimalismo é mais prudente e cauteloso, o constitucionalismo democrático é mais ativo e audacioso. Ambos, no entanto, preocupam-se com e põem ênfase na proteção de um espaço público democrático e robusto, que leve em conta o pluralismo inerradicável e os profundos desacordos morais das sociedades contemporâneas. Apenas a forma de abordar os conflitos e desacordos é que é diferente, mas não necessariamente oposta. Ademais, tanto o minimalismo quanto o constitucionalismo democrático se opõem à ideia de última palavra das cortes sobre o significado da constituição. Nesse sentido, ambos encaram a decisão judicial como mais uma etapa de uma discussão contínua sobre a melhor e mais adequada interpretação da constituição. A diferença entre os dois, frise-se novamente, é de grau.

Se a diferença é de grau e se o constitucionalismo democrático aposta em um papel mais ativo de juízes e cortes, é inevitável que essa defesa também recorra a uma justificação mais substantiva da constituição. E o constitucionalismo democrático não refuta tal postura. Segundo o constitucionalismo democrático, os conservadores se apoderaram de uma leitura da constituição baseada na fidelidade ao seu texto (o originalismo) e em tradições representadas pelas ideias de família, religião e controle social.[336] Uma interpretação que também é substantiva e que, na prática, valoriza sobremaneira a liberdade individual em detrimento de ações coletivas e uma rejeição à intervenção estatal, seja do Poder Executivo, seja do Poder Judiciário, nas questões públicas decididas pelo Poder Legislativo. Em oposição a essa postura conservadora, os progressistas precisam não apenas demonstrar os equívocos da leitura conservadora da constituição como também devem apresentar e defender seus ideais constitucionais substantivos, quer em favor de uma igualdade mais consistente (que siga na defesa de políticas afirmativas e antidiscriminatórias, por exemplo), quer na defesa das liberdades individuais (que rejeitam tratamentos degradantes a presos e suspeitos de terrorismo ou que condenem as manifestações e

---

[335] POST, Robert C.; SIEGEL, Reva B. *Roe Rage*: democratic constitutionalism and backlash. *Harvard Civil-Rights Civil-Liberties Law Review*, v. 42, p. 405, 2007. Vide também: POST, Robert C.; SIEGEL, Reva B. *Constitucionalismo democrático*: por una reconciliación entre Constitución y pueblo. Tradução Leonardo García Jaramillo. Buenos Aires: Siglo XXI, 2013. p. 83.

[336] POST, Robert C.; SIEGEL, Reva B. Democratic constitutionalism. In: BALKIN, Jack; SIEGEL, Reva B. (Orgs.). *Constitution 2020*. Oxford: Oxford University Press, 2009. p. 30-31. Vide também: POST, Robert C.; SIEGEL, Reva B. *Constitucionalismo democrático*: por una reconciliación entre Constitución y pueblo. Tradução Leonardo García Jaramillo. Buenos Aires: Siglo XXI, 2013. p. 38-39.

ocupações de espaços públicos, por exemplo). Essa postura adotada pelo constitucionalismo democrático deixa claro que um método interpretativo geral não pode, em última análise, substituir uma perspectiva constitucional substantiva, seja ela conservadora (como o originalismo), seja ela progressista (como a leitura moral ou democrática da constituição).[337] A partir dessa visão progressista, o constitucionalismo democrático acredita nas virtudes ativas de juízes e cortes. Vale dizer, o constitucionalismo democrático acredita que juízes e cortes podem e devem atuar para dar um significado constitucional substantivo progressista à constituição.[338] Uma atuação que, no entanto, não pode ser desconectada da realidade e que deve estar apta a enfrentar as posturas e reações adversas.

O constitucionalismo democrático acredita, assim, que são as lutas em torno da significação da constituição que a dotam de conteúdo. Nessas lutas, juízes e cortes têm um papel especial porque proferem decisões que põem fim a essas lutas ou as mantêm ainda mais vivas. E a história constitucional tem mostrado que apesar dos desacordos, das discordâncias em relação às decisões judiciais, os cidadãos ainda continuam fiéis à constituição.

Isso acontece porque os cidadãos acreditam na possibilidade de persuadir os outros – e também a Suprema Corte – a adotar as suas perspectivas sobre o significado da constituição. A confiança na sensibilidade do Poder Judiciário desempenha um papel crucial na preservação da autoridade da constituição. Quando essa confiança existe, os cidadãos podem aceitar juízos sobre o significado da constituição com os quais estejam em desacordo. Mas eles respeitam a decisão porque acreditam que podem persuadir-se uns aos outros e que haverá canais abertos para que manifestem seus descontentamentos. Ao fim e ao cabo, a possibilidade de que haja desacordos sobre o significado da constituição, paradoxalmente, preserva sua autoridade, pois permite que pessoas que expressam os mais divergentes compromissos com a constituição a tomem, cada um a seu modo, como a norma fundamental da comunidade que habitam.[339] Sobre

---

[337] POST, Robert C.; SIEGEL, Reva B. Democratic constitutionalism. In: BALKIN, Jack; SIEGEL, Reva B. (Orgs.). *Constitution 2020*. Oxford: Oxford University Press, 2009. p. 30-33. Vide também: POST, Robert C.; SIEGEL, Reva B. *Constitucionalismo democrático*: por una reconciliación entre Constitución y pueblo. Tradução Leonardo García Jaramillo. Buenos Aires: Siglo XXI, 2013. p. 38-41.

[338] POST, Robert C.; SIEGEL, Reva B. Democratic constitutionalism. In: BALKIN, Jack; SIEGEL, Reva B. (Orgs.). *Constitution 2020*. Oxford: Oxford University Press, 2009. p. 26-28. Vide também: POST, Robert C.; SIEGEL, Reva B. *Constitucionalismo democrático*: por una reconciliación entre Constitución y pueblo. Tradução Leonardo García Jaramillo. Buenos Aires: Siglo XXI, 2013. p. 33-34.

[339] POST, Robert C.; SIEGEL, Reva B. Democratic constitutionalism. In: BALKIN, Jack; SIEGEL, Reva B. (Orgs.). *Constitution 2020*. Oxford: Oxford University Press, 2009. p. 27-28. Vide

essa atuação proativa baseia-se o constitucionalismo democrático e é essa atuação que ele também busca avaliar.

Segundo Post e Siegel, por um lado, por muito tempo parte da academia jurídica debruçou-se sobre o papel hermenêutico e decisório de juízes e cortes, esquecendo-se da política democrática como elemento essencial para a concretização da constituição. Por outro lado, outra parte da academia passou a rechaçar a atuação preponderante do Poder Judiciário, que passou a confundir a constituição com as suas decisões judiciais. Ambas as posições se mostram equivocadas.[340] Reprovar uma decisão judicial que ofende a constituição significa também expressar uma identificação normativa com a constituição. Os cidadãos que invocam a constituição para criticar juízes e tribunais associam-na às concepções que creem corretas e convincentes e que deveriam ser, assim, vinculantes a todos. Quando os cidadãos falam sobre seus compromissos mais apaixonados com uma linguagem constitucional, eles fortalecem a própria constituição. Desse modo, inclusive a resistência à interpretação judicial consolidada pode aumentar a legitimidade democrática da constituição.[341]

O constitucionalismo democrático oferece, assim, também uma nova perspectiva ao se debruçar sobre os aspectos positivos de eventuais reações negativas ou violentas de cidadãos que discordam veementemente de determinada decisão judicial (*backlash*). Essa abordagem do constitucionalismo democrático é interessante porque refuta a ideia tradicional de que "decisão judicial não se discute, se cumpre". Se a decisão judicial põe fim à controvérsia do caso concreto, ela representa, no entanto, uma definição que pode ser provisória, factual, casuística, processual, pois pode sempre ser criticada, revista, superada. Nesse sentido, as fortes reações negativas ou violentas a uma decisão judicial que põem em xeque a decisão exarada e reclamam uma atuação política, ou uma nova atuação jurídica a fim de reverter tal decisão, devem ser encaradas como ações naturais e pertencentes ao debate público e democrático.[342]

---

também: POST, Robert C.; SIEGEL, Reva B. *Constitucionalismo democrático*: por una reconciliación entre Constitución y pueblo. Tradução Leonardo García Jaramillo. Buenos Aires: Siglo XXI, 2013. p. 34.

[340] POST, Robert C.; SIEGEL, Reva B. *Roe Rage*: democratic constitutionalism and backlash. *Harvard Civil-Rights Civil-Liberties Law Review*, v. 42, p. 375, 2007. Vide também: POST, Robert C.; SIEGEL, Reva B. *Constitucionalismo democrático*: por una reconciliación entre Constitución y pueblo. Tradução Leonardo García Jaramillo. Buenos Aires: Siglo XXI, 2013. p. 45.

[341] POST, Robert C.; SIEGEL, Reva B. *Roe Rage*: democratic constitutionalism and backlash. *Harvard Civil-Rights Civil-Liberties Law Review*, v. 42, p. 375, 2007. Vide também: POST, Robert C.; SIEGEL, Reva B. *Constitucionalismo democrático*: por una reconciliación entre Constitución y pueblo. Tradução Leonardo García Jaramillo. Buenos Aires: Siglo XXI, 2013. p. 45-46.

[342] POST, Robert C.; SIEGEL, Reva B. *Roe Rage*: democratic constitutionalism and backlash. *Harvard Civil-Rights Civil-Liberties Law Review*, v. 42, p. 375-376, 2007. Vide também: POST, Robert C.; SIEGEL, Reva B. *Constitucionalismo democrático*: por una reconciliación entre

CAPÍTULO 2
COMO PODEM ENTÃO ATUAR JUÍZES E CORTES? VIRTUDES, CAPACIDADES E DIÁLOGOS INSTITUCIONAIS... | 137

Dessa maneira, o constitucionalismo democrático não apenas reconhece a grande importância das decisões judiciais, como também confere ao povo um papel primordial na definição da constituição, mesmo quando esse papel é exercido por uma forte reação negativa. Vale dizer, para o constitucionalismo democrático as fortes reações negativas podem compreender-se como mais uma prática possível de impugnação das decisões com as quais os cidadãos estejam em profundo desacordo. E a história e a ciência política mostram como reações negativas robustas, persistentes, em geral são exitosas no longo prazo, comprovando a permeabilidade da jurisdição constitucional às manifestações políticas e populares.[343] O constitucionalismo democrático possibilita, assim, compreender tanto a atuação ativa de juízes e cortes quanto a forte rejeição a essa atuação, como elementos constitutivos de uma densa rede de intercâmbios e diálogos institucionais que sustentam a legitimidade da própria constituição.[344]

Um exemplo claro de fortes reações negativas a uma decisão judicial proativa, substantiva foram as que se seguiram após a decisão do caso *Roe v. Wade*,[345] que autorizou o aborto nos Estados Unidos sob o fundamento de que a decisão de se interromper a gravidez integra o direito à privacidade da mulher. O direito ao aborto já vinha sendo debatido e autorizado por alguns estados norte-americanos. No entanto, a Suprema Corte pôs fim à controvérsia decidindo em favor do direito ao aborto. Desde então seguiu-se uma forte reação negativa à decisão de *Roe v. Wade*. Da mesma forma que a decisão é defensável, também as reações negativas fazem parte do debate democrático e da intenção de correção do precedente. No entanto, o que a maior parte das reações negativas ao caso *Roe* mostram é que não está em jogo apenas uma postura contra o aborto em si, mas também uma outra forma de se compreender a constituição norte-americana, especialmente a partir de noções particulares de família, religião e gênero.[346]

Constitución y pueblo. Tradução Leonardo García Jaramillo. Buenos Aires: Siglo XXI, 2013. p. 46.

[343] POST, Robert C.; SIEGEL, Reva B. *Roe Rage*: democratic constitutionalism and backlash. *Harvard Civil-Rights Civil-Liberties Law Review*, v. 42, p. 382-383, 2007. Vide também: POST, Robert C.; SIEGEL, Reva B. *Constitucionalismo democrático*: por una reconciliación entre Constitución y pueblo. Tradução Leonardo García Jaramillo. Buenos Aires: Siglo XXI, 2013. p. 55.

[344] POST, Robert C.; SIEGEL, Reva B. *Roe Rage*: democratic constitutionalism and backlash. *Harvard Civil-Rights Civil-Liberties Law Review*, v. 42, p. 389-390, 2007. Vide também: POST, Robert C.; SIEGEL, Reva B. *Constitucionalismo democrático*: por una reconciliación entre Constitución y pueblo. Tradução Leonardo García Jaramillo. Buenos Aires: Siglo XXI, 2013. p. 63-64.

[345] 410 U.S. 113 (1973).

[346] POST, Robert C.; SIEGEL, Reva B. *Roe Rage*: democratic constitutionalism and backlash. *Harvard Civil-Rights Civil-Liberties Law Review*, v. 42, p. 433, 2007. Vide também: POST, Robert C.; SIEGEL, Reva B. *Constitucionalismo democrático*: por una reconciliación entre Constitución y pueblo. Tradução Leonardo García Jaramillo. Buenos Aires: Siglo XXI, 2013. p. 117.

138 | MIGUEL GUALANO DE GODOY
DEVOLVER A CONSTITUIÇÃO AO POVO – CRÍTICA À SUPREMACIA JUDICIAL E DIÁLOGOS INSTITUCIONAIS

No Brasil, pode-se dizer que um exemplo de forte reação negativa à decisão do Supremo Tribunal Federal foram as manifestações que se seguiram após o julgamento da Arguição de Descumprimento de Preceito Fundamental nº 153, que estabeleceu que a Lei de Anistia abarcou inclusive os crimes cometidos por agentes do Estado contra os opositores do regime militar. Contra essa decisão do Supremo Tribunal Federal, seguiram-se diversas reações. A OAB opôs Embargos Infringentes, uma série de fortes críticas foram feitas por membros do próprio Poder Judiciário, o Ministério Público propôs ações fundadas em argumentos diferentes daqueles invocados pelo Supremo Tribunal Federal para possibilitar o processamento e julgamento de agentes do Estado que cometeram crimes contra os opositores da ditadura, o Poder Legislativo reagiu a tal decisão criando diversas Comissões da Verdade para apurar os crimes ocorridos contra a ditadura e também propôs nova Lei para dar interpretação adequada à Lei de Anistia.

Esses exemplos demonstram como fortes reações negativas às decisões judiciais fazem parte do debate democrático e enriquecem a constituição. A disputa pelo significado da constituição não acaba com as decisões judiciais. Ao contrário, elas permanecem. O caso *Roe* mostra como uma decisão proativa, considerada progressista até hoje, ainda encontra críticas e oposição. O caso da ADPF 153 mostra como uma decisão também proativa, mas considerada conservadora, também está sujeita a críticas e possível reversão.

Diante disso o que se vê é que os tribunais refletem, mas também constroem a opinião pública. A atuação e decisão de juízes e cortes aparecem, assim, como mais uma ação necessária para a resolução das controvérsias de uma sociedade plural e democrática. Uma ação que põe um ponto final em um capítulo, mas nunca em toda a história. O constitucionalismo democrático considera todas essas ações, sejam elas judiciais ou populares, válidas, legítimas. Elas fortalecem, ao invés de enfraquecer, a constituição, pois mobilizam o povo a engajar-se na dinâmica política e social de sua comunidade.[347]

O constitucionalismo democrático ao ressaltar as virtudes ativas de juízes e cortes, sem ignorar as profundas divergências sobre o significado da constituição, inclusive quando essas divergências se manifestam sob a forma de fortes reações negativas às decisões judiciais, explora uma profunda e inevitável interdependência entre a jurisdição constitucional e a política democrática. A opção por uma ou outra interpretação da constituição dependerá da forma como se dará essa complexa relação entre

---

[347] JARAMILLO, Leonardo García. Introducción. In: POST, Robert C.; SIEGEL, Reva B. *Constitucionalismo democrático*: por una reconciliación entre Constitución y pueblo. Tradução Leonardo García Jaramillo. Buenos Aires: Siglo XXI, 2013. p. 20-21.

direito e política, constitucionalismo e democracia, juízes e povo.[348] Dessa forma, a questão que surge é como um Estado Democrático de Direito pode e deve promover o pluralismo, a diversidade cultural, fazer as vozes audíveis e possibilitar o engajamento e a participação populares. Esse é um ponto-chave quando se está a falar em virtudes passivas e ativas de juízes e cortes na interpretação e aplicação da constituição, pois trata de deixar claro para que e para quem o Direito serve.

2.3 Capacidades institucionais: uma abordagem a ser explorada

Se as teorias hermenêuticas tem influência direta sobre a abordagem do problema e a fundamentação da decisão, de outro ângulo a compreensão dos juízes e cortes sobre seus papéis e os efeitos de suas decisões também são aspectos igualmente relevantes para avaliar o exercício da jurisdição constitucional na interpretação e aplicação da Constituição. Dessa forma, o minimalismo e o constitucionalismo democrático representam um importante aporte teórico e prático para o desenvolvimento e exercício das virtudes passivas e ativas de juízes e cortes. Dessa maneira, juízes e cortes, mais do que se deterem sobre as teorias interpretativas, devem também levar em conta o seu papel a ser desempenhado na interpretação e aplicação da Constituição e os efeitos de suas decisões.

Nesse sentido, Cass Sunstein e Adrian Vermeule chamam a atenção para as capacidades institucionais e os efeitos sistêmicos das decisões judiciais.[349] Essa perspectiva leva em conta o fato de que os intérpretes da Constituição não são infalíveis, mas agentes humanos, concretos, com virtudes e deficiências. Além disso, os intérpretes da Constituição também atuam, em geral, dentro de instituições, como o Poder Executivo, o Poder Legislativo ou o Poder Judiciário por exemplo, os quais têm qualidades e limitações próprias.[350] Juízes e cortes, em especial, atuam e interpretam a Constituição de uma forma relativamente afastada da política, mas também sob a exigência de certos procedimentos, o que lhes confere algumas

---

[348] POST, Robert C.; SIEGEL, Reva B. *Roe Rage*: democratic constitutionalism and backlash. *Harvard Civil-Rights Civil-Liberties Law Review*, Cambridge, v. 42, p. 433, 2007. Vide também: POST, Robert C.; SIEGEL, Reva B. *Constitucionalismo democrático*: por una reconciliación entre Constitución y pueblo. Tradução Leonardo García Jaramillo. Buenos Aires: Siglo XXI, 2013. p. 117-118.

[349] SUNSTEIN, Cass; VERMEULE, Adrian. Interpretation and institutions. *Michigan Law Review*, v. 101, n. 04, p. 885-951, 2003. Vide também: SUNSTEIN, Cass. *Constitutional Personae*. New York: Oxford University Press, 2015.

[350] SOUZA NETO, Cláudio Pereira de; SARMENTO, Daniel. *Direito constitucional*: teoria, história e métodos de trabalho. Belo Horizonte: Fórum, 2013. p. 432.

qualidades e também algumas limitações importantes em seu ofício. Por essa razão, é importante chamar atenção para esses elementos no momento da definição da teoria ou do método mais apropriado para a interpretação constitucional de cada agente.[351]

A invocação do argumento das capacidades institucionais a partir da formulação de Sunstein e Vermeule tem sido cada vez mais frequente no direito constitucional brasileiro. No entanto, é preciso deixar claro o que se compreende por capacidades institucionais (ao menos segundo a leitura de Sunstein e Vermeule) para que o recurso a elas não se torne meramente retórico.

Nesse sentido, é possível identificar na proposta de Sunstein e Vermeule três premissas e uma estratégia de raciocínio.[352] As premissas consistem em: (i) considerar que algum grau de especialização funcional para a realização de fins constitucionais comuns é um pressuposto normativo da separação de Poderes; (ii) considerar que toda tentativa, por qualquer instituição, de atingir esses fins comuns é potencialmente falível, estando sujeita a graus variados (mas nunca iguais a zero) de erros e incertezas; (iii) a análise de diferentes alternativas de decisão deve dar-se de acordo com suas possíveis consequências para a promoção de um mesmo valor ou objetivo.[353] A estratégia de raciocíono, por sua vez, consiste em deixar de buscar uma decisão ideal, para se perquirir a melhor decisão possível segundo os custos associados a cada estado de coisas possível e as diferentes alternativas existentes (*second-best reasoning*).[354]

A primeira premissa evidencia que o argumento das capacidades institucionais se insere dentro de um arranjo institucional que compreenda a separação entre os Poderes e as diferentes competências atribuídas a cada instituição. Dessa forma, ao realizar a comparação entre as capacidades de diferentes instituições, o objetivo deve ser o de definir qual delas pode oferecer a melhor resposta para o caso proposto. Ou seja, quem pode

---

[351] SOUZA NETO, Cláudio Pereira de; SARMENTO, Daniel. *Direito constitucional*: teoria, história e métodos de trabalho. Belo Horizonte: Fórum, 2013. p. 432.

[352] ARGUELHES, Diego Werneck; LEAL, Fernando. O argumento das "capacidades institucionais" entre a banalidade, a redundância e o absurdo. In: ASENSI, Felipe Dutra; PAULA, Daniel Giotti de (Orgs.). *Tratado de direito constitucional*: constituição no século XXI. Rio de Janeiro: Elsevier, 2014. v. 2, p. 403-404.

[353] ARGUELHES, Diego Werneck; LEAL, Fernando. O argumento das "capacidades institucionais" entre a banalidade, a redundância e o absurdo. In: ASENSI, Felipe Dutra; PAULA, Daniel Giotti de (Orgs.). *Tratado de direito constitucional*: constituição no século XXI. Rio de Janeiro: Elsevier, 2014. v. 2, p. 403-404.

[354] SUNSTEIN, Cass; VERMEULE, Adrian. Interpretation and institutions. *Michigan Law Review*, v. 101, n. 4, p. 885-951, 2003. ARGUELHES, Diego Werneck; LEAL, Fernando. O argumento das "capacidades institucionais" entre a banalidade, a redundância e o absurdo. In: ASENSI, Felipe Dutra; PAULA, Daniel Giotti de (Orgs.). *Tratado de direito constitucional*: constituição no século XXI. Rio de Janeiro: Elsevier, 2014. v. 2, p. 404.

COMO PODEM ENTÃO ATUAR JUÍZES E CORTES? VIRTUDES, CAPACIDADES E DIÁLOGOS INSTITUCIONAIS...

oferecer a melhor solução possível, e não a solução ideal. A resposta intuitiva para esse tipo de problema é a de que a instituição mais apta a dar a melhor resposta é aquela que fática e normativamente possui atribuições para lidar com a questão que está em jogo. Assim, a utilidade desse pressuposto é deixar claro que o argumento das capacidades institucionais busca eliminar redundâncias e ambiguidades no desenho institucional.[355] No entanto, apesar das especialidades de cada instituição, as capacidades institucionais são muitas vezes contingentes e inevitavelmente falíveis, o que leva à segunda premissa.

A segunda premissa exige que o argumento das capacidades institucionais reconheça justamente a contingência das capacidades institucionais e a potencial falibilidade de suas decisões. As capacidades do Poder Judiciário são diferentes das capacidades do Poder Legislativo e, apesar das distintas funções e competências, dos diferentes instrumentais fáticos e normativos, suas decisões sobre controvérsias morais podem carecer (e isso acontece com frequência) de certeza ou confiança. A importância dessa premissa é ratificar a impossibilidade de se afirmar que certos assuntos cabem apenas a uma instituição e outros a outra. Nem sempre as instituições darão as melhores respostas apenas porque a Constituição lhe conferiu tal competência. Por isso, tentar resolver tensões entre o Poder Legislativo e o Poder Judiciário mediante a separação estrita entre questões políticas (ou questões técnicas quando se está a tratar de políticas públicas) e questões jurídicas pouco contribui, pois esse é um argumento que é pressuposto na comparação entre as diferentes capacidades institucionais e que não demonstra por quê, apesar das diferentes competências, a resposta de um é mais adequada que a de outro.[356]

A terceira premissa busca levar em conta os fins constitucionais das instituições e suas competências para que se verifique qual delas pode oferecer uma decisão que terá por resultado o maior alcance de determinado objetivo.[357] Ou seja, deve-se levar em conta qual decisão tem por consequência a maior realização do resultado desejado. Tal premissa expressa

---

[355] ARGUELHES, Diego Werneck; LEAL, Fernando. O argumento das "capacidades institucionais" entre a banalidade, a redundância e o absurdo. In: ASENSI, Felipe Dutra; PAULA, Daniel Giotti de (Orgs.). *Tratado de direito constitucional*: constituição no século XXI. Rio de Janeiro: Elsevier, 2014. v. 2, p. 409.

[356] ARGUELHES, Diego Werneck; LEAL, Fernando. O argumento das "capacidades institucionais" entre a banalidade, a redundância e o absurdo. In: ASENSI, Felipe Dutra; PAULA, Daniel Giotti de (Orgs.). *Tratado de direito constitucional*: constituição no século XXI. Rio de Janeiro: Elsevier, 2014. v. 2, p. 409-412.

[357] ARGUELHES, Diego Werneck; LEAL, Fernando. O argumento das "capacidades institucionais" entre a banalidade, a redundância e o absurdo. In: ASENSI, Felipe Dutra; PAULA, Daniel Giotti de (Orgs.). *Tratado de direito constitucional*: constituição no século XXI. Rio de Janeiro: Elsevier, 2014. v. 2, p. 413.

como o argumento das capacidades institucionais traz em sua base um elemento consequencialista. Ainda que não seja um consequencialismo puro, o qual não admitiria restrições à decisão, o argumento das capacidades institucionais recorre a um raciocínio consequencialista ao pressupor que a análise das diferentes soluções leve em conta quais as consequências de cada uma delas.[358]

Diante desses pressupostos, a análise das capacidades institucionais deve então buscar não a solução ideal (*first-best*), mas a segunda melhor solução possível (*second-best*).[359] Nessa perspectiva, uma teoria mais adequada não é aquela que, ainda que refinada, parte da idealização da figura do intérprete, mas sim a que, sendo realista, se baseia também em suas capacidades institucionais, levando em conta suas qualidades, potencialidades, e inclusive suas deficiências e limitações.[360] Vale dizer, uma teoria interpretativa que concentra no juiz e seus argumentos a melhor resposta, embora sofisticada, pode resultar em más decisões quando manejada por um juiz de carne e osso que não corresponda àquela idealização. A depender das circunstâncias e do caso, pode ser preferível adotar uma teoria e uma postura que não exijam uma atuação excepcional, mas apenas uma que minimize as probabilidades de erros graves por juízes menos hábeis. Essa mesma avaliação é válida para legisladores e agentes governamentais.[361] Vale dizer, é melhor que antes de se considerarem intérpretes e aplicadores excepcionais da Constituição, apostem em suas habilidades, sem descuidar de suas limitações. Uma postura menos idealizada, mais atenta à falibilidade, mas ainda comprometida com a efetivação da Constituição.

Essa mudança de perspectiva – de um enfoque teórico e hermenêutico para um olhar que atente também para o papel das virtudes de juízes e cortes – altera a pergunta que tradicionalmente tem sido feita pelas teorias interpretativas – "como eu decidiria tal questão se fosse juiz?" ou então "como um juiz ideal, com todo o tempo e conhecimento possíveis, decidiria uma controvérsia constitucional profundamente complexa e controvertida?" – para outra: "como um juiz de carne e osso, com certas habilidades

---

[358] ARGUELHES, Diego Werneck; LEAL, Fernando. O argumento das "capacidades institucionais" entre a banalidade, a redundância e o absurdo. In: ASENSI, Felipe Dutra; PAULA, Daniel Giotti de (Orgs.). *Tratado de direito constitucional*: constituição no século XXI. Rio de Janeiro: Elsevier, 2014. v. 2, p. 413-414.

[359] SUNSTEIN, Cass; VERMEULE, Adrian. Interpretation and institutions. *Michigan Law Review*, v. 101, n. 4, p. 885-951, 2003.

[360] SUNSTEIN, Cass; VERMEULE, Adrian. Interpretation and institutions. *Michigan Law Review*, v. 101, n. 4, p. 885-951, 2003. Vide também: SOUZA NETO, Cláudio Pereira de; SARMENTO, Daniel. *Direito constitucional*: teoria, história e métodos de trabalho. Belo Horizonte: Fórum, 2013. p. 432.

[361] SOUZA NETO, Cláudio Pereira de; SARMENTO, Daniel. *Direito constitucional*: teoria, história e métodos de trabalho. Belo Horizonte: Fórum, 2013. p. 432.

e limitações, deve interpretar a constituição?".[362] Muda-se, dessa forma, a perspectiva idealizada do juiz Hércules de Ronald Dworkin[363] para outra que leva em conta as reais capacidades de juízes e cortes, bem como os efeitos sistêmicos de sua interpretação e decisão (o juiz minimalista de Sunstein[364] ou o juiz mais ativo de Post e Siegel[365]). É certo que Dworkin tem ciência do caráter ideal de sua teoria e não ignora as limitações dos juízes de carne e osso. No entanto, essas dificuldades não afastam a pretensão de universalidade de sua teoria que continua sendo válida e adequada para qualquer juiz aplicá-la na interpretação, reconstrução e aplicação do texto normativo.

A contribuição de Sunstein e Vermeule com a análise das capacidades institucionais não se reduz a uma denúncia da distância entre uma teoria ideal e a dificuldade de sua prática. Ao contrário, eles buscam deixar de lado tal conflito para possibilitar que, a partir das capacidades institucionais, diferentes métodos de decisão e posturas judicias possam ser incorporadas a fim de que se alcance a melhor resposta possível, e não a resposta idealmente desejada.[366] Dessa maneira, a importância do argumento das capacidades institucionais reside na construção de um raciocínio que conjuga a análise das premissas que o fundamentam e a busca de uma decisão que não seja ideal, mas possível conforme as consequências que deverá produzir. A proposta de Susntein e Vermeule, assim, detém-se sobre as instituições, sobre como elas decidirão solucionar os

---

[362] BRANDÃO, Rodrigo. *Supremacia judicial versus diálogos constitucionais*: a quem cabe a última palavra sobre o sentido da Constituição? Rio de Janeiro: Lumen Juris, 2012. p. 183-184.

[363] DWORKIN, Ronald. *Law's empire*. London: Fontana Press, 1986. p. 238-275. Vide também: DWORKIN, Ronald. *O império do direito*. Tradução Jefferson Luiz Camargo. São Paulo: Martins Fontes, 2007. p. 287.

[364] SUNSTEIN, Cass; VERMEULE, Adrian. Interpretation and institutions. *Michigan Law Review*, v. 101, n. 4, p. 886, 2003. SUNSTEIN, Cass. Burkean minimalism. *Michigan Law Review*, v. 105, n. 2, p. 353-408, 2006. SUNSTEIN, Cass. *One case at a time*: judicial minimalism on the Supreme Court. Cambridge: Harvard University Press, 2001. SUNSTEIN, Cass. *A Constitution of many minds*: why the founding document doesn't mean what it meant before. Princeton: Princeton University Press, 2009. SUNSTEIN, Cass. *Constitutional Personae*. New York: Oxford University Press, 2015.

[365] POST, Robert C.; SIEGEL, Reva B. *Constitucionalismo democrático*: por una reconciliación entre Constitución y pueblo. Tradução Leonardo García Jaramillo. Buenos Aires: Siglo XXI, 2013. POST, Robert C.; SIEGEL, Reva B. Democratic constitutionalism. In: BALKIN, Jack; SIEGEL, Reva B. (Orgs.). *Constitution 2020*. Oxford: Oxford University Press, 2009. POST, Robert C.; SIEGEL, Reva B. *Roe Rage*: democratic constitutionalism and backlash. *Harvard Civil-Rights Civil-Liberties Law Review*, Cambridge, v. 42, p. 373-433, 2007. Robert C.; SIEGEL, Reva B. Popular constitutionalism, departmentalism and judicial supremacy. *California Law Review*, v. 92, p. 1027-1044, 2004.

[366] SUNSTEIN, Cass; VERMEULE, Adrian. Interpretation and institutions. *Michigan Law Review*, v. 101, n. 4, p. 914, 2003.

casos singulares, atentando-se para suas capacidades institucionais e os efeitos de suas decisões.[367]

Diante disso, é preciso atenção e rigor ao se invocar as capacidades institucionais como argumento para justificar a atuação de juízes e cortes a fim de que sua utilização não seja, como afirmam Diego Werneck Arguelhes e Fernando Leal, algo banal, redundante ou absurdo.[368]

Uma utilização banal das capacidades institucionais se dá quando a expressão é empregada apenas para ressaltar a distância existente entre teoria e prática. Essa utilização do argumento das capacidades institucionais nada justifica ou acrescenta, servindo de mero atalho discursivo. O que o argumento das capacidades institucionais deve possibilitar, mais do que criticar a discrepância entre o ideal e o real, é encontrar alternativas intermediárias ou até mesmo abandonar a melhor teoria em favor de uma segunda melhor que, apesar de não se fundamentar nas condições ideais, oferece um melhor resultado.[369]

Uma utilização redundante das capacidades institucionais ocorre quando ela é utilizada apenas para fazer referência à separação de Poderes, à dificuldade contramajoritária do Poder Judiciário ou à sua falta de competência para decidir sobre questões técnicas. Essa utilização das capacidades institucionais é irrelevante porque se esgota na reprodução das funções e competências formais estabelecidas pela Constituição. Ou seja, ela não justifica por que a atuação de uma ou outra instituição seria melhor e mais adequada em dada situação. É preciso, pois, demonstrar porque o exercício das competências formais e específicas de uma ou outra instituição irá promover uma melhor decisão.[370]

Por fim, uma utilização absurda da expressão capacidades institucionais ocorre quando uma decisão é tomada em termos puramente consequencialistas, usurpando os limites jurídico-normativos estabelecidos pelo

---

[367] ARGUELHES, Diego Werneck; LEAL, Fernando. O argumento das "capacidades institucionais" entre a banalidade, a redundância e o absurdo. In: ASENSI, Felipe Dutra; PAULA, Daniel Giotti de (Orgs.). *Tratado de direito constitucional*: constituição no século XXI. Rio de Janeiro: Elsevier, 2014. v. 2, p. 417.

[368] ARGUELHES, Diego Werneck; LEAL, Fernando. O argumento das "capacidades institucionais" entre a banalidade, a redundância e o absurdo. In: ASENSI, Felipe Dutra; PAULA, Daniel Giotti de (Orgs.). *Tratado de direito constitucional*: constituição no século XXI. Rio de Janeiro: Elsevier, 2014. v. 2, p. 402.

[369] ARGUELHES, Diego Werneck; LEAL, Fernando. O argumento das "capacidades institucionais" entre a banalidade, a redundância e o absurdo. In: ASENSI, Felipe Dutra; PAULA, Daniel Giotti de (Orgs.). *Tratado de direito constitucional*: constituição no século XXI. Rio de Janeiro: Elsevier, 2014. v. 2, p. 421.

[370] ARGUELHES, Diego Werneck; LEAL, Fernando. O argumento das "capacidades institucionais" entre a banalidade, a redundância e o absurdo. In: ASENSI, Felipe Dutra; PAULA, Daniel Giotti de (Orgs.). *Tratado de direito constitucional*: constituição no século XXI. Rio de Janeiro: Elsevier, 2014. v. 2, p. 422.

CAPÍTULO 2

COMO PODEM ENTÃO ATUAR JUÍZES E CORTES? VIRTUDES, CAPACIDADES E DIÁLOGOS INSTITUCIONAIS...

ordenamento jurídico e que configuram também as próprias instituições.

De forma distinta, quando se invocam as capacidades institucionais para se analisar e justificar as consequências de uma decisão, objetiva-se, assim, diante de uma situação cuja solução não é clara, alocar o poder decisório sobre a instituição que irá melhor alcançar o objetivo pretendido, mas dentro dos limites normativos estabelecidos.[371]

Diante disso, recorrer ao argumento de capacidades institucionais para dizer que juízes e cortes não alcançam as formulações ideiais exigidas pelas teorias, que carecem de expertise técnica para a análise de certas questões nada acrescenta de novo ao debate sobre como decidir as controvérsias que são apresentadas ao Poder Judiciário. Valer-se das capacidades institucionais para fundamentar dessa forma uma decisão é baseá-la em um argumento que deveria ser o seu ponto de partida, e não o seu ponto de chegada.

A análise das capacidades institucionais representa, assim, também, uma espécie de chamada de atenção, pois, por um lado, foca a inevitável existência de arranjos e atores plurais nas tomadas de decisões, e, por outro, se debruça sobre as habilidades, os recursos, as condições e limitações das instituições e de seus membros. No entanto, a análise das capacidades institucionais não se encerra diante dessa constatação, mas é a partir dela que se deve pensar qualquer atuação, combinando a análise das premissas que a fundamentam à busca das melhores soluções possíveis segundo as consequências e os efeitos de tais soluções.

Essa abordagem a partir das capacidades institucionais é importante quando se pensa no caso brasileiro, onde a sobrecarga de trabalho dos magistrados é um fato incontestável.[372] Se os magistrados têm que julgar uma enorme quantidade de processos, por mais dedicados que sejam os juízes, não haverá condições necessárias para que se engajem e se debrucem sobre procedimentos complexos para a resolução de cada caso. Diante disso, uma análise que leve a sério as capacidades institucionais e não faça dela uma utilização banal deverá se ater não a essa denúncia de distância entre o

---

[371] ARGUELHES, Diego Werneck; LEAL, Fernando. O argumento das "capacidades institucionais" entre a banalidade, a redundância e o absurdo. In: ASENSI, Felipe Dutra; PAULA, Daniel Giotti de (Orgs.). *Tratado de direito constitucional*: constituição no século XXI. Rio de Janeiro: Elsevier, 2014. p. 422-423.

[372] Os dados oficiais do Conselho Nacional de Justiça, em sua pesquisa Justiça em Números 2012, mostram, por exemplo, que na Justiça Estadual do Rio de Janeiro a carga de trabalho média dos magistrados foi de 13.610,87 processos e a taxa de congestionamento foi de 77,95%. Na Justiça Estadual de São Paulo a carga de trabalho média dos magistrados foi de 10.039,47 processos e a taxa de congestionamento foi de 78,16%. Na Justiça Estadual do Paraná, a carga de trabalho média dos magistrados foi de 4.607,03 processo e a taxa de congestionamento foi de 69,01%. Disponível em: <http://www.cnj.jus.br/BOE/OpenDocument/1308221209/OpenDocument/opendoc/openDocument.jsp>.

cenário idealizado pela teoria e o encontrado pela prática, mas sim focar a busca e justificação de mecanismos e instrumentos que possam funcionar bem no contexto da jurisdição de massa. É importante deixar claro que tal fato e proposição não implicam a defesa de uma prestação jurisdicional rasa e insuficiente. Ao contrário, tal abordagem apenas deixa claro como teorias jurídicas que se fundamentem intermitentemente em um exame exaustivo das singularidades de cada hipótese, em busca da justiça ideal para cada caso, nem sempre se mostram como as mais adequadas, especialmente no âmbito da jurisdição de massa. Ademais, invariavelmente haverá os casos difíceis, que demandam um exame mais acurado, uma justificação mais profunda, um esforço mais amplo do juiz.[373]

Casos relativos à criação e implementação de políticas públicas – desde o fornecimento de medicamentos até a providência de moradia digna – são exemplos de como o Poder Judiciário é chamado a todo tempo para dirimir conflitos. Mas, para a elaboração e execução dessas políticas públicas, os Poderes Legislativo e Executivo têm em seus quadros profissionais especialistas para assessorá-los na tomada de suas decisões, que, em geral, envolvem aspectos técnicos, econômicos, contábeis, entre outros. Juízes e cortes, entretanto, via de regra, não contam com esse tipo de assessoramento direto e permanente. Isso, porém, não impede e nem deslegitima a atuação jurisdicional para a resolução dos conflitos apresentados, pois existem instrumentos e medidas para atenuar essas limitações, como a realização de perícias, audiências públicas, admissão de *amici curiae*, por exemplo. No entanto, tais controvérsias chamam a atenção para os cuidados especiais que juízes e cortes devem ter na análise desses casos. Saber de suas capacidades e limitações para lidar com essas especificidades é não apenas necessário, mas fundamental. Dessa forma, a depender do caso e das circunstâncias, juízes e cortes devem ter uma atuação contida, com certa deferência, em relação às decisões dos outros Poderes, especialmente quando estas se baseiam em aspectos técnicos alheios ao mundo jurídico. Em contra partida, dependendo das circunstâncias e do caso, juízes e cortes podem também afastar uma postura deferente e exigir uma resposta mais robusta, a fim de que os critérios técnicos satisfaçam exigências mais substantivas e fundadas na Constituição.

É possível estabelecer um critério importante para a interpretação e aplicação da Constituição nesses casos: o Poder Judiciário teria uma primazia *prima facie* em questões de direitos e os Poderes Executivo e Legislativo

---

[373] SOUZA NETO, Cláudio Pereira de; SARMENTO, Daniel. *Direito constitucional*: teoria, história e métodos de trabalho. Belo Horizonte: Fórum, 2013. p. 433.

teriam uma prioridade *prima facie* em questões de políticas públicas.[374] Definir, no entanto, que um agente tem maior capacidade institucional em determinada matéria não significa dizer que a sua interpretação será necessariamente a melhor, mas apenas que ela provavelmente assim o será. Ademais, estabelecer que cada um dos Poderes tem uma primazia *prima facie* em relação às suas atuações e competências é importante porque não apenas nega o monopólio de determinada instituição na intepretação da Constituição, mas também abre-se a oportunidade de estabelecer-se um diálogo interinstitucional entre os Poderes, em que cada um possui um protagonismo de acordo com as suas competências e especialidades, sem que haja preferência necessária ou absoluta entre eles.[375]

Nesse sentido, a atuação jurisdicional leva em conta a presunção de constitucionalidade das leis e atos normativos, pois para que fossem editados tiveram de passar, obrigatoriamente, por um controle de constitucionalidade prévio, político. No entanto, tal presunção é relativa e pode ser afastada pelo intérprete desde que fiquem demonstradas boas razões para isso. Da presunção de constitucionalidade das leis e atos normativos decorre, assim, um ônus argumentativo maior aos juízes e cortes. Dessa forma, é preciso que haja fortes argumentos para a declaração de inconstitucionalidade de leis e atos normativos.[376]

Diante disso, uma atuação baseada nas capacidades institucionais, e que não faça dela um recurso redundante, deve superar os argumentos de respeito à separação de Poderes ou de necessária deferência do Poder Judiciário aos critérios políticos e técnicos adotados pelos outros Poderes. Afinal, como dito antes, tais argumentos devem ser o ponto de partida de uma decisão baseada nas capacidades institucionais, e não seu ponto de chegada. Por isso, a adoção de uma postura mais ativa ou deferente, quando baseada nas capacidades institucionais, deverá demonstrar por que diante de tal questão a decisão de juízes e cortes é mais adequada, menos propensa a erros ou incertezas, tem como consequência a realização do objetivo perseguido e constitui a melhor decisão possível segundo seus resultados e efeitos.

Em casos que digam respeito à proteção de minorias estigmatizadas no processo político, como homossexuais ou presos, por exemplo, uma

---

[374] BRANDÃO, Rodrigo. *Supremacia judicial versus diálogos constitucionais*: a quem cabe a última palavra sobre o sentido da Constituição? Rio de Janeiro: Lumen Juris, 2012. p. 223.

[375] BRANDÃO, Rodrigo. *Supremacia judicial versus diálogos constitucionais*: a quem cabe a última palavra sobre o sentido da Constituição? Rio de Janeiro: Lumen Juris, 2012. p. 223, 295.

[376] BARROSO, Luís Roberto. *Curso de direito constitucional contemporâneo*: os conceitos fundamentais e a construção do novo modelo. São Paulo: Saraiva, 2009. p. 306-311. Vide também: SOUZA NETO, Cláudio Pereira de; SARMENTO, Daniel. *Direito constitucional*: teoria, história e métodos de trabalho. Belo Horizonte: Fórum, 2013. p. 458.

atuação mais substantiva de juízes e cortes para a proteção dos direitos fundamentais desses grupos tem se mostrado necessária e bem-vinda.[377] Nesses casos, as capacidades institucionais do Poder Judiciário, atualmente, parecem superar as do Poder Legislativo, pois o processo político majoritário, em geral, não tem sido um ambiente institucional adequado para o tratamento dessas questões. O resultado são decisões legislativas que, em geral, não se sustentam sob a análise das capacidades institucionais, pois são inadequadas, uma vez que excluem grupos minoritários e estigmatizados; erradas, pois negam o mesmo valor e dignidade entre os cidadãos; não têm por consequência a promoção dos direitos fundamentais garantidos pela Constituição e, por fim, ainda ignoram outras decisões possíveis que resultariam em maior proteção e promoção desses grupos. Ou seja, do ponto de vista das capacidades institucionais, esse tipo de atuação, ainda que contramajoritária, tem como consequência o atingimento de um melhor resultado e não se constitui, de forma alguma, em um uso absurdo do argumento.

Levar em conta as capacidades institucionais de juízes e cortes não significa, portanto, negar a possibilidade do controle jurisdicional das leis ou políticas públicas, mas sim levar em conta as limitações naturais da atuação judicial. Repensar a figura do juiz e das cortes a partir de suas capacidades institucionais tampouco implica a defesa de uma atuação completamente formalista ou submissa a discursos pretensamente técnicos alheios ao Direito em detrimento de uma visão crítica e reconstrutiva dos textos normativos. Ao contrário, é a partir do reconhecimento das capacidades institucionais de juízes e cortes que o aplicador pode e deve então buscar realizar a melhor interpretação e aplicação do Direito mediante a coesão dos argumentos utilizados para a sua justificação interna e externa.[378]

Ressalte-se, novamente, que a mesma abordagem referente às capacidades institucionais do Poder Judiciário também vale para uma análise sobre o Poder Executivo ou o Poder Legislativo. Estar ciente das virtudes e limitações de juízes e cortes não tem por consequência uma opção pela supremacia de legisladores e governantes gestores. Também estes têm suas vantagens e deficiências. E também suas capacidades devem ser levadas em conta no momento de se julgar seus atos. O que se vê, afinal, é que uma teoria e uma postura atentas às capacidades institucionais de juízes e cortes demonstram maior chance de sucesso e diminuem a possibilidade do erro, pois, conforme foi apontado, juízes e cortes, em geral, estão preparados

---

[377] SOUZA NETO, Cláudio Pereira de; SARMENTO, Daniel. *Direito constitucional*: teoria, história e métodos de trabalho. Belo Horizonte: Fórum, 2013. p. 435-436.

[378] CRUZ, Álvaro Ricardo de Souza; DUARTE, Bernardo Augusto Ferreira. *Além do positivismo jurídico*. Belo Horizonte: Arraes, 2013. p. 226-238.

apenas sob um aspecto, o jurídico, para lidar com os problemas da vida, os quais muitas vezes envolvem também outros campos do saber.[379] Conforme venho insistindo neste trabalho, a atuação de juízes e cortes é influenciada por múltiplos fatores e por isso as decisões judiciais não são neutras ou completamente isoladas. Juízes e cortes não são guardiões de um Direito, da Constituição, que não sofre o influxo da realidade, das maiorias políticas, das instituições e de uma sociedade plural. Os Poderes, os órgãos, as instituições, as pessoas atuam e reagem, em espaços públicos formais e informais de comunicação, dentro dos autos e fora deles. Essa interação, ainda que por vezes seja conflitiva, é necessária e saudável. Deve-se rejeitar, pois, a ideia de que a última palavra sobre a Constituição deve caber ao Poder Judiciário ou, de forma oposta, ao Poder Legislativo.

A ideia de supremacia judicial ou de supremacia legislativa são equivocadas porque se fundamentam sobre as falsas premissas de que as supostas vantagens das capacidades institucionais peculiares de cada Poder se sobrepõem às do outro. Essa perspectiva encara a separação entre os Poderes de forma estanque e os enxerga como adversários e ignora o fato de que não há instituição perfeita e infalível, que não existe um procedimento que garanta um resultado sempre justo, ou ainda que não tenha em sua base uma fundamentação substantiva.

É preciso abandonar essa leitura dicotômica e apostar em uma perspectiva teórico-prática radicalmente democrática, segundo as virtudes e capacidades de cada um dos atores, de tal forma que a interação entre eles seja, ainda que conflitiva, dialógica. Por isso a disputa pela última palavra sobre a Constituição é não apenas contraproducente, mas sobretudo equivocada. No exercício de uma jurisdição constitucional democrática, a supremacia judicial não tem lugar e a atuação de juízes e cortes é melhor desempenhada e compreendida a partir de suas virtudes e capacidades. Assim, o papel do Poder Judiciário não apenas se realça, mas também abre a possibilidade de encarar a tarefa de interpretação e aplicação da Constituição a partir de um diálogo, no qual o sentido da Constituição deve ser o resultado de uma complexa dinâmica de interação entre os Poderes, instituições e o povo.

2.4 Diálogos institucionais: uma categoria necessária e a ser levada a sério

A palavra "diálogo" é expressiva e atrativa para a política, pois denota a ideia de igualdade, respeito e reciprocidade mútuos. Indivíduos

---

[379] SOUZA NETO, Cláudio Pereira de; SARMENTO, Daniel. *Direito constitucional*: teoria, história e métodos de trabalho. Belo Horizonte: Fórum, 2013. p. 433.

dialogam entre si, em espaços formais e informais, e as decisões de instituições são, em geral, o resultado de diálogos internos que as precederam.[380] Na teoria constitucional dos últimos anos a palavra "diálogo" tem surgido como uma metáfora ubíqua, que reflete essa interação entre os Poderes Judiciário, Executivo e Legislativo na tarefa de interpretação e aplicação da constituição.[381] O pano de fundo dessa abordagem é a separação entre os Poderes e tem por objetivo mostrar como é possível pensar essa tarefa de forma dialógica e cooperativa, ao invés de encará-la como uma disputa entre adversários.[382]

A metáfora dos diálogos já aparecia com Alexander Bickel na década de 1960, quando ele fazia alusão às ideias de um "colóquio contínuo", de uma "conversa permanente", sobre a interpretação da constituição.[383] Louis Fisher também abordou o tema e se valeu da expressão que, na década de 1980, estampou o título de seu livro "Diálogos Constitucionais: interpretação como processo político".[384] A ideia, apesar de não ser nova, tem ganhado força, desenvolvimento e maior profundidade nos últimos anos.

As teorias sobre os diálogos institucionais, em geral, diferenciam-se pela abordagem que realizam – quanto ao método (ou empírica)[385] e quanto à estrutura (ou normativa).[386] As abordagens empíricas tratam os diálogos

---

[380] MENDES, Conrado Hübner. *Direitos fundamentais, separação de poderes e deliberação*. São Paulo: Saraiva, 2011. p. 105.

[381] BATEUP, Christine. The dialogic promise: assessing the normative potential of theories of constitutional dialogue. *Brooklyn Law Review*, v. 71, p. 1109, 2006.

[382] MENDES, Conrado Hübner. *Direitos fundamentais, separação de poderes e deliberação*. São Paulo: Saraiva, 2011. p. 105.

[383] BICKEL, Alexander. *The least dangerous branch*: the Supreme Court at the bar of politics. 2. Ed. New Heaven: Yale University Press, 1986. BICKEL, Alexander. BICKEL, Alexander M. *Supreme Court and the idea of progress*. New Haven: Yale University Press, 1970. Vide também: MENDES, Conrado Hübner. *Direitos fundamentais, separação de poderes e deliberação*. São Paulo: Saraiva, 2011. p. 106.

[384] FISHER, Louis, *Constitutional dialogues*: interpretation as political process. Princeton: Princeton University Press, 1988.

[385] FRIEDMAN, Barry. *The will of the people*: how public opinion has influenced the supreme court and shaped the meaning of the Constitution. New York: Farrar, Strauss and Giroux, 2009. FRIEDMAN, Barry. Constitucionalismo popular mediado. *Revista Jurídica de la Universidad de Palermo*, año 6, n. 1, p. 123-160, 2005. PICKERILL, J. Mitchell. *Constitutional deliberation in congress*: the impact of judicial review in a separated system. Durham: Duke University Press, 2004. WHITTINGTON, Keith. *Political foundations of judicial supremacy*: the presidency, the Supreme Court and constitutional leadership in U.S. history. New Jersey: Princeton University Press, 2007. WHITTINGTON, Keith. Legislative sanctions and the strategic environment of judicial review. *International Journal of Constitutional Law*, v. 1, n. 3, p. 446-474, 2003. Disponível em: <http://www.princeton.edu/~kewhitt/strategic_context.pdf>.

[386] HOGG, Peter W.; BUSHELL, Alison A. The charter dialogue between courts and legislatures (or perhaps The charter of rights isn't such a bad thing after all). *Osgood Hall Law Journal*, v. 35, n. 01, 1997. HOGG, Peter Wardell; THORNTON, Alison A. Bushell; WRIGTH, Wade K. Charter dialogue revisited or "Much Ado abou metaphors". *Osgood Hall Law Journal*, v. 45, n.

COMO PODEM ENTÃO ATUAR JUÍZES E CORTES? VIRTUDES, CAPACIDADES E DIÁLOGOS INSTITUCIONAIS...

como um produto, resultado, do desenho institucional e da separação entre os Poderes. Uma análise passível, portanto, de verificação prática mediante a atuação das cortes e do acatamento ou superação das decisões judiciais pelos demais Poderes. As abordagens normativas tratam os diálogos como uma demanda, exigência normativa, que estabeleça essa comunicação entre o Poder Judiciário e os demais Poderes.[387] As abordagens empíricas têm a vantagem de mostrar como, na prática, o significado da constituição é construído por meio de um embate, fluxo e refluxo de ideias e concepções. No entanto, são insuficientes ao deixarem de lado parâmetros normativos que favoreçam os diálogos que tanto apregoam. As abordagens normativas têm o benefício de mostrar como exigências legais promovem ou ao menos deixam em aberto a possibilidade dos diálogos. Quando há obrigatoriedade legal ou instrumentos legais que promovam o diálogo, ele torna-se mais fácil e qualquer decisão deve levar em conta uma possível resposta reativa. No entanto, a abordagem exclusivamente normativa peca ao se debruçar demasiadamente sobre o papel das cortes e dos juízes. Nesse sentido, se há que se promover o diálogo, focar somente o papel do Poder Judiciário, ainda mais normativamente, é ignorar a importância e os deveres dos demais atores nessa relação dialógica.

Diante disso, uma abordagem alternativa seria encarar os diálogos institucionais segundo as características que se sobressaem desse processo dialógico, seja ele fruto de uma atuação ou de uma exigência normativa. Catherine Bateup diferencia, assim, as distintas perspectivas dos diálogos conforme suas características mais marcantes.[388] Segundo Bateup, os diálogos poderiam primeiramente ser classificados quanto ao método, compreendidos como um comportamento deliberado, consciente, dos juízes para fomentar um debate com os demais Poderes sobre o

---

[387] 01, 2007. HOGG, Peter; THORNTON, Alisson A. Reply to "six degrees of dialogue". *Osgood Hall Law Journal*, v. 45, n. 01, 2007. ALEXANDER, Larry; SCHAUER, Frederick. On extrajudicial constitutional Interpretation. *Harvard Law Review*, v. 110, n. 07, 1997. ALEXANDER, Larry; SCHAUER, Fredrick. Defending judicial supremacy: a reply. *Constitutional Commentary*. v. 17, n. 3, 2000. GARDBAUM, Stephen. The new commonwealth model of constitutionalism. *American Journal of Comparative Law*, v. 49, n. 4, p. 707-760, 2001. TUSHNET, Mark. *Weak courts, strong rights*: judicial review and social welfare rights in comparative constitutional law. Princeton: Princeton University Press, 2008.

[387] BATEUP, Christine. The dialogic promise: assessing the normative potential of theories of constitutional dialogue. *Brooklyn Law Review*, v. 71, p. 1109-1110, 2006. Vide também: MENDES, Conrado Hübner. *Direitos fundamentais, separação de poderes e deliberação*. São Paulo: Saraiva, 2011. p. 107. BRANDÃO, Rodrigo. *Supremacia judicial versus diálogos constitucionais*: a quem cabe a última palavra sobre o sentido da Constituição? Rio de Janeiro: Lumen Juris, 2012. p. 209. SILVA, Cecília de Almeida. et al. *Diálogos institucionais e ativismo*. Curitiba: Juruá, 2012. p. 92.

[388] BATEUP, Christine. The dialogic promise: assessing the normative potential of theories of constitutional dialogue. *Brooklyn Law Review*, v. 71, p. 1123-1179, 2006.

152 | MIGUEL GUALANO DE GODOY
DEVOLVER A CONSTITUIÇÃO AO POVO – CRÍTICA À SUPREMACIA JUDICIAL E DIÁLOGOS INSTITUCIONAIS

significado da constituição.[389] Essa postura metodológica de fomento ao debate por parte dos juízes pode se manifestar de três formas diferentes: pelo aconselhamento judicial, por meio de medidas processuais e de uma atuação minimalista.

Segundo a teoria do aconselhamento judicial, juízes e cortes se valem de suas técnicas interpretativas e decisórias para, de forma proativa, recomendarem cursos de ação aos poderes políticos ou apontarem correções a serem feitas em leis e atos declarados inconstitucionais. Assim, os juízes, ao exercerem o controle judicial de constitucionalidade das leis, podem apontar suas razões e também mostrar alternativas corretivas para a lei ou para o ato. Da mesma forma, é possível que o juiz declare a norma constitucional, mas aponte as fragilidades da lei impugnada, dando oportunidade aos entes competentes de corrigirem ou eximirem as dúvidas levantadas.[390] Dessa forma, o Poder Judiciário contribui com os demais Poderes ao apontar sua compreensão sobre a constituição, sobre como os demais Poderes devem atuar para aprimorar ou corrigir suas ações. A teoria do aconselhamento judicial, no entanto, se mostra insuficiente porque se baseia apenas na voluntariedade do juiz. Vale dizer, o diálogo depende apenas de sua vontade e postura. A falta de incentivos ou exigências normativas pode fazer, por outro lado, com que o diálogo simplesmente não aconteça.

A teoria centrada no processo, ao contrário da teoria do aconselhamento, não busca dizer como os demais Poderes devem agir, mas apenas garantir que suas deliberações ocorram de forma suficiente e satisfatória quando suas decisões tratarem de direitos fundamentais.[391] Assim, quando o Poder Judiciário declara uma lei inconstitucional, ele não está a desconsiderar o ato dos demais Poderes, mas a exigir que tal ato seja debatido de forma clara, aberta e profunda de acordo com a importância dos direitos afetados pela lei. Essa atuação permite que o Poder Legislativo reavalie a questão e tome novamente uma decisão, que poderá ser novamente avaliada pelo Poder Judiciário. A teoria centrada no processo está mais preocupada, portanto, com o procedimento, funda-se em uma atuação mais contida e menos substancial, deixando maior espaço de atuação para os

---

[389] BATEUP, Christine. The dialogic promise: assessing the normative potential of theories of constitutional dialogue. *Brooklyn Law Review*, v. 71, p. 1123-1128, 2006. Vide também: SILVA, Cecília de Almeida. et al. *Diálogos institucionais e ativismo*. Curitiba: Juruá, 2012. p. 92.

[390] BATEUP, Christine. The dialogic promise: assessing the normative potential of theories of constitutional dialogue. *Brooklyn Law Review*, v. 71, p. 1123-1124, 2006. Vide também: SILVA, Cecília de Almeida. *et al*. *Diálogos institucionais e ativismo*. Curitiba: Juruá, 2012. p. 92-93.

[391] BATEUP, Christine. The dialogic promise: assessing the normative potential of theories of constitutional dialogue. *Brooklyn Law Review*, v. 71, p. 1128-1131, 2006. Vide também: SILVA, Cecília de Almeida. et al. *Diálogos institucionais e ativismo*. Curitiba: Juruá, 2012. p. 93-94.

poderes políticos, desde que as regras do procedimento democrático sejam respeitadas. Essa abordagem, no entanto, não deixa claro quais os critérios para se considerar um debate válido. Melhor explicando, ela não mostra como a teoria centrada no processo interage com as decisões substantivas tomadas pelos juízes.[392]

A última teoria vinculada ao método seria o minimalismo. Uma atuação contida, discreta, que decida caso a caso as controvérsias, fomenta de forma mais fácil o diálogo interinstitucional e a deliberação.[393]

Outra forma de se abordar a teoria dos diálogos institucionais é a partir de sua característica estrutural. Ou seja, há uma aposta nos mecanismos institucionais que permitem respostas às decisões judiciais, estabelecendo-se, assim, um diálogo mais genuíno, já que ambas as partes sabem que podem ter suas ações e decisões superadas.[394] Essa abordagem estrutural abarca a teoria da construção coordenada, a teoria de princípios jurídicos, a teoria do equilíbrio e a teoria da parceria.

A teoria da construção coordenada compreende a interpretação da constituição como uma tarefa já devidamente compartilhada, na qual cada Poder exerce sua função e competência e, assim, o resultado final é uma compreensão compartilhada sobre o significado da constituição. Quando há uma compreensão equivocada por parte de algum dos Poderes, os demais podem agir. Ou seja, se os Poderes Legislativo ou Executivo atuam de forma equivocada, o Judiciário declara os atos e leis inconstitucionais. Se Executivo ou Legislativo creem que o Poder Judiciário está equivocado em sua interpretação, superam, legislativamente, a decisão judicial. A teoria da construção coordenada enxerga o sistema de freios e contrapesos da separação entre os Poderes como arranjo apto e promotor dos diálogos. O problema dessa perspectiva, no entanto, é que ela acrescenta muito pouco, ou quase nada, ao atual estado de interação entre os Poderes. Além disso, ela se baseia (e promove) uma disputa entre os Poderes sobre quem tem a melhor ou mais adequada interpretação sobre a constituição ao invés de promover um diálogo construtivo entre eles.[395]

---

[392] BATEUP, Christine. The dialogic promise: assessing the normative potential of theories of constitutional dialogue. *Brooklyn Law Review*, v. 71, p. 1130, 2006.

[393] BATEUP, Christine. The dialogic promise: assessing the normative potential of theories of constitutional dialogue. *Brooklyn Law Review*, v. 71, p. 1131-1135, 2006.

[394] BATEUP, Christine. The dialogic promise: assessing the normative potential of theories of constitutional dialogue. *Brooklyn Law Review*, v. 71, p. 1136, 2006. Vide também: SILVA, Cecília de Almeida. *et al. Diálogos institucionais e ativismo*. Curitiba: Juruá, 2012. p. 95.

[395] BATEUP, Christine. The dialogic promise: assessing the normative potential of theories of constitutional dialogue. *Brooklyn Law Review*, v. 71, p. 1136-1143, 2006. Vide também: SILVA, Cecília de Almeida. *et al. Diálogos institucionais e ativismo*. Curitiba: Juruá, 2012. p. 95.

A teoria dos princípios jurídicos, diferentemente da construção coordenada que não confere um papel especial ao Poder Judiciário nos diálogos institucionais, defende que juízes e cortes possuem uma característica peculiar que lhes coloca em posição privilegiada no debate – sua competência institucional peculiar de julgar baseados em princípios.[396] Na hipótese de uma interpretação equivocada por parte do Poder Judiciário, os demais Poderes poderiam fazer o controle da decisão judicial e dar início ao diálogo entre as instituições. O problema dessa perspectiva é que ela não prioriza um diálogo substantivo entre os Poderes, mas apenas permite que o Poder Judiciário declare sua compreensão sobre a constituição e que o Poder Legislativo concorde ou não com a interpretação judicial. Dessa forma, surge uma teoria dos diálogos baseada nos controles políticos sobre a corte. Alexander Bickel é o maior expoente dessa perspectiva, pois defende a competência especial que juízes e cortes têm para julgar com base em princípios, mas também acredita que suas decisões devem poder ser submetidas ao controle e avaliação dos poderes políticos.

Um exemplo dessa forma de controle político é a Carta de Direitos e Liberdades do Canadá de 1982, a qual instituiu um mecanismo chamado cláusula não obstante (*notwithstanding clause*).[397] Por meio dela, sem descuidar e desmerecer a interpretação constitucional e o controle de constitucionalidade exercido pela Suprema Corte, é possível fazer prevalecer a vontade majoritária. A cláusula *notwithstanding* é prevista pela Carta de Direitos canadense em sua seção 33, e por meio dela é possível que o Poder Legislativo aprove, por intermédio de uma maioria qualificada, uma lei que, "não obstante", colida com a declaração de direitos prevista em seu

---

[396] BATEUP, Christine. The dialogic promise: assessing the normative potential of theories of constitutional dialogue. *Brooklyn Law Review*, v. 71, p. 1143-1144, 2006. Vide também: SILVA, Cecília de Almeida. *et al. Diálogos institucionais e ativismo*. Curitiba: Juruá, 2012. p. 95.

[397] Sobre a cláusula *notwithstanding*, vide: HOGG, Peter Wardell. *Constitutional law of Canada*. 3. ed. Toronto: Carswell, 1992; HOGG, Peter Wardell; BUSHELL, Alison A. The charter dialogue between courts and legislatures (or perhaps the charter of rights isn't such a bad thing after all). *Osgood Hall Law Journal*, v. 35, n. 1, 1997; HAIGH, Richard; SOBKIN, Michael. Does the observer have an efect?: an analysis of the use of the dialogue metaphor in Canada's Courts. *Osgood Hall Law Journal*, v. 37. n. 3, 1999; MANFREDI, Christopher; KELLY, James. Six degrees of dialogue: a response to hogg and bushell. *Osgood Hall Law Journal*, v. 37, n. 3, 1999; ROACH, Kent. The Supreme Court on trial: judicial activism or democratic dialogue. *Irwin Law*, 2001; KAHANA, Tsvi. Understanding the notwithstanding mechanism. *The University of Toronto Law Journal*, v. 52, n. 2, 2002; HOGG, Peter Wardell; THORNTON, Alison A. Bushell; WRIGTH, Wade K. Charter dialogue revisited or "Much Ado About Metaphors". *Osgood Hall Law Journal*, v. 45, n. 1, 2007; HOGG, Peter Wardell; THORNTON, Alisson A. Reply to "Six degrees of dialogue". *Osgood Hall Law Journal*, v. 45, n. 1, 2007; BARBOZA, Estefânia Maria de Queiroz. *Precedentes judiciais e segurança jurídica*: fundamentos e possibilidades para a jurisdição constitucional brasileira. São Paulo: Saraiva, 2014.

texto.[398] Há, no entanto, uma limitação temporal de até cinco anos para a vigência dessa cláusula e a sua utilização não se aplica a determinados temas (direitos relativos ao regime político-democrático, liberdade de ir e vir, entre outros). A ideia, porém, não é invocar a cláusula *notwithstanding* a fim de afrontar o Poder Judiciário, mas ao contrário, encará-lo como parceiro na discussão sobre determinada posição em relação a uma lei.[399]

No entanto, segundo Bateup, essa visão sobre os diálogos de valorização dos princípios jurídicos e dos controles políticos possui uma contradição interna: se o Poder Judiciário possui melhores condições para julgar questões de princípios do que os poderes políticos, qual a vantagem em se conferir aos poderes políticos um controle sobre o Poder Judiciário? Ademais, ao se defender um controle político por parte dos demais Poderes sobre os erros do Poder Judiciário, é inevitável que esses poderes políticos tenham então de invocar uma teoria interpretativa abrangente que aponte os erros dos juízes, o que também seria alvo de controvérsias e desacordos.[400]

---

[398] Assim dispõe a seção 33 da Carta de Direitos e Liberdades do Canadá de 1982: "*Exception where express declaration 33.* (1) *Parliament or the legislature of a province may expressly declare in an Act of Parliament or of the legislature, as the case may be, that the Act or a provision thereof shall operate notwithstanding a provision included in section 2 or sections 7 to 15 of this Charter. Operation of exception* (2) *An Act or a provision of an Act in respect of which a declaration made under this section is in effect shall have such operation as it would have but for the provision of this Charter referred to in the declaration. Five years limitation* (3) *A declaration made under subsection* (1) *shall cease to have effect five years after it comes into force or on such earlier date as may be specified in the declaration. Re-enactment* (4) *Parliament or a legislature of a province may re-enact a declaration made under subsection* (1). *Five year limitation* (5) *Subsection* (3) *applies in respect of a re-enactment made under subsection* (4)".

[399] KAHANA, Tsvi. Understanding the notwithstanding mechanism. *The University of Toronto Law Journal.* v. 52, n. 2, p. 225, 256, 273, 2002. *[There is an] idea of a partnership between courts and legislatures. It suggests that when invoking the NM, the legislature should not view the court as its enemy but, rather, should work cooperatively with the court. It posits that in order to successfully foster a meaningful partnership between the courts and the legislatures, the legislatures must adhere to three notions. I refer to these notions as the 'partnership of respect,' the 'partnership of benefit,' and the 'partnership of last resort.' A partnership of respect implies that the legislature invokes the NM out of respect for the constitutional text and for the court. Respect for the constitutional text means that the decision to invoke the NM is based on the legislature's reading of the Constitution and not on the legislature's political preferences; respect for the court means that the legislature's decision to re-enact the legislation comes only after it has become conversant with the court's decision. The notion of a partnership of benefit requires that the legislature not use the NM until the country's highest court has ruled on the matter. It is only after the highest court has issued its decision that the legislature and the polity can benefit from a fully developed judicial voice. Finally, the notion of a partnership of last resort means that if the legislature has at its disposal other means with which to achieve its goal, such as enacting new legislation, it should not use the NM.* Vide também: BARBOZA, Estefânia Maria de Queiroz. *Precedentes Judiciais e segurança jurídica*: fundamentos e possibilidades para a jurisdição constitucional brasileira. São Paulo: Saraiva, 2014.

[400] BATEUP, Christine. The dialogic promise: assessing the normative potential of theories of constitutional dialogue. *Brooklyn Law Review*, v. 71, p. 1150-1151, 2006. Vide também: SILVA, Cecília de Almeida. *et al. Diálogos institucionais e ativismo.* Curitiba: Juruá, 2012. p. 96.

Essa crítica leva a uma outra abordagem, ainda baseada no reconhecimento da vantagem de juízes e cortes julgarem com base em princípios: a que relaciona os princípios e a articulação legislativa para criação de políticas públicas.[401] Segundo essa perspectiva, em vez de se focar nos controles políticos exercidos pelo Poder Legislativo, é preciso debruçar-se sobre a contribuição que ele pode dar devido à sua competência institucional para a elaboração de políticas públicas. Assim, os poderes políticos podem exercer suas competências, mas sempre observando os julgamentos e decisões do Poder Judiciário com base em princípios. Haveria, então, um diálogo resultante da articulação das leis e políticas públicas elaboradas pelos poderes políticos e das questões de princípios decididas pelos tribunais. Mas essa perspectiva recai nos mesmos equívocos anteriores, ou seja, conferir ao Poder Judiciário uma capacidade supostamente superior para definir o conteúdo da constituição, deixando as respostas possíveis por parte dos poderes políticos como meras reações. Não haveria, portanto, um diálogo genuíno entre os Poderes.[402]

Ainda dentro de uma abordagem estrutural dos diálogos, segundo Bateup, há a teoria do equilíbrio. Conforme essa visão, o Poder Judiciário não possui, *a priori*, qualquer capacidade superior para interpretar a constituição. Assim, juízes e cortes atuam como mais uma instância de discussão na definição do sentido da constituição.[403] Essa perspectiva se diferencia das anteriores que se voltam sobremaneira ao Poder Judiciário e ainda se preocupa como as outras instituições e atores na definição dos significados da constituição. Nesse sentido, Bateup ressalta as contribuições de Barry Friedman, Robert Post e Reva Siegel. Para Bateup, a teoria do equilíbrio é a que melhor possibilita o diálogo, pois compreende a interpretação da constituição como tarefa compartilhada entre os Poderes, sem conferir primazia a nenhum deles e ainda ressalta a importância da participação de outros atores, tais como instituições e o povo em geral.[404]

É curioso como Bateup se vale das proposições de Friedman, Post, Siegel e Mark Tushnet, para mostrar como as perspectivas desses autores

---

[401] BATEUP, Christine. The dialogic promise: assessing the normative potential of theories of constitutional dialogue. *Brooklyn Law Review*, v. 71, p. 1151, 2006. Vide também: SILVA, Cecília de Almeida. *et al*. *Diálogos institucionais e ativismo*. Curitiba: Juruá, 2012. p. 96-97.

[402] BATEUP, Christine. The dialogic promise: assessing the normative potential of theories of constitutional dialogue. *Brooklyn Law Review*, v. 71, p. 1155-1157, 2006. Vide também: SILVA, Cecília de Almeida. *et al*. *Diálogos institucionais e ativismo*. Curitiba: Juruá, 2012. p. 97.

[403] BATEUP, Christine. The dialogic promise: assessing the normative potential of theories of constitutional dialogue. *Brooklyn Law Review*, v. 71, p. 1157-1158, 2006. Vide também: SILVA, Cecília de Almeida. *et al*. *Diálogos institucionais e ativismo*. Curitiba: Juruá, 2012. p. 97-98.

[404] BATEUP, Christine. The dialogic promise: assessing the normative potential of theories of constitutional dialogue. *Brooklyn Law Review*, v. 71, p. 1158-1165, 2006. Vide também: SILVA, Cecília de Almeida. *et al*. *Diálogos institucionais e ativismo*. Curitiba: Juruá, 2012. p. 98.

buscam exatamente ressaltar a importância de um debate público robusto entre instituições e entre elas e o povo para a interpretação da constituição. Não é por outra razão que o nome dessa perspectiva é justamente teoria do equilíbrio. A teoria do equilíbrio peca, no entanto, por se fundamentar exclusivamente na experiência norte-americana, por tentar englobar a sociedade nas discussões, o que muitas vezes não acontece em questões de menor importância, além de não fazer as devidas diferenciações, adequações e pontes entre distintos autores como Friedman, Post, Siegel e Tushnet, deixando de oferecer um caminho claro e consistente para o que se propõe.[405]

Outra face da teoria do equilíbrio é a teoria da parceria. Segundo Bateup, a teoria da parceria se concentra sobre as diferentes contribuições que cada um dos Poderes pode dar, segundo suas competências e instrumentos normativos, para a definição do significado da constituição, sem que se dê uma importância maior à interpretação judicial. Assim como a teoria do equilíbrio, a teoria da parceria também busca estabelecer um debate público robusto na sociedade, mas, por outro lado, também enxerga nos mecanismos institucionais a melhor forma de fortalecer os diálogos institucionais.[406] Nesse sentido, a teoria da parceria busca combinar a expertise do Poder Legislativo na criação de leis e políticas públicas com a expertise do Poder Judiciário em interpretar e aplicar princípios, sem que haja qualquer preferência de um sobre o outro (como ocorre, por exemplo, na perspectiva que relaciona os princípios e a articulação legislativa para criação de políticas públicas), devendo-se atentar para as necessárias previsões normativas que promovam esse diálogo entre os Poderes.[407] Dessa forma, as previsões normativas da Carta de Direitos e Liberdades do Canadá são um importante exemplo a ser retomado. Não para que se foque somente sobre a possibilidade de um controle político sobre o Poder Judiciário, mas para que, com a existência de uma previsão normativa como a da seção 33, os Poderes se envolvam em um diálogo aberto e profundo sobre a constituição.

Diante dessas diferentes abordagens e perspectivas, Christine Bateup propõe uma fusão dialógica da teoria do equilíbrio e da teoria da

---

[405] BATEUP, Christine. The dialogic promise: assessing the normative potential of theories of constitutional dialogue. *Brooklyn Law Review*, v. 71, p. 1168, 2006. Vide também: SILVA, Cecília de Almeida. *et al. Diálogos institucionais e ativismo.* Curitiba: Juruá, 2012. p. 99.

[406] BATEUP, Christine. The dialogic promise: assessing the normative potential of theories of constitutional dialogue. *Brooklyn Law Review*, v. 71, p. 1169, 2006. Vide também: SILVA, Cecília de Almeida. *et al. Diálogos institucionais e ativismo.* Curitiba: Juruá, 2012. p. 99.

[407] BATEUP, Christine. The dialogic promise: assessing the normative potential of theories of constitutional dialogue. *Brooklyn Law Review*, v. 71. New York: *Brooklyn Law Review*, 2006. p. 1170-1171. Vide também: SILVA, Cecília de Almeida. *et al. Diálogos institucionais e ativismo.* Curitiba: Juruá, 2012. p. 99.

parceria. Segundo ela, as duas perspectivas juntas somam a promoção de um diálogo interinstitucional que não se fundamenta sobre uma superioridade interpretativa prévia de nenhum dos Poderes, reconhece as diferentes competências, habilidades e expertises de cada um dos intérpretes da constituição e ainda acrescenta a necessidade de previsão normativa que incentive esse diálogo entre eles. A teoria do equilíbrio tem a vantagem de promover um debate público robusto, por meio da inclusão de outros órgãos, instituições e do povo. E a teoria da parceria tem a vantagem de inserir o elemento normativo como requisito fundamental para o incentivo e realização desse debate.[408] A interpretação da constituição seria, assim, o resultado do confronto de posições "separadas, mas interligadas" de cada um dos Poderes e demais atores que interpretam a constituição.[409]

Essa postura de fusão dialógica acredita, portanto, na capacidade institucional peculiar de o Poder Judiciário interpretar a constituição e seus princípios por meio da revisão judicial das leis. Mas não para impor suas interpretações, e sim para ser mais uma voz na definição da constituição. As previsões legais de incentivo aos diálogos, tal qual previsto pela Constituição do Canadá, seriam um exemplo de bom incentivo normativo aos diálogos. Assim, deixa-se o Poder Judiciário livre para exercer o controle judicial de constitucionalidade das leis, mas lhe impõe o dever de estar atento e aberto ao diálogo. Por sua vez, o Poder Legislativo fica ciente de que seus atos podem ser revistos e derrubados pelo Poder Judiciário. Antes que isso aconteça, um diálogo entre os Poderes e entre estes e o povo e demais instituições é bem-vindo. E após o eventual controle de constitucionalidade das leis, é importante que ainda existam canais de diálogo e redefinição da interpretação da constituição.

Os desafios para essa perspectiva são pensar propostas normativas viáveis, bem como a inserção de outros atores e instituições nesse diálogo.[410] A ideia de diálogo entre os Poderes criada por Peter Hogg e Alison Bushell a partir da seção 33 da Carta de Direitos e Liberdades do Canadá é o exemplo mais invocado de possibilidade normativa para uma relação dialógica entre os Poderes.[411] Ao mesmo tempo que a nova Carta

---

[408] BATEUP, Christine. The dialogic promise: assessing the normative potential of theories of constitutional dialogue. *Brooklyn Law Review*, v. 71, p. 1174-1175, 2006. Vide também: SILVA, Cecília de Almeida. *et al. Diálogos institucionais e ativismo*. Curitiba: Juruá, 2012. p. 100.

[409] BATEUP, Christine. The dialogic promise: assessing the normative potential of theories of constitutional dialogue. *Brooklyn Law Review*, v. 71, p. 1175, 2006.

[410] BATEUP, Christine. The dialogic promise: assessing the normative potential of theories of constitutional dialogue. *Brooklyn Law Review*, p. 1176, 2006.

[411] HOGG, Peter Wardell; BUSHELL, Alison A. The charter dialogue between courts and legislatures (or perhaps the charter of rights isn't such a bad thing after all). *Osgood Hall Law Journal*, v. 35, n. 1, 1997.

de Direitos representou uma conquista em termos de direitos, rejeitou-se a supremacia judicial por meio da seção 33 que possibilita ao Parlamento recusar uma decisão judicial que faça a revisão judicial de uma lei. A seção 33, no entanto, somente foi invocada algumas poucas vezes na história canadense, pois derrubar uma decisão judicial da corte impõe um ônus político e simbólico bastante grande e significativo ao legislador.[412] Na maioria dos casos, o Parlamento canadense optou por readequar seus atos de acordo com a interpretação dada pela corte e, eventualmente, alterar a lei de acordo com a exigência feita por ela.[413] Essa postura demonstra como, apesar da possibilidade de reverter a decisão judicial, o Parlamento se mostra aberto e permeável aos entendimentos da corte. Ao invés de forçar o seu entendimento, ele aquiesce com a decisão, mesmo tendo a possibilidade de derrubá-la. A decisão judicial representa, assim, não um veto, mas o começo de uma comunicação interinstitucional sobre como conciliar direitos individuais e políticas públicas.[414]

A análise da forma como se dá ou deveria dar-se esse diálogo a partir da seção 33 da Carta de Direitos canadense encontrou terreno fértil na literatura constitucional canadense. Autores como Christopher Manfredi e James Kelly rejeitaram a análise de Peter Hogg e Alison Bushell. Para aqueles autores, o diálogo somente ocorre quando o Parlamento rejeita a decisão judicial. Sem esse conflito, há uma submissão do legislador à corte.[415] Rainer Knopff também rejeita a caracterização de Hogg e Bushell. Em contraposição às críticas e tentando aprofundar e aprimorar a ideia de diálogo de Hogg e Bushell, Kent Roach defendeu que a seção 33 e a sua eventual utilização pelo Parlamento apenas demonstram como juízes e legisladores atuam cada um a seu modo, mas em conjunto, clarificando e corrigindo as visões de cada um.[416] Para Roach, a atuação jurisdicional não impede a atuação e resposta do Poder Legislativo, mas impõe a ele a responsabilidade política de oferecer melhores razões para superar a

---

[412]   MENDES, Conrado Hübner. *Direitos fundamentais, separação de poderes e deliberação*. São Paulo: Saraiva, 2011. p. 149.

[413]   HOGG, Peter Wardell; BUSHELL, Alison A. The charter dialogue between courts and legislatures (or perhaps the charter of rights isn't such a bad thing after all). *Osgood Hall Law Journal*, v. 35, n. 1, p. 101-104, 1997.

[414]   HOGG, Peter Wardell; BUSHELL, Alison A. The charter dialogue between courts and legislatures (or perhaps the charter of rights isn't such a bad thing after all). *Osgood Hall Law Journal*, v. 35, n. 1, 1997. p. 105. Vide também: MENDES, Conrado Hübner. *Direitos fundamentais, separação de poderes e deliberação*. São Paulo: Saraiva, 2011. p. 150.

[415]   MANFREDI, Christopher; KELLY, James. Six degrees of dialogue: a response to hogg and bushell. *Osgoode Hall Law Journal*, v. 37, n. 3, 1999.

[416]   ROACH, Kent. The Supreme Court on trial: judicial activism or democratic dialogue. *Irwin Law*, 2001. Vide também: MENDES, Conrado Hübner. *Direitos fundamentais, separação de poderes e deliberação*. São Paulo: Saraiva, 2011. p. 151.

decisão judicial. Há, assim, um diálogo que desafia o aperfeiçoamento de cada instituição no exercício da sua competência.[417] Janet Hiebert também defendeu a ideia de diálogo entre os Poderes por meio da seção 33.[418] No entanto, diferentemente de Hogg e Bushell, Hiebert defende que esse diálogo não pode ser regido pela corte. Ambas as instituições possuem competências e especialidades diferentes em sua abordagem e interpretação da Carta de Direitos. Para Hiebert, o objetivo da Carta de Direitos foi estabelecer uma prática justificadora dos três Poderes, e não simplesmente atribuir à corte a tarefa de controlar e corrigir os demais Poderes. A postura de Hiebert é importante porque reconhece a relevância de cada um dos Poderes sem fazer uma diferenciação qualitativa entre eles. Todos têm a mesma importância e suas decisões o mesmo peso nesse diálogo.[419] Após as críticas e correções, Peter Hogg e Alison Bushell fizeram alguns esclarecimentos sobre suas ideias e posições.[420] Curiosamente eles defendem a ideia de última palavra da corte sobre a interpretação da constituição, mas reações e superações legislativas são inevitáveis. Assim, os autores compreendem o papel do Parlamento como, de fato, reativo. O diálogo seria então fruto desse processo, no qual a última palavra constitucional é da corte, mas na prática do legislador.[421]

O chamado constitucionalismo do *commonwealth* também é um exemplo da realização de reformas institucionais e do estabelecimento de previsões normativas destinadas a proteger direitos, mas sem conferir ao Poder Judiciário a última palavra sobre a constituição.[422] Juntamente com o Canadá, também o Reino Unido e a Nova Zelândia compõem umas das

---

[417] ROACH, Kent. The Supreme Court on Trial: Judicial Activism or Democratic Dialogue. Irwin Law, 2001. p. 293. Vide também: MENDES, Conrado Hübner. *Direitos fundamentais, separação de poderes e deliberação*. São Paulo: Saraiva, 2011. p. 151.

[418] HIEBERT, Janet. *Charter Conflicts*: what is Parliament's role? Québec: McGill-Queens University Press, 2004. Vide também: MENDES, Conrado Hübner. *Direitos fundamentais, separação de poderes e deliberação*. São Paulo: Saraiva, 2011. p. 153.

[419] HIEBERT, Janet. *Charter Conflicts*: what is Parliament's role? Québec: McGill-Queens University Press, 2004. p. 54. Vide também: MENDES, Conrado Hübner. *Direitos fundamentais, separação de poderes e deliberação*. São Paulo: Saraiva, 2011. p. 154.

[420] HOGG, Peter Wardell; THORNTON, Alison A. Bushell; WRIGTH, Wade K. Charter dialogue revisited or "Much Ado About Metaphors". *Osgood Hall Law Journal*. v. 45, n. 1, 2007. Vide também: MENDES, Conrado Hübner. *Direitos fundamentais, separação de poderes e deliberação*. São Paulo: Saraiva, 2011. p. 156-157.

[421] MENDES, Conrado Hübner. *Direitos fundamentais, separação de poderes e deliberação*. São Paulo: Saraiva, 2011. p. 158.

[422] TUSHNET, Mark. *Weak Courts, strong rights*: judicial review and social wealfare rights in comparative constitutional law. Princeton: Princeton University Press, 2008. Vide também: GARDBAUM, Stephen. The new commonwealth model of constitutionalism. *American Journal of Comparative Law*, v. 49, n. 4, p. 707-760, 2001.

CAPÍTULO 2
COMO PODEM ENTÃO ATUAR JUÍZES E CORTES? VIRTUDES, CAPACIDADES E DIÁLOGOS INSTITUCIONAIS... | 161

experimentações mais interessantes do direito constitucional comparado.[423] Ao invés de apostarem em um modelo forte de controle de constitucionalidade (como o dos Estados Unidos ou o do Brasil, por exemplo), adotaram formas fracas de revisão judicial das leis.

A Declaração de Direitos da Nova Zelândia, de 1990, consolida a previsão e proteção de direitos e é parâmetro de avaliação das demais leis, mas não revoga automaticamente leis que estejam em desacordo com seus ditames. Assim, a Declaração de Direito da Nova Zelândia é uma norma com caráter peculiar, porque ela tem força jurídica menor do que uma lei ordinária, pois não revoga uma lei que esteja em conflito com ela, mas ainda assim é parâmetro de avaliação das leis. Dessa forma, o papel da corte é controlar o significado da Declaração de Direitos e declarar a violação de uma eventual lei ao disposto na Declaração de Direitos. Tal declaração, no entanto, não invalida automaticamente a lei questionada. O legislador, dessa forma, paga o custo político dessa violação, considerada grave.[424] Esse sistema tem funcionado bem e feito dos juízes e das cortes atores fortes e relevantes na proteção de direitos. O Parlamento tem, de certa maneira, a última palavra sobre o significado da Declaração de Direitos, mas a atuação da corte faz com que os legisladores levem a sério as questões de direitos por trás de suas decisões.[425]

De forma semelhante, a edição da Declaração de Direitos Humanos do Reino Unido, de 1998, passou a possibilitar que atos de autoridade pudessem ser questionados perante as cortes britânicas à luz da Convenção Europeia de Direitos Humanos. A simples previsão de uma carta de direitos já representou uma verdadeira revolução na tradição britânica (eminentemente parlamentar).[426] Além disso, a forma de controle previsto foi original, pois a corte tem o dever de interpretar as leis à luz dos direitos e, assim, o poder de emitir uma declaração de incompatibilidade da lei com a Convenção Europeia de Direitos Humanos. A declaração de incompatibilidade não revoga automaticamente a lei, mas retira a sua

---

[423] MENDES, Conrado Hübner. *Direitos fundamentais, separação de poderes e deliberação*. São Paulo: Saraiva, 2011. p. 156-158.

[424] MENDES, Conrado Hübner. *Direitos fundamentais, separação de poderes e deliberação*. São Paulo: Saraiva, 2011. p. 158-159.

[425] TUSHNET, Mark. *Weak Courts, strong rights*: judicial review and social wealfare rights in comparative constitutional law. Princeton: Princeton University Press, 2008. p. 26-27. GARDBAUM, Stephen. The new commonwealth model of constitutionalism. *American Journal of Comparative Law*, v. 49, n. 4, p. 728-729, 2001. Vide também: MENDES, Conrado Hübner. *Direitos fundamentais, separação de poderes e deliberação*. São Paulo: Saraiva, 2011. p. 158-159.

[426] MENDES, Conrado Hübner. *Direitos fundamentais, separação de poderes e deliberação*. São Paulo: Saraiva, 2011. p. 159.

162 | MIGUEL GUALANO DE GODOY
DEVOLVER A CONSTITUIÇÃO AO POVO – CRÍTICA À SUPREMACIA JUDICIAL E DIÁLOGOS INSTITUCIONAIS

imunidade contra a uma possível anulação, pois a lei não pode confrontar a Convenção Europeia de Direitos Humanos.[427]

O trabalho de Christine Bateup e os exemplos de formas alternativas de controle judicial de constitucionalidade das leis são importantes porque deixam claro quais são as diferentes abordagens e perspectivas que se tem adotado sobre os diálogos institucionais e também mostram as interessantes soluções intermediárias entre supremacia judicial e supremacia legislativa para a revisão judicial das leis.

A proposta de Bateup de fusão dialógica se mostra não apenas teoricamente mais adequada (por partir de um reconhecimento das qualidades particulares de cada instituição sem que, no entanto, haja uma preferência, *a priori*, de uma sobre a outra), mas também pragmaticamente mais crível (por requerer uma previsão normativa para a promoção dos diálogos), destacando as principais vantagens da teoria do equilíbrio e da teoria da parceria. Ou seja, a proposta de fusão dialógica é aqui defendida porque é preciso incentivar um comportamento dialógico de cada um dos Poderes na interpretação da constituição, segundo suas competências e habilidades específicas. E a proposta de fusão dialógica é a que melhor possibilita esse comportamento dialógico e, portanto, uma decisão mais democrática.

No entanto, para que tal diálogo não fique dependente do mero voluntarismo de cada Poder ou de seus membros, previsões normativas são necessárias para incentivar e promover esse diálogo. As previsões normativas dialógicas não devem impor a primazia de um sobre o outro, mas forçar cada um a ser cuidadoso e criterioso em sua tarefa interpretativa, sempre atento e aberto às proposições vindas dos outros intérpretes e aplicadores da constituição.

Diante disso, o que se percebe é que as teorias dos diálogos institucionais, apesar de invocarem diferentes formas de atuação, se opõem à ideia de supremacia judicial e enfatizam que o Poder Judiciário não tem (segundo uma abordagem empírica) e nem deve ter (segundo uma abordagem normativa) a última palavra sobre a constituição.[428] As teorias dos diálogos institucionais mostram, assim, os limites e as insuficiências das teorias da última palavra e fomentam a possibilidade de coexistência entre parlamentos e cortes, sem que se tenha que escolher necessariamente um em oposição ao outro.

---

[427] TUSHNET, Mark. *Weak Courts, strong rights*: judicial review and social wealfare rights in comparative constitutional law. Princeton: Princeton University Press, 2008. p. 29-31. GARDBAUM, Stephen. The new commonwealth model of constitutionalism. *American Journal of Comparative Law*, v. 49, n. 4, p. 733-735, 2001. Vide também: MENDES, Conrado Hübner. *Direitos fundamentais, separação de poderes e deliberação*. São Paulo: Saraiva, 2011. p. 159.

[428] BATEUP, Christine. The dialogic promise: assessing the normative potential of theories of constitutional dialogue. *Brooklyn Law Review*, v. 71, p. 1109, 2006.

CAPÍTULO 2 | 163

As teorias dos diálogos também mostram como juízes e cortes, ao realizarem o controle judicial de constitucionalidade das leis, se envolvem ou devem se envolver em um debate dinâmico e dialógico sobre o significado das normas constitucionais. As respostas buscadas sobre o significado da constituição devem, assim, ser construídas, e não impostas. A interação é um fato, não uma escolha ou possibilidade.[429] O diálogo não decorre somente da manifestação de vontade de um Poder ou apenas por exigência de algum dispositivo normativo. Ao contrário, ele deve ser o produto dessa tensão entre empirismo e normativismo, que compreendem a separação entre os Poderes como algo dinâmico, e não estanque. O diálogo nasce, assim, da conjugação entre um desenho institucional e uma cultura política, de incentivos normativos e disposição dialógica.[430]

Não se está aqui a defender a adoção dos modelos do direito comparado, pois o transplante de arranjos estrangeiros em geral recai no equívoco de ignorar demandas institucionais locais. No entanto, eles mostram como se pode estabelecer outra dinâmica institucional em nossa realidade ao invés de se insistir na disputa pela última palavra sobre o significado da Constituição e na velha oposição entre supremacia judicial ou supremacia legislativa. Dessa maneira, pode-se fazer uma análise mais acurada sobre o desempenho de cada Poder na tarefa de interpretação e aplicação da Constituição, pois passamos a avaliar não somente a forma de atuação dos Poderes, mas também as diferentes concepções de legitimidade que informam sua atuação.

A perspectiva de diálogo interinstitucional aqui defendida, portanto, é aquela que não enxerga uma oposição entre os Poderes. O exercício do controle de constitucionalidade não se opõe e nem se sobrepõe ao exercício legislativo. O desafio é mostrar como, apesar da expertise ser uma variável importante no desenho institucional, a insistência sobre quem deve ter a última palavra é algo ilusório, além de improdutivo. A melhor interpretação sobre a Constituição e a melhor decisão, seja ela jurídica ou político-legislativa, não decorrem somente das capacidades de uma ou outra instituição, mas sim da interação deliberativa entre elas e da busca pelas melhores razões públicas para justificar suas posturas e julgamentos.[431]

Essa dinâmica deixa em evidência o que Conrado Hubner Mendes chamou de "rodada procedimental" e "última palavra provisória". A rodada procedimental consiste nos procedimentos estabelecidos para a

---

[429] MENDES, Conrado Hübner. *Direitos fundamentais, separação de poderes e deliberação*. São Paulo: Saraiva, 2011. p. 161.

[430] MENDES, Conrado Hübner. *Direitos fundamentais, separação de poderes e deliberação*. São Paulo: Saraiva, 2011. p. 162.

[431] MENDES, Conrado Hübner. *Direitos fundamentais, separação de poderes e deliberação*. São Paulo: Saraiva, 2011. p. 169.

vocalização de projetos coletivos e solução de conflitos. Esse caminho procedimental tem início, meio e fim. O ponto final, no entanto, será sempre provisório. O resultado, portanto, é uma última palavra provisória.[432] Assim como uma lei aprovada após o devido processo legislativo pode ser derrubada pelo controle judicial de constitucionalidade dessa lei, a decisão judicial pode ser derrubada por uma retomada da rodada procedimental, ou seja, dos processos institucionais de interpretação e aplicação da Constituição.

A teoria dos diálogos institucionais é importante porque mostra como é possível conciliar a provisoriedade das decisões judiciais com a continuidade da política democrática.[433] Vale dizer, as decisões judiciais são importantes, representam um ponto de chegada sobre a interpretação e aplicação da Constituição. Mas são um ponto de chegada provisório e podem se converter em um novo ponto de partida. É preciso atentar para o caminho que a precedeu e para o caminho que a sucederá. O diálogo no longo prazo é, dessa forma, inevitável, pois as decisões são tomadas, os casos concretos resolvidos, mas os mesmos temas são reprocessados pela comunidade e podem, assim, ressurgir e mudar as compreensões até então estabelecidas.[434] Como disse Conrado Hubner Mendes, "A última palavra sobre direitos importa? Sim, mas menos do que se supunha. Importa para quê? Para firmar decisões com pretensão de maior durabilidade; para resolver, ainda que temporariamente, uma demanda por decisão coletiva que valha para todos. Qual, então o critério para a escolha da autoridade detentora dessa prerrogativa? A confiança da comunidade na instituição que tenha a maior probabilidade de produzir a melhor decisão. E se essa instituição for, comparativamente, menos democrática do que as alternativas? Mesmo que se aceite a hipótese da qualidade mais ou menos democrática de instituições isoladas, dentro da lógica da separação de poderes, aquela que for "mais democrática", caso discorde, sempre poderá responder. Se outra, de fato, for "mais democrática", dificilmente será derrotada por muito tempo. A última palavra sobre direitos, portanto, é apenas parte da história, não toda ela".[435]

O que se reivindica, assim, é encarar a Constituição como um documento normativo que, a despeito de suas normas, tem seu significado

---

[432] MENDES, Conrado Hübner. *Direitos fundamentais, separação de poderes e deliberação*. São Paulo: Saraiva, 2011. p. 170.

[433] MENDES, Conrado Hübner. *Direitos fundamentais, separação de poderes e deliberação*. São Paulo: Saraiva, 2011. p. 171.

[434] MENDES, Conrado Hübner. *Direitos fundamentais, separação de poderes e deliberação*. São Paulo: Saraiva, 2011. p. 171-172.

[435] MENDES, Conrado Hübner. *Direitos fundamentais, separação de poderes e deliberação*. São Paulo: Saraiva, 2011. p. 182-183.

construído e reconstruído todos os dias, pela atuação dos mais diversos atores e, especialmente, pela atuação de cada um dos Poderes da República. O desafio é não limitar a Constituição a um único método hermenêutico e nem engessar as instituições segundo uma compreensão rígida e estática de separação entre os Poderes. Ao contrário, é preciso fazer da Constituição um documento menos técnico, menos pertencente a juízes, cortes e representantes, e mais popular. É preciso fazer com que as instituições dialoguem entre si e também com o povo, a fim de buscar os melhores argumentos, fundados em razões públicas que possam ser aceitas, ou ao menos respeitadas, por todos. Nesse sentido, o conceito de democracia invocado para fundamentar a atuação das instituições e avaliar a legitimidade de suas decisões é fundamental. Por isso, a dinâmica dialógica apresentada e defendida neste trabalho se funda em uma concepção deliberativa de democracia, pois, a partir desse pressuposto, a interação dialógica entre as instituições tem um potencial epistêmico de alcançar melhores respostas e ao mesmo tempo estabelecer um parâmetro para avaliar a legitimidade de suas decisões.

Nessa dinâmica dialógica e deliberativamente interativa não há o que Conrado Hübner Mendes chamou de um guardião entrincheirado ou um legislador acanhado e deferente, mas dois Poderes engajados no exercício da persuasão.[436] Dessa forma, o Poder Judiciário não atua como um ente meramente reativo e impositivo por meio de suas decisões judiciais. Tampouco o Poder Legislativo se mostra complacente e submisso. Ao contrário, ambos se empenham em maximizar seus desempenhos deliberativos e, assim, persuadir o outro por meio do melhor argumento. A comparação entre a qualidade deliberativa e a legitimidade democrática da decisão de cada um dos Poderes torna-se, assim, mais aferível.[437] Esse jogo não acontece sem conflitos, riscos ou erros. No entanto, ele se mostra não apenas mais genuíno e transparente, mas também mais democrático ao encarar os conflitos e as contradições desse processo, em vez de se esconder sob retóricas justificativas de supremacia e última palavra.

Diante disso, o controle judicial de constitucionalidade das leis e as decisões judiciais ganham não apenas um novo potencial (democrático-deliberativo), mas também uma nova função (deliberativo-legitimadora). Assim, a guarda da Constituição por parte do Supremo Tribunal Federal não consiste mais em competência de dizer, em definitivo, o que é a Constituição. Ao contrário, a guarda da Constituição consiste em

---

[436] MENDES, Conrado Hübner. *Direitos fundamentais, separação de poderes e deliberação*. São Paulo: Saraiva, 2011. p. 203.

[437] MENDES, Conrado Hübner. *Direitos fundamentais, separação de poderes e deliberação*. São Paulo: Saraiva, 2011. p. 204.

competência para decidir e, assim, expressar a sua compreensão sobre o significado da Constituição. A diferença é sutil, mas ampla e profunda. Ou seja, em vez de o Supremo Tribunal Federal estabelecer a última palavra sobre a interpretação da Constituição, ele exerce sua competência decisória para dizer como compreende a Constituição. A legitimidade da sua decisão se funda, assim, não no mero exercício formal de sua competência de guarda da Constituição, mas na legitimidade democrático-deliberativa de suas razões.

A revisão judicial das leis, dessa forma, deixa de ser vista como barreira ou limitação ao Poder Legislativo. Ao contrário, pode e deve também funcionar como propulsora de melhores deliberações. O controle de constitucionalidade não serve somente para proteger o povo da política quando esta se mostra irracional, mas também para desafiá-la a superar-se em qualidade.[438] Juízes e cortes podem ser, assim, promotores do debate democrático, não para impor suas visões de mundo e seus conceitos de bem por meio da revisão judicial das leis e de suas decisões, mas para promover um debate público robusto que não se restrinja a oposição entre diferentes lados, e sim um debate que seja democrático pela inclusão ampla de vozes (as vozes do povo e de seus movimentos, associações e organizações; as vozes dos representantes e do Parlamento; as vozes de outras instituições; vozes, enfim, que não se restrinjam aos espaços judiciais e parlamentares) e pela qualidade e profundidade dos argumentos invocados para justificar a tomada de decisão.

2.5 Diálogos institucionais e o Supremo Tribunal Federal: possibilidades

O papel de guardião da Constituição exercido pelo Supremo Tribunal Federal, visto sob essa nova perspectiva deliberativa e dialógica, retira-o do pedestal de último intérprete da Constituição. Mas não para enfraquecê-lo, e sim para mudar a sua compreensão sobre essa sua competência. A cultura do guardião mostra que, quando entrincheirado, o Supremo Tribunal Federal se impõe em uma atitude heroica (às vezes soberba) e rejeita o diálogo e a cooperação legislativa. Quando acanhado, o Supremo Tribunal Federal se encolhe, amedrontado com o peso do caso que está em suas mãos.[439] Essa cultura do guardião associada à supremacia judicial é prejudicial à deliberação democrática, não favorece o incremento

---

[438] MENDES, Conrado Hübner. *Direitos fundamentais, separação de poderes e deliberação*. São Paulo: Saraiva, 2011. p. 212.

[439] MENDES, Conrado Hübner. *Direitos fundamentais, separação de poderes e deliberação*. São Paulo: Saraiva, 2011. p. 234-235.

de legitimidade das decisões judiciais e ainda é perniciosa porque isenta o legislador da sua responsabilidade em invocar razões e argumentos públicos críveis para fundamentar suas ações.[440]

Em oposição a essa cultura do guardião, uma perspectiva dialógica e deliberativa compreende o Supremo Tribunal Federal não como o guardião detentor da última palavra sobre a interpretação da Constituição, e sim como o guardião de mais uma importante e necessária voz na definição do significado da Constituição. Assim, sua decisão é, no máximo, uma última palavra provisória. Sua decisão não põe fim à política democrática, mas apenas a um estágio de um processo que pode se encerrar, ou continuar. Nesse sentido, é preferível uma corte mais comedida e humilde, que se enxerga como participante de um diálogo interinstitucional de construção do significado da Constituição e que não se intimida em ser maximalista quando detentor de um bom argumento, a uma corte retoricamente impositiva e pouco rigorosa no desafio ao legislador. Sua atuação ativa, assim, deve servir não para se impor, mas para provocar reações, fazer com que o Poder Legislativo melhore seu desempenho democrático, deliberativo, para que incremente seus argumentos e razões.[441]

No que se refere ao procedimento decisório formal estabelecido pela Constituição, a competência de guarda da Constituição por parte do Supremo Tribunal Federal lhe confere dois importantes momentos de última palavra provisória sobre o significado da Constituição: quando realiza o controle judicial de constitucionalidade das leis e quando realiza o controle de emendas à Constituição. O controle judicial de constitucionalidade das leis leva em conta critérios procedimentais e argumentos substantivos. Nesse sentido, a contribuição do Supremo Tribunal Federal ganha especial relevância, pois ele pode exercer suas capacidades passivas ou ativas, dependendo do caso e das circunstâncias. A legitimidade de sua decisão se fundará não sobre a sua competência de guarda da Constituição, mas sobre a sua forma dialógica (ou não) de atuação e sob as razões e os fundamentos de sua decisão. A declaração de inconstitucionalidade, nesse caso, representa um sinal amarelo ao legislador, pois a decisão judicial pode ser superada. No caso do controle de emendas à Constituição, a atuação do Supremo Tribunal Federal é muito mais limitada, restrita ao controle do procedimento, e o seu ônus de demonstração de legitimidade ainda

---

[440] MENDES, Conrado Hübner. *Direitos fundamentais, separação de poderes e deliberação*. São Paulo: Saraiva, 2011. p. 217-218/234-235. Nesse sentido, vide também: TUSHNET, Mark. *Taking the Constitution away from the courts*. Princeton: Princeton University Press, 1999. p. 57-58/65-66. Vide também: TUSHNET, Mark. *Why the constitution matters*? New Haven: Yale University Press, 2010.

[441] MENDES, Conrado Hübner. *Direitos fundamentais, separação de poderes e deliberação*. São Paulo: Saraiva, 2011. p. 215.

maior. A declaração de inconstitucionalidade de proposta de emenda à Constituição, nesse caso, representa um sinal vermelho ao legislador, dada a impossibilidade de superação da decisão judicial.[442]

No âmbito do controle judicial de constitucionalidade concentrado, o procedimento decisório formal tem como provocadores diretos os legitimados pelo art. 103 da Constituição de 1988 para a propositura da ação direta de inconstitucionalidade e da ação declaratória de constitucionalidade.[443] No âmbito do controle judicial de constitucionalidade difuso e concreto, o procedimento decisório formal tem como provocadores os autores das mais diversas demandas que digam respeito ao exercício de um direito constitucional. Nesse sentido, é possível dizer que há uma abertura do Poder Judiciário para as possíveis reclamações sobre violações de direitos, seja por meio do controle concentrado, que possui um amplo rol de legitimados, seja pelo meio difuso, disponível a qualquer cidadão. É de se destacar também que as Leis nºs 9.868/1999 e 9.882/1999 trouxeram importante inovação ao estabelecer a atuação obrigatória de alguns atores, e também a atuação de terceiros requerentes e informantes convocados pela própria corte, abrindo possibilidades para um diálogo interinstitucional e também social.

Diante das previsões normativas das Leis nºs 9.868/1999 e 9.882/1999, é possível estabelecer três espécies distintas de participantes no processo e julgamento das ações do controle judicial concentrado e abstrato de constitucionalidade das leis:

(i) *intervenientes obrigatórios*, estabelecidos em lei:
  a) Órgão ou autoridade da qual emanou a lei ou ato normativo (art. 6º da Lei nº 9.868/1999; art. 5º, §2º da Lei nº 9.882/1999);
  b) O Procurador-Geral da República (art. 103, §1º e §3º da Constituição e art. 8º e 12 da Lei nº 9.868/1999 e art. 5º, §2º da Lei nº 9.882/1999);
  c) Advogado-Geral da União (art. 8º da Lei nº 9.868/1999; art. 5º, §2º da Lei nº 9.882/1999);
(ii) *terceiros requerentes*, que não são os autores da ação, mas requerem formalmente o ingresso no feito, desde que sejam órgãos

---

[442] MENDES, Conrado Hübner. *Direitos fundamentais, separação de poderes e deliberação*. São Paulo: Saraiva, 2011. p. 215-216.

[443] Art. 103. Podem propor a ação direta de inconstitucionalidade e a ação declaratória de constitucionalidade: I - o Presidente da República; II - a Mesa do Senado Federal; III - a Mesa da Câmara dos Deputados; IV a Mesa de Assembleia Legislativa ou da Câmara Legislativa do Distrito Federal; V o Governador de Estado ou do Distrito Federal; VI - o Procurador-Geral da República; VII - o Conselho Federal da Ordem dos Advogados do Brasil; VIII - partido político com representação no Congresso Nacional; IX - confederação sindical ou entidade de classe de âmbito nacional.

ou entidades que demonstrem representatividade (art. 7º, §2º e art. 18 da Lei nº 9.868/1999);

(iii) *Informantes convocados*, a critério do Relator, para prestar esclarecimentos sobre a matéria ou circunstâncias de fato (art. 9º, §1º e §2º, art. 12-E, §1º, art. 20, §1º e §2º, da Lei nº 9.868/1999 e art. 6º, §1º da Lei nº 9.882/1999).

Há, assim, um quadro normativo que, em princípio, favorece tanto um diálogo interinstitucional ao determinar a participação e oitiva dos responsáveis pela lei ou ato normativo, do Procurador-Geral da República e do Advogado-Geral da União, quanto um diálogo social, aberto ao povo, ao possibilitar a participação de órgãos ou entidades que demonstrem interesse no feito e de pessoas ou instituições que possam prestar importantes informações ao caso.[444]

Destaque-se que a participação do terceiro requerente tem sido identificada com o *amicus curiae*, ainda que não haja menção expressa a essa figura na lei ou no Regimento Interno do Supremo Tribunal Federal. A audiência pública, por sua vez, foi consolidada a partir da prática institucional do próprio Supremo Tribunal Federal. Isso porque a Lei nº 9.868/1999 ao elencar as hipóteses de participação de terceiros em seu art. 7º, §2º alude apenas à possibilidade de manifestação de outros órgãos e entidades. Ou seja, a lei não especifica que essa manifestação se dará por meio de audiência pública. Apenas o art. 9º, §1º faz referência expressa à audiência pública ao estabelecer que poderá o Relator, se julgar necessário, "(...) fixar data para, em audiência pública, ouvir depoimentos de pessoas com experiência e autoridade na matéria".

A convocação de terceiro, por meio de audiência pública, ocorreu, pela primeira vez no Brasil em 2007, durante o julgamento da ADI 3.510, proposta pelo Procurador-Geral da República, que tratava da constitucionalidade do art. 5º da Lei nº 11.105/2005. No entanto, a regulamentação da realização de audiências públicas no âmbito do Supremo Tribunal Federal foi promovida apenas em 2009 com a edição da Emenda Regimental nº 29/2009, a qual inseriu no Regimento Interno do Supremo Tribunal Federal a disciplina para a ocorrência das audiências públicas. A participação popular, porém, se dá de forma substancialmente diferente nos casos de audiência pública e *amicus curiae*.

Os *amici curiae* devem ser órgãos ou entidades de representação que exibam não apenas interesse, mas também conhecimento sobre a matéria

---

[444] NAVES, Aline Lisbôa. *Participação social no controle de constitucionalidade*: a propositura de ações diretas, o *amicus curiae* e as audiências públicas. Belo Horizonte: Fórum, 2013. Vide também: SILVA, Cecília de Almeida. *et al. Diálogos institucionais e ativismo*. Curitiba: Juruá, 2012. p. 137. VALLE, Vanice Regina Lírio do (Org.). Audiências públicas e ativismo: diálogo social no STF. Belo Horizonte: Fórum, 2012. p. 42-44.

objeto da ação. Eles atuam mediante requisição própria, a fim de informar e oferecer mais subsídios à corte. Por sua vez, as pessoas ou entidades participantes de audiências públicas são, em geral, convocadas pelo Relator, mas podem também requerer, por inciativa própria, a sua oitiva devido à sua experiência e autoridade no assunto. De qualquer maneira, tanto a participação dos *amici curiae* quanto a realização de audiências públicas dependem de ato discricionário do Relator. Da mesma forma, a aceitação de quais *amice curiae* poderão ou não integrar o feito, bem como quais pessoas ou entidades poderão participar da audiência pública, é de livre escolha e decisão do Relator. Há, portanto, uma grande margem de discricionariedade conferida ao Ministro Relator para que se utilize ou não desses instrumentos de participação popular em casos de grande importância e relevância constitucional.

Desde a primeira audiência pública em 2007, já foram realizadas dezenas de outras audiências públicas e aceitos inúmeros *amice curiae* em diversos outros casos, mostrando a tentativa de abertura do Supremo Tribunal Federal a um diálogo direto com outras instituições e com o povo. Tarefa fundamental a ser feita, e que é realizada no Capítulo 3, é analisar como o Supremo Tribunal Federal tem utilizado esses instrumentos de participação popular. Ou seja, se essas intervenções e participações têm, de fato, influenciado as deliberações e decisões do Supremo Tribunal Federal.

Mais do que possibilitar a participação popular, é preciso que essa participação seja levada a sério, que haja, realmente, uma escuta dos intervenientes e convocados, que seus argumentos sejam levados em conta na hora da decisão, seja para compor o fundamento da decisão, seja para rejeitar os apontamentos realizados. Se essa participação popular passa a ser utilizada apenas como mais um passo para legitimar formalmente a decisão a ser exarada, perde-se o sentido da abertura dialógica do Supremo Tribunal Federal, esvaziam-se as inovações normativas e transforma-se um desejável diálogo em mera retórica formal de oitiva e participação.

Uma situação de diálogo efetivo ocorre, portanto, quando juízes e cortes abandonam sua postura e posição tradicionais de superioridade interpretativa no exercício do controle judicial de constitucionalidade das leis, para se engajarem em um diálogo franco e aberto com os demais ramos políticos e com o povo sobre a interpretação e aplicação da constituição.[445] A contribuição das cortes para um diálogo coletivo e democrático advém justamente da posição institucional que ocupam, ou seja, da sua competência para receber os reclamos daqueles que se consideram tratados de

---

[445] GARGARELLA, Roberto. Deliberative democracy, dialogic justice and the promise of social and economic rights. In: GARCÍA, Helena Alviar; KLARE, Karl; WILLIAMS, Lucy A. (Orgs). *Social and economic rights in theory and practice*: a critical assessment. London & New York: Routledge, 2015. p. 106.

CAPÍTULO 2
COMO PODEM ENTÃO ATUAR JUÍZES E CORTES? VIRTUDES, CAPACIDADES E DIÁLOGOS INSTITUCIONAIS... | 171

forma inadequada pelo processo majoritário de discussão e decisão. Os juízes são, assim, obrigados a tomar nota desses reclamos e dar uma resposta fundada em razões públicas.[446] Dessa maneira, juízes e cortes estão situados em uma posição privilegiada para fazer com que sejam incluídas e escutadas as vozes e interesses daqueles que, em geral, estão alijados do processo democrático. Juízes e cortes, dessa forma, podem aperfeiçoar a arena democrática justamente onde o processo democrático se mostra mais débil.[447]

Juízes e cortes podem evitar, por exemplo, a ausência de pontos de vista necessários, a fim de que decisões públicas não sejam tomadas por alguns poucos – em geral uma elite dominante –, mas que sejam o produto de um debate entre iguais. Em sociedades periféricas e profundamente desiguais como as latino-americanas, uma parte considerável da população tem sua voz marginalizada, quando não ignorada, pelo sistema institucional. Basta pensar no caso de grupos como índios, presos, homossexuais, entre outros, que têm baixa ou nenhuma representatividade e, em geral, são vítimas de um processo pretensamente democrático que, no entanto, os isola e os desprotege.[448]

Um exemplo de atuação jurisdicional dialógica que mitigou a ausência de ponto de vista de um grupo é o caso Badaro, julgado em 2006 pela Corte Suprema de Justiça, na Argentina, sobre a correção das aposentadorias.[449] O caso teve início com o questionamento de um aposentado sobre os índices de correção aplicados pelo governo à sua aposentadoria. A Suprema Corte argentina, por sua vez, reconheceu a competência do Congresso para decidir a forma de pagamento e utilização da correção das aposentadorias. No entanto, a corte entendeu que a constituição argentina exige que essa correção seja flexível, de acordo com a inflação e a variação dos preços, a fim de garantir uma subsistência decente aos aposentados.

---

[446] RAWLS, J. *Liberalismo político*. Tradução Dinah de Abreu Azevedo. São Paulo: Ática, 2000. p. 24-27, 102, 261. RAWLS, John. A ideia de razão pública revisitada. In: WERLE, Denilson Luis; MELO Rúrion Soares (Orgs.). *Democracia deliberativa*. São Paulo: Esfera Pública, 2007. p. 150. Vide também: GARGARELLA, Roberto. Deliberative democracy, dialogic justice and the promise of social and economic rights. In: GARCÍA, Helena Alviar; KLARE, Karl; WILLIAMS, Lucy A. (Orgs.). *Social and economic rights in theory and practice*: a critical assessment. London & New York: Routledge, 2015. p. 106.

[447] GARGARELLA, Roberto. Deliberative democracy, dialogic justice and the promise of social and economic rights. In: GARCÍA, Helena Alviar; KLARE, Karl; WILLIAMS, Lucy A. (Orgs). *Social and economic rights in theory and practice*: critical assessment. London & New York: Routledge, 2015. p. 106.

[448] GARGARELLA, Roberto. Deliberative democracy, dialogic justice and the promise of social and economic rights. In: GARCÍA, Helena Alviar; KLARE, Karl; WILLIAMS, Lucy A. (Orgs). *Social and economic rights in theory and practice*: critical assessment. London & New York: Routledge, 2015. p. 106-107.

[449] Badaro (2006). Disponível em: <http://www.csjn.gov.ar/documentos/index.html>.

172 | MIGUEL GUALANO DE GODOY
DEVOLVER A CONSTITUIÇÃO AO POVO – CRÍTICA À SUPREMACIA JUDICIAL E DIÁLOGOS INSTITUCIONAIS

Assim, a Suprema Corte declarou que tal prática ofendia a constituição, devendo os poderes políticos tomar as providências necessárias para retificar a correção das aposentadorias de acordo com as exigências constitucionais e reparar os danos causados durante o período anterior. Dessa forma, a Suprema Corte não se intimidou em demonstrar o equívoco da política correcional aplicada pelo governo aos aposentados, mas tampouco se imiscuiu na competência legislativa de definir qual era a melhor forma de correção. Ademais, definiu que deveriam os Poderes competentes tomar as medidas necessárias para corrigir essa situação e reparar os eventuais danos. O Congresso não respondeu adequadamente à decisão da Suprema Corte, estabelecendo apenas um novo aumento nas aposentadorias, mas sem definir, no entanto, um novo índice de ajuste e correção. Diante disso, aproximadamente um ano depois, em 2007, a Suprema Corte argentina tomou uma segunda decisão sobre o mesmo assunto, a qual ficou conhecida como Badaro II, demonstrando como o Congresso não havia respeitado os prazos suficientes e como a sua atuação legislativa havia sido insuficiente, incorrendo, assim, em desrespeito à decisão judicial prolatada.[450] A corte então declarou novamente a omissão do Poder Legislativo e estabeleceu, de forma proativa, os índices a serem aplicados, até que nova legislação fosse finalmente editada de forma suficiente.[451]

Esse caso demonstra justamente como é possível fazer audíveis as vozes que, de outra maneira, seguiriam alijadas do processo democrático e como é possível também utilizar-se da revisão judicial das leis para promover um debate salutar e produtivo entre os Poderes. Em vez de se imiscuir nas competências dos demais Poderes, a Suprema Corte declarou a omissão, exortou os entes competentes a atuar e, diante de uma atuação insuficiente e uma nova omissão, deu uma decisão para reparar o caso e, novamente, fazer com que os Poderes competentes atuassem de maneira mais substantiva e satisfatória.

O Poder Judiciário também se encontra em uma posição privilegiada para dirimir questões públicas que representem o que Cass Sunstein chamou de interesses nus.[452] Vale dizer, leis e decisões que não são o resultado de um processo de discussão pública e entre iguais, mas que resultam na imposição da vontade de um grupo particular de interesse com alto poder decisório sobre os interesses coletivos dos demais cidadãos. Ou seja,

---

[450] Badaro (2007). Disponível em: <http://www.csjn.gov.ar/documentos/index.html>.

[451] GARGARELLA, Roberto. Deliberative democracy, dialogic justice and the promise of social and economic rights. In: GARCÍA, Helena Alviar; KLARE, Karl; WILLIAMS, Lucy A. (Orgs). *Social and economic rights in theory and practice*: critical assessment. London & New York: Routledge, 2015. p.107-108.

[452] SUNSTEIN, Cass. Interest groups in american public law. *Stanford Law Review*, v. 38, n. 1, 1985.

COMO PODEM ENTÃO ATUAR JUÍZES E CORTES? VIRTUDES, CAPACIDADES E DIÁLOGOS INSTITUCIONAIS...

decisões e leis que representam puros interesses, de pessoas ou grupos, em detrimento do público em geral.[453] Nesses casos, a corte tem o dever de rejeitar esse tipo de decisão, que se fundamenta exclusivamente em interesses de grupos ou pessoas em detrimento do povo. Ao contrário, tais decisões e escolhas precisam, antes, ser submetidas a um profundo processo de discussão com os potencialmente afetados, e não ser o resultado de um processo legislativo mecânico que ignora ou passa por cima de um interesse coletivo maior.[454]

Um exemplo de atuação jurisdicional dialógica que dirimiu puros interesses foi o julgamento, em 2004, pela Corte Constitucional colombiana do Estatuto Antiterrorista da Colômbia.[455] Nesse caso, a corte colombiana declarou inconstitucional o Estatuto Antiterrorista, um dos principais projetos do então recém-eleito Presidente Uribe, depois de reconhecer que diversos congressistas que haviam votado contra a lei mudaram de opinião de um dia para o outro e simplesmente votaram a favor do Estatuto Antiterrorista sem dar qualquer justificativa para o povo sobre suas mudanças de posição. A corte então declarou a lei inconstitucional devido à falta de deliberação adequada em plenário.[456]

Esses casos mostram como o Poder Judiciário pode e deve ter uma postura dialógica, exibindo uma defesa robusta da democracia (como no caso colombiano) e dos direitos fundamentais (como no caso argentino), promovendo e exortando os demais Poderes a também aperfeiçoarem suas ações, sem, no entanto, substituí-los.

No Brasil o que se vê é um cenário político e normativo bastante propício aos diálogos institucionais e social, mas ainda preso a posturas e discursos de supremacia e última palavra, conforme visto no Capítulo 1.

---

[453] SUNSTEIN, Cass. Interest Groups in American Public Law. *Stanford Law Review*, v. 38, n. 1, p. 29-87, 1985. Vide também: GARGARELLA, Roberto. Deliberative democracy, dialogic justice and the promise of social and economic rights. In: GARCÍA, Helena Alviar; KLARE, Karl; WILLIAMS, Lucy A. (Orgs). *Social and economic rights in theory and practice*: critical assessment. London & New York: Routledge, 2015. p. 107-108.

[454] SUNSTEIN, Cass. Interest groups in american public law. *Stanford Law Review*, v. 38, n. 1, p. 49-51, 1985. Vide também: GARGARELLA, Roberto. Deliberative democracy, dialogic justice and the promise of social and economic rights. In: GARCÍA, Helena Alviar; KLARE, Karl; WILLIAMS, Lucy A. (Orgs). *Social and economic rights in theory and practice*: critical assessment. London & New York: Routledge, 2015. p. 107-108.

[455] Sentencia C-818/04. Disponível em: <http://www.corteconstitucional.gov.co/Relatoria/2004/C-818-04.htm>.

[456] GARGARELLA, Roberto. Deliberative democracy, dialogic justice and the promise of social and economic rights. In: GARCÍA, Helena Alviar; KLARE, Karl; WILLIAMS, Lucy A. (Orgs.). *Social and economic rights in theory and practice*: critical assessment. London & New York: Routledge, 2015. p. 107-108. Vide também: JARAMILLO, Leonardo García. La democracia deliberativa en las sociedades semiperiféricas: una apología. *Jurídicas*, v. 3, n. 2, p. 198-233, 2006.

É preciso, pois, abandonar o discurso da supremacia judicial e da última palavra para se apostar em uma nova compreensão do significado de guarda da Constituição, que se funde em uma postura aberta aos diálogos institucionais e social. Incentivos normativos e boas iniciativas já existem.

2.6 Diálogos institucionais: uma crítica necessária

Os diálogos institucionais entre os Poderes e entre estes e o povo são uma possibilidade (dentre outras) que se abre para apostarmos em um experimentalismo democrático que promova um aprofundamento da democracia a partir de uma nova compreensão dos tradicionais arranjos institucionais, especialmente da separação entre os Poderes, a fim de que, assim, se promova uma política energizada, ampla, inclusiva, baseada em uma cidadania ativa e deliberativamente democrática.[457] Se esse experimentalismo democrático – os diálogos institucionais, os *amici curiae*, as audiências públicas – permanece apenas como momento processual, somente como escuta e oitiva protocolar, para uma justificação meramente formal da legitimidade democrática da decisão judicial, não haverá, então, passado de mera teatralidade retórica e fetichismo institucional.[458]

Essa possibilidade que se abre de um diálogo genuíno entre os Poderes e sua maior permeabilidade ao envolvimento e à participação populares deve ser o primeiro passo para uma redefinição das formas institucionais e do exercício da política democrática. Se esse experimentalismo democrático de diálogo e abertura ao povo se fechar em si mesmo, ao invés de abrir mais possibilidades de envolvimento e participação dos cidadãos na interpretação e aplicação da Constituição, não haverá motivos para comemorar um diálogo que surge como inovação democrática e termina como velha prática de se alterar as estruturas para deixá-las como sempre estiveram – sob a posse de distantes agentes públicos e supostos representantes, todos em nome do povo, mas suficientemente longe dele.

O que se tem até aqui é uma crítica contundente à ideia de supremacia judicial, mas também uma proposta atitudinal e normativa que possibilita desconstruir o discurso de supremacia judicial, refutar a ideia de última palavra e investir em uma prática jurisdicional mais dialógica e democrática, baseada nas virtudes peculiares de cada Poder e na sua interação necessária com o povo.

---

[457] UNGER, Roberto Mangabeira. *O direito e o futuro da democracia*. São Paulo: Boitempo, 2004. p. 27-29.

[458] UNGER, Roberto Mangabeira. *O direito e o futuro da democracia*. São Paulo: Boitempo, 2004. p. 16-18.

No entanto, o cenário político-jurídico atual ainda se encontra dividido entre um discurso de supremacia judicial e última palavra, e uma aposta tímida na ideia de diálogos. Por isso, é preciso encarar de forma crítica, talvez cética, a aposta em uma prática jurisdicional baseada nos diálogos, pois o que se vê é que eles representam uma inovação democrática em um sistema institucional destinado a limitar os diálogos, e não a promovê-los. Essa visão crítica sobre a proposta dos diálogos se baseia em três constatações sobre as características preponderantes do atual desenho institucional de boa parte dos países da América Latina: (i) uma concepção pluralista de democracia; (ii) um sistema de freios e contrapesos destinado a evitar a guerra (ao invés de ser destinado a promover a cooperação entre os Poderes); e (iii) uma distância entre o povo, seus representantes e as instituições.[459]

A concepção pluralista de democracia parte dos pressupostos de que uma de suas principais obrigações é respeitar a vontade do povo e que a sede da vontade do povo é a Constituição. Alexander Hamilton, em "Os Federalistas nº 78", defendeu a ideia de que a vontade do povo residia na constituição e não nas decisões transitórias do Legislativo.[460] Com a afirmação da revisão judicial das leis, especialmente a partir da decisão do caso *Marbury v. Madison*, o Poder Judiciário passou a poder, em nome da proteção da constituição como expressão da vontade popular, anular as leis que a ferissem. Essa visão de democracia vê a constituição como limite e prevenção de abusos de uns sobre os outros.[461] Dessa forma, o sistema constitucional deve frear, impedir, a atuação de grupos de interesses. Por isso, essa concepção de democracia é tão associada a uma baixa participação popular, pois a atuação de grupos socavaria a estabilidade política.[462] A partir daí, muitos juízes estabelecem uma interpretação constitucional restrita ao texto da constituição ou ao que queriam dizer aqueles que origi-

---

[459] GARGARELLA, Roberto. Deliberative democracy, dialogic justice and the promise of social and economic rights. In: GARCÍA, Helena Alviar; KLARE, Karl; WILLIAMS, Lucy A. (Orgs.). *Social and economic rights in theory and practice*: critical assessment. London & New York: Routledge, 2015. p. 108-109.

[460] HAMILTON, Alexander. *The federalist*. Cambridge: Harvard University Press, 2009. p. 508-517. HAMILTON, Alexander. *Os federalistas*. Tradução Leônidas Gontijo de Carvalho; A. Della Nina; J. A. G. Albuquerque; Francisco C. Weffort. 2. ed. São Paulo: Abril Cultural, 1979. p. 163.

[461] GARGARELLA, Roberto. ¿Democracia deliberativa y judicialización de los derechos sociales? In: GARGARELLA, Roberto; ALEGRE, Marcelo (Orgs.). *El derecho a la igualdad*: aportes para un constitucionalismo igualitario. Buenos Aires: Lexis Nexis, 2007. p. 123.

[462] GARGARELLA, Roberto. ¿Democracia deliberativa y judicialización de los derechos sociales? In: GARGARELLA, Roberto; ALEGRE, Marcelo (Orgs.). *El derecho a la igualdad*: aportes para un constitucionalismo igualitario. Buenos Aires: Lexis Nexis, 2007. p. 124. Vide também: GODOY, Miguel Gualano de. *Constitucionalismo e democracia*: uma leitura a partir de Carlos Santiago Nino e Roberto Gargarella. São Paulo: Saraiva, 2012. p. 153-154.

nalmente redigiram a constituição (o originalismo) e assim se contrapõem a uma atuação positiva do Estado.[463] Quando John Hart Ely faz uma defesa forte da atuação de juízes e cortes para a garantia do procedimento democrático, ele parece aderir a essa concepção pluralista de democracia, segundo a qual as instituições são organizadas de tal forma que se possa assegurar certa estabilidade e de maneira que nenhum grupo domine ou oprima os demais.[464] Essa concepção pluralista de democracia e que possui um caráter eminentemente negativo (a democracia possui o papel de evitar o abuso de uns sobre os outros) é limitada. É preciso, pois, adotar uma concepção de democracia comprometida com ideais mais substantivos do que a mera restrição a opressões.[465] Nessa busca de garantir o procedimento e evitar opressões, a democracia pluralista não é sensível, por exemplo, à existência dos interesses puros. Nesse sentido, casos como o do Estatuto Antiterrorista da Colômbia não poderiam ser anulados pelo Poder Judiciário, pois o procedimento democrático foi devidamente respeitado. No entanto, desde uma perspectiva mais exigente de democracia – como a democracia deliberativa –, a mudança de posição dos representes do povo de um dia para

---

[463] GARGARELLA, Roberto. ¿Democracia deliberativa y judicialización de los derechos sociales? In: GARGARELLA, Roberto; ALEGRE, Marcelo (Orgs.). *El derecho a la igualdad*: aportes para un constitucionalismo igualitario. Buenos Aires: Lexis Nexis, 2007. p. 125. O caso norte-americano Lochner X New York é o mais representativo da corrente originalista. A partir dele a Suprema Corte dos Estados Unidos estabeleceu uma pré-disposição individualista ao considerar que o texto constitucional estabelecia uma proteção eminentemente individual e não coletiva em favor do poder de legislação do Estado. GODOY, Miguel Gualano de. *Constitucionalismo e democracia*: uma leitura a partir de Carlos Santiago Nino e Roberto Gargarella. São Paulo: Saraiva, 2012. p. 153-154.

[464] ELY, John Hart. *Democracy and distrust*: a theory of judicial review. Cambridge and London: Harvard University Press, 1980. p. 103. Vide: GARGARELLA, Roberto. El nuevo constitucionalismo dialógico frente al sistema de los frenos y contrapesos. In: GARGARELLA, Roberto (Org.). *Por una justicia dialógica*: El poder judicial como promotor de la deliberación democrática. Buenos Aires: Siglo XXI, 2014. p. 129-130. GARGARELLA, Roberto. Deliberative democracy, dialogic justice and the promise of social and economic rights. In: GARCÍA, Helena Alviar; KLARE, Karl; WILLIAMS, Lucy A. (Orgs.). *Social and economic rights in theory and practice*: critical assessment. London & New York: Routledge, 2015. p. 108-109. Vide também: GODOY, Miguel Gualano de. *Constitucionalismo e democracia*: uma leitura a partir de Carlos Santiago Nino e Roberto Gargarella. São Paulo: Saraiva, 2012. p. 140.

[465] NINO, Carlos Santiago. *Fundamentos de derecho constitucional*: análisis filosófico, jurídico y politológico de la práctica constitucional. Buenos Aires: Astrea, 2005. p. 201. Vide: GARGARELLA, Roberto. El nuevo constitucionalismo dialógico frente al sistema de los frenos y contrapesos. In: GARGARELLA, Roberto (Org.). *Por una justicia dialógica*: el poder judicial como promotor de la deliberación democrática. Buenos Aires: Siglo XXI, 2014. p. 130. GARGARELLA, Roberto. Deliberative democracy, dialogic justice and the promise of social and economic rights. In: GARCÍA, Helena Alviar; KLARE, Karl; WILLIAMS, Lucy A. (Orgs). *Social and economic rights in theory and practice*: critical assessment. London & New York: Routledge, 2015. p. 109-110. Vide também: GODOY, Miguel Gualano de. *Constitucionalismo e democracia*: uma leitura a partir de Carlos Santiago Nino e Roberto Gargarella. São Paulo: Saraiva, 2012. p. 140-141.

CAPÍTULO 2
COMO PODEM ENTÃO ATUAR JUÍZES E CORTES? VIRTUDES, CAPACIDADES E DIÁLOGOS INSTITUCIONAIS... | 177

o outro em uma votação legislativa tão importante e controversa como a do Estatuto Antiterrorista até pode acontecer, desde que haja explicações públicas ao povo. A democracia pluralista se fundamenta em votos, não em razões públicas.[466] Essa concepção pluralista de democracia encontra sua melhor expressão institucional no sistema de freios e contrapesos, surgido nos Estados Unidos e adotado pelo Brasil. O objetivo do arranjo institucional de freios e contrapesos é evitar a opressão de um Poder sobre o outro. James Madison defendeu esse arranjo institucional dos freios e contrapesos em "Os Federalistas nº 51".[467] Para Madison, a garantia de evitar-se a concentração excessiva de poder era conferir a cada um dos Poderes os mesmos meios constitucionais de resistir e responder às ingerências do outro. Para Madison, ambição se combate com ambição, ou seja, poder se combate com poder.[468] Essa ideia de separação entre os Poderes não favorece uma ação cooperativa, dialógica, deliberativa e de troca de razões entre eles. Ao contrário, tal arranjo encara os Poderes como rivais e se destina a evitar a guerra entre eles. Dessa forma, a ideia orientadora do sistema de freios e contrapesos é evitar os interesses egoístas e abusos (ao invés de promover as virtudes) entre os Poderes.[469]

Diante disso, há razões para ser cético em relação às propostas dos diálogos institucionais, pois o sistema de freios e contrapesos não oferece bons canais ou incentivos para a promoção e realização desses diálogos. Ao contrário, tende a evitar toda proposição advinda de outra esfera sob a alegação de ingerência e usurpação de competência. Esse cenário se agrava quando se verifica que a afirmação e expansão do Poder Judiciário na tarefa de interpretação e aplicação da Constituição brasileira se fundamentam em discursos de supremacia judicial e última palavra sobre o significado da

---

[466] GARGARELLA, Roberto. Deliberative democracy, dialogic justice and the promise of social and economic rights. In: GARCÍA, Helena Alviar; KLARE, Karl; WILLIAMS, Lucy A. (Orgs). *Social and economic rights in theory and practice*: critical assessment. London & New York: Routledge, 2015. p. 109-110.

[467] MADISON, James. *The federalist*. Cambridge: Harvard University Press. 2009. p. 339-345. MADISON, James. *Os federalistas*. Tradução Leônidas Gontijo de Carvalho; A. Della Nina; J. A. G. Albuquerque; Francisco C. Weffort. 2. ed. São Paulo: Abril Cultural, 1979. p. 130-131.

[468] MADISON, James. *The federalist*. Cambridge: Harvard University Press, 2009. p. 340-341. MADISON, James. *Os federalistas*. Tradução Leônidas Gontijo de Carvalho; A. Della Nina; J. A. G. Albuquerque; Francisco C. Weffort. 2. ed. São Paulo: Abril Cultural, 1979. p. 131.

[469] GARGARELLA, Roberto. El nuevo constitucionalismo dialógico frente al sistema de los frenos y contrapesos. In: GARGARELLA, Roberto (Org.). *Por una justicia dialógica*: El Poder Judicial como promotor de la deliberación democrática. Buenos Aires: Siglo XXI, 2014. p. 126-127, 136-137, 139-141. Vide também: GARGARELLA, Roberto. Deliberative democracy, dialogic justice and the promise of social and economic rights. In: GARCÍA, Helena Alviar; KLARE, Karl; WILLIAMS, Lucy A. (Orgs). *Social and economic rights in theory and practice*: critical assessment. London & New York: Routledge, 2015. p. 110-111.

Constituição. Pior, a reação, em geral, do Poder Legislativo é refutar essa visão sob a alegação de que, como representantes do povo, a eles deve ser conferida a última palavra sobre a Constituição.

Diante disso, resta a pergunta feita por Roberto Gargarella: por que razões juízes e cortes abdicariam do poder e autoridade que detêm para se engajar em um diálogo aberto e horizontal?[470] Levando-se em conta ainda o desacordo sobre as diversas perspectivas dos diálogos institucionais, as críticas aos estudos empíricos e a tendência atualmente majoritária dos juristas de ignorar os impactos negativos dos discursos de supremacia judicial e última palavra, a aposta necessária nos diálogos institucionais deve, portanto, ser feita com cautela.[471]

Essas ressalvas ganham ainda mais importância quando se está diante de estudos e teorias que sugerem que o atual sistema institucional, especialmente o exercício da revisão judicial das leis, já favorece ou promove um diálogo interinstitucional na prática. É o que Barry Friedman sustenta, por exemplo, nos Estados Unidos.[472]

Segundo Friedman, o atual funcionamento do sistema de freios e contrapesos já ilustra a existência de uma interpretação constitucional dialógica, na qual a Suprema Corte norte-americana tem um papel preponderante.[473] No entanto, tal posição não leva em conta elementos fundamentais para um diálogo genuíno como: (i) quem discute, (i) de qual posição e (iii) sobre o quê.[474] Um diálogo no qual os atores são eminentemente agentes públicos (juízes e legisladores) ignora um ator fundamental que vimos reivindicando ao longo deste trabalho – o povo. Um diálogo fundado na

---

[470] GARGARELLA, Roberto. Deliberative democracy, dialogic justice and the promise of social and economic rights. In: GARCÍA, Helena Alviar; KLARE, Karl; WILLIAMS, Lucy A. (Orgs). *Social and economic rights in theory and practice*: critical assessment. London & New York: Routledge, 2015. p. 111.

[471] GARGARELLA, Roberto. Deliberative democracy, dialogic justice and the promise of social and economic rights. In: GARCÍA, Helena Alviar; KLARE, Karl; WILLIAMS, Lucy A. (Orgs). *Social and economic rights in theory and practice*: critical assessment. London & New York: Routledge, 2015. p. 111.

[472] FRIEDMAN, Barry. Dialogue and judicial review. *Michigan Law Review*, v. 91, p. 577-682, 1993. FRIEDMAN, Barry. Mediated popular constitutionalism. *Michigan Law Review*, v. 101, p. 2595-2632, 2003. Vide também: FRIEDMAN, Barry. Constitucionalismo popular mediado. *Revista Jurídica de la Universidad de Palermo*, año 6, n. 1, p. 123-160, 2005.

[473] FRIEDMAN, Barry. Dialogue and judicial review. *Michigan Law Review*, v. 91, p. 577-682, 1993.

[474] GARGARELLA, Roberto. El nuevo constitucionalismo dialógico frente al sistema de los frenos y contrapesos. In: GARGARELLA, Roberto (Org.). *Por una justicia dialógica*: el poder judicial como promotor de la deliberación democrática. Buenos Aires: Siglo XXI, 2014. p. 143. Vide também: GARGARELLA, Roberto. Deliberative democracy, dialogic justice and the promise of social and economic rights. In: GARCÍA, Helena Alviar; KLARE, Karl; WILLIAMS, Lucy A. (Orgs). *Social and economic rights in theory and practice*: critical assessment. London & New York: Routledge, 2015. p. 112.

premissa de que o Poder Judiciário detém a última palavra não é um diálogo horizontal, pois se funda sobre um desnível, uma diferença intransponível, entre os sujeitos do diálogo que não se reconhecem como iguais. Por fim, esse tipo de abordagem deixa de lado o fato de que o que está em discussão é a constituição, um documento que se constrói e reconstrói a todo tempo e de diversas formas. Não cabe, portanto, uma disputa sobre o que é, o que deve ser ou quem deve definir o significado da Constituição.

Por fim, quando se fala em diálogos institucionais é preciso ressaltar a inegável distância entre as instituições e seus agentes públicos e o povo em geral. A representação política que inspirou o nosso sistema institucional representativo tem origem nos Estados Unidos do século XVIII e favorece uma representação distante e independente do povo. James Madison deixa isso claro em "Os Federalistas nº 10" quando define que a missão dos representantes do povo não é seguir as demandas do povo, mas refinar e ampliar as requisições populares por intermédio de um corpo eleito de cidadãos, cuja sabedoria irá discernir o verdadeiro interesse do país.[475] Dessa forma, a representação política é concebida separada do povo em vez de se fundar sobre sua dependência. A representação política nesse sentido não é produto da democracia, mas avessa a ela.

No Brasil, a falta de mecanismos de participação direta do povo na vida político-institucional do país e a falta de amplos mecanismos de controle popular sobre os representantes demonstram como a atual representação política continua distante e separada do povo. Esse arranjo institucional distante e separado do povo, ainda que fosse profundamente deliberativo e dialógico, ignora o elemento mais fundamental de um diálogo que busca dar conteúdos e limites à Constituição – o próprio povo. É um sistema institucional que se diz democrático, mas é avesso ao povo. É uma representação política que padece de demofobia. É uma contrafação do princípio democrático e um falseamento do princípio republicano.[476]

Quando se alija o povo de um diálogo sobre a Constituição e se deixam as principais decisões de uma comunidade somente nas mãos de representantes e agentes governamentais distantes do povo, como o são juízes e cortes, por exemplo, nega-se o fundamento da própria Constituição –

---

[475] MADISON, James. *The federalist*. Cambridge: Harvard University Press. 2009. p. 52-61. MADISON, James. *Os Federalistas*. Tradução Leônidas Gontijo de Carvalho; A. Della Nina; J. A. G. Albuquerque; Francisco C. Weffort. 2. ed. São Paulo: Abril Cultural, 1979. p. 98. Vide também: GARGARELLA, Roberto. Deliberative democracy, dialogic justice and the promise of social and economic rights. In: GARCÍA, Helena Alviar; KLARE, Karl; WILLIAMS, Lucy A. (Orgs). *Social and economic rights in theory and practice*: critical assessment. London & New York: Routledge, 2015. p. 113.

[476] COMPARATO, Fábio Konder. *Brasil*: verso e reverso constitucional. Disponível em: <http://www.inesc.org.br/biblioteca/textos/25-anos-da-constituicao>.

o de que todo o poder emana do povo e por ele também deve ser exercido diretamente.

Enquanto essas distorções permanecerem, a defesa da instituição de um diálogo genuíno entre as instituições e entre estas e o povo deve vir necessariamente acompanhada de uma análise crítica do nosso sistema institucional, atualmente bastante avesso a esse diálogo tão desejado e necessário.

CAPÍTULO 3

PRÁTICAS DIALÓGICAS JURISDICIONAIS E POLÍTICO-DEMOCRÁTICAS: LIMITES E POSSIBILIDADES

Os capítulos anteriores ofereceram um aporte teórico e normativo destinado a possibilitar uma nova forma de atuação jurisdicional e política, mais democrática, dialógica e popular, sobre decisões que versem sobre controvérsias constitucionais relevantes. O presente Capítulo 3 busca agora (i) analisar a forma como o Supremo Tribunal Federal tem se utilizado da realização de audiências públicas e da admissão de *amici curiae* (quando também aceitos juntamente com as audiências públicas) para promover sua abertura à sociedade, bem como (ii) apresentar exemplos práticos de atuações dialógicas político-democráticas que buscaram fazer da interpretação e aplicação da Constituição uma tarefa compartilhada entre o povo, os Poderes e as instituições das sociedades.

A análise da forma como o Supremo Tribunal Federal vem se valendo das audiências públicas e da intervenção de *amici curiae* para abrir-se à sociedade é baseada no estudo do primeiro caso em que o Supremo Tribunal abriu-se à participação de terceiros por meio de audiência pública e *amici curiae*, na verificação empírica da influência da realização de audiências públicas e intervenção de *amici curiae* (quando também aceitos juntamente com as audiências públicas) nas decisões dos Ministros do Supremo Tribunal Federal e no exame crítico-propositivo do uso que o Supremo Tribunal Federal tem feito desses instrumentos.

A apresentação de exemplos práticos de atuações políticas dialógicas busca demonstrar como a proposta do presente trabalho é não apenas desejável, mas também possível. Tomo como exemplos de uma prática dialógica político-democrática o processo de discussão e redação da Lei Orgânica da Defensoria Pública do Estado do Paraná (Lei Complementar Estadual nº 136 de 19.5.2011) e o processo de discussão e redação da Lei que instituiu o Estatuto da Pessoa com Deficiência do Estado do Paraná (Lei Estadual nº 18.419/2015). Essas leis e políticas públicas, todas de iniciativa do Poder Executivo estadual, são especialmente aqui invocadas porque ambas tratam de direitos fundamentais – a primeira sobre o direito fundamental de acesso à justiça (art. 5º, XXXV, art. 5º, LXXIV, art. 134) e a segunda sobre o direito à igualdade (art. 5º) – e porque também foram gestadas e coordenadas sob essa perspectiva dialógica durante período de trabalho na Secretaria de Estado da Justiça, Cidadania e Direitos Humanos do Estado do Paraná, ao mesmo tempo em que se realizava este estudo. Essas leis, sobretudo seus processos de discussão e redação, mostram como a interpretação e aplicação da Constituição podem ser realizadas por meio de um diálogo interinstitucional e popular.

Jack Balkin e Sanford Levinson em um famoso trabalho sobre o ensino do direito constitucional intitulado *The canons of constitutional Law*,[477] analisam o que são e como se formam os grandes referenciais do direito constitucional e, logo em seguida, tratam de pensar criticamente como deveriam ser (ou o que mais deveriam incorporar) esses grandes referenciais. Balkin e Levinson defendem que os referenciais pedagógicos contemporâneos do direito constitucional não podem e não devem se restringir apenas às decisões judiciais ou às obras acadêmicas. Ao contrário, devem também considerar outros materiais como votos vencidos, discursos políticos dissidentes, projetos de lei, projetos de reforma constitucional, debates acadêmicos e posições de outros tribunais.[478]

Nesse sentido, os processos de discussão e redação de leis que tratam de direitos fundamentais e que são aqui analisados, ganham relevância porque buscam justamente incrementar o debate teórico e normativo do direito constitucional brasileiro que foi realizado nos capítulos anteriores. Ao mesmo tempo, são também exemplos de como a pesquisa teórica aqui empreendida pode ser, de certa maneira, igualmente verificada em sua aplicação prática.

---

[477] BALKIN, Jack; LEVINSON, Sanford. The canons of constitutional Law. In: *Harvard Law Review*, v. 111, p. 964-1022, 1998. Vide também: BALKIN, Jack; LEVINSON, Sanford. Los cánones en el derecho constitucional: qué son y cómo se conforman. Tradução Leonardo García Jaramillo. In: CARBONEL, Miguel; JARAMILLO, Leonardo García (Orgs.). *El canon neoconstitucional*. Bogotá: Universidad Externado de Colombia, 2010. p. 36-96.

[478] BALKIN, Jack; LEVINSON, Sanford. The canons of constitutional Law. In: *Harvard Law Review*, v. 111, p. 1001-1002, 1998. Vide também: BALKIN, Jack; LEVINSON, Sanford. Los cánones en el derecho constitucional: qué son y cómo se conforman. Tradução Leonardo García Jaramillo. In: CARBONEL, Miguel; JARAMILLO, Leonardo García (Orgs.). *El canon neoconstitucional*. Bogotá: Universidad Externado de Colombia, 2010. p. 73-74.

3.1 O Supremo Tribunal Federal e a sua utilização de audiências públicas e admissão de *amici curiae* como instrumentos para sua abertura à sociedade: o julgamento da (in)constitucionalidade da Lei de Biossegurança como primeira experiência

A primeira vez em que o Supremo Tribunal Federal abriu-se à participação de terceiros não integrantes de uma Ação Direta de Inconstitucionalidade, por meio de audiência pública, ocorreu em 2007 durante o julgamento da Ação Direta de Inconstitucionalidade (ADI) 3.510,[479] proposta pelo Procurador-Geral da República, que tratava da constitucionalidade do art. 5º da Lei nº 11.105/2005 – Lei de Biossegurança. O referido art. 5º previu a utilização, para fins de pesquisa e terapia, de células-tronco obtidas de embriões humanos produzidos por fertilização *in vitro* e não utilizados no respectivo procedimento.[480]

A controvérsia sobre a utilização de células-tronco de embriões residiu sobre quando se iniciaria a vida e, assim, a partir de qual momento deveria incidir a proteção jurídica sobre o nascituro. A Procuradoria-Geral da República, em sua petição inicial, defendeu a tese de que o início da vida se daria no momento da fecundação e que, portanto, a utilização de células-tronco de embriões consistiria em um atentado à vida. Para corroborar com sua tese, a Procuradoria-Geral da República anexou pareceres de cientistas e pediu então a realização de audiência pública, apresentando, desde logo o seu rol de especialistas a serem ouvidos.

O pedido foi acatado pelo Ministro Relator Carlos Ayres Brito sob a justificativa de que a audiência pública "além de subsidiar os Ministros deste Supremo Tribunal Federal, também possibilitará uma maior participação da sociedade civil no enfrentamento da controvérsia constitucional, o

---

[479] ADI 3.510/DF. Rel. Min. Carlos Ayres Brito. Julg. 29.05.2008.

[480] Art. 5º É permitida, para fins de pesquisa e terapia, a utilização de células-tronco embrionárias obtidas de embriões humanos produzidos por fertilização *in vitro* e não utilizados no respectivo procedimento, atendidas as seguintes condições:

I – sejam embriões inviáveis; ou

II – sejam embriões congelados há 3 (três) anos ou mais, na data da publicação desta Lei, ou que, já congelados na data da publicação desta Lei, depois de completarem 3 (três) anos, contados a partir da data de congelamento.

§1º Em qualquer caso, é necessário o consentimento dos genitores.

§2º Instituições de pesquisa e serviços de saúde que realizem pesquisa ou terapia com células-tronco embrionárias humanas deverão submeter seus projetos à apreciação e aprovação dos respectivos comitês de ética em pesquisa.

§3º É vedada a comercialização do material biológico a que se refere este artigo e sua prática implica o crime tipificado no art. 15 da Lei nº 9.434, de 4 de fevereiro de 1997.

que certamente legitimará ainda mais a decisão a ser tomada pelo Plenário desta nossa colenda Corte".[481] Houve sete pedidos de ingresso na ação na condição de *amicus curiae*. No entanto, apenas cinco pedidos foram deferidos, sem que fossem justificados na decisão do Relator os motivos da aceitação ou rejeição dos pedidos. Apenas no relatório da ação o Ministro Relator Carlos Ayres Brito esclareceu que admitiu os *amici curiae* a partir da representatividade nacional dos requerentes.

Os amigos da corte tiveram papel ativo durante o trâmite do processo, juntando pareceres, notícias, estudos científicos e fazendo sustentações orais nas audiências públicas e logo antes do julgamento em plenário. Paralelamente à participação dos *amici curiae*, também houve a manifestação de entidades e pessoas que não requereram seu ingresso na ação, mas solicitaram a juntada de documentos para manifestar seu apoio a uma das duas posições.

A ausência de regulamentação para a realização de audiência pública no âmbito do Supremo Tribunal Federal fez com que o Ministro Relator Carlos Ayres Britto adotasse o Regimento Interno da Câmara dos Deputados como parâmetro. A audiência então ocorreu em dois turnos (manhã e tarde) com a participação das partes, dos *amici curiae*, dos *experts* arrolados na petição inicial, somando um total de vinte e dois participantes a favor e contra a procedência da ação.

Os debates, no entanto, não foram permitidos pelo Ministro Relator que, por diversas vezes, ressaltou que as exposições deveriam ser eminentemente técnicas, devendo os participantes absterem-se de considerações morais ou políticas.[482] Segundo o Ministro Relator, o espaço adequado para o debate seria o momento do julgamento em Plenário. Dessa forma, a audiência pública foi mais uma sessão expositiva, fundada nas explanações científicas dos especialistas, do que uma sessão eminentemente deliberativa com exposições, questionamentos e troca de argumentos. Após as exposições dos *experts*, foi aberta a possibilidade de intervenção de outros Ministros para que eles pudessem fazer perguntas aos especialistas, dando sempre direito à parte contrária de também expor, por igual tempo, as suas considerações.

Em relação ao mérito da ação, como ficou demonstrado no curso do processo, não existe consenso científico (biológico), tampouco filosófico (moral), sobre quando se inicia a vida. Algumas posições defendem

---

[481] ADI 3.510/DF. Rel. Min. Carlos Ayres Brito. Julg. 29.05.2008. Despacho do Rel. Min. Carlos Ayres Brito, em 19.12.2006. Para uma descrição detalhada do caso vide: BARROSO, Luís Roberto. p. 395-420. Vide também: VALLE, Vanice Regina Lírio do (Org.). *Audiências públicas e ativismo*: diálogo social no STF. Belo Horizonte: Fórum, 2012. p. 63-70.

[482] ADI 3.510/DF. Rel. Min. Carlos Ayres Brito. Julg. 29.05.2008. Notas taquigráficas p. 55, 63, 71.

CAPÍTULO 3
PRÁTICAS DIALÓGICAS JURISDICIONAIS E POLÍTICO-DEMOCRÁTICAS: LIMITES E POSSIBILIDADES | 185

que a vida se inicia com a fecundação (como defendeu, por exemplo, a Procuradoria-Geral da República); outros defendem que a vida começa com a nidação (a fixação do embrião no útero); a Suprema Corte dos Estados Unidos e o Conselho de Ética Francês entendem que a vida se inicia quando o feto já tem condições de existir sem a mãe (entre a 24ª e 26ª semana de gestação).[483] Ou seja, há uma pluralidade de concepções sobre quando se dá o início da vida e diferentes fundamentações morais para tais concepções. Todas elas têm em comum fundadas razões biológicas e morais para se sustentarem. Vale dizer, todas essas diferentes concepções sobre quando se inicia a vida são, apesar de divergentes, razoavelmente defensáveis na esfera pública.[484] Há, portanto, nesse caso, o que Jeremy Waldron chamou de "desacordo moral razoável".[485]

Diante de desacordos morais razoáveis, o papel do Estado não deve ser o de escolher um padrão moral e impô-lo a todos. Ao contrário, o papel do Estado deve ser o de assegurar que cada indivíduo leve sua vida da forma que escolher, respeitando as crenças e os valores individuais de seus cidadãos, garantindo-lhes, assim, sua liberdade e autonomia privada. E foi exatamente isso que a Lei nº 11.105/2005 fez, pois ela exige em seu art. 5º, §1º, em qualquer caso, o consentimento dos genitores. Ou seja, somente pode haver pesquisas com células-tronco embrionárias a partir dos embriões inviáveis ou congelados há mais de três anos, devendo haver, em qualquer dos casos, o prévio consentimento dos genitores. Da mesma forma, os pesquisadores e médicos também têm autonomia para realizar ou não esse tipo de pesquisa, e caso decidam pela utilização das células-tronco, deverão submeter seus projetos aos respectivos comitês de ética.

Durante o julgamento em Plenário, houve a apresentação do Relatório, foram realizadas as sustentações orais e em seguida votaram os Ministros. A decisão do Supremo Tribunal Federal nesse caso, como tem sido habitual, foi fundamentada em diferentes razões. O Ministro Relator Carlos Ayres Britto justificou seu voto basicamente com os argumentos de que a proteção da vida é conferida à pessoa nativiva; as células-tronco embrionárias oferecem maior contribuição por serem células pluripotentes; é dever do Estado garantir o direito à saúde e a livre atividade científica. Acompanharam o Ministro Relator os Ministros Carmen Lúcia, Joaquim Barbosa, Ellen Gracie, Marco Aurélio e Celso de Mello. O Ministro Eros

---

[483] BARROSO, Luís Roberto. *O novo direito constitucional brasileiro*: contribuições para a construção teórica e prática da jurisdição constitucional no Brasil. Belo Horizonte: Fórum, 2012. p. 403.

[484] RAWLS, John. *Political liberalism*. New York: Columbia University Press, 1993. p. 225-227.

[485] WALDRON, Jeremy. *Law and disagreement*. Oxford: Clarendon Press, 1999. p. 149-153.

Grau votou pela improcedência da ação condicionando seu voto a ressalvas por ele apresentadas.

De forma diferente decidiram os Ministros Menezes Direito e Ricardo Lewandowski, julgando parcialmente procedente o pedido da Ação Direta de Inconstitucionalidade 3.510 a fim de que somente fossem autorizadas pesquisas com embriões humanos quando não haja sua destruição nem tenham seu potencial de desenvolvimento comprometido.

Por fim, os Ministros Cezar Peluso e Gilmar Mendes votaram pela improcedência do pedido da ação, desde que houvesse prévia submissão das pesquisas com células-tronco embrionárias a um órgão central de controle subordinado ao Ministério da Saúde.

Diante disso, o julgamento resultou, por maioria de votos, na improcedência do pedido da Ação Direta de Inconstitucionalidade 3.510 e na consequente manutenção da Lei de Biossegurança, tal qual ela havia sido redigida e aprovada pelo Congresso Nacional.

Desde então, o julgamento da Ação Direta de Inconstitucionalidade 3.510 tem sido celebrado como um marco na abertura do Supremo Tribunal Federal à sociedade e tomado como exemplo na realização de audiências públicas e admissão de *amici curiae* como instrumentos de diálogo.

3.2 As audiências públicas e os *amici curiae* (quando também aceitos juntamente com as audiências públicas) influenciam as decisões dos ministros do Supremo Tribunal Federal?

Desde a realização da primeira audiência pública no caso da Lei de Biossegurança em 2007, o Supremo Tribunal Federal já realizou várias outras audiências públicas e aceitou inúmeros *amici curiae* em diferentes outros casos. Para tanto, o Supremo Tribunal Federal regulamentou a realização das audiências públicas em seu Regimento Interno,[486] demonstrando a permanência de sua abertura a um diálogo direto com o povo e as instituições. É fundamental, no entanto, verificar de que maneira o Supremo Tribunal Federal tem encarado as audiências públicas e os *amici curiae* (quando também aceitos juntamente com as audiências públicas) como instrumentos de abertura ao diálogo e à participação popular. Ou seja, é preciso conferir se essa abertura do Supremo Tribunal Federal à participação popular por meio de audiências públicas e de *amici curiae* de fato leva em conta as informações e os argumentos apresentados por cidadãos

---

[486] A regulamentação da realização das audiências públicas pelo Supremo Tribunal Federal foi promovida pela Emenda Regimental nº 29/2009.

e instituições chamados e aceitos a participarem da ação sob julgamento.

Daí a pergunta que inaugura o presente ponto: as audiências públicas e os *amici curiae* (quando também aceitos juntamente com as audiências públicas) influenciam as decisões dos ministros do Supremo Tribunal Federal? Este trabalho apresenta uma resposta, ainda que parcial, a essa pergunta.

Para se chegar a essa resposta o seguinte caminho foi percorrido:
- **Análise de casos**: exame dos casos definitivamente julgados pelo Supremo Tribunal Federal, com acórdãos já publicados até o momento de escrita deste trabalho, em que houve audiência pública. Tais casos são: Lei de Biossegurança (ADI 3.510), Importação de Pneus Usados (ADPF 101), Interrupção da Gestação de Feto Anencefálico (ADPF 54), Saúde/Concessão de Medicamentos (STA 36, STA 175, STA 211, STA 278, SS 2.361, SS 2.944, SS 3.345, SS 3.355, SL 47 e SL 64) e Cotas (ADPF 186 e REx 597.285).[487] A análise desses casos se deteve sobre as audiências públicas e as razões nelas apresentadas por seus participantes. Em alguns casos o Supremo Tribunal Federal, além das audiências públicas, também admitiu *amici curiae*. Nesses casos, quando as razões dos *amici curiae* foram apresentadas e disponibilizadas por escrito, elas também foram analisadas. Os dados foram coletados do *site* do Supremo Tribunal Federal e das páginas de internet que hospedam os vídeos com as gravações das audiências públicas – TV Justiça/YouTube.

---

[487] Conforme explicitado, a análise de casos desta pesquisa abrange os casos definitivamente julgados pelo Supremo Tribunal Federal e que tenham seus Acórdãos já publicados. Para os fins deste trabalho, esse universo da pesquisa abarcou os casos da Lei de Biossegurança (ADI 3.510), Importação de Pneus Usados (ADPF 101), Interrupção da Gestação de Feto Anencefálico (ADPF 54), Saúde/Concessão de Medicamentos (STA 36, STA 175, STA 211, STA 278, SS 2.361, SS 2.944, SS 3.345, SS 3.355, SL 47 e SL 64) e Cotas (ADPF 189 e REx 597.285). Tal análise, no entanto, pode e deve ser expandida à medida que se concluam os julgamentos e se publiquem os Acórdãos dos casos ainda pendentes de julgamento e que utilizaram em seu curso audiências públicas e *amici curiae* (quando também aceitos juntamente com as audiências públicas). Tal expansão permitiria a continuidade das análises e avaliações sobre a forma como o Supremo Tribunal Federal tem encarado as audiências públicas e os *amici curiae* (quando também aceitos juntamente com as audiências públicas) como instrumentos de participação popular, bem como se essas formas de participação realmente têm influenciado as decisões dos Ministros. Mais do que isso, o prosseguimento dessa pesquisa empírica permitiria ainda comparar e avaliar se a maneira do Supremo Tribunal Federal utilizar as audiências públicas e os *amici curiae* (quando também aceitos juntamente com as audiências públicas) tem se aprimorado, mantido igual ou, eventualmente, piorado. Além disso, outros subcritérios de avaliação poderiam ainda ser incorporados, como, por exemplo, a verificação de como os Ministros do Supremo Tribunal Federal eventualmente utilizaram os argumentos suscitados nas audiências públicas e pelos *amici curiae* para fundamentar seus votos. Nesse sentido, verificar se haveria (i) uma absorção mecânica dos argumentos ou (ii) um destrinchamento e "diálogo" com os argumentos e as razões apresentados, seriam exemplos de novos subcritérios que incrementariam a presente pesquisa. De todo modo, para os fins deste estudo, o universo da pesquisa foi delimitado pelos casos julgados com acórdãos já publicados até o momento de escrita do presente estudo, conforme explicado acima.

188 MIGUEL GUALANO DE GODOY
DEVOLVER A CONSTITUIÇÃO AO POVO – CRÍTICA À SUPREMACIA JUDICIAL E DIÁLOGOS INSTITUCIONAIS

- **Metodologia de análise:** definidos os casos a serem examinados, estabeleceu-se como método de análise a comparação entre (i) as razões e argumentos expostos nas audiências públicas e pelos *amici curiae* (quando também aceitos juntamente com as audiências públicas) e (ii) as razões e argumentos dos votos dos Ministros do Supremo Tribunal Federal. Essa comparação permite identificar se as razões e os argumentos expostos nas audiências públicas e pelos *amici curiae* (quando também aceitos juntamente com as audiências públicas) foram levados em consideração pelos Ministros em suas decisões. A avaliação dessa comparação foi feita segundo dois critérios, um objetivo e outro subjetivo. O critério objetivo consiste na verificação de referências expressas às audiências públicas e aos *amici curiae* (quando também aceitos juntamente com as audiências públicas) na fundamentação dos votos dos Ministros. O critério subjetivo consiste em analisar se na fundamentação dos votos dos Ministros do Supremo Tribunal Federal há a invocação de razões e argumentos iguais ou semelhantes àqueles apresentados nas audiências públicas e pelos *amici curiae* (quando também aceitos juntamente com as audiências públicas), ainda que inexista referência expressa a eles, para o embasamento de suas decisões.

- **Conclusão a partir dos resultados obtidos:** após a comparação e a avaliação da comparação, é feita uma conclusão a partir dos resultados obtidos pela pesquisa.

Diante disso, os casos objeto da pesquisa foram assim entabulados:

CAPÍTULO 3
PRÁTICAS DIALÓGICAS JURISDICIONAIS E POLÍTICO-DEMOCRÁTICAS: LIMITES E POSSIBILIDADES | 189

3.2.1 Tabela Geral

	Audiência Pública	Amicus Curie	Razões do Amicus Curiae	Data de Julgamento	Publicação Acórdão
Lei de Biossegurança: ADI 3.510	20/04/07	Sim	Sim	29/05/08	28/05/10
Importação de pneus usados: ADPF 101	27/06/08	Sim	Sim	24/06/09	04/06/12
Interrupção da Gestação de Feto Anencefálico: ADPF 54	26 e 28/08/2008	Negados	-	12/04/12	30/04/13
Saúde/ Concessão de Medicamentos: STA 36, STA175, STA 211, STA278, SS 2.361, SS 2.944, SS3.345, SS 3.355, SL 47 E SL 64	27, 28 e 29/04/2009; 04,06 e 07/05/2009	Não houve participação	-	17/03/10	30/04/10
Cotas: ADPF 186 e REXT 597.285	03,04 e 05/03/2012	Sim*	Sim	26/04/2012 e 09/05/2012	20/10/2014 e 18/03/2014
Lei Seca: ADI 4103	07 e 14/05/2012	Sim	Sim	Não ocorreu o julgamento	-
Amianto:ADI 3937 e 3357	24 e 31/08/2012	Sim	Sim	Julgamento suspenso	-
TV por Assinatura: ADI 4679, 4747 e 4756	18 e 25/02/2013	Sim***	Sim	Julgamento suspenso	-
Campo Eletromagnético: REXT 627189	06, 07 e 08/03/2013	Sim	Não	Não ocorreu o julgamento	-
Queimada em Canavial: REXT 586224	22/04/13	Negado	-	09/03/15	Acórdão não publicado
Financiamento de Campanhas Eleitorais: ADI 4640	17 e 24/06/2013	Sim	Sim	Julgamento suspenso	-
Regime Prisional: REXT 641320	27 e 28/05/2013	Sim	Sim	Não ocorreu o julgamento	-
Biografias Não Autorizadas: ADI 4815	21 e 22/11/2013	Sim	Sim	Não ocorreu o julgamento	-
Mais Médicos: ADI 5035 e 5037	25 e 26/11/2013	Não houve participação	-	Não ocorreu o julgamento	-
Direitos Autorais: ADI 5062 e 5065	17/03/14	Não houve participação	-	Não ocorreu o julgamento	-
Ensino Religioso em Escolas Públicas: ADI 4439	Realização prevista para o dia 15/06/2015	Sim	Não	Não ocorreu o julgamento	-

*Destaque-se que das duas ações – ADPF 186 e REXT 597.285 – houve participação de *amicus curiae* apenas na ADPF 186.

**A ADPF 186 foi julgada em 26.04.2012 e o REXT 597.285 foi julgado em 09.05.2012.

***Ressalte-se que das três ações – ADI 4679, ADI 4747 e ADI 4756 – a ADI 4679 foi a única que não contou com a participação de *amicus curiae*.

A coleta e apresentação dos dados para a realização da comparação entre (i) as razões e argumentos expostos nas audiências públicas e pelos *amici curiae* (quando também aceitos juntamente com as audiências públicas) e (ii) as razões e argumentos dos votos dos Ministros do Supremo Tribunal Federal foram assim entabuladas:

3.2.2 Lei de Biossegurança (ADI 3.510)

A análise da comparação feita no caso da Lei de Biossegurança (ADI 3.510) mostra que sete dos onze Ministros do Supremo Tribunal Federal fizeram referências expressas às razões e aos argumentos apresentados em audiência pública. Por outro lado, apenas três dos onze Ministros fizeram referências expressas às razões e aos argumentos apresentados pelos *amici curiae*.

No entanto, todos os Ministros valeram-se de razões e argumentos apresentados em audiência pública e pelos *amici curiae* para fundamentar suas decisões ainda que não tenham feito referência expressa a eles, conforme se verifica nos dois últimos campos da tabela intitulados "Razões e argumentos iguais ou semelhantes àqueles apresentados na audiência pública, ainda que sem referência expressa a ela" e "Razões e argumentos iguais ou semelhantes àqueles apresentados pelos *amici curiae*, ainda que sem referência expressa a eles".

Biossegurança	Ministro Carlos Augusto Ayres de Freitas Britto (Relator)	Ministro Carlos Alberto Menezes Direito	Ministra Cármem Lúcia Antunes Rocha	Ministro Enrique Ricardo Lewandowski	Ministro Eros Roberto Grau	Ministro Joaquim Benedito Barbosa Gomes	Ministro Antonio Cezar Peluso	Ministro José Celso de Mello Filho	Ministro Gilmar Ferreira Mendes (Presidente)	Ministra Ellen Gracie Northfleet	Ministro Marco Aurélio Mendes de Faria Mello
Referência Expressa - Audiência Pública	Sim (fls. 156, 166,167,180,181 E 206)	Sim (fls. 251,252 e 271)	Sim (fl.364)	Sim (fls. 428,437,439)	Não	Não	Sim (fls. 496, 497, 510 e 513)	Não	Sim (fl. 603)	Sim (fls. 215 e 216)	Não
Referência Expressa - Amici Curiae	Sim (fl.160)	Não	Sim (fls. 343 e 364)	Não	Não	Não	Sim (fls. 486, 498, 499, 513 e 517)	Não	Não	Não	Não
Razões e argumentos iguais ou semelhantes àqueles apresentados na Audiência Pública, ainda que sem referência Expressa a ela	Sim	Sim	Sim	Sim	Sim	Sim	Sim	Sim	Sim	Sim	Sim
Razões e argumentos iguais ou semelhantes àqueles apresentados pelos Amici Curiae, ainda que sem referência expressa a eles	Sim	Sim	Sim	Sim	Sim	Sim	Sim	Sim	Sim	Sim	Sim

3.2.3 Importação de Pneus Usados (ADPF 101)

A análise da comparação feita no caso da Importação de Pneus Usados (ADPF 101) mostra que dos onze Ministros do Supremo Tribunal Federal, nove participaram do julgamento. Desses nove Ministros, dois fizeram referências expressas às razões e aos argumentos apresentados em audiência pública, um Ministro acompanhou a Ministra Relatora e os outros seis Ministros não fizeram qualquer menção expressa às razões e argumentos apresentados em audiência pública. Por outro lado, apenas dois dos nove Ministros que participaram do julgamento referenciaram expressamente em seu voto razões e argumentos apresentados pelos *amici curiae*.[488]

No entanto, seis dos nove Ministros que integraram o julgamento valeram-se de razões e argumentos apresentados em audiência pública e pelos *amici curiae* para fundamentar suas decisões ainda que sem referência expressa a eles, conforme se verifica nos dois últimos campos da tabela. Apenas um Ministro (Ministro Menezes Direito) não fez qualquer tipo de referência, expressa ou tácita, e o outro Ministro acompanhou a Ministra Relatora.

---

[488] Destaque-se que no julgamento da ADPF 101 foram aceitos 14 *Amici Curiae*: Pneus Hauer do Brasil LTDA; Associação Brasileira da Indústria de Pneus Remoldados - ABIP; Associação Nacional da Indústria de Pneumático – ANIP; Pneuback Indústria e Comércio de Pneus LTDA; Instituto Brasileiro do Meio Ambiente e dos Recursos Naturais Renováveis - IBAMA; Tal Remoldagem de Pneus LTDA; BS Colway Pneus LTDA; Conectas Direitos Humanos; Justiça Global; Associação de Proteção do Meio Ambiente de Cianorte - APROMAC; Associação Brasileira do Segmento de Reforma de Pneus - ABR; Associação de Defesa da Concorrência Legal e dos Consumidores Brasileira - ADCL; Líder Remoldagem e Comércio de Pneus LTDA; e RIBOR - Importação, Exportação, Comércio e Representações LTDA. No entanto, foram disponibilizadas as Petições, com as razões escritas, de apenas 5 deles: Associação Brasileira da Indústria de Pneus Remoldados - ABIP; Associação Nacional da Indústria de Pneumático – ANIP; Instituto Brasileiro do Meio Ambiente e dos Recursos Naturais Renováveis - IBAMA; Conectas Direitos Humanos; Associação de Proteção do Meio Ambiente de Cianorte - APROMAC. Dessa forma, a presente pesquisa foi obrigada a, neste caso, restringir as análises dos *Amici Curiae* àqueles que tiveram suas Petições e razões escritas disponibilizadas.

Pneus	Ministra Cármem Lúcia Antunes Rocha (Relatora)	Ministro Carlos Alberto Menezes Direito	Ministro Enrique Ricardo Lewandowski	Ministro Joaquim Benedito Barbosa Gomes	Ministro Carlos Augusto Ayres de Freitas Britto	Ministra Ellen Gracie Northfleet	Ministro Marco Aurélio Mendes de Faria Mello	Ministro Eros Roberto Grau	Ministro José Antonio Dias Toffoli	Ministro Gilmar Ferreira Mendes (Presidente)	Ministro Antonio Cezar Peluso
Referência Expressa - Audiência Pública	Sim (fls. 40,73,122,172-191)	Não	Acompanhou a Relatora	Não	Não	Não	Não	Não	Atuou no feito	Sim (fls. 257)	Ausente
Referência Expressa - Amici Curiae	Não	Não	Acompanhou a Relatora	Sim (fl. 221)	Não	Não	Não	Não	Atuou no feito	Sim (fl.243)	Ausente
Razões e argumentos iguais ou semelhantes àqueles apresentados na Audiência Pública, ainda que sem referência Expressa a ela	Sim	Não	Acompanhou a Relatora	Sim	Sim	Sim	Sim	Não	Atuou no feito	Sim	Ausente
Razões e argumentos iguais ou semelhantes àqueles apresentados pelos Amici Curiae, ainda que sem referência expressa a eles	Sim	Não	Acompanhou a Relatora	Sim	Sim	Sim	Sim	Não	Atuou no feito	Sim	Ausente

3.2.4 Interrupção da Gestação de Feto Anencefálico (ADPF 54)

A análise da comparação feita no caso da Interrupção da Gestação de Feto Anencefálico (ADPF 54) mostra que dos onze Ministros do Supremo Tribunal Federal, dez participaram do julgamento. Desses dez Ministros, nove fizeram referências expressas às razões e aos argumentos apresentados em audiência pública, sendo que apenas um deles não o fez. Destaque-se que nesse caso não foi admitida a participação de *amicus curiae*.

O único Ministro que não fez referência expressa às razões e argumentos apresentados em audiência pública, no entanto, valeu-se delas, ainda que de forma tácita, conforme se verifica no penúltimo campo da tabela intitulado "Razões e argumentos iguais ou semelhantes àqueles apresentados na audiência pública, ainda que sem referência expressa a ela".

Interrupção da Gestação de Feto Anencefálico	Ministro Carlos Marco Aurélio Mendes de Faria Mello (Relator)	Ministro Joaquim Benedito Barbosa Gomes	Ministro Luiz Fux	Ministra Cármen Lúcia Antunes Rocha	Ministro Enrique Ricardo Lewandowski	Ministro Gilmar Ferreira Mendes	Ministro José Celso de Mello Filho	Ministro Antônio Cezar Peluso (Presidente)	Ministra Rosa Maria Weber	Ministro Carlos Ayres Britto	Ministro José Antônio Dias Toffoli
Referência Expressa - Audiência Pública	Sim (fls. 32, 44-47, 50, 53, 58, 60, 61, 63, 64, 66, 67, 69)	Sim (fls. 147 e 152)	Sim (fls. 155 e 167)	Sim (fls. 172 e 175)	Sim (fls. 247)	Sim (fls. 285 e 286, 295)	Sim (fls. 358)	Sim (fls. 378-382, 395, 396, 399, 402 e 404)	Sim (fls. 94 e 135)	Não	Impedido
Referência Expressa - Amici curiae	Pedido Negado (PG Nº 81135/04)	-	-	-	-	-	-	-	-	-	-
Razões e argumentos iguais ou semelhantes àqueles apresentados na Audiência Pública, ainda que sem referência expressa a ela	Sim	Sim	Sim	Sim	Sim	Sim	Sim	Sim	Sim	Sim	Impedido
Razões e argumentos iguais ou semelhantes àqueles apresentados pelos Amici Curiae, ainda que sem referência expressa a eles	-	-	-	-	-	-	-	-	-	-	-

3.2.5 Saúde/Concessão de Medicamentos (STA 36, STA 175, STA 211, STA 278, SS 2.361, SS 2.944, SS 3.345, SS 3.355, SL 47 e SL 64)

No caso da Saúde/Concessão de Medicamentos (STA 36, STA 175, STA 211, STA 278, SS 2.361, SS 2.944, SS 3.345, SS 3.355, SL 47 e SL 64), dos 11 Ministros do Supremo Tribunal Federal, oito acompanharam o voto do Ministro Relator, o qual fez referências expressas às razões e aos argumentos apresentados na audiência pública. Destaque-se que o Ministro Celso de Mello apresentou voto em apartado e, apesar de não ter feito referência expressa à audiência pública, valeu-se de razões e argumentos nela apresentados para fundamentar sua decisão, conforme se verifica no penúltimo campo da tabela intitulado "Razões e argumentos iguais ou semelhantes àqueles apresentados na audiência pública, ainda que sem referência expressa a ela". Apenas um único Ministro (Ministro Ayres Britto) não se valeu das razões, expressas ou não, expostas em audiência pública. Destaque-se que nesse caso não houve a participação de *amicus curiae*.

Saúde/Concessão de Medicamentos	Ministro Gilmar Ferreira Mendes (Presidente e Relator)	Ministra Ellen Gracie Northfleet	Ministro José Celso de Mello Filho	Ministro Eros Roberto Grau	Ministro Carlos Augusto Ayres de Freitas Britto	Ministro Marco Aurélio Mendes de Faria Mello	Ministro Antonio Cezar Peluzo	Ministra Cármem Lúcia Antunes Rocha	Ministro Ricardo Lewandowski	Ministro Dias Toffoli	Ministro Joaquim Benedito Barbosa Gomes
Referência Expressa - Audiência Pública	Sim (fls. 97,101)	Acompanhou o Relator	Não	Acompanhou o Relator	Não	Acompanhou o Relator	Acompanhou o Relator	Acompanhou o Relator	Acompanhou o Relator	Acompanhou o Relator	Acompanhou o Relator
Referência Expressa - Amici Curiae	Não houve participação	-	-	-	-	-	-	-	-	-	-
Razões e argumentos iguais ou semelhantes àqueles apresentados na Audiência Pública, ainda que sem referência Expressa a ela	Sim	Acompanhou o Relator	Sim	Acompanhou o Relator	Não	Acompanhou o Relator	Acompanhou o Relator	Acompanhou o Relator	Acompanhou o Relator	Acompanhou o Relator	Acompanhou o Relator
Razões e argumentos iguais ou semelhantes àqueles apresentados pelos Amici Curiae, ainda que sem referência expressa a eles	-	-	-	-	-	-	-	-	-	-	-

3.2.6 Cotas (ADPF 186)

A análise da comparação feita no caso das Cotas (ADPF 186) mostra que dos onze Ministros do Supremo Tribunal Federal, dez participaram do julgamento. O Ministro Relator não fez referência expressa às razões e aos argumentos apresentados em audiência pública e nem pelos *amici curiae*. Dois Ministros acompanharam o Ministro Relator. Cinco Ministros não fizeram qualquer referência expressa às razões e aos argumentos apresentados em audiência pública e nem pelos *amici curiae*. Apenas dois Ministros fizeram referência expressa às razões e aos argumentos apresentados em audiência pública, mas apenas um deles fez referência expressa às razões e aos argumentos apresentados pelos *amici curiae*. Ou seja, apenas um Ministro fez referência expressa às razões e aos argumentos apresentados pelos *amici curiae*.

No entanto, dos dez Ministros que julgaram o feito, oito valeram-se de razões e argumentos iguais ou semelhantes àqueles apresentados na audiência pública e pelos *amici curiae*, ainda que sem referência expressa a eles, sendo que os outros dois Ministros restantes acompanharam o Ministro Relator.

Cotas	Ministro Enrique Ricardo Lewandowski (Relator)	Ministro Luiz Fux	Ministra Rosa Maris Weber	Ministra Cármen Lúcia Antunes Rocha	Ministro Joaquim Benedito Barbosa Gomes	Ministro Antonio Cezar Peluso	Ministro Gilmar Ferreira Mendes	Ministro Marco Aurélio Mendes de Faria Mello	Ministro Carlos Augusto Ayres de Freitas Britto (Presidente)	Ministro José Celso de Mello Filho	Ministro José Antonio Dias Toffoli
Referência Expressa - Audiência Pública	Não	Sim (fls. 105)	Sim (fls. 126, 127 e 129)	Não	Acompanhou o Relator	Não	Não	Não	Não	Acompanhou o Relator	Ausente
Referência Expressa - Amici curiae	Não	Não	Sim (fls. 129)	Sim (fls. 131 e 138)	Acompanhou o Relator	Não	Não	Não	Não	Acompanhou o Relator	Ausente
Razões e argumentos iguais ou semelhantes àqueles apresentados na Audiência Pública, ainda que sem referência a ela	Sim	Sim	Sim	Sim	Acompanhou o Relator	Sim	Sim	Sim	Sim	Acompanhou o Relator	Ausente
Razões e argumentos iguais ou semelhantes àqueles apresentados pelos Amici Curiae, ainda que sem refência a eles	Sim	Sim	Sim	Sim	Acompanhou o Relator	Sim	Sim	Sim	Sim	Acompanhou o Relator	Ausente

3.2.7 Conclusão a partir dos resultados obtidos

Os dados coletados e analisados demonstram que as audiências públicas e os *amici curiae* (quando também aceitos juntamente com as audiências públicas) influenciam sim as decisões dos Ministros do Supremo Tribunal Federal. É de destacar-se, no entanto, que em suas decisões os Ministros fazem mais referências expressas às razões e aos argumentos apresentados nas audiências públicas do que às razões e aos argumentos apresentados pelos *amici curiae*. De toda forma, praticamente todos os Ministros em todos os casos valeram-se, de forma expressa ou não, das razões e dos argumentos expostos em audiência pública ou pelos *amici curiae*. Esses dados demonstram a efetiva permeabilidade do Supremo Tribunal Federal à participação de pessoas e instituições que se somam à análise dos casos sob julgamento. Essa abertura do Supremo Tribunal Federal à sociedade por meio de audiências públicas e *amici curiae* deve, assim, ser reconhecida como algo fundamental, pois ela efetivamente colabora com a tomada de decisão pelos Ministros quando do momento do julgamento dos casos.

3.3 A realização de audiências públicas e as intervenções de *amici curiae* têm possibilitado um diálogo efetivo entre o Supremo Tribunal Federal e a sociedade?

A forma como têm se realizado as audiências públicas e a admissão de *amici curiae* mostra que se quisermos ter um espaço deliberativo, efetivamente dialógico, no qual haja uma profunda discussão e troca de argumentos, há muito que melhorar. Vale dizer, do ponto de vista de uma abertura democrático-deliberativa e dialógica, a decisão do Supremo Tribunal Federal de utilizar instrumentos de participação de outros atores em julgamentos de questões constitucionais relevantes é muito bem-vinda. Por outro lado, a forma como tem se dado a utilização desses instrumentos, bem como a performance deliberativa do Supremo Tribunal Federal, precisa ser aprimorada.

A escolha dos participantes da audiência pública e dos *amici curiae* é uma decisão discricionária do Ministro Relator.[489] Vale dizer, cabe ao Ministro Relator convocar pessoas com notória experiência e autoridade no assunto, podendo, no entanto, haver requerimento por iniciativa própria de pessoas especialistas no assunto, para a ocorrência de audiência

---

[489] Audiência Pública: art. 9º, §1º e §2º, art. 12-E, §1º, art. 20, §1º e §2º, da Lei nº 9.868/1999 e art. 6º, §1º da Lei 9.882/1999, art. 13, XVII, art. 21, XVII, entre outros, do Regimento Interno do Supremo Tribunal Federal. *Amicus Curiae*: art. 7º, §2º da Lei nº 9.868/1999.

pública. No que se refere aos amigos da corte, eles solicitam seu ingresso no feito e o Ministro Relator é quem decide sobre a aceitação ou não do pedido de ingresso do *amicus curiae*. Ou seja, o Ministro Relator tem um papel fundamental na promoção do debate público, pois ele possui a faculdade de possibilitar que diferentes vozes possam ser ouvidas, e principalmente a de escolher e selecionar aquelas que se farão ouvir. Esse poder do Ministro Relator pode, por outro lado, também impossibilitar, restringir e até mesmo enviesar o debate.

No caso da Lei de Biossegurança (ADI 3.510), a decisão do Ministro Relator sobre a admissão ou recusa dos pedidos de ingresso na ação na condição de *amicus curiae* foi uma decisão que careceu de fundamentação, pois não apontou as razões para a admissão ou rejeição dos postulantes. Tais motivos apareceram somente em momento posterior, no Relatório do caso quando o Ministro Relator então declarou que aceitou a participação de determinados *amici curiae* com base em sua representação nacional. Foi, assim, uma escolha extremamente seletiva e pouco transparente. Se é certo que os *amici curiae* devem ser órgãos ou entidades de representação que exibam não apenas interesse, mas também conhecimento sobre o assunto (conforme exige a Lei nº 9.868/1999), por outro lado, a decisão do Ministro Relator de aceitá-los ou não como amigos da corte deve ser bastante clara em suas razões.

Diante dessa importante e decisiva competência do Ministro Relator, sua tarefa deve(ria) ser a de promover o maior e mais amplo debate sobre o tema, possibilitando que as diferentes vozes, opiniões e correntes de pensamento possam se manifestar sobre o assunto que esteja sob julgamento.

Além da escolha das pessoas e entidades que poderão participar do julgamento do caso, é preciso também destacar a necessidade de reformulação da metodologia de realização das audiências públicas. A forma como as audiências públicas têm sido realizadas não permite que elas sejam um efetivo espaço de deliberação, com a apresentação, troca e debate de informações e argumentos. Ao contrário, da forma como elas têm acontecido, as audiências se reduzem apenas e tão somente à exposição de diferentes posições em relação ao caso. Assim, as audiências públicas têm funcionado muito mais como um espaço de complementação informativa dos Ministros do que um ambiente destinado a um debate público robusto em que as diferentes razões e argumentos podem ser destrinçados, desafiados, ratificados ou superados. Não é a toa que alguns Ministros sequer fizeram qualquer tipo de referência às audiências públicas em seus votos.

Esse modo pouco deliberativo de conceber a audiência pública ficou claro no caso da Lei de Biossegurança (ADI 3.510) nas diversas intervenções feitas pelo Ministro Relator Carlos Ayres Britto ao vetar os possíveis debates e questionamentos que surgiam no decorrer da audiência pública.

Mais do que isso, nesse caso o Ministro Relator exigiu que as exposições se restringissem a argumentos científicos, devendo ficar de fora argumentos jurídicos, políticos, éticos ou morais. Isso mostra o subaproveitamento da audiência pública como espaço de debate, de troca de argumentos não apenas científicos, mas também morais, já que a questão levantada pela ADI 3.510 era justamente uma questão moral – a de proteção da vida e da dignidade da pessoa humana. O argumento sustentado pelo Ministro Relator de que o espaço adequado para o debate era o julgamento em plenário tampouco se verificou verdadeiro. O debate não apenas não aconteceu entre os Ministros – e raramente tal debate acontece – como ainda que acontecesse, seria um debate apenas entre os julgadores e não entre eles e as partes, amigos da corte e especialistas.

Essa forma de encarar a audiência pública confunde as três diferentes fases deliberativas do processo de julgamento de um caso, quais sejam: fase pré-decisional, fase decisional e fase pós-decisional.[490] São três momentos distintos do julgamento do caso, e que possibilitam avaliar o desempenho deliberativo da Corte de acordo com a peculiaridade de cada uma dessas fases, tendo como objetivo geral que a decisão seja produto de uma efetiva deliberação.

A fase pré-decisional é aquela na qual a tarefa deliberativa consiste na promoção de uma contestação pública sobre o caso. A fase decisional consiste no engajamento colegiado dos Ministros para buscar as melhores razões e os argumentos públicos para fundamentar sua decisão. A fase pós-decisional consiste na decisão deliberativa escrita, que definirá a controvérsia e poderá (e deverá) ser novamente objeto de deliberação por parte de outros atores e instituições.[491] Nessas três fases há também uma distinção sobre quem delibera. Como as fases pré-decisional e pós-decisional possuem um caráter deliberativo externo, ou seja, a Corte discute com outros atores e instituições, os interlocutores são aqueles que formalmente ou informalmente endereçam argumentos públicos ao Tribunal expressando suas posições públicas sobre o caso em julgamento.[492] A fase decisional tem um caráter deliberativo interno, ou seja, de troca de razões e argumentos entre os Ministros, na qual não há participação

---

[490] MENDES, Conrado Hübner. *Constitutional courts and deliberative democracy*. Oxford: Oxford University Press, 2013. p. 105.

[491] Isso não significa, no entanto, que a fase pós-decisional de um caso é a pré-decisional de outro. Apesar de ambas serem fases de uma deliberação de caráter externo (entre o Tribunal e diferentes interlocutores), a fase pré-decisional está vinculada a um caso específico e a fase pós-decisional já incorporou ou superou uma série de razões e argumentos. Cada fase, portanto, possui facetas e características próprias, ainda que após a decisão o debate possa permanecer vivo.

[492] MENDES, Conrado Hübner. *Constitutional courts and deliberative democracy*. Oxford: Oxford University Press, 2013. p. 106.

dos interlocutores. Nessas diferentes fases, há distintas formas e locais de deliberação, cada uma delas enfrentando e exigindo padrões deliberativos específicos, conforme se verá a seguir.

A fase pré-decisional consiste no debate público sobre um caso submetido a julgamento. Esse debate deve contar com a participação de diversos atores políticos, individuais ou coletivos, que manifestarão suas posições públicas sobre o caso em apreço por meio dos mecanismos normativos e institucionais existentes. Diante disso, a audiência pública e os *amici curiae* são instrumentos relevantes, pois é por meio deles que esse debate público robusto também pode ser incentivado e promovido pela Corte. E se cabe ao Ministro Relator a faculdade de realizar a audiência pública, convocar especialistas e aceitar os pedidos de ingresso como amigos da corte, seu papel deve ser o de promover o maior e mais amplo debate para coletar o máximo possível de argumentos e possibilitar que tais argumentos sejam publicamente desafiados e refinados.[493] Quando o Ministro Relator realiza a audiência pública e aceita o ingresso de *amici curiae*, mas impede o debate, ele reduz o potencial deliberativo desses instrumentos e espaços e ainda restringe a importância da fase pré-decisional.

A fase decisional consiste no engajamento colegiado dos Ministros para levar em conta todas as posições apresentadas à Corte, buscar a construção da melhor resposta baseada em princípios e a busca pelo consenso, ou quando esse consenso não for possível, a minimização do dissenso.[494] Nesse sentido, a deliberação interna entre os Ministros não deve ser um duelo verbal ou uma competição de erudição, mas uma empreitada sincera pela construção da melhor decisão, baseada em razões públicas, fundadas em princípios profundamente esquadrinhados e justificados. Essa fase decisional de engajamento colegiado é hoje praticamente inexistente no Supremo Tribunal Federal. Não há um debate *intra*muros entre os Ministros, e quando há debate entre eles em Plenário, em geral boa parte deles já firmou sua posição sobre o caso ou até mesmo escreveu seu voto. Nesse sentido, falta um momento para que os Ministros possam se reunir e discutir coletivamente sobre os argumentos apresentados na fase pré-decisional.

A fase pós-decisional traduz os compromissos éticos da deliberação em uma peça escrita.[495] Para além de uma decisão fundamentada, ela deve ainda ser sensível e legível para o público, não sendo suficiente a mera

---

[493] MENDES, Conrado Hübner. *Constitutional courts and deliberative democracy*. Oxford: Oxford University Press, 2013. p. 108.

[494] MENDES, Conrado Hübner. *Constitutional courts and deliberative democracy*. Oxford: Oxford University Press, 2013. p. 109.

[495] MENDES, Conrado Hübner. *Constitutional courts and deliberative democracy*. Oxford: Oxford University Press, 2013. p. 109.

MIGUEL GUALANO DE GODOY
DEVOLVER A CONSTITUIÇÃO AO POVO – CRÍTICA À SUPREMACIA JUDICIAL E DIÁLOGOS INSTITUCIONAIS

abordagem dos argumentos dos litigantes. Uma Corte é consciente da sua falibilidade e da inevitável continuação da deliberação na esfera pública e em possíveis casos futuros. A decisão deve transmitir essa compreensão, evitando qualquer divisão entre iluminados e ignorantes, demonstrando sempre um respeito profundo por aqueles que serão afetados por ela independentemente do polo que ocuparam.[496] Essa decisão escrita deve ter a qualidade esperada da função de destaque que uma Corte Constitucional exerce, desejável que seja uma decisão supraindividual, produto da transformação do engajamento e debate colegiado em uma decisão deliberativa tomada por vários julgadores diante de diversos argumentos que foram apresentados. Nesse sentido, do ponto de vista formal, a decisão deliberativa escrita pode ser prolatada tanto como uma única voz do Tribunal (*per curiam*), ou como uma decisão fracionária individual (*pure seriatim*), ou ainda uma decisão intermediária, composta pela opinião da maioria e com opiniões divergentes.[497] Essa exigência de uma decisão deliberativa escrita, seja ela única como uma opinião da Corte (*per curiam*), fracionada pela decisão individual dos Ministros (*pure seriatim*) ou mista, mostra como o compromisso com a deliberação não pode ser inferido apenas do ponto de vista formal.[498]

O modelo decisório do Supremo Tribunal Federal hoje não é o de uma decisão da corte (*per curiam*), mas sim o de decisões fracionárias individuais (*pure seriatim*). Vale dizer, ainda que haja um debate público prévio à tomada decisão, os Ministros decidem os casos de forma individual, sem um engajamento colegiado e em geral fechados em seus gabinetes. Cada Ministro toma sua decisão individual e somam-se os dispositivos, podendo haver ou não algum debate durante o julgamento em Plenário.

Esse modelo decisório faz com que as decisões do Supremo Tribunal Federal sejam tomadas individualmente por cada Ministro, com base em diferentes razões, argumentos, não tendo a decisão final uma racionalidade decisória uniforme. No entanto, é de destacar-se que quando se opta por uma corte colegiada, espera-se que as decisões sejam fruto de uma empreitada coletiva, na qual há não apenas a exposição individual das razões de cada um, mas uma troca de argumentos e razões para que, por meio desse processo deliberativo, se chegue à melhor decisão. Essa dinâmica colegiada, deliberativa, só acontece se os membros do colegiado se engajam, de fato, em uma honesta troca de argumentos, na qual todos

---

[496] MENDES, Conrado Hübner. *Constitutional courts and deliberative democracy*. Oxford: Oxford University Press, 2013. p. 110.

[497] MENDES, Conrado Hübner. *Constitutional courts and deliberative democracy*. Oxford: Oxford University Press, 2013. p. 111.

[498] MENDES, Conrado Hübner. *Constitutional courts and deliberative democracy*. Oxford: Oxford University Press, 2013. p. 111-112.

se enxergam como colegas e não como adversários. Assim, todos devem buscar de forma cooperativa a construção de uma decisão fundada em razões, erigida passo a passo, de forma coesa e coerente, respeitando sempre os votos divergentes fundados em um desacordo razoável.[499] Se o caso da Lei de Biossegurança estreou uma nova forma de conduzir-se processos que envolvam questões que exigem a abertura do Supremo Tribunal Federal à sociedade, a outros campos do conhecimento, por outro lado, a forma tradicional de julgamento agregativo tem permanecido inalterada. O que se tem como resultado são decisões que, apesar de serem defensáveis e poder ser consideradas acertadas, não se fundamentam em um raciocínio coerente e coeso, mas em uma pluralidade de razões e argumentos nem sempre lógicos ou ligados entre si. Tem prevalecido, assim, mais os saberes enciclopédicos e individuais de cada Ministro do que a construção de uma decisão coletiva em favor de uma efetiva opinião da corte. Ou seja, o resultado final ainda é uma decisão meramente agregativa, tomada com base na soma dos dispositivos de cada voto.[500] Nem mesmo a participação de terceiros, por intermédio dos *amici curiae* e dos convocados para a audiência pública, tem retirado dos julgamentos o caráter pessoal da decisão de cada um dos Ministros. Vale dizer, a dinâmica decisória, ainda que aberta a participação de terceiros, segue sendo pessoal, opinativa, de tal forma que os Ministros se comportam como indivíduos distantes que precisam ser convencidos, e não como membros e representantes de uma instituição cuja função é destrinçar o Direito, apresentar os melhores argumentos e, assim, solucionar os casos e justificar suas decisões racionalmente. As decisões continuam sendo individuais, e não construídas em função de um padrão argumentativo adequado ao caso.[501]

O que se conclui é que da forma como o Supremo Tribunal Federal tem julgado os casos e se valido de audiências públicas e *amici curiae*, o potencial deliberativo da fase pré-decisional é reduzido pela restrição aos debates entre os expositores das audiências públicas e os *amici curiae*. A fase decisional, por sua vez, não possui um engajamento colegiado que encare as informações e os argumentos trazidos na fase anterior e permita a troca sincera de opiniões entre os Ministros julgadores. Por fim, a fase pós-decisional carece de uma decisão deliberativa escrita que respeite ou

---

[499] MENDES, Conrado Hübner. *Constitutional courts and deliberative democracy.* Oxford: Oxford University Press, 2013. p. 107-111. Vide também: MENDES, Conrado Hübner. Onze Ilhas. *Jornal Folha de São Paulo,* Caderno Opinião, São Paulo, 01 fev. 2010.

[500] RODRIGUEZ, José Rodrigo. *Como decidem as cortes?* Para uma crítica do Direito (brasileiro). Rio de Janeiro: Editora FGV, 2013. p. 79-80, 82-84.

[501] RODRIGUEZ, José Rodrigo. *Como decidem as cortes?* para uma crítica do direito (brasileiro). Rio de Janeiro: Editora FGV, 2013. p. 76.

corresponda aos pressupostos deliberativos anteriores. Como as decisões são individuais, cada Ministro fundamenta sua decisão de uma maneira, de tal forma que não há uma opinião da Corte e tampouco uma uniformidade das decisões individuais entre si. Essa forma fracionária de se realizar o julgamento dos casos no Supremo Tribunal deixa claro como as decisões tomadas pelo Tribunal são fruto da mera soma aritmética dos dispositivos dos votos, e não das razões e dos argumentos apresentados ao longo do julgamento. Prevalece assim exatamente a dinâmica oposta à que se deseja para uma corte colegiada.

Diante disso, mais do que possibilitar a participação popular, é preciso que essa participação na fase pré-decisional seja levada a sério, que haja não apenas uma escuta dos intervenientes e convocados, mas que se promova um efetivo debate entre eles. É necessário que seus argumentos sejam levados em conta na hora da decisão, quer para compor o fundamento da decisão, quer para rejeitar os apontamentos realizados. Se essa participação popular passa a ser utilizada apenas como mais um passo para legitimar formalmente a decisão a ser exarada, perde-se o sentido da abertura dialógica do Supremo Tribunal Federal, esvaziam-se as inovações normativas e transforma-se um desejável diálogo em mera retórica formal de oitiva e participação.

Dessa forma, iniciativas como as audiências públicas realizadas até agora pelo Supremo Tribunal Federal, ainda que abertas ao reconhecimento de diversas vozes, terminam em instâncias típicas de um decisionismo judicial – a decisão isolada de cada Ministro em seu gabinete.[502] Se, por um lado, as audiências públicas tiveram importância para as decisões dos Ministros, por outro elas consistiram quase tão somente em uma esfera informativa, e não de debate e diálogo.

O principal problema dessas iniciativas dialógicas é que elas ainda têm sido demasiado atreladas à decisão discricionária do órgão judicial; decisão essa que vem, em geral, fundada sob a ideia de supremacia judicial. Dessa maneira, não se pode dizer que o Supremo Tribunal Federal seja um Tribunal dialógico. Ao contrário, é uma Corte que se vale de instrumentos dialógicos.[503] A diferença é sutil, mas fundamental.

Há que se comemorar o primeiro passo – as iniciativas de abertura do Supremo Tribunal Federal à sociedade mediante a utilização de ferramentas de diálogos. No entanto, essas iniciativas devem ser avaliadas de

---

[502] GARGARELLA, Roberto. El nuevo constitucionalismo dialógico frente al sistema de los frenos y contrapesos. In: GARGARELLA, Roberto (Org.). *Por una justicia dialógica*: el poder judicial como promotor de la deliberación democrática. Buenos Aires: Siglo XXI, 2014. p. 148.

[503] GARGARELLA, Roberto. El nuevo constitucionalismo dialógico frente al sistema de los frenos y contrapesos. In: GARGARELLA, Roberto (Org.). *Por una justicia dialógica*: el poder judicial como promotor de la deliberación democrática. Buenos Aires: Siglo XXI, 2014. p. 149.

forma bastante crítica (quando não cética) e exigente. Isso porque a abertura da Corte à participação dos outros Poderes, demais instituições públicas e privadas e, sobretudo, do povo, é ainda precária, pois não permite e nem realiza um efetivo debate e diálogo entre esses participantes e nem entre eles e o Supremo Tribunal Federal. Também é clara a carência de um engajamento colegiado no momento da decisão. E, além disso, falta, por fim, uma decisão deliberativa escrita, que encare os argumentos levantados na fase pré-decisional e que se fundamente nas razões e nos argumentos refinados que deveriam ter sido construídos durante a deliberação colegiada entre os Ministros. Ou seja, ao fim e ao cabo essas iniciativas não se constituem em efetivo diálogo interinstitucional e popular.

Desde uma perspectiva forte de democracia, não é necessário dizer que os (supostos) diálogos promovidos hoje pelo Supremo Tribunal Federal não se parecem aos diálogos exigidos por uma concepção deliberativa de democracia. É difícil considerar como diálogo uma situação na qual as partes envolvidas não apenas não se consideram em posição de igualdade, mas na qual uma das partes – juízes e cortes – se coloca em posição de dominação.[504]

Do ponto de vista de um debate público robusto e anterior à decisão, a performance deliberativa da fase pré-decisional pode e deve melhorar. Do ponto de vista da deliberação interna na fase decisional, falta um espaço ou momento que propiciem o engajamento coletivo para uma deliberação sincera entre os Ministros. As decisões fracionárias e individuais também não contribuem para um adequado momento pós-decisional, já que as decisões escritas individuais são muito pouco deliberativas, fundadas sob diversas e diferentes razões e, assim, perde-se de vista a racionalidade decisória que fundamentou a decisão do Supremo Tribunal Federal. Mais do que isso, a forma como o Supremo Tribunal Federal decide hoje, apesar de sua paulatina abertura, busca reafirmar a sua supremacia na definição do significado da Constituição. Ou seja, sua atuação tem se dado e sido por ele reafirmada dentro de um modelo de separação entre os Poderes que privilegia a disputa ao invés de promover o diálogo entre as instituições, especialmente entre o Poder Judiciário e o Poder Legislativo. Dessa forma, essas aberturas aos diálogos tendem a ser pontuais, promovidas por agentes públicos bem intencionados, mas não ocorrem e tampouco se descrevem como práticas dialógicas efetivas, entre iguais.[505]

---

[504] GARGARELLA, Roberto. El nuevo constitucionalismo dialógico frente al sistema de los frenos y contrapesos. In: GARGARELLA, Roberto (Org.). *Por una justicia dialógica*: el poder judicial como promotor de la deliberación democrática. Buenos Aires: Siglo XXI, 2014. p. 148.

[505] GARGARELLA, Roberto. El nuevo constitucionalismo dialógico frente al sistema de los frenos y contrapesos. In: GARGARELLA, Roberto (Org.). *Por una justicia dialógica*: el poder judicial como promotor de la deliberación democrática. Buenos Aires: Siglo XXI, 2014. p. 146.

Ao se exaltar e se exigir uma deliberação adequada das Cortes se cumpre, assim, o compromisso com um constitucionalismo deliberativo e dialógico, no qual a legitimidade do exercício do controle judicial de constitucionalidade das leis para a definição do significado das normas constitucionais não decorre de uma suposta superioridade do Poder Judiciário, mas da qualidade deliberativa e argumentativa de sua decisões e do papel que assume perante os demais Poderes e instituições. Dessa forma, abre-se uma excelente possibilidade para que as Cortes Constitucionais sejam (ou se tornem), assim, instituições deliberativas exemplares. Essa qualidade, no entanto, não é presumida, precisa ser construída. É de destacar-se também que, ao se defender uma performance deliberativa das Cortes, não se está a insinuar uma suposta superioridade da deliberação judicial (geralmente fundada nas ideias do suposto isolamento do Poder Judiciário da política e de que decisões judiciais são baseadas em princípios e razões públicas) em relação à deliberação de qualquer outra instituição, mas sim a aprimorar e justificar o seu lugar em um sistema de tomada de decisão coletiva.[506]

3.4 O processo de discussão e redação da Lei Orgânica da Defensoria Pública do Estado do Paraná (Lei Complementar Estadual nº 136 de 19 maio de 2011)

A Defensoria Pública, por disposição do art. 134 da Constituição, é instituição essencial à função jurisdicional do Estado, incumbindo-lhe a orientação jurídica e a defesa, em todos os graus, dos necessitados. É, portanto, uma instituição fundamental para a concretização do acesso à justiça (art. 5º, XXXV) aos necessitados (art. 5º, LXXIV).

No Estado do Paraná, a Defensoria Pública não é nova. Existe desde 4.2.1991, criada pela Lei Complementar Estadual nº 55/1991. No entanto, essa Lei apenas criou a Defensoria Pública, sem que lhe fosse conferida qualquer estrutura e sem qualquer previsão sobre a carreira de Defensor Público. Ficou então estabelecido no art. 6º da Lei nº 55/91 que, no prazo de 180 dias, o Poder Executivo enviaria mensagem à Assembleia Legislativa dispondo sobre a criação da estrutura da Defensoria Pública e da carreira de Defensor Público do Estado do Paraná. Tal mensagem, no entanto, jamais foi enviada. Desde então, a população do Estado do Paraná esperou pela sua Defensoria Pública – aquela que veio sem chegar em 1991.

No ano de 2011, pondo fim a um lapso temporal de mais de 20 anos, o Poder Executivo do Estado deu início a um processo de discussão, de forma aberta, plural e democrática, para a elaboração da lei que estruturaria

---

[506] MENDES, Conrado Hübner. *Constitutional courts and deliberative democracy*. Oxford: Oxford University Press, 2013. p. 102.

PRÁTICAS DIALÓGICAS JURISDICIONAIS E POLÍTICO-DEMOCRÁTICAS: LIMITES E POSSIBILIDADES

CAPÍTULO 3 | 209

a Defensoria Pública do Estado do Paraná e definiria a carreira de Defensor Público. O resultado foi a Lei Orgânica da Defensoria Pública do Estado do Paraná – Lei Complementar Estadual nº 136, publicada no dia 19 de maio de 2011 (dia nacional do defensor público).[507] A grande diferença da Lei paranaense residiu não apenas em seu moderno e completo conteúdo, mas, principalmente, na forma como se deu o processo de discussão e redação que lhe originou – um processo genuína e deliberativamente democrático, por meio de um diálogo entre os Poderes e entre estes e o povo. Esse diálogo se deu em reuniões, sempre abertas,[508] entre representantes de todos os Poderes, instituições do sistema de justiça brasileiro e também o povo. Ou seja, as reuniões abertas de discussão e redação do Anteprojeto de Lei sempre contaram com a participação dos mais diversos atores sociais – juristas, Defensores Públicos de outros Estados, Promotores de Justiça, Juízes de Direito; Advogados, Professores, Pesquisadores, movimentos sociais e movimentos Pró-defensoria (como o Movimento Defensoria Já), centros acadêmicos, estudantes, entre tantos outros.[509] Essa participação ampla e aberta contribuiu valorosamente tanto com a concepção de Defensoria Pública que se queria instituir no Estado do Paraná quanto com os detalhes da estrutura da Defensoria e da carreira de Defensor, num longo e minucioso texto.

As reuniões abertas foram importantes para definir, desde o começo, a forma como se gostaria e deveria estruturar a Defensoria Pública do

---

[507] A Lei Orgânica da Defensoria Pública do Estado do Paraná foi considerada por juristas, advogados e defensores públicos como a legislação sobre Defensoria Pública mais moderna e completa do país, conforme mensagens oficiais de apoio e congratulações do Ministério da Justiça/ Secretaria de Reforma do Judiciário, Associação Nacional dos Defensores Públicos (ANADEP), Associação dos Magistrados Brasileiros (AMB), Associação Nacional do Ministério Público (CONAMP), Associação dos Magistrados do Paraná (AMAPAR), Associação do Ministério Público do Estado do Paraná e até mesmo da Asociación Interamericana de Defensorías Públicas (AIDEF).

[508] As reuniões eram sempre divulgadas com antecedência pela internet e também diretamente às pessoas e grupos que assim requeriam, podendo delas participar quaisquer interessados.

[509] Participaram ativamente desse processo, especialmente por meio do Movimento Defensoria Já, estudantes e Professores da Universidade Federal do Paraná (UFPR), a Faculdade de Direito da UFPR, o Centro Acadêmico Hugo Simas da Faculdade de Direito da UFPR (CAHS), o Centro Acadêmico de Ciências Sociais da UFPR, a Universidade de Curitiba (UniCuritiba), o Diretório Acadêmico Clotário Portugal da Faculdade de Direito da UniCuritiba (DACP), o Diretório Central dos Estudantes da Universidade de Londrina (DCE-UEL), a Comissão de Direitos Humanos de Londrina, a APP – Sindicato dos Trabalhadores em Educação Pública do Paraná, a Central Única dos Trabalhadores (CUT), o Movimento dos Trabalhadores Sem Terra (MST), o Sindicato dos Trabalhadores e Servidores Públicos Estaduais dos Serviços de Saúde e Previdência do Paraná (SindSaúde), o Programa Pró-Jovem da Vila Torres, as organizações não governamentais Terra de Direitos e Instituto de Defesa de Direitos Humanos (IDDEHA), a Associação Nacional dos Defensores Públicos Estaduais (ANADEP), a Associação Nacional dos Defensores Públicos Federais (ANADEF), a Comissão de Direitos Humanos da Assembleia Legislativa do Paraná, entre outros.

Estado do Paraná. Por um lado, Juristas, Defensores Públicos de outros Estados, Juízes de Direito, Promotores de Justiça contribuíam com aspectos técnicos da Lei como, por exemplo, a estruturação da carreira, número de sedes, estrutura de apoio, locais com maior demanda, entre outros.

Por outro lado, cidadãos beneficiários da Defensoria, justamente aqueles a quem a Defensoria Pública deve servir, eram quem mais apontavam os gargalos e as necessidades prementes, muitas vezes invisíveis às instituições e a seus membros, uma vez que não necessitam e não utilizam os serviços da Defensoria Pública.

Nesse processo de discussão e redação da Lei Orgânica da Defensoria Pública, contou-se com a dedicação e experiência dos Advogados que já atuavam como Defensores Públicos e que, portanto, podiam falar da realidade e das necessidades da Defensoria que viria a se estruturar. Contou-se com a intensa participação da Associação Nacional dos Defensores Públicos (ANADEP) e do Conselho Nacional de Defensores Públicos Gerais (CONDEGE), os quais auxiliaram na construção da melhor carreira possível, propondo inovações e ajustes ao texto da lei a partir da experiência das demais Defensorias Públicas no país.

Foi essa experiência anterior, e compartilhada, que possibilitou que a Lei Orgânica da Defensoria Pública do Estado do Paraná fosse elaborada a várias mãos e levasse em conta também as melhores e mais recentes Leis Orgânicas de Defensoria Pública do País. Utilizou-se como legislação para orientação da redação da Lei paranaense a Lei Orgânica Nacional da Defensoria Pública (Lei Complementar nº 80/1994, reformada pela Lei Complementar nº 132/2009). Utilizou-se como fonte a Lei Orgânica da Defensoria Pública do Estado do Rio de Janeiro (Lei Complementar Estadual nº 06/1977) – a mais antiga Lei de Defensoria Pública do Brasil. Também foram utilizadas como parâmetro as Leis dos Estados de Mato Grosso do Sul (Lei Complementar Estadual nº 111/2005) e São Paulo (Lei Complementar Estadual nº 988/2006) – consideradas pelo Ministério da Justiça, até então, as melhores leis de Defensoria Pública do Brasil.

As universidades públicas e privadas do Estado contribuíram sobremaneira com as discussões e com a própria redação do texto da Lei. Nesse sentido, destacaram-se a atuação da Universidade Federal do Paraná (UFPR), da Pontifícia Universidade Católica do Paraná (PUCPR) e da Universidade Curitiba (UniCuritiba). Seus professores, pesquisadores e especialmente os estudantes tiveram papel fundamental na forma de organização do primeiro concurso público a ser realizado, na interlocução com movimentos pró-Defensoria, na cobrança de uma agenda e calendário que permitissem a permanente participação popular em todos os estágios da discussão e redação do anteprojeto de lei, e também na subsequente implementação da Defensoria Pública.

O Poder Judiciário, por meio de sua cúpula diretiva do Tribunal de Justiça do Estado do Paraná, deu todo apoio e suporte para a estruturação da Defensoria Pública. Nesse sentido, é de destacar-se a atuação do Tribunal na pesquisa e no levantamento de dados sobre as ações de justiça gratuita que tramitavam em todas as varas do Estado. A partir dessa pesquisa, foi possível traçar com exatidão os locais e ramos do Direito que mais careciam de Defensores Públicos. Dessa forma, foi também possível definir com precisão as comarcas que mais necessitavam da assistência judiciária da Defensoria Pública. Destaque-se que esse levantamento de dados feito pelo Tribunal de Justiça, não surpreendentemente, espelhou justamente os maiores reclamos feitos diretamente pela população. Ou seja, o que vinha sendo reclamado por aqueles beneficiários da Defensoria Pública nas diversas reuniões abertas mostrou-se, posteriormente, verdadeiro a partir das estatísticas feitas pelo Tribunal de Justiça do Estado do Paraná. Foi a partir dessa constatação, de reclamação popular e verificação estatística, que se pôde, por exemplo, estabelecer com precisão os Núcleos Especializados da Defensoria Pública.

O Ministério Público teve atuação destacada em todas as reuniões, auxiliando na estruturação da Defensoria Pública e da carreira de Defensor Público. Da mesma forma, o Poder Legislativo sempre esteve presente nas reuniões mediante a participação de Deputados, tanto da situação quanto da oposição, acompanhando de perto quase todas as discussões prévias à elaboração do Anteprojeto de Lei.

De grande destaque e importância foi a participação popular nas reuniões de discussão e redação da Lei Orgânica. Tal participação se deu, expressivamente, por meio de movimentos sociais e movimentos específicos, notadamente o Movimento Defensoria Já, em favor da Defensoria Pública.[510] Além dos movimentos sociais, cidadãos compareceram, individualmente, em diversas reuniões. A maior parte desses cidadãos que compareceram às reuniões era beneficiária da Defensoria Pública e queria

---

[510] Como apontado anteriormente, tiveram participação permanente e ativa, principalmente por meio do Movimento Defensoria Já, estudantes e Professores da Universidade Federal do Paraná (UFPR), a Faculdade de Direito da UFPR, o Centro Acadêmico Hugo Simas da Faculdade de Direito da UFPR (CAHS), o Centro Acadêmico de Ciências Sociais da UFPR, a Universidade de Curitiba (UniCuritiba), o Diretório Acadêmico Clotário Portugal da Faculdade de Direito da UniCuritiba (DACP), o Diretório Central dos Estudantes da Universidade de Londrina (DCE-UEL), a Comissão de Direitos Humanos de Londrina, a APP – Sindicato dos Trabalhadores em Educação Pública do Paraná, a Central Única dos Trabalhadores (CUT), o Movimento dos Trabalhadores Sem Terra (MST), o Sindicato dos Trabalhadores e Servidores Públicos Estaduais dos Serviços de Saúde e Previdência do Paraná (SindSaúde), o Programa Pró-Jovem da Vila Torres, as organizações não governamentais Terra de Direitos e Instituto de Defesa de Direitos Humanos (IDDEHA), a Associação Nacional dos Defensores Públicos Estaduais (ANADEP), a Associação Nacional dos Defensores Públicos Federais (ANADEF), a Comissão de Direitos Humanos da Assembleia Legislativa do Paraná, entre outros.

expor suas vivências e experiências para auxiliar na melhor estruturação da Defensoria Pública. Foram inúmeras as sugestões que vieram diretamente do povo, especialmente pedidos e recomendações relativos ao atendimento e à necessidade de Núcleos Especializados.

Após todo esse processo de discussão e redação, o texto preliminar do Anteprojeto da Lei paranaense foi submetido a uma consulta pública pela internet. O Anteprojeto de Lei sobre a Defensoria Pública ficou disponível para consulta livre na internet e envio de críticas e sugestões, de quem quer que fosse, ao seu texto. Diversas foram as contribuições enviadas por cidadãos não só do Estado do Paraná, mas de todo o País. Após essa etapa de consulta e aprimoramento da redação da versão preliminar, o Anteprojeto de Lei foi então discutido internamente pelo Poder Executivo do Estado, por meio de suas demais Secretarias de Estado. Somente então o texto final foi consolidado e enviado pelo Governador à Assembleia Legislativa do Estado do Paraná.

Na Assembleia Legislativa, o Projeto de Lei Orgânica da Defensoria Pública foi, mais uma vez, submetido à apresentação e discussão, mediante audiência pública realizada pela Comissão Permanente de Direitos Humanos da Assembleia Legislativa. Por fim, no dia da votação do Projeto de Lei em Plenário, a Assembleia Legislativa do Estado do Paraná aprovou, por unanimidade, a Lei Orgânica da Defensoria Pública do Estado do Paraná. A Lei foi então sancionada pelo Governador no dia 19.5.2011 – Dia do Defensor Público, no local símbolo da cidade de Curitiba, a Faculdade de Direito da Universidade Federal do Paraná.

Foi essa atuação aberta, ampla, por meio do diálogo entre os Poderes, as instituições e os cidadãos, que fez com que a criação da Lei Orgânica da Defensoria Pública do Estado do Paraná estabelecesse uma série de previsões inovadoras como, por exemplo, a eleição direta do Defensor Público Geral pelos próprios Defensores Públicos (art. 13), a previsão de estrutura mínima de funcionários para os órgãos da Defensoria Pública (arts. 11; 12; 20; 31; 34; 39; 47; 51; 54; 55; 58; 61; 62), uma composição mais ampla e democrática do Conselho Superior da Defensoria Pública (art. 22), e a previsão de Núcleos Especializados da Defensoria Pública (arts. 37; 40, §2º).

Outra inovação da Lei Orgânica paranaense é a possibilidade de evolução na carreira sem que o Defensor Público seja obrigado a mudar de Comarca (art. 72) e também a previsão de lotação dos Defensores Públicos, tanto no primeiro concurso público como nos demais, a qual foi cuidadosamente definida a partir de estudo conjunto feito pelo Poder Executivo e pelo Poder Judiciário, priorizando-se as regiões com maior adensamento populacional e maiores índices de vulnerabilidade social (art. 88).

A Lei paranaense não seria exemplar se não contasse com a experiência das demais Defensorias Públicas dos outros Estados, do avanço legislativo atinente à Defensoria Pública, se não contasse com a participação do Poder Judiciário, do Poder Legislativo e, sobretudo, do povo. Por isso, é possível dizer que a Lei Orgânica da Defensoria Pública do Estado do Paraná não foi concebida por poucos juristas e especialistas na área. Ao contrário, foi concebida por diversas mentes e mãos, por meio de um diálogo interinstitucional e popular.

Esse processo de discussão e redação da Lei da Defensoria Pública, aberto, plural, democrático, dialógico, é importante porque mostra como é possível concretizar um direito fundamental como o acesso à justiça aos necessitados a partir de uma atuação política dialógica, que encare os demais Poderes e o povo como partícipes iguais, como colaboradores (e não adversários), na construção da instituição destinada a dar efetividade ao direito fundamental de acesso à justiça.

3.5 O processo de discussão e redação do Estatuto da Pessoa com Deficiência do Estado do Paraná (Lei Estadual nº 18.419/2015)

Outro exemplo de atuação dialógica entre os Poderes, instituições e o povo foi o processo de discussão e redação do Anteprojeto de Lei do Estatuto da Pessoa com Deficiência do Estado do Paraná (Lei Estadual nº 18.419/2015).

A proteção dos direitos das pessoas com deficiência tem como principal marco normativo a Convenção Internacional sobre os Direitos das Pessoas com Deficiência de 2007 e seu o Protocolo Facultativo. A Convenção Internacional sobre os Direitos das Pessoas com Deficiência é, até hoje, o único tratado internacional de direitos humanos aprovado pelo Congresso Nacional brasileiro sob o mesmo rito procedimental exigido para a aprovação de uma Emenda à Constituição. Tal aprovação aconteceu por meio do Decreto Legislativo nº 186/2008, o qual foi promulgado pelo Decreto Presidencial nº 6.949/2009. Dessa forma, desde 2009 a Convenção Internacional sobre os Direitos da Pessoa com Deficiência e seu Protocolo Facultativo possui *status* de norma constitucional, compondo o bloco de constitucionalidade do direito constitucional brasileiro, devendo, assim, servir de fundamento e parâmetro para todas as demais espécies normativas e políticas públicas referentes às pessoas com deficiência. Além disso, é de destacar-se também que, por disposição do art. 23, II, da Constituição, é de competência comum da União, Estados e Municípios a proteção e garantia dos direitos das pessoas com deficiência.

No Estado do Paraná, assim como em quase todo o Brasil, boa parte dos direitos das pessoas com deficiência estava prevista em legislações esparsas, antigas, muitas vezes conflitantes com a Convenção Internacional sobre os Direitos das Pessoas com Deficiência e, principalmente, sob a forma de Decretos. Ou seja, além dos direitos e das garantias desse segmento da população estarem previstos em uma legislação defasada, ainda estavam definidos sob a forma de Decreto – uma espécie normativa pouco estável. Diante disso, em julho de 2011, o Poder Executivo do Estado do Paraná, com o objetivo de consolidar, fortalecer e ampliar os direitos das pessoas com deficiência, deu início a um processo de discussão e redação de um novo marco normativo para as pessoas com deficiência. A edição dessa nova lei teria a dúplice natureza de consolidação e ampliação de direitos para as pessoas com deficiência, e também de fazer com que o Estado do Paraná passasse a levar em conta em todas as suas políticas públicas a proteção e promoção dos direitos das pessoas com deficiência nos termos da Convenção Internacional dos Direitos da Pessoa com Deficiência em seu art. 4, 1, a, b e c.[511] Além disso, todo o processo de discussão e redação do Estatuto da Pessoa com Deficiência teve como fundamento orientador a necessária e obrigatória participação, em todas as etapas, das pessoas com deficiência, seguindo dessa maneira o também conhecido lema das pessoas com deficiência: "nada sobre nós sem nós".

Esse pressuposto de necessária e obrigatória participação das pessoas com deficiência na elaboração de uma lei dirigida especialmente a elas não foi condescendência ou mérito dos gestores do Poder Executivo, mas observância do imperativo cumprimento, respeito e compromisso do que prevê a Convenção Internacional sobre os Direitos das Pessoas com Deficiência em seu art. 4.3: "Na elaboração e implementação de legislação e políticas para aplicar a presente Convenção e em outros processos de tomada de decisão relativos às pessoas com deficiência, os Estados Partes realizarão consultas estreitas e envolverão ativamente pessoas com deficiência, inclusive crianças com deficiência, por intermédio de suas organizações representativas.".

A particularidade do processo de discussão e redação do Estatuto da Pessoa com Deficiência do Estado do Paraná se deu justamente na

---

[511] Art. 4 – Obrigações gerais

1. Os Estados Partes se comprometem a assegurar e promover o pleno exercício de todos os direitos humanos e liberdades fundamentais por todas as pessoas com deficiência, sem qualquer tipo de discriminação por causa de sua deficiência. Para tanto, os Estados Partes se comprometem a:

a) Adotar todas as medidas legislativas, administrativas e de qualquer outra natureza, necessárias para a realização dos direitos reconhecidos na presente Convenção;

b) Adotar todas as medidas necessárias, inclusive legislativas, para modificar ou revogar leis, regulamentos, costumes e práticas vigentes, que constituírem discriminação contra pessoas com deficiência;

c) Levar em conta, em todos os programas e políticas, a proteção e promoção dos direitos humanos das pessoas com deficiência;

forma como se promoveu e possibilitou essa obrigatória participação das pessoas com deficiência. Essa participação não ficou restrita a consultas ou à participação de pessoas e instituições representantes das pessoas com deficiência. Ao contrário, buscou incluir de maneira ampla, além das consultas e participação das instituições representantes, as próprias pessoas com deficiência. Dessa forma, buscou-se dar cumprimento não apenas ao que dispõe a Convenção Internacional sobre os Direitos das Pessoas com Deficiência, mas também fundar todo esse processo em uma concepção de democracia deliberativa, que objetiva incluir nos processos de discussão e decisão todos os potencialmente afetados por uma decisão. Mais do que isso, esse processo de discussão e redação, além de ser inclusivo, buscou também ser dialógico. Vale dizer, buscou incluir nesse processo de discussão e redação, juntamente com as pessoas com deficiência e suas entidades representativas, também os demais Poderes e instituições.

A primeira medida realizada foi o levantamento, unificação, atualização e adequação das previsões legais sobre os direitos da pessoa com deficiência no Estado do Paraná, de acordo com as disposições da Convenção Internacional sobre os Direitos das Pessoas com Deficiência e legislação federal pertinente. Dessa forma, com a colaboração do Conselho Estadual dos Direitos da Pessoa com Deficiência do Estado do Paraná (instância de representação das pessoas com deficiência dentro da estrutura do Poder Executivo estadual para consultas e deliberações sobre quaisquer temas ligados às pessoas com deficiência), elaborou-se uma versão preliminar do Anteprojeto de Lei do Estatuto da Pessoa com Deficiência do Estado do Paraná.

Com o objetivo de dar início a um aberto, inclusivo e dialógico processo de discussão e redação sobre o Anteprojeto de Lei do Estatuto da Pessoa com Deficiência do Estado do Paraná, em novembro de 2011, a versão preliminar do Anteprojeto de Lei foi apresentada e discutida em Audiência Pública em Curitiba. Essa Audiência Pública contou com a participação de diversas pessoas com deficiência, suas instituições representativas (Conselho Estadual dos Direitos da Pessoa com Deficiência, APAE, Fórum dos Direitos da Pessoa com Deficiência, entre outros), membros do Ministério Público, do Poder Judiciário, Deputados Estaduais e interessados no tema. Tal Audiência Pública contou com a presença de quase uma centena de pessoas, teve tradução simultânea para a Língua Brasileira de Sinais (LIBRAS) e consistiu eminentemente na leitura, discussão e revisão de cada previsão legal ali apresentada. Durante a realização da Audiência Pública, foram apresentadas sugestões para aprimoramento da versão preliminar do Anteprojeto de Lei, formuladas individualmente e em conjunto pelos participantes, e solicitaram-se principalmente a ampliação da discussão e a inclusão de mais pessoas com deficiência e suas instituições representativas nesse processo de discussão.

Para dar cumprimento ao que fora discutido e requerido na Audiência Pública, o texto preliminar do Anteprojeto de Lei foi no mesmo dia disponibilizado para consulta pública pela internet, com a possibilidade de envio de apontamentos, críticas e sugestões para um endereço eletrônico específico, durante um período de três meses.

Logo após o período de consulta pública pela internet, foi também realizada e gravada uma videoconferência com transmissão para todas as escolas estaduais com a apresentação da Versão Preliminar do Anteprojeto de Lei, a qual ficou disponível para acesso público pela internet.

Após o período de consulta pública e a realização da videoconferência, a Associação de Pais e Amigos dos Excepcionais (APAE) da cidade de Palmas solicitou a realização de uma segunda Audiência Pública para apresentação e debate da versão preliminar do Anteprojeto de Lei do Estatuto da Pessoa com Deficiência. Essa Audiência Pública foi então realizada na própria cidade de Palmas e contou com a participação de centenas de pessoas com deficiência, instituições representativas de pessoas com deficiência de toda região sudoeste do Estado do Paraná e também com a Presidência do Conselho Estadual dos Direitos das Pessoas com Deficiência, que participou de todas as reuniões, Audiências Públicas e discussões sobre o Anteprojeto, fazendo valer a participação obrigatória do referido órgão nos temas ligados às pessoas com deficiência.

Todos os apontamentos, as críticas e sugestões coletados na primeira Audiência Pública, na consulta pública pela internet e na segunda Audiência Pública, ao invés de serem analisados por técnicos do Estado a portas fechadas, foram encaminhados para análise, debate e deliberação do Conselho Estadual dos Direitos das Pessoas com Deficiência. O Conselho Estadual dos Direitos das Pessoas com Deficiência é um órgão do Estado, composto paritariamente por membros do Poder Executivo (representantes de diversas Secretarias de Estado) e membros de instituições representantes de pessoas com deficiência eleitos diretamente pela sociedade civil. Por isso, ficou definido desde o início que toda e qualquer decisão interna ao Estado a respeito do Anteprojeto de Lei do Estatuto da Pessoa com Deficiência deveria levar em conta a posição prévia do Conselho Estadual dos Direitos das Pessoas com Deficiência. Dessa forma, incumbiram-se ao Conselho a análise e deliberação sobre todos os apontamentos, as críticas e sugestões até então coletados.

O Conselho então analisou e deliberou sobre todas as centenas de apontamentos, críticas e sugestões enviados. Dentre as inúmeras manifestações analisadas pelo Conselho, destacaram-se os novos pedidos de diversas entidades e pessoas com deficiência para que houvesse uma maior ampliação dos debates e da participação das pessoas com deficiência, a fim de que o processo de discussão e redação do Anteprojeto de Lei não ficasse restrito à Capital do Estado ou a uma única cidade do interior.

Após as deliberações do Conselho, o texto do Anteprojeto de Lei foi reelaborado, resultando em uma nova versão, a qual foi disponibilizada para consulta pública permanente pela internet. Além disso, o Conselho Estadual dos Direitos das Pessoas com Deficiência, seguindo as manifestações e pedidos apresentados, também decidiu pela realização de novas Audiências Públicas, em todas as sete macrorregiões do Estado (Curitiba, Ponta Grossa, Londrina, Maringá, Cascavel, Guarapuava e Campo Mourão), a fim de possibilitar a participação de maior número de pessoas com deficiência e instituições representativas na construção do Estatuto da Pessoa com Deficiência.

As sete Audiências Públicas foram então agendadas, o texto do Anteprojeto de Lei ficou permanentemente disponibilizado para consulta pública pela internet e houve intensa divulgação nos meios de comunicação sobre o todo o processo de discussão e redação que vinha sendo levado a cabo. Dessa forma, objetivou-se que as Audiências Públicas fossem não apenas divulgadas, mas que se tornassem verdadeiras reuniões de trabalho, fundadas sobretudo na oitiva das pessoas com deficiência e suas instituições representativas.

A Audiência Pública de Curitiba foi realizada no dia 26 de abril de 2012 e contou com a presença e participação de centenas de pessoas com deficiência, entidades representativas e da sociedade civil. Nessa Audiência Pública, destacaram-se os apontamentos relativos às áreas da saúde, educação, assistência social e transporte.

A Audiência Pública de Ponta Grossa foi realizada no dia 27 de abril de 2012 e contou com a presença e participação de centenas de pessoas. Nessa Audiência Pública, tiveram destaque as discussões e propostas nas áreas de saúde, educação, transporte e também a solicitação de previsão de apoio às ações dos Conselhos Municipais dos Direitos das Pessoas com Deficiência.

No dia 10 de maio de 2012 foi realizada Audiência Pública em Londrina, a qual contou com a presença de autoridades municipais e pessoas com deficiência e entidades representativas do município e de diversas outras cidades da região, tais como Ibiporã, Arapongas, Califórnia, Rolândia, Nova Fátima, Bela Vista do Paraíso, Cornélio Procópio, Jataizinho, Porecatu, Santo Antônio da Platina, entre outras.

Em 11 de maio de 2012 foi realizada Audiência Pública em Maringá, que também contou com a participação de centenas de pessoas residentes em Maringá e também nos municípios próximos, como Mandaguaçu, Sarandi, Itambé, Telêmaco Borba, Cruzeiro do Oeste e outros. Nas duas Audiências Públicas as principais discussões giraram em torno dos temas relativos à saúde, à educação, ao transporte e à assistência social.

Nos dias 24 e 25 de maio de 2012 foram realizadas Audiências Públicas em Cascavel e Guarapuava, respectivamente. Assim como nas

Audiências anteriores, houve participação de grande número de pessoas e entidades, não só dos municípios que sediaram as Audiências, mas também de diversas pessoas residentes em cidades próximas. Novamente, os debates se concentraram nas áreas de educação, saúde e transporte.

Em 31 de junho de 2012 foi realizada Audiência Pública em Campo Mourão, que se destacou pela prévia e profunda preparação de seus participantes para a Audiência. Isso se deu pelas discussões prévias promovidas pelo Conselho Municipal dos Direitos das Pessoas com Deficiência de Campo Mourão em conjunto com a APAE. Dessa forma, quando a Audiência Pública foi realizada, as discussões se aprofundaram nos pormenores do texto do Anteprojeto de Lei dada a preparação anterior dos participantes.

Concluídas as Audiências Públicas regionais, todos os apontamentos, as críticas e sugestões foram compilados e apresentados ao Conselho Estadual dos Direitos das Pessoas com Deficiência para sua análise e deliberação. Após diversas reuniões e discussões, sempre abertas, realizadas pelo Conselho, o texto do Anteprojeto de Lei do Estatuto da Pessoa com Deficiência foi novamente aprimorado e então encaminhado para análise e sugestões de todas as Secretarias de Estado.

As Secretarias de Estado fizeram suas considerações e sugestões para o aprimoramento do Anteprojeto de Lei. As contribuições das Secretarias de Estado concentraram-se principalmente em aspectos técnicos referentes às políticas, programas e projetos setoriais que competiam a cada uma delas. Por fim, o Anteprojeto de Lei passou pela análise jurídica da Procuradoria-Geral do Estado. Nesse processo de análise interna, no entanto, algumas previsões do Anteprojeto de Lei que impunham obrigações ao Estado passaram a ser previstas como medidas preferenciais, facultativas ou condicionadas à disponibilidade orçamentária.

Após a final consolidação do texto do Anteprojeto de Lei de acordo com as sugestões apresentadas pelas Secretarias de Estado e Procuradoria-Geral do Estado, o Anteprojeto de Lei do Estatuto da Pessoa com Deficiência foi novamente submetido à análise e deliberação do Conselho Estadual dos Direitos das Pessoas com Deficiência. Após deliberação pela correção de algumas previsões, o Anteprojeto de Lei foi considerado aprovado pelo Conselho Estadual dos Direitos das Pessoas com Deficiência em julho de 2014. O Anteprojeto de Lei foi então encaminhado ao Governador, que enviou Mensagem à Assembleia Legislativa com o Anteprojeto de Lei.

Na Assembleia Legislativa, o Projeto de Lei do Estatuto da Pessoa com Deficiência foi novamente submetido à audiência pública e ainda passou por análise de uma Comissão especial formada para analisá-lo. Somente após esses novos exames e apreciações o Projeto de Lei foi aprovado, no final de 2014, tendo sido sancionado em janeiro de 2015.

CAPÍTULO 3 | 219

Foi esse processo de discussão e redação aberto, amplo, dialógico, deliberativo, que contou principalmente com a participação ativa das pessoas com deficiência e suas instituições representativas, que permitiu que o Estatuto da Pessoa com Deficiência do Estado do Paraná se adequasse à Convenção Internacional sobre os Direitos das Pessoas com Deficiência e consolidasse direitos antes previstos de maneira precária.

Além disso, as diversas discussões e proposições resultaram em previsões inovadoras, tais como a ampliação do direito ao transporte intermunicipal gratuito para as pessoas com deficiência carentes (art. 79 e seguintes), a presença de médico, preferencialmente neonatologista ou pediatra, nas salas de parto e nos berçários das maternidades e hospitais (art. 23), a realização de exames auditivos e oftalmológicos em estudantes da rede pública estadual de ensino (art. 27), a redução da jornada de trabalho para os servidores públicos responsáveis por pessoa com deficiência (art. 63 e seguintes), a obrigatoriedade de criação do Fundo Estadual dos Direitos da Pessoa com Deficiência (art. 269), a criação de Sistema de Dados para subsidiar a elaboração e execução de políticas públicas (art. 28), a previsão de multa para o descumprimento das exigências feitas pelo Estatuto, entre outras.

É de destacar-se, todavia, que todo esse processo de discussão e redação contou, naturalmente, com uma série de divergências e desacordos. Diferentemente do processo de discussão e redação da Lei Orgânica da Defensoria Pública, cujas contribuições foram quase sempre convergentes e propositivas, o processo de discussão e redação do Estatuto da Pessoa com Deficiência contou com diferentes posições, muitas delas opostas umas às outras, o que se refletiu em proposições completamente antagônicas.

A maior parte das divergências se dava entre as próprias pessoas com deficiência ou entre suas instituições representativas e as diferentes formas como cada uma delas encarava a tarefa de se prever no Estatuto como se daria, por exemplo, a obrigatoriedade da inclusão, da não discriminação ou de um tratamento igualitário às pessoas com deficiência.

Um exemplo desse desacordo profundo que permeou toda a discussão do Estatuto da Pessoa com Deficiência foi a controvérsia sobre a possibilidade de matrícula de crianças com deficiência em escolas de educação básica na modalidade de educação especial (mais conhecidas como escolas especiais), ao invés de sua matrícula na rede regular de ensino. Uma parcela das pessoas com deficiência e muitos grupos representativos posicionaram-se veementemente contra tal possibilidade sob a justificativa de que as escolas especiais causam e agravam o isolamento institucional das crianças com deficiência, as caracterizam principalmente pela deficiência que possuem e impedem ou dificultam a sua inclusão na sociedade. Além disso, para essa corrente, a existência de escolas especiais promove a lentidão do dever estatal de inclusão das crianças com deficiência na rede regular de ensino e a necessária capacitação de professores e alunos para lidar com as diversidades trazidas pelas crianças com deficiência.

Por outro lado, os defensores da educação especial alegaram que historicamente são as escolas e instituições destinadas à educação especial que sempre lutaram pelo desenvolvimento educacional e pela inclusão das crianças com deficiência. Os defensores das escolas especiais também alegam que a educação das crianças com deficiência deve levar em conta as especificidades das demandas de cada criança com deficiência, de tal forma que a escola especial deve ser sempre uma possibilidade para uma educação mais voltada às necessidades particulares dessas crianças. Além disso, segundo essa corrente, a existência de escolas especiais é sempre uma possibilidade facultada aos pais, e não uma obrigatoriedade imposta a eles, conforme prevê a própria Constituição em seu art. 208, III, que diz: "O dever do Estado com a educação será efetivado mediante a garantia de (...) atendimento educacional especializado aos portadores de deficiência, preferencialmente na rede regular de ensino".

A controvérsia entre essas duas posições absolutamente antagônicas foi resolvida em votação pelo Conselho Estadual dos Direitos das Pessoas com Deficiência, o qual levou em conta a previsão da Constituição e as decisões da Conferência Estadual dos Direitos das Pessoas com Deficiência e da Conferência Nacional dos Direitos das Pessoas com Deficiência, ambas realizadas em 2012, em favor da possibilidade de escolha pelos pais de matricular seus filhos em escolas da rede regular de ensino ou em escolas de educação básica na modalidade de educação especial. Dessa forma, o Estatuto da Pessoa com Deficiência previu em seu art. 32, parágrafo único, o direito de opção da família ou representante legal da criança com deficiência pela frequência nas escolas da rede regular de ensino ou nas escolas de educação básica na modalidade de educação especial.

Outra característica marcante do processo de discussão e redação do Estatuto da Pessoa com Deficiência foram as permanentes requisições de pessoas com deficiência e instituições representativas pela ampliação do debate e da promoção de maior inclusão das pessoas com deficiência nesse processo. Essas constantes requisições de maior participação e inclusão não apenas incrementaram o processo de discussão e redação do Estatuto, como também tornaram visíveis importantes demandas que até então não tinham conseguido chamar a atenção do poder público. O alargamento dos debates e o dever de inclusão permitiram, por exemplo, que o segmento das pessoas com deficiência auditiva, o qual tradicionalmente tem mais dificuldades de participação do que segmentos como os de pessoas com deficiência física ou visual, pudesse inserir no Estatuto previsões específicas relacionadas às suas demandas, como a instituição de escolas e classes de educação bilíngue, abertas a alunos surdos e ouvintes (art. 43).

Diante disso, pode-se dizer que a Lei Estadual nº 18.419/2015 que instituiu o Estatuto da Pessoa com Deficiência do Estado do Paraná, cumpriu o objetivo de consolidar e ampliar os direitos das pessoas com deficiência. No entanto, acredito que seu maior mérito tenha sido possibilitar a construção de um diploma normativo por meio de um diálogo interinstitucional e popular, principalmente com a participação constante e direta dos próprios interessados, ou seja, as pessoas com deficiência e suas instituições representativas. Além disso, é de se destacar a forma como se empreendeu o processo de discussão e redação do Estatuto, em reuniões sempre abertas, com a valorização do espaço estatal representativo das pessoas com deficiência (Conselho Estadual dos Direitos das Pessoas com Deficiência) e utilização de diversos instrumentos e ferramentas participativos (Audiências Públicas, videoconferência, consulta pública pela internet e disponibilização permanente do texto do Anteprojeto de Lei em construção ao longo de todo o processo).

É evidente que os dois exemplos acima explorados (a Lei Orgânica da Defensoria Pública do Estado do Paraná e o Estatuto da Pessoa com Deficiência do Estado do Paraná) não são universalizáveis, abrangentes e tampouco se constituem em receitas para práticas dialógicas político-democráticas. No entanto, eles demonstram como o aporte teórico e normativo defendido neste trabalho pode sim fundamentar e orientar de ações estatais necessárias para a concretização de direitos fundamentais, como o acesso à justiça no caso da Defensoria Pública, ou um tratamento mais digno, igualitário e inclusivo no caso das pessoas com deficiência. Vale dizer, não se pretende compreender os referidos casos como tipos ideais de uma prática dialógica político-democrática. O que se pretende é apenas utilizá-los como exemplos da possibilidade de o poder público exercer suas competências para a concretização da Constituição por meio de uma atuação democrática, deliberativa, que reconheça suas virtudes, capacidades e que o faça por meio de um efetivo diálogo aberto com os demais Poderes, instituições, e principalmente com o povo.

Os processos de discussão e redação acima vistos também são importantes porque põem abaixo alguns argumentos falaciosos e infundados que, no entanto, muitas vezes são invocados, como, por exemplo, o de que tarefas governamentais, como a criação de leis e políticas públicas, devem ser restritas a quem tenha capacitação técnica adequada. Esse tipo de argumento geralmente também está associado ao de que pessoas carentes ou com baixa instrução não seriam suficientemente capazes de promover contribuições significativas na tarefa governamental de efetivação de direitos. Ambos os argumentos não apenas se fundamentam em uma concepção elitista de democracia, tratam de forma não igualitária e preconceituosa os demais cidadãos, como ainda carecem de qualquer suporte empírico.

Ao contrário disso, o que os exemplos acima demonstram é que mesmo pessoas carentes ou com baixa instrução (como em geral podem ser os beneficiários da Defensoria Pública) podem dar contribuições importantíssimas à construção de uma instituição tão peculiar e especializada como a Defensoria Pública. Contribuições que jamais seriam conhecidas sem a participação dessas pessoas.

Outro tipo de argumento falacioso, mas igualmente comum, é o de que o chamamento para participação e oitiva dos interessados em certo tema acaba por estender em demasia o tempo, gera atrasos, opiniões conflitantes e até mesmo antagônicas, o que tornaria qualquer decisão impossível ou carente de legitimidade dada a pluralidade de posições. É certo que todas essas circunstâncias podem ocorrer. No entanto, o que os exemplos trazidos nos mostram é que, diferentemente, a inclusão dos potencialmente afetados por uma decisão e um diálogo colaborativo com outros Poderes e instituições, apesar dos conflitos, pode gerar não apenas boas decisões, mas decisões melhores do que as que seriam tomadas sem a participação do povo ou a colaboração de outros Poderes e instituições. O processo de discussão e redação do Estatuto da Pessoa com deficiência demonstra como mesmo diante de posições divergentes e antagônicas é possível chegar a um resultado final que, ainda que não unânime e passível de críticas, contenha mais consensos e benefícios coletivos do que dissensos e malefícios. O processo de discussão e redação da Lei Orgânica da Defensoria Pública, por sua vez, mostra como um diálogo efetivo e horizontal com outros Poderes, instituições e o povo possibilita decisões mais efetivas, como a disposição legal que previu a criação de núcleos especializados de atendimento, o que só foi possível graças à participação e cooperação do Poder Judiciário e dos próprios beneficiários da Defensoria Pública.

Do ponto de vista da jurisdição constitucional, os exemplos aqui tratados também ganham importância porque podem demonstrar como a eventual adoção de uma ou outra compreensão da atuação jurisdicional possivelmente levaria os referidos casos a diferentes resultados. Uma compreensão, por exemplo, exclusivamente passiva ou minimalista da jurisdição sobre o dever estatal de estruturação da Defensoria Pública talvez tivesse como resultado final apenas a declaração de obrigação do Estado de realizar tal tarefa em um tempo adequado e razoável. Por outro lado, uma compreensão, por exemplo, exacerbadamente ativista, possivelmente não apenas declararia a obrigação do Estado de realizar tal tarefa, como também talvez dispusesse sobre o tempo e o orçamento necessários para tal empreitada.

Essas observações são importantes porque mostram, sem idealizar os casos apresentados, que os exemplos expostos não se encaixam e nem se encaixariam em qualquer compreensão do constitucionalismo ou da democracia. Ao contrário, apenas uma compreensão deliberativa, dialógica e popular da democracia e da jurisdição constitucional podem fundamentar e, portanto, explicar tais exemplos. Eles demonstram como deliberação, virtudes e diálogos, quando compreendidos de forma integrada, dão respostas mais completas, melhores e, assim, mais democráticas.

CONCLUSÕES

O POVO COMO SUJEITO ATIVO E OS DIÁLOGOS INSTITUCIONAIS COMO EXIGÊNCIA PARA O CONSTITUCIONALISMO BRASILEIRO E PARA A POLÍTICA DEMOCRÁTICA NO BRASIL (PONTO DE CHEGADA...)

> *"Democracy's constitution is not tradition's constitution. A central purpose of a constitution, and of a deliberative democracy, is to subject longstanding practices to critical scrutiny"*
> Cass Sunstein

Este trabalho buscou oferecer um aporte teórico e normativo para se conferir maior legitimidade democrática às decisões judiciais e políticas que lidem com controvérsias morais, ou seja, casos que, sob a luz da Constituição, expressam um conflito entre direitos moralmente justificados. Partindo de uma concepção deliberativa de democracia como a que fundamentou este trabalho, da denúncia de desacoplamento entre Direito e povo (feita a partir do constitucionalismo popular), buscou-se demonstrar como é possível haver outras formas de compreender-se e exercer o controle judicial de constitucionalidade das leis. Essas outras formas se baseiam na análise das virtudes passivas e ativas, das capacidades institucionais e dos diálogos institucionais. São essas qualidades, abordagens e categorias que permitirão não apenas a recolocação do povo como partícipe necessário na definição dos significados e alcances das normas constitucionais, mas que também conferirão maior legitimidade democrática às decisões judiciais que lidem com controvérsias morais.

Se a Constituição encerra o compromisso fundamental de uma comunidade de pessoas que se reconhecem reciprocamente como livres e iguais, os significados das normas constitucionais que definem esse compromisso, o conteúdo e alcance dessas normas, só adquirem sentido quando essas pessoas, o povo, seus representantes, os Poderes constituídos, as instituições da sociedade, realizam a interpretação e aplicação da Constituição de forma compartilhada e dialógica.

Esse processo de interpretação e aplicação da Constituição nunca foi e nunca será tranquilo. Ao contrário, é e sempre será cheio de conflitos. Quando esses conflitos sobre os significados das normas constitucionais envolvem desacordos morais, ou seja, possuem em sua base uma colisão entre direitos moralmente justificados, eles só podem ser resolvidos por meio de um processo de interpretação e aplicação da Constituição que inclua obrigatoriamente o povo como partícipe dessa tarefa; tarefa essa que deve ser dividida entre o povo, os Poderes e as instituições da sociedade. O constitucionalismo popular nos chama a atenção para que a Constituição não seja encarada como um documento meramente técnico, manejado apenas por juristas ou representantes. Se a constituição estabelece um compromisso fundamental entre as pessoas de uma comunidade, são essas pessoas, o povo, que devem, em conjunto com outros atores, determinar os significados das normas que regem esse compromisso e, assim, definir os rumos da vida pública e coletiva dessa comunidade.

Diante disso, a crítica teórica do constitucionalismo popular às ideias de supremacia judicial e última palavra se mostra não apenas pertinente, mas necessária. O constitucionalismo popular, ao se opor e desconstruir as ideias de supremacia judicial e última palavra, não nega a importância do controle judicial de constitucionalidade das leis, mas busca, demonstrando suas limitações, reivindicar a importância da interpretação extrajudicial que cidadãos, grupos, movimentos sociais, outras instituições, o povo enfim, podem e devem fazer da constituição.

Compete aos intérpretes da Constituição expor os direitos e justificá-los sob a sua melhor luz. Se o sentido de um texto não é definido pelo próprio texto, mas sim pelo intérprete, a tarefa de interpretar e aplicar a Constituição consiste em um grande desafio, dados os razoáveis e profundos desacordos morais sobre os conteúdos das normas constitucionais. Por essa razão, a interpretação e aplicação da Constituição deve ser uma tarefa compartilhada.

Nesse tarefa, juízes e cortes têm muito a dizer e muito a contribuir. Juízes e cortes contam com uma série de propriedades que os qualificam para realizar uma interpretação profunda e relevante da Constituição, como, por exemplo, sua especialidade técnica e seu relativo afastamento das disputas e interesses político-partidários mais imediatos. No entanto, fundamentar sua atuação sobre essas condições e, assim, utilizá-las como justificativa de sua supremacia interpretativa e última palavra é um equívoco, pois essas condições não são absolutas, fixas ou imutáveis. Ainda que as decisões judiciais sejam absolutamente necessárias, elas devem ser compreendidas como mais uma voz, mais um elemento, na definição das normas constitucionais, e não a única ou a última palavra sobre elas. O Supremo Tribunal Federal não possui, portanto, uma supremacia judicial interpretativa sobre a Constituição e tampouco a última palavra sobre o conteúdo e alcance de suas normas.

Apesar de haver uma ampla aceitação política e popular de que ao Supremo Tribunal Federal cabe a última palavra sobre a Constituição, as ideias de supremacia judicial e última palavra violam frontalmente o princípio democrático, o princípio da igualdade e o princípio republicano. Além disso, elas não são uma consequência lógica da supremacia normativa da Constituição, não decorrem de uma tradição histórica originada com a decisão do caso *Marbury v. Madison* e tampouco se fundam na opção institucional adotada pela Constituição de 1988, que em seu art. 102 conferiu ao Supremo Tribunal Federal a guarda da Constituição.

No sentido dessas conclusões, destaco os seguintes pontos:

1. A supremacia judicial e a última palavra violam o princípio democrático porque ofendem a ideia fundamental de que a democracia é o governo do povo e de que cabe, assim, ao próprio povo decidir sobre as questões públicas que afetam sua comunidade. Se as decisões sobre a Constituição são dadas em definitivo pelo Supremo Tribunal Federal, não construiremos uma democracia, e sim um governo de juízes e cortes.

2. A supremacia judicial e a última palavra violam o princípio da igualdade porque ofendem o idêntico valor moral entre os indivíduos, pois elas permitem que os juízes, e não os próprios indivíduos, decidam as questões mais importantes na vida das pessoas. Ou seja, a concretização da Constituição, do compromisso que fundamenta a vida em sociedade, deixa de ser o resultado de uma discussão pública e democrática entre todos para tornar-se a tarefa de alguns poucos juízes.

3. A supremacia judicial e a última palavra violam o princípio republicano porque conferem a um único órgão um poder desproporcional em detrimento dos demais Poderes e do próprio povo para definir o significado das normas constitucionais, sem que seja necessário que esse órgão se submeta a qualquer tipo de controle popular e sem que ele preste contas à população.

4. Além disso, a supremacia judicial e a última palavra não são uma consequência lógica da supremacia normativa da

Constituição, pois a superioridade hierárquica da Constituição e o controle judicial de constitucionalidade das leis realizado por juízes e cortes não excluem, impedem ou invalidam permanentemente outras interpretações sobre as normas constitucionais.

5. A supremacia judicial e a última palavra não decorrem de uma tradição histórica originada com a decisão do caso *Marbury v. Madison* porque nunca essa decisão instituiu ou afirmou a supremacia judicial. O controle judicial de constitucionalidade das leis nos Estados Unidos já vinha sendo exercido antes do caso *Marbury v. Madison*, continuou sendo realizado depois dele, e em momento algum neste período a Suprema Corte norte-americana arrogou para si a última palavra sobre a constituição. Ao contrário, Larry Kramer nos mostra como diversos casos envolvendo controvérsias sobre a constituição eram resolvidos de forma compartilhada entre os Poderes e principalmente entre estes e o povo.

6. A supremacia judicial e a última palavra também não se fundam na opção institucional da Constituição de 1988, que em seu art. 102 conferiu ao Supremo Tribunal Federal a guarda da Constituição, pois essa conclusão não é automaticamente aferida do texto da Constituição. Ao contrário, esse entendimento se fundamenta em uma interpretação que se dá ao art. 102 e, consequentemente, expressa como se compreende o significado de "guarda da Constituição". Essa guarda não significa (e nem pode significar) que cabe ao Supremo Tribunal Federal a última palavra sobre a Constituição, mas sim que cabe a ele decidir as controvérsias constitucionais que lhe sejam submetidas. Vale dizer, a decisão de um caso pelo Supremo Tribunal Federal é necessária e será respeitada não apenas porque foi proferida pelo Supremo Tribunal Federal, mas, sobretudo, pelos fundamentos que a justificaram, pela sua importância para resolver o caso concreto, para se conferir segurança jurídica às relações e também pela dificuldade em superá-la. O Poder Judiciário em geral e o Supremo Tribunal Federal em particular não precisam, portanto, da suprema judicial ou da última palavra para serem respeitados ou terem as suas decisões cumpridas. As decisões advindas dessa competência de guarda da Constituição compõem, assim, mais uma das várias etapas de consolidação da compreensão das normas constitucionais.

7. Conforme foi demonstrado por este trabalho, guardar a Constituição não significa, portanto, exercer uma supremacia judicial interpretativa e nem ter a última palavra sobre o

significado da Constituição. Declarar uma lei inconstitucional e invalidar atos dos demais Poderes são sim competências e atribuições do Poder Judiciário e especialmente do Supremo Tribunal Federal. Ele pode e deve exercer essa competência. Tem autorização expressa da Constituição de 1988 para isso. Mas, tal competência e exercício não significam que apenas o Supremo Tribunal Federal pode estabelecer o significado final da Constituição. Essas críticas deixam claro que a supremacia judicial e a última palavra não fomentam uma ação conjunta, coordenada, colaborativa, dialógica, entre os Poderes, as instituições e entre estes e o povo. Ao contrário, elas encaram a separação entre os Poderes como um esquema rígido, fixo, no qual prevalece uma disputa sobre a última palavra, e não um diálogo em busca da melhor resposta.

8. Para que a Constituição continue sendo o compromisso fundamental que nos une apesar de nossas profundas e insuperáveis diferenças, ela deve então ser sempre significada e ressignificada não apenas pelos representantes do povo e nem finalmente pelo Supremo Tribunal Federal, mas também e principalmente por nós o povo.

9. Essas críticas às ideias de supremacia judicial e última palavra devem nos mover a aperfeiçoar as compreensões e o exercício do controle judicial de constitucionalidade das leis na definição do conteúdo e alcance das normas constitucionais para que se expandam também os poderes e a participação do povo nesta tarefa de interpretação e aplicação da Constituição.

10. É preciso destacar que reivindicar um papel protagonista do povo na interpretação e aplicação da Constituição não significa ignorar as privações e desigualdades que assolam boa parte do povo brasileiro. Ao contrário, o constitucionalismo popular aqui invocado pode e deve justamente servir para expor e denunciar essas situações e, assim, exigir o cumprimento das normas constitucionais e a necessária inclusão do povo.

11. É preciso também ressaltar que defender um papel ativo do povo na interpretação e aplicação da Constituição não implica defender e nem aceitar atos populistas ou atos autoritários que gozam de apoio majoritário. Vale dizer, não há que se confundir constitucionalismo popular com populismo ou com "ditadura da maioria". Governos populistas ou ditaduras que tiveram apoios populares majoritários sempre violaram os princípios e direitos mais básicos que fundam a vida em comunidade: a existência e garantia de um espaço público radicalmente democrático, livre, inclusivo e igualitário. O constitucionalismo

popular não admite a supressão desses direitos, e antes se funda sobre eles.

12. Essa defesa pela inclusão e participação do povo na tarefa de interpretar e aplicar a Constituição também exige um olhar crítico sobre a forma como o exercício do poder e a tomada de decisões estão estruturados em nossa ordem constitucional. Apesar dos avanços significativos na expansão de direitos e garantias, a forma de exercício do poder e o controle sobre ele permanecem praticamente inalterados desde o século XIX, com uma concentração excessiva de poder nas mãos do Poder Executivo e com muito pouco acesso, participação e controle populares sobre os representantes do povo. A "casa de máquinas da Constituição"[512] continua fechada e muito pouco acessível ao povo.

13. A crítica à supremacia judicial e à última palavra deve, assim, incorporar necessariamente também uma crítica sobre a forma de organização e exercício do poder. O povo dificilmente terá acesso à Constituição e poderá enxergá-la como o seu compromisso fundamental se a ele não forem dados instrumentos de participação e controle sobre seus representantes ou se ela for capturada pelo Poder Judiciário.

14. A atuação de juízes e cortes deve então ser repensada. Essa atuação pode ser melhor compreendida e realizada a partir das virtudes e capacidades de juízes e cortes, a fim de que sua atuação esteja orientada a um diálogo interinstitucional e popular sobre o significado da Constituição.

15. Nesse sentido, destacam-se as propostas (e críticas) de uma atuação baseada nas virtudes passivas de juízes e cortes. Alexander Bickel valoriza uma atuação mais passiva, às vezes silenciosa, da corte para fazer com que os demais Poderes e a sociedade se mobilizem, realizem e redefinam os seus compromissos por meio de um debate público.

16. Cass Sunstein oferece uma leitura renovada às propostas de Bickel e defende o que ele chama de minimalismo judicial, ou seja, a prática de dizer apenas o necessário para justificar a decisão e deixar o máximo possível não decidido. O minimalismo de Sunstein acredita que as decisões judiciais são importantes, que elas incrementam as compreensões sobre os princípios. No entanto, as decisões não devem se fundamentar em discursos

---

[512] GARGARELLA, Roberto. *Latin American Constitutionalism 1810-2010*: the engine room of the constitution. Oxford: Oxford University Press, 2013. p. 172-179.

abrangentes. O minimalismo não escolhe o silêncio, e sim a decisão. No entanto, defende uma decisão comedida, para cada caso. Essa postura passiva busca respeitar e preservar o pluralismo existente na sociedade, reconhecendo as limitações de juízes e cortes e tentando, com suas decisões, dar mais um passo na promoção de um debate público que defina paulatinamente o conteúdo e significado das normas constitucionais.

17. Diante do pluralismo de valores e do profundo desacordo moral existente na sociedade, o minimalismo não fundamenta suas decisões em teorias abrangentes, e recorre a acordo teóricos incompletos para tornar possível suas decisões. Vale dizer, as decisões não precisam definir sempre um conteúdo completo para os princípios constitucionais. Elas podem, ao contrário, recorrer a uma definição minimamente compartilhada. Assim, em vez de impor-se uma determinada perspectiva moral, permite-se que os princípios possam continuar a ser redefinidos e ressignificados.

18. O juiz minimalista não acredita na última palavra e encara a sua decisão como mais uma atuação necessária no debate público, na acomodação de conflitos e expectativas. O juiz minimalista é aquele que expõe suas razões, argumentos, a teoria interpretativa em que se baseia, mas que também demonstra profundo respeito às diferentes concepções de bem e, assim, não desconsidera a importância dos demais Poderes, instituições e não encerra em definitivo o debate democrático.

19. É de se ressalvar, no entanto, que a estabilidade possibilitada pelo minimalismo não deve justificar um sistema constitucional injusto. Ou seja, a busca por convergências e consensos não pode apaziguar o conflito produtivo existente na sociedade. O conflito também tem o papel de expor e denunciar situações injustas que de outras formas não emergiriam. O conflito tem, assim, um potencial transformador que não pode ser ignorado.

20. De forma diversa do minimalismo, mas com o mesmo objetivo de fazer da constituição um produto compartilhado entre as instituições democráticas e o povo, Robert Post e Reva Siegel defendem o que chamam de constitucionalismo democrático, baseado em uma atuação mais ativa de juízes e cortes na definição do conteúdo e alcance das normas constitucionais.

21. O constitucionalismo democrático concorda com as críticas feitas pelo constitucionalismo popular à supremacia judicial e acredita que as decisões judiciais são necessárias, mas não para definir um sentido único para a constituição, e sim para serem mais um elemento na definição do significado da constituição.

22. A diferença entre o constitucionalismo democrático de Post e Siegel e o minimalismo de Sunstein consiste nas distintas posturas que esses autores defendem para juízes e cortes. O minimalismo se fundamenta em uma atuação mais passiva, contida, prudente, cautelosa. O constitucionalismo democrático se fundamenta em uma atuação mais ativa, audaciosa, substantiva. Ambos, no entanto, dão importância à existência e manutenção de um espaço público democrático, que leve em conta o pluralismo e os desacordo morais existentes. Da mesma forma, ambas as correntes se opõem à supremacia judicial e à última palavra. São, assim, formas distintas de se abordar o mesmo problema. Por isso, a diferença entre o constitucionalismo democrático e o minimalismo é de grau. Ou seja, não são posturas irreconciliáveis, mas apenas diferentes. Dessa forma, tanto uma postura mais passiva quanto uma mais ativa são possíveis e legítimas. A utilização de uma ou outra dependerá do caso concreto e das circunstâncias.

23. O constitucionalismo democrático ao defender as virtudes ativas de juízes e cortes acredita que eles podem e devem atuar para dar um significado substantivo à constituição. Se são as disputas pelo significado da constituição que lhe conferem conteúdo, então juízes e cortes têm um papel importante a desempenhar, pois suas decisões põem fim a essas disputas ou as mantêm ainda mais acirradas.

24. O constitucionalismo democrático também oferece uma importante perspectiva quando ressalta os aspectos positivos das eventuais reações negativas ou violentas de cidadãos que discordam veementemente de uma decisão judicial prolatada (*backlash*), pois ao invés de rechaçar tais reações, ele defende a existência e permanência de canais que possam exprimir esses desacordos. Assim, o constitucionalismo democrático confere importância à decisão judicial porque ela põe fim à controvérsia, mas não nega a possibilidade de sua crítica e superação. É justamente essa dinâmica que confere legitimidade e força à própria constituição e que também permite que os cidadãos permaneçam fiéis a ela, mesmo quando não concordam com as decisões dadas por juízes e cortes.

25. Se o minimalismo e o constitucionalismo democráticos nos oferecem um importante instrumental para analisar a atuação de juízes e cortes segundo as suas virtudes passivas e ativas, as capacidades institucionais e os efeitos sistêmicos das decisões são uma importante abordagem a ser explorada.

O POVO COMO SUJEITO ATIVO E OS DIÁLOGOS INSTITUCIONAIS COMO EXIGÊNCIA PARA...

26. A análise das capacidades institucionais leva em conta o fato de que os intérpretes e aplicadores da constituição são seres humanos, passíveis de limitações e falhas, que pertencem a instituições com qualidades e limitações peculiares. Por isso, uma teoria adequada não é aquela que parte da idealização do intérprete, mas sim aquela que leva em conta as possibilidades e os limites de atuação de uma instituição e seus agentes.

27. É preciso cuidado e clareza ao se invocar as capacidades institucionais para que o recurso a elas não se torne meramente retórico. Dessa forma, ao realizar a comparação entre as capacidades de diferentes instituições, deve-se demonstrar qual delas pode oferecer a melhor resposta segundo suas qualidades e limitações.

28. Uma análise baseada nas capacidades institucionais que não faça dela um recurso banal ou redundante deve superar o tradicional argumento de obediência à separação entre os Poderes. Vale dizer, a adoção de uma postura mais ativa ou passiva, quando baseada nas capacidades institucionais, deve demonstrar porque uma ou outra postura é mais adequada, menos propensa a erros ou incertezas, tem como consequência a realização do objetivo perseguido e se constitui como a melhor decisão possível segundo seus resultados e efeitos.

29. As capacidades institucionais também demonstram como as ideias de supremacia e última palavra são equivocadas, pois estas se fundamentam sob a premissa de que as características e vantagens peculiares de uma instituição se sobrepõem às da outra. Ou seja, não reconhecem suas limitações, seus possíveis equívocos, deixam de observar e levar em conta os benefícios e incrementos que poderiam ser dados por outros Poderes ou instituições.

30. As capacidades institucionais são, assim, uma importante abordagem porque oferecem um importante caminho para definir quando e como uma ou outra postura deve ser adotada, quando e como uma ou outra decisão deve ser acatada ou superada e, sobretudo, porque reconhecem que não existe procedimento que garanta um resultado sempre justo ou desvinculado de uma fundamentação substantiva sobre os direitos.

31. A atuação de juízes e cortes é melhor compreendida e desempenhada a partir de suas virtudes e capacidades. Dessa forma, não apenas se valoriza a atuação do Poder Judiciário, mas também abre-se a possibilidade para que sua tarefa de interpretação e aplicação da Constituição se realize a partir de um diálogo entre os Poderes, instituições e o povo.

32. O termo diálogo, assim como ocorre com a expressão capacidades institucionais, tem sido utilizado de forma ubíqua para designar a interação entre os Poderes na tarefa de interpretação e aplicação da Constituição. No entanto, para que a invocação dos diálogos não se resuma a um recurso retórico, é preciso definir o que se compreende por diálogos, de que maneira se dá ou se deveria dar essa interação entre os Poderes e as instituições.

33. A compreensão de diálogo que melhor possibilita essa interação entre os Poderes, instituições e povo (e que assumo neste trabalho) é aquela que se concentra sobre as distintas contribuições que cada um dos Poderes pode dar, segundo suas competências e capacidades, e também segundo a exigência de instrumentos normativos, para a definição do significado da constituição, sem que se dê uma importância maior à interpretação judicial.

34. Essa compreensão dialógica da fundamentação e prática dos diálogos institucionais busca combinar a especialidade dos Poderes Legislativo e Executivo na criação de leis e políticas públicas com a especialidade do Poder Judiciário em interpretar e aplicar princípios, sem que haja qualquer preferência de um sobre o outro, devendo-se atentar para as necessárias previsões normativas que promovam esse diálogo entre os Poderes. Essas previsões normativas não devem impor a preeminência de um sobre o outro, mas forçar cada um a estar aberto e atento às proposições dos outros.

35. Os diálogos institucionais devem ser o produto dessa relação entre desenho institucional (empirismo) e exigência normativa (normativismo), de tal forma que a separação entre os Poderes seja compreendida de forma dinâmica, e não estanque. Essa dinamicidade somente pode ocorrer se houver exigências e incentivos normativos que promovam os diálogos.

36. Os diálogos institucionais, compreendidos dessa maneira, possibilitam que se estabeleça outra dinâmica na relação entre os Poderes, as instituições e o povo. Em vez de insistir-se na disputa pela última palavra sobre o significado da Constituição ou na dicotomia entre uma atuação jurisdicional apenas passiva ou ativa, os diálogos abrem possibilidades para uma interação colaborativa entre os diversos atores, permite-nos avaliar não apenas a forma de atuação de cada um desses atores, mas também as diferentes concepções de legitimidade que fundamentam sua atuação e as razões que justificam seus argumentos.

37. O Brasil possui atualmente um arsenal normativo que, em princípio, permite e favorece os diálogos institucionais. A realização de audiências públicas, a admissão de *amici curiae*, a participação e oitiva dos responsáveis pela lei ou ato normativo, a possibilidade de atuação do juiz singular no momento final da audiência de instrução para abrir a análise da questão a outros atores que não apenas as partes, são exemplos de instrumentos que podem e devem fomentar os diálogos.

38. Esses instrumentos normativos, no entanto, ainda têm sido utilizados de forma pouco dialógica e quase sempre ainda vinculados a um discurso de supremacia e última palavra.

39. Uma situação de diálogo efetivo é aquela em que juízes e cortes não se colocam como partícipes superiores, e sim aquela em que eles se engajam em um diálogo franco e aberto com os demais Poderes, instituições e povo sobre a interpretação e aplicação da Constituição.

40. Particularmente no que se refere ao Supremo Tribunal Federal, verificou-se, empiricamente, que ele tem se esforçado para abrir-se a um diálogo antes de tomar suas decisões, especialmente pela realização de audiências públicas e da admissão de *amici curiae*.

41. No que se refere à realização de audiências públicas e admissão de *amici curie* pelo Supremo Tribunal Federal, foi possível verificar e concluir que tais instrumentos são sim importantes, porque eles, de fato, têm impacto e influência sobre as decisões dos Ministros. É de destacar-se, entretanto, que os Ministros, em suas decisões, tem se valido muito mais das informações e razões trazidas nas audiências públicas do que aquelas colacionadas pelos *amici curiae*.

42. É de concluir-se, assim, que o Supremo Tribunal Federal tem sido permeável à participação de pessoas e instituições que buscam colaborar com o momento decisório.

43. A forma como o Supremo Tribunal Federal, porém, tem se valido da realização das audiências públicas e da admissão dos *amici curiae* tem sido muito pouco dialógica.

44. As audiências públicas têm se reduzido apenas e tão somente à exposição de diferentes posições em relação a um dado caso e têm funcionado apenas como espaço de complementação informativa dos Ministros. Não se tem permitido o debate, o desafio e troca de argumentos. Os Ministros têm uma participação eminentemente passiva, fazem poucas perguntas (muitas vezes nenhuma), não se engajam no debate.

45. A admissão ou recusa de *amici curiae*, por sua vez, precisa ser mais bem justificada pelo Ministro Relator. Cabe a ele possibilitar que mais vozes sejam ouvidas, sobretudo aquelas que têm poucas possibilidades de se fazerem audíveis. Sua decisão pela admissão ou rejeição dos *amici curiae* ganha, assim, especial relevância e exige uma fundamentação mais cuidadosa.

46. Além disso, para que haja um debate público efetivo e um diálogo genuíno, é preciso que o Supremo Tribunal Federal reconheça e promova o debate em todas as diferentes fases que envolvem o julgamento de um caso, notadamente a fase pré-decisional, a fase decisional e a fase pós-decisional. A fase pré-decisional é aquela em que deve ocorrer um debate e um diálogo entre a corte e os outros Poderes, instituições e povo. A fase decisional é aquela em que deve ocorrer um debate entre os próprios Ministros julgadores e a fase pós-decisional é aquela em que o debate será realizado a partir da decisão e dos argumentos que a fundamentaram.

47. Em que pese a existência de instrumentos normativos destinados aos diálogos, a paulatina abertura do Supremo Tribunal Federal e a realização de audiências públicas e a admissão de *amici curiae*, as decisões exaradas pelo Supremo Tribunal Federal ainda têm sido tomadas de forma individual, sem um engajamento colegiado dos Ministros e sem que o recurso às audiências públicas e aos *amici curiae* promovam um efetivo debate ou diálogo.

48. O Supremo Tribunal Federal não é, portanto, uma corte dialógica, mas um tribunal que se vale de instrumentos dialógicos. Sua atuação, porém, pode e deve ser aprimorada.

49. A apresentação e análise dos processos de discussão e redação de duas leis do Estado do Paraná, o da Lei Orgânica da Defensoria Pública do Estado do Paraná e o da Lei do Estatuto da Pessoa com Deficiência do Estado do Paraná, são exemplos práticos de como é possível haver uma atuação política dialógica, realizada por meio de um diálogo interinstitucional e popular, na interpretação e aplicação da Constituição. Vale dizer, esses exemplos mostram, sem incorrer na idealização dos processos, como é possível que a tarefa de interpretação e aplicação da Constituição seja democrática, deliberativa, realizada segundo as virtudes e capacidades das instituições, mediante um efetivo diálogo aberto com os demais Poderes, instituições e, sobretudo, com o povo.

50. Ao partir das críticas do constitucionalismo popular, esmiuçar as diferentes perspectivas e propostas do minimalismo,

do constitucionalismo democrático, explorar a atuação das instituições segundo suas capacidades institucionais e propor uma atuação baseada nos diálogos, este trabalho oferece uma nova perspectiva para a fundamentação teórica e para a atuação prática da nossa própria jurisdição constitucional e da nossa própria política democrática. Vale dizer, o recurso a essas diferentes teorias e propostas nos permite ressignificar as bases do nosso constitucionalismo, redefinir a nossa atuação jurisdicional e política na tarefa de interpretação e aplicação da Constituição, repensar nossos desenhos institucionais, de tal forma que a Constituição, esse compromisso fundamental que nos une apesar de nossas profundas diferenças, seja não apenas um documento manejado por juristas ou representantes (distantes), mas a expressão do que nós, o povo (sobretudo o povo sem voz, sem rosto, sem os direitos que possuem, mas que efetivamente não detém), queremos que ela seja.

POSFÁCIO

DEVOLVER A CONSTITUIÇÃO AO POVO

Introdução

Miguel Godoy escreveu um livro muito importante, extraordinariamente informado e sempre agudo em suas análises críticas frente às formas tradicionais de revisão judicial. O livro não só desafia os modos mais comuns da *judicial review*, caracterizados por sua supremacia judicial, mas também inclui uma extensa revisão doutrinária e jurisprudencial, por meio da qual reivindica, qualificada e criticamente, os renovados métodos existentes, destinados a favorecer vias de diálogo entre cidadãos, políticos e juízes para a decisão de temas de relevância constitucional. A discussão que Miguel apresenta em seu livro é, de algum modo, "evolutiva", e reflete não apenas o desenvolvimento histórico da questão do controle judicial de constitucionalidade e sua justificação, mas também – segundo entendo – a própria evolução do pensamento do autor na matéria. No sério exame que apresenta sobre seu tema, vê-se a ele mesmo lutando com os múltiplos enfoques que se tem experimentado em matéria justificadora das possibilidades, alcances e limites do controle judicial em uma democracia.

O dissertar que se apresenta no livro, no entanto, não tem a mera pretensão de ilustração erudita. Nota-se Miguel Godoy pessoalmente comprometido com a discussão, pois ele mesmo assume – com razão – que o que se encontra em jogo é uma disputa central e relevante em torno de como seguimos convivendo democraticamente em sociedades marcadas pelo conflito social, pelas diferencas ideológicas e pelos desacordos morais. Vale dizer, não estamos aqui frente a um livro meramente interessado em nos apresentar um panorama atualizado de uma discussão jurídica de primeira importância – uma discussão, diga-se de passagem, indevidamente preguiçosa e esquemática na América Latina. Estamos frente a uma obra interessada em intervir nessa discussão, ciente de que nela se colocam em jogo temas e questões de valor central para os que estão (estamos) envolvidos na proposição de formas mais participativas, dialógicas, de democracia.

Permitam-me, em seguida, fazer um breve relato das maneiras como a discussão sobre o controle de constitucionalidade tem evoluído e permanecido viva ao longo de mais de dois séculos, o que resultará, de certa forma, em reconhecer o fio condutor que percorre o livro e também o modo como Miguel Godoy foi se apropriando dessa discussão para revisá-la crítica e autocriticamente.

Duzentos anos de debate sobre a supremacia judicial

Os anos fundacionais

Quando na Convenção Federal dos Estados Unidos passou-se a debater sobre os poderes de revisão do Poder Judiciário, advertiu-se imediatamente que a função do controle judicial representava uma tarefa "explosiva", dentro da qual se colocavam em jogo todos os princípios de organização institucional que até então tinham sido objeto de debate. Poderiam os juízes desafiar o que faziam os legisladores? Poderia um órgão centralizado como a Suprema Corte tomar decisões capazes de reverter o que fora decidido pelas legislaturas locais? Como desenhar esse órgão de controle, que poderia chegar a constituir-se em um desafio direto à política e ao federalismo? Poder-se-ia delegar semelhantes poderes de revisão somente a um órgão judicial? E se, ao se delegar tais tarefas de controle a um sistema, em parte político e em parte judicial, como alguns propunham, o resultado fosse um fomento de indevidos vínculos entre juízes e representantes do povo? Que tipos de incentivos institucionais seriam gerados por meio dessas propostas de controle sobre o Legislativo? Não se incentivariam, assim, dinâmicas nocivas para a saúde da nova Nação?

Foram tantas as dúvidas e ressentimentos surgidos nesses debates fundacionais que os delegados da Convenção decidiram colocar entre parênteses as diversas propostas que havia recebido sobre a matéria e deixaram a Constituição sem referências explícitas ao que hoje chamamos de controle judicial de constitucionalidade. Essa omissão gerou na Constituição uma ausência notável: a "presença de uma ausência" chamativa, que marcaria desde então, e por centenas de anos, a discussão sobre a matéria. Trata-se, desse modo, de uma discussão que começou afetada por um tratamento constitucional omissivo, que tomou lugar não apenas em torno da Constituição dos Estados Unidos, mas também na América

Latina, onde muitos países adotaram modelos de organização constitucional bastante similares ao estadunidense (incorporando, assim, omissões tão notáveis como àquela da Constituição fundacional norte-americana).

O debate sobre a justificação de um poder tão crucial como o controle de constitucionalidade começou, dessa forma, definido por uma "amputação" inicial bastante dramática, que lançava dúvidas sobre as possibilidades e poderes efetivos da intervenção judicial e seus alcances.

Como sabemos, a discussão obteve seu giro decisivo com o caso *Marbury v. Madison*, em 1803, o qual Miguel Godoy retoma e descreve bem nas páginas iniciais de seu livro. No referido caso, o juiz Marshall procurou deixar claro o que a Constituição não havia feito, definindo, então, o que ela havia decidido não definir. Diante de leis que desafiam a Constituição – sustentou Marshall neste então – os juízes não têm outra opção a não ser reconhecê-las como contrárias à ordem constitucional. A alternativa a esta declaração de invalidade resultava, a seu ver, uma opção simplesmente inaceitável: pensar que qualquer norma que desafiasse a Constituição modificaria, de fato, a própria Constituição. Ao argumentar dessa forma, Marshall simplesmente retomava de um modo impositivo o que havia exposto Alexander Hamilton em seu notável escrito (conhecido hoje como) O Federalista n. 78.

Nesse escrito, Hamilton havia deixado claro que a declaração de inconstitucionalidade da lei que eventualmente fosse realizada pelo Poder Judiciário não deveria ser vista como um desafio à vontade popular (vontade popular expressada na lei agora impugnada). Ao contrário – esclareceu Hamilton –, o que os juízes faziam ao desafiar a lei não deveria ser visto como um repúdio à vontade popular, mas como uma maneira de recolocá-la em seu lugar de primazia. A "verdadeira" vontade popular habitava na Constituição, e não na lei. Dessa forma, Hamilton retomava e reinseria a discussão sobre o controle de constitucionalidade dentro de seus canais mais relevantes, ou seja, aqueles relacionados à reflexão sobre os vínculos entre tal prática e a vida democrática de uma comunidade.

O início da discussão política e doutrinária

Desde a aparição do caso *Marbury v. Madison*, a discussão sobre os limites e alcances do controle judicial disparou dentro do âmbito político (ainda que a intensidade da disputa não tenha se mantido por muitos anos, em parte pelo fato de que o poder de invalidação exercido no caso *Marbury* não voltou a ser aplicado até o infame caso *Dred Scott*, decidido pela Suprema Corte norte-americana 50 anos depois). O presidente Thomas Jefferson chamou a atenção, logo em seguida do caso *Marbury*, para as implicações políticas da decisão de Marshall. Ele a desafiou reclamando iguais poderes para os demais ramos de governo (Executivo e Legislativo) – e defendeu, então, o que agora podemos chamar de visão *departamentalista* do controle judicial, o que corresponderia a uma situação de igualdade entre os três Poderes.

Os debates acadêmicos sobre problema do poder dos juízes sempre tiveram relevância no âmbito norte-americano (e a partir daí, também no âmbito latino-americano), mas sempre mostraram menos força no contexto europeu. Ali predominavam correntes favoráveis à "primazia do controle político", como na França; ou aproximações "hiper-parlamentaristas" ao direito, como na Inglaterra, as quais ofuscavam toda a preocupação séria em torno dos poderes dos juízes. No âmbito germânico, ao contrário, a discussão entre Hans Kelsen e Carl Schmitt sobre a soberania do povo, os poderes do *Fuhrer*, as capacidades do Poder Judiciário deram um novo giro ao tema e restituiu-se à discussão um lugar de relevância. Vale ressaltar, em todo caso, que a resistência evidenciada por muitos doutrinadores europeus frente às modalidades de revisão judicial sofreria uma mudança decisiva nas últimas décadas com as modificações institucionais fundamentais ocorridas na Europa, as quais permitiriam a entrada em vigor de formas de controle judicial definitivamente similares às que eram próprias do resistido modelo norte-americano. A muito americana *judicial review*, tardiamente, terminaria por converter-se em prática virtualmente hegemônica no Ocidente. Hoje, em toda a Europa, o tema da revisão judicial também ocupa um lugar central no debate doutrinário.

A hegemonia crescente dos mecanismos de controle judicial de constitucionalidade veio junto de uma previsível intensificação dos debates sobre o tema. Naturalmente, e dada a influência cada vez maior da prática em questão, maiores foram as impugnações e temores frente às suas efetivas implicações.

Um artigo fundamental sobre a matéria, e que resultou em um aprofundamento importante na discussão, foi *"The Origin and Scope of the American Doctrine of Constitutional Law"*, escrito por James Bradley Thayer em 1893. Nesse texto, reconhecendo o caráter controverso da *judicial review*, Thayer defendeu o exercício restrito do controle judicial, limitado a casos nítidos – falou-se então da doutrina do *clear mistake*, ou erros alheios a qualquer dúvida racional. Nesses casos, muito limitados e claros, podia-se justificar a intervenção judicial. Em todos os demais casos, ao contrário, deveria se requerer a deferência judicial em vez da intervenção ativa por parte dos juízes em suas relações com os poderes políticos. Thayer reclamava, assim, um exercício muito prudente do controle judicial, limitado a casos extremos (casos de violações constitucionais nítidas para todos).

Controle judicial e igualdade

Ainda que a discussão sobre a revisão judicial nunca tenha chegado a se apagar, o interesse sobre ela passou por altos e baixos. Sem embargo, ela renasceu com força a partir das controvérsias que se desenrolaram nos anos 60, fundamentalmente a partir de um novo ativismo judicial promovido pela *Corte Warren*. O juiz Earl Warren, que havia chegado ao máximo Tribunal logo após uma importante trajetória política dentro do conservador Partido Republicano, acabou por assumir um papel de liderança intensa na Corte Suprema a favor de uma leitura mais igualitária do direito. Isso se deu especialmente em relação aos interesses dos grupos afro-americanos, que tiveram seus direitos reconhecidos em uma série de decisões especialmente simbolizadas pelo famoso caso *Brown v. Board of Education*. O caso *Brown* pôs fim a longas décadas de discriminação racial legal, avalizadas pela assim chamada doutrina dos "separados, mas iguais". Essa discriminatória doutrina reconhecia os direitos dos afro-americanos à educação, ao transporte, mas negava que esse reconhecimento implicasse um tratamento idêntico ou em pé de efetiva igualdade com os direitos da maioria branca. De acordo com essa velha doutrina, os direitos dos afro-americanos não ficariam enfraquecidos apenas pelo fato de eles, por exemplo, não frequentarem as mesmas escolas ou o mesmo transporte que os brancos. Tratava-se de uma doutrina que definitivamente oferecia apoio jurídico à segregação racial.

A Corte Warren foi muito dura contra essas práticas discriminatórias e em seu trabalho pela igualdade passou pelas mais diversas áreas, deixando sempre claro o seu compromisso (e o compromisso da Constituição norte-americana) com formas mais profundas e robustas do princípio da igualdade. Assim foi em relação ao direito de defesa dos afro-americanos nos processos criminais, em relação às práticas de *gerrymandering* (abusos no desenho dos distritos eleitorais para enfraquecer o poder político efetivo do voto das comunidades negras), etc. A "Era Warren" se converteu, então, em símbolo do ativismo judicial a favor dos grupos mais esquecidos da sociedade.

Esse particular tipo de ativismo judicial reacendeu os debates sobre os alcances do controle judicial. Com boas ou más razões, muitos doutrinadores questionaram – paradoxalmente ou não – as competências dos tribunais para invalidar decisões tomadas por órgãos legislativos, majoritários e mais democráticos. Trabalhos como o de Raoul Berger, *Government by Judiciary*, de 1971, simbolizaram essa nova disputa gerada agora pelos tribunais que (diferentemente do que haviam feito no caso *Dred Scott*) desafiaram (ao invés de consagrar legalmente) as mais ofensivas maneiras de discriminação jurídica.

Os juízes podiam tomar decisões com as quais estávamos sentimental ou politicamente de acordo, mas – se alertava – tratava-se de decisões que implicavam um inaceitável ativismo dos tribunais contra os órgãos democráticos majoritários – a consagração efetiva do "governo dos juízes" que Berger denunciava em seu livro.

O livro de Alexander Bickel, *The Least Dangerous Branch*, teria sido o responsável por terminar de caracterizar essa nova época. As "novas" funções que os juízes estavam assumindo – sustentou Bickel – implicavam contradizer "aqui e agora" a vontade expressada pelos órgãos legislativos. Isso definia o "caráter contramajoritário" do Poder Judiciário – uma ideia que Bickel difundiria e popularizaria como nenhum outro autor. Seria sustentável esse papel ativo assumido pelo "Poder menos democrático"? Para Bickel (defensor de formas mais limitadas do controle judicial), os "novos modelos" de ativismo judicial representavam exercícios inaceitáveis de poder pelos tribunais em uma sociedade que se pretendia considerar democrática.

Controle de constitucionalidade e democracia

Após a publicação do livro de Bickel, a discussão acadêmica em torno do controle judicial estourou e passou a ter uma difusão inesperada. De algum modo, desde os anos 60, o direito constitucional proveniente dos Estados Unidos começou a girar, com uma intensidade e obsessão nunca antes vistas, ao redor das tensões entre controle de constitucionalidade e democracia. Todos os grandes constitucionalistas de nosso tempo retomaram o tema, tratando de demonstrar porque estamos enfrentando (ou não) um problema sério em termos de organização democrática.

Bruce Ackerman, por exemplo, sustentou que existiriam riscos graves no exercício da *judicial review*, pois a "vontade popular" não se expressava uma única vez (no momento de se escrever a Constituição) ou somente por meio de reformas formais da Constituição. Para ele, os tribunais atuariam mal em termos democráticos se exercitassem sua função sob esse pressuposto, vale dizer, se decidissem seus casos tomando em conta apenas a Constituição e suas reformas (como se o povo só se expressasse por meio de tais textos formais). No entanto, as decisões dos tribunais seriam inatacáveis e restariam justificadas se, ao contrário, procurassem defender a vontade popular expressada de diversos modos e de maneira mais habitual pelo povo nos "momentos constitucionais", aqueles em que o povo se coloca de pé e deixa clara a sua vontade. Para Ackerman, as reformas políticas implementadas nos tempos do *New Deal*, produto de um profundo acordo social, eram constitucionalmente inatacáveis, pois – por sua profundidade e extensão – implicavam factualmente uma reforma informal da Constituição. Nesse ínterim, outros doutrinadores, como Owen Fiss, ocuparam-se de defender o ativismo judicial a favor dos direitos dos grupos mais excluídos, assumindo, assim, uma visão não individualista do direito a partir de um compromisso com uma noção "estrutural" da igualdade e desde uma concepção robusta (deliberativa) de democracia, o que exigia atores situados em pé de igualdade (e não relegados ao lugar de uma "casta inferior"). John Ely celebremente defendeu uma aproximação "procedimental" do controle judicial, no qual o ativismo judicial resultaria justificado desde que servisse para o "reforço democrático" do sistema institucional: como árbitros em uma partida de futebol, o papel dos juízes se justificaria na medida em que eles se dedicassem a controlar as regras do "jogo". Trata-se de um "jogo" cujo resultado deveria ser decidido conforme as ações e destrezas dos "jogadores" – no caso do "jogo" democrático, os cidadãos e seus representantes.

Trabalhos como os assinalados, convém notar, implicaram um giro decisivo na discussão sobre o controle judicial. Desde a negação que caracterizou os primeiros enfoques sobre a matéria, e que rechaçavam a "acusação" de que houvesse algum tipo de tensão entre a revisão judicial e a democracia, até as perspectivas que agora expressam compreensões completamente diversas, e que tomam como ponto de partida justamente a existência dessas tensões para mostrar de que maneira um certo tipo particular, específico, do exercício do controle judicial de constitucionalidade poderia ser consistente com o respeito à vontade popular.

Controle judicial e democracia: da primazia judicial à primazia democrática?

Essa nova forma de confronto entre defensores e críticos da revisão judicial das leis se dava agora entre autores conscientes e preocupados com a "dificuldade democrática". Todos agora advertiam o valor e a centralidade de um debate do qual antes se queria fugir. Talvez o ponto mais alto dessa nova forma de disputa foi a que se deu entre autores como Ronald Dworkin, que sempre tomou partido por um papel ativo dos juízes no âmbito do controle de constitucionalidade, e Jeremy Waldron ou Mark Tushnet, que ficaram situados entre os mais radicais críticos da supremacia judicial.

Dworkin passou da sustentação de uma defesa incondicional do controle judicial à sugestão de uma defesa muito mais condicionada (como, por exemplo, em seu texto sobre *The Moral Reading of the Constitution*). Em seus trabalhos, Dworkin passou da afirmação de um olhar mais despreocupado com as implicações "antidemocráticas" do controle judicial (os direitos, por essa razão, eram descritos como "trunfos" frente à maioria), para uma postura diversa, em que defendia o controle judicial dentro do marco mais preciso e estreito de uma "democracia constitucional" (e não do que se pode chamar de "democracia estatística, apenas preocupada em assegurar a primazia dos grandes números). Dworkin sustentava agora o controle judicial (não de forma incondicional ou quase incondicional), mas na medida em que tal controle demonstrava servir às precisas exigências de uma democracia constitucional, a qual exige o respeito ao "maior número" e ao mesmo tempo à proteção das "minorias".

Essas mudanças, que se notaram já no trabalho de Dworkin (o *campeão* da revisão judicial por assim dizer), tratavam também de uma oscilação no pêndulo teórico, que deixou o lado do campo da defesa dos direitos, das formas mais fortes de revisão judicial e do pouco interesse na objeção democrática, e passou então a se mover ao outro lado, mostrando, assim, um interesse especial pela preservação de um largo espaço para a decisão democrática. O "lado democrático" da discussão começou, assim, a ganhar primazia aparente nessa disputa.

Essa reorientação, que em boa medida se podia verificar nas batalhas teóricas sobre o tema, encontrava-se vinculada às críticas mais radicais apresentadas, nesse momento, por Waldron ou Tushnet, e estava baseada em uma forte tomada de partido pela participação democrática, incentivada por Waldron, ou pelo "populismo" democrático, promovido por Tushnet.

Waldron apresentou sua compreensão em uma série de textos muito importantes (reunidos fundamentalmente em seu livro *Law and Disagreement*), nos quais ele considerou "ofensivo" e "insultante" para o cidadão democrático que uma maioria de cinco juízes pudesse torcer a vontade expressada em leis de milhões de pessoas que poderiam ser o produto de um longo processo de discussão democrática. Tushnet retomou e extremou essas críticas, as quais resumiu em um livro que levaria o título significativo de *Taking the Constitution Away from the Courts* – tirando a Constituição das mãos dos tribunais.

Em uma parte importante e central deste livro, Miguel Godoy aborda de um modo muito aguçado as discussões que caracterizam essa etapa do debate – marcada pela presença de textos e autores interessados em explorar a questão do controle judicial desde uma perspectiva fortemente democrática. Miguel dedica um amplo espaço a essas novidades da literatura, convencido, e com razão, de que elas constituem explorações valiosas na direção de seu próprio projeto, destinado a recuperar o valor democrático do constitucionalismo. Nesse sentido, Miguel trilha com interesse os estudos de Cass Sunstein a favor do "minimalismo judicial"; o trajeto do "constitucionalismo popular" trazido por Larry Kramer em *The People Themselves*; as propostas de professores como Reeva Siegel e Robert Post a favor do chamado "constitucionalismo democrático". Com importantes diferenças entre si, especialmente sobre o espaço que cada um desses enfoques reserva ao controle judicial e as razões pelas quais o fazem, todos esses trabalhos se inscrevem dentro de uma corrente que finalmente tem situado a velha discussão em novos termos. A questão democrática já não é um "problema a ser removido", mas sim o centro das preocupações: discutimos sobre esses temas a partir do compromisso com o ideal de uma comunidade de iguais que exerce seu autogoverno.

Controle judicial e diálogo democrático

A última estação sobre a qual irei parar em minha própria revisão sobre a evolução da discussão em torno do controle judicial é a mesma "estação final" a que chega Miguel Godoy em seu livro, com interesses e expectativas renovadas. Trata-se da "estação" do diálogo democrático. O que encontramos aqui, em primeiro lugar, é uma importante série de práticas mediante as quais os tribunais buscam assegurar o resguardo de direitos constitucionais, mas por meios fundamentalmente respeitosos de seu peculiar lugar dentro da divisão de poderes – um lugar no qual os tribunais possuem débeis credenciais democráticas. As "novas" soluções que têm surgido, a partir da própria prática promovida pelos tribunais, mostram-se não apenas respeitosas da vontade democrática dos órgãos políticos, como também compatíveis com entendimentos ainda muito exigentes sobre a democracia, como aqueles relacionados com a democracia deliberativa. Audiências públicas, sentenças exortativas, sentenças declaratórias – como as que pioneiramente promoveu a Corte Sul Africana em casos excepcionais como *Grootboom* –, um papel renovado e mais protagonista aos *amici curiae*: essas são algumas formas pelas quais as Cortes têm optado para ampliar os espaços de participação popular ou para expandir as possibilidades de deliberação democrática.

Tais medidas têm sido impulsionadas por tribunais de todo o mundo, incluindo de modo proeminente os tribunais latino-americanos como os da Colômbia ou Costa Rica (habituais estrelas na matéria), mas também os do México, Brasil ou Argentina. Para tantos autores interessados na reflexão constitucional – como Carlos Nino, Miguel Godoy ou eu mesmo –, que defendemos noções de democracia baseadas em modos de discussão pública inclusivos (modos vinculados, tipicamente, com a democracia deliberativa), todas essas novidades constituem uma excelente notícia, impensável há alguns anos. Os tribunais mesmo têm deixado claro que respeitar a vontade democrática do povo não requer, da parte deles, a pura deferência ou inação ante as decisões legislativas; que levar a sério a democracia pode levá-los a favorecer, de formas muito diversas e ricas, o diálogo democrático; que o compromisso com a democracia deliberativa pode impulsioná-los a fazer um esforço especial pela inclusão de vozes normalmente ausentes ou marginalizadas do debate público; que contam com uma diversidade de meios a seu alcance, capazes de ajudá-los para dar concretude a tais ideais.

No entanto, em seu livro, Miguel Godoy não se contenta em mostrar que a luta por ideais democráticos exigentes tem sido exitosa, ou que tem sido capaz de se refletir no trabalho dos tribunais. O reconhecimento dessa realidade poderia ter sido tomado, por muitos de nós – defensores da democracia deliberativa – como um "triunfo final": o tempo, em certo sentido, nos tem dado razão, mostrando que, o que antes se considerava impossível, implausível ou ridículo em certo momento, merece ser visto de modo muito distinto, isto é, como iniciativas possíveis, valiosas e necessárias. Mas não. Miguel é suficientemente crítico e autocrítico em seu estudo e, por isso, quer ir mais além e seguir pensando sobre a questão – em vez de decretar o "fim da história" em torno das tensões entre democracia e constitucionalismo. Miguel leva a sério esses promissores empreendimentos dialógicos, e se pergunta constantemente acerca de seu valor conforme os modos sob os quais se têm desenvolvido: é isso o que buscávamos quando pedíamos por um papel mais ativo dos juízes em apoio à deliberação democrática? São interessantes os resultados que estamos obtendo em termos de participação popular (e não apenas de maior participação das elites com poder)? O que nos dizem os limites que começamos a vislumbrar nessas práticas incipientes? Eles nos falam de falhas ocasionais ou de bloqueios estruturais – de incapacidades que são próprias da natureza de nossa organização política, econômica, constitucional?

Em definitivo, Miguel Godoy nos oferece um panorama muito completo, atualizado e sempre inteligente em torno da discussão que está entre nós há mais de dois séculos. O leitor encontra neste livro um modo de colocar-se em dia com debates tão complexos quanto estimulantes – debates especialmente relevantes para aqueles que leem o direito a partir de uma profunda preocupação com o componente democrático de nossa vida em comunidade. Mas, muito mais do que isso, o livro nos mostra o empenho de um autor que não é complacente, e sim crítico. O projeto de Miguel Godoy não pode ser conformista, porque a tarefa de "devolver a Constituição ao povo" está recém começando.

Roberto Gargarella
Professor Titular de Direito Constitucional da Universidade de Buenos Aires

REFERÊNCIAS

ACKERMAN, Bruce. *A nova separação dos poderes*. Tradução Isabelle Maria Campos Vasconcelos e Eliana Valadares Santos. Rio de Janeiro: Lumen Juris, 2013.

ACKERMAN, Bruce; FISHKIN, James. *Deliberation day*. New Haven and London: Yale University Press, 2004.

ACKERMAN, Bruce. *Nós, o povo soberano*: fundamentos do direito constitucional. Tradução Mauro Raposo de Mello. Belo Horizonte: Del Rey, 2006.

ACKERMAN, Bruce. *We the people*: foundations. Cambridge: Harvard University Press, 1991.

AGAMBEN, Giorgio. *El misterio del mal*: Benedicto XVI y el fin de los tiempos. Tradução María Teresa D'Meza. Buenos Aires: Adriana Hidalgo, 2013.

AGAMBEN, Giorgio. *Homo Sacer*: o poder soberano e a vida nua. Belo Horizonte: UFMG, 2007.

ALEXANDER, Larry; SCHAUER, Fredrick. Defending judicial supremacy: a reply. *Constitutional commentary*, v. 17, n. 3, 2000.

ALEXANDER, Larry. On extrajudicial constitutional interpretation. *Harvard Law Review*, v. 110, n. 7, 1997.

ALMEIDA PRADO, Anna Lia. *Tucídides*: a história da Guerra do Peloponeso. São Paulo: Martins Fontes, 1999. Livro II.

ÁLVAREZ, Luciana. Sobre la idea de "pueblo": contribuciones al constitucionalismo popular desde la teoría crítica y la filosofía latinoamericana. In: ALTERIO, Ana Micaela; ORTEGA, Roberto Niembro (Orgs.). *Constitucionalismo popular en Latinoamérica*. México: Porrúa, 2013.

AMAR, Akhil; HIRSCH, Alan. *For the people*: what the constitution really says about your rights. New York: Simon & Schuster, 1998.

ARENDT. Hannah. *On revolution*. New York: Viking, 1963.

ARGUELHES, Diego Werneck; LEAL, Fernando. O argumento das "capacidades institucionais" entre a banalidade, a redundância e o absurdo. In: ASENSI, Felipe Dutra; PAULA, Daniel Giotti de. (Orgs.). *Tratado de direito constitucional*: Constituição no século XXI. Rio de Janeiro: Elsevier, 2014. v. 2.

ARISTÓTELES. *The complete works*. Metaphysics. Princeton/New Jersey: Princeton University, 1984. v. I e II.

ARISTÓTELES. *Política*. São Paulo: Martin Claret, 2002.

BACHOF, Otto, *Normas constitucionais inconstitucionais?* Coimbra: Almedina, 1994.

BALKIN, Jack; LEVINSON, Sanford. The canons of constitutional Law. *Harvard Law Review*, v. 111, 1998.

BALKIN, Jack; LEVINSON, Sanford. Los cánones en el derecho constitucional: qué son y cómo se conforman. Tradução Leonardo García Jaramillo. In: CARBONEL, Miguel; JARAMILLO, Leonardo García (Orgs.). *El canon neoconstitucional*. Bogotá: Universidad Externado de Colombia, 2010.

BARBOSA, Leonardo Augusto de Andrade. *História constitucional brasileira*: mudança constitucional, autoritarismo e democracia no Brasil pós-1964. Brasília: Câmara dos Deputados, 2012.

BARBOZA, Estefânia Maria de Queiroz. *Precedentes judiciais e segurança jurídica*: fundamentos e possibilidades para a jurisdição constitucional brasileira. São Paulo: Saraiva, 2014.

BARCELLOS, Ana Paula de. *A eficácia jurídica dos princípios constitucionais*. O princípio da dignidade da pessoa humana. Rio de Janeiro/São Paulo: Renovar, 2002.

BARROSO, Luís Roberto. *A dignidade da pessoa humana no direito constitucional contemporâneo*: a construção de um conceito jurídico à luz da jurisprudência mundial. Belo Horizonte: Fórum, 2013.

BARROSO, Luís Roberto. Constituição, democracia e supremacia judicial: direito e política no Brasil contemporâneo. *Revista da Faculdade de Direito da Universidade do Estado do Rio de Janeiro*, v. 2, n. 21, 2012.

BARROSO, Luís Roberto. *Curso de direito constitucional contemporâneo*: os conceitos fundamentais e a construção do novo modelo. São Paulo: Saraiva, 2009.

BARROSO, Luís Roberto. *O controle de constitucionalidade no direito brasileiro*. 3. ed. São Paulo: Saraiva, 2009.

BARROSO, Luís Roberto. *O direito constitucional e a efetividade de suas normas*. 6. ed. Rio de Janeiro: Renovar, 2002.

BARROSO, Luís Roberto. *Interpretação e aplicação da constituição*: fundamentos de uma dogmática constitucional transformadora. 6. ed. Rio de Janeiro: Saraiva, 2004

BARROSO, Luís Roberto. *O novo direito constitucional brasileiro*: contribuições para a construção teórica e prática da jurisdição constitucional no Brasil. Belo Horizonte: Fórum, 2012.

BATEUP, Christine. The dialogic promise: assessing the normative potential of theories of constitutional dialogue. *Brooklyn Law Review*, v. 71, p. 1109-1180, 2006.

BAYÓN, Juan Carlos. ¿Necesita la república deliberativa una justificación epistêmica? *Diritto & Questione Pubbliche – Rivista di Filosofia del Diritto e Cultura Giuridica*, n. 9, 2009.

BENHABIB, Seyla. Sobre um modelo deliberativo de legitimidade democrática. In: WERLE, Denílson Luis; MELO, Rúrion Soares (Orgs.). *Democracia deliberativa*. São Paulo: Singular, Esfera Pública, 2007.

BERCOVICI, Gilberto. A constituição dirigente e a constitucionalização de tudo (ou do nada). In: SOUZA NETO, Cláudio Pereira; SARMENTO, Daniel (Orgs.). *A constitucionalização do direito*: fundamentos teóricos e aplicações específicas. Rio de Janeiro: Lumen Juris, 2007. p. 174.

BERCOVICI, Gilberto. Constituição e política: uma relação difícil. *Lua Nova*, n. 61. p. 5-24, 2004. Disponível em: <http://www.scielo.br/scielo.php?script=sci_arttext&pid=S0102-64452004000100002&lng=en&nrm=iso>.

BERCOVICI, Gilberto. *Desigualdades regionais, Estado e Constituição*. São Paulo: Max Limonad, 2003.

BERCOVICI, Gilberto. Estado, Soberania e Projeto Nacional de Desenvolvimento: breves indagações sobre a Constituição de 1988. *Revista Latinoamericana de Estudos Constitucionais*, n. 1, jan./ jun. 2003.

BERCOVICI, Gilberto. *Soberania e Constituição*: para uma crítica do constitucionalismo. São Paulo: Quartier Latin, 2008.

BICKEL, Alexander M. *Supreme court and the idea of progress*. New Haven: Yale University Press, 1970.

REFERÊNCIAS | 251

BICKEL, Alexander M. *The least dangerous branch*: the Supreme Court at the bar of politics. 2. ed. New Heaven: Yale University Press, 1986.

BICKEL, Alexander M. *The morality of consent*. New Haven: Yale University Press, 1975.

BIGONHA, Antonio Carlos Alpino; MOREIRA, Luiz. *Legitimidade da jurisdição constitucional*. Rio de Janeiro: Lumen Juris, 2010.

BINENBOJM, Gustavo. *A nova jurisdição constitucional brasileira*: legitimidade democrática e instrumentos de realização. 2. ed. Rio de Janeiro: Renovar, 2004.

BODIN, Jean. *Los seis libros de la Republica*. Tradução Gaspar de Añastro Isunza. Madrid: Centro de Estudios Constitucionales, 1992.

BONAVIDES. Paulo. Constitucionalismo e social democracia. In: Congreso de Derecho Constitucional y VI Congreso Nacional de Derecho Constitucional. 06 a 10 de febrero de 2006. *Anais...* Universidad Nacional Autónoma de México (UNAM), México.

BONAVIDES. Paulo. *Curso de direito constitucional*. 19. ed. São Paulo: Malheiros, 2006.

BONAVIDES. Paulo; ANDRADE, Paes de. *História constitucional do Brasil*. Brasília: OAB Editora, 2008.

BONAVIDES. Paulo. *Teoria constitucional da democracia participativa*: por um direito constitucional de luta e resistência; por uma nova hermenêutica; por uma repolitização da legitimidade. 3. ed. São Paulo: Malheiros, 2008.

BRANDÃO, Rodrigo. *Supremacia judicial versus diálogos constitucionais*: a quem cabe a última palavra sobre o sentido da constituição? Rio de Janeiro: Lumen Juris, 2012.

BURDEAU, Georges. *Traité de sciences politiques*. Paris: LGDJ, 1983. v. IV.

BURKE, Edmund. *Reflections on the revolution in France*. Indianapolis/Cambridge: Hackett Publishing Company, 1987.

CANOTILHO, José Joaquim Gomes. *Constituição dirigente e vinculação do legislador*. 2. ed. Coimbra: Coimbra Editora, 2001.

CANOTILHO, José Joaquim Gomes. *Direito constitucional e teoria da Constituição*. 7. ed. Coimbra: Almedina, 2003.

CALAZANS, Paulo Murilo. A liberdade de expressão como expressão da liberdade. In: VIEIRA, José Ribas (Org.). *Temas de constitucionalismo e democracia*. Rio de Janeiro: Renovar, 2003.

CARBONEL, Miguel. *Neoconstitucionalismo(s)*. Madrid: Trotta, 2003.

CARBONEL, Miguel; JARAMILLO, Leonardo García (Eds.). *El canon neoconstitucional*. Bogotá: Universidad Externado de Colombia, 2010.

CARVALHO, Flávia Martins de; VIEIRA, José Ribas (Orgs.). *Desafios da Constituição*: democracia e Estado no Século XXI. Rio de Janeiro: UFRJ, 2011.

CHUEIRI, Vera Karam de. *Before the law*: philosophy and literature (the experience of that which one cannot experience). Michigan: UMI, 2005.

CHUEIRI, Vera Karam de; SAMPAIO, Joanna Maria de Araújo. Coerência, integridade e decisões judiciais. *Revista Nomos*, v. 32, p. 177-200, 2012.

CHUEIRI, Vera Karam de; GODOY, Miguel Gualano de. Constitucionalismo e democracia: soberania e poder constituinte. *Revista Direito FGV*, v. 6, n. 1, 2010.

CHUEIRI, Vera Karam de. Constitucionalismo social: a influência das constituições de Weimar e Mexicana de 1917. In: Seminário Internacional Trabalho e Constituição – Comemorativo aos 90 anos da Constituição de Weimar: O Direito do Trabalho e as Crises Capitalistas. 23 a 24 de junho de 2010. *Anais da Escola da Associação dos Magistrados do Trabalho do Paraná*. Curitiba, Paraná, Brasil.

CHUEIRI, Vera Karam de. *Filosofia do direito e modernidade*: Dworkin e a possibilidade de um discurso instituinte de direitos. Curitiba: JM, 1995.

CHUEIRI, Vera Karam de. Nas trilhas de Carl Schmitt (ou nas teias de Kafka): soberania, poder constituinte e democracia radical. In: FONSECA, Ricardo Marcelo (Org.). *Repensando a teoria do Estado*. Belo Horizonte: Fórum, 2004

CHUEIRI, Vera Karam de. O discurso do constitucionalismo: governo das leis versus governo do povo. In: FONSECA, Ricardo Marcelo. (Org.). *Direito e discurso*. Florianópolis: Boiteux, 2006.

CHUEIRI, Vera Karam de; FACHIN, Melina Girardi. Dworkin e a tentativa de um constitucionalismo apaziguado. *Revista Brasileira de Direito Constitucional*, v. 2 jan./ jun. 2006.

CITADINO, Gisele. *Pluralismo, direito e justiça distributiva*: elementos da filosofia constitucional contemporânea. Rio de Janeiro: Lumen Juris, 2009.

CLÈVE, Clèmerson Merlin. *A fiscalização abstrata da constitucionalidade no direito brasileiro*. 2. ed. São Paulo: Revista dos Tribunais, 2000.

CLÈVE, Clèmerson Merlin. *Atividade legislativa do Poder Executivo*. 3. ed. São Paulo: Revista dos Tribunais, 2011.

CLÈVE, Clèmerson Merlin. A teoria constitucional e o direito alternativo. In: *Uma vida dedicada ao direito*: homenagem a Carlos Henrique de Carvalho – o editor dos juristas. São Paulo: RT, 1995.

CLÈVE, Clèmerson Merlin. *Direito constitucional brasileiro*. São Paulo: Revista dos Tribunais, 2014. v. I, II e III.

CLÈVE, Clèmerson Merlin; FREIRE, Alexandre (Orgs.). *Direitos fundamentais e jurisdição constitucional*. São Paulo: Revista dos Tribunais, 2014.

CLÈVE, Clèmerson Merlin. *Fidelidade partidária e impeachment*: estudo de caso. 2. ed. Curitiba: Juruá, 2012.

CLÈVE, Clèmerson Merlin. *Medidas provisórias*. 3. ed. São Paulo: Revista dos Tribunais, 2010.

CLÈVE, Clèmerson Merlin. *O direito e os direitos*: elementos para uma crítica do direito contemporâneo. Belo Horizonte: Fórum, 2011.

CLÈVE, Clèmerson Merlin. *Para uma dogmática constitucional emancipatória*. Belo Horizonte: Fórum, 2012.

CLÈVE, Clèmerson Merlin. *Soluções práticas de direito*: pareceres. São Paulo: Revista dos Tribunais, 2012. v. I e II

CLÈVE, Clèmerson Merlin. *Temas de direito constitucional*. 2. ed. Belo Horizonte: Fórum, 2014.

COHEN, Joshua. Deliberation and democracy deliberative. In: PETTIT, Philip; HANLIN, Alan (Orgs.). *The good polity*: normative analysis of the state. London: Blackwell, 1989.

COHEN, Joshua. Deliberation and democratic legitimacy. In: BOHMAN, James; REHG, William (Orgs.). *Deliberative democracy*: essays on reason and politics. Cambridge-Mass, London: MIT Press, 1997.

REFERÊNCIAS | 253

COHEN, Joshua. Democracy and liberty. In: ELSTER, John (Org.). *Deliberative democracy*. Cambridge: Cambridge University Press, 1998.

COHEN, Joshua. Procedimento e substância na democracia deliberativa. In: WERLE, Denilson Luis; MELO, Rúrion Soares (Orgs.). *Democracia deliberativa*. São Paulo: Esfera Pública, 2007.

COLIN, Denise Ratmann Arruda. Assistência social: entre o favor e o direito num contexto de participação política democrática. In: FUKS, Mario; PERISSINOTO, Renato M.; SOUZA, Nelson Rosário de (Orgs.) *Democracia e participação*: os conselhos gestores do Paraná. Curitiba: UFPR, 2004.

CRUZ, Álvaro Ricardo de Souza; DUARTE, Bernardo Augusto Ferreira. *Além do positivismo jurídico*. Belo Horizonte: Arraes, 2013.

CRUZ, Álvaro Ricardo de Souza. *Habermas e o direito brasileiro*. Rio de Janeiro: Lumen Juris, 2008.

CRUZ, Álvaro Ricardo de Souza. *Hermenêutica jurídica e(m) debate*: o constitucionalismo brasileiro entre a teoria do discurso e a ontologia existencial. Belo Horizonte: Fórum, 2007.

CRUZ, Álvaro Ricardo de Souza. *Jurisdição constitucional democrática*. Belo Horizonte: Del Rey, 2004.

CURY, Carlos Roberto Jamil. A constituição de Weimar: um capítulo para a educação. *Educação e Sociedade* [online], v. 19, n. 63, p. 83-104, 1998. Disponível em: <http://www.scielo.br/scielo.php?script=sci_arttext&pid=S0101733019980002000006&lng=en&nrm=iso>.

DALLMAYR, Fred. Para além da democracia fugidia: algumas reflexões modernas e pós-modernas. In: SOUZA, Jessé. (Org.) *Democracia hoje*: novos desafios para a teoria democrática contemporânea. Brasília: UNB, 2000.

DERRIDA, Jacques. *Força de lei*: o fundamento místico da autoridade. Tradução Leyla Perrone-Moisés. São Paulo: Martins Fontes, 2007.

DUFF, Antony. *Punishment, communication and community*. Oxford: Oxford University Press, 2001.

DUSSEL, Enrique. Ética *da libertação*: na idade da globalização e da exclusão. Tradução Ephraim Ferreira Alves, Jaime A. Clasen e Lúcia M.E. Orth. Petrópolis: Vozes, 2007.

DUSSEL, Enrique. *20 teses de política*. Tradução Rodrigo Rodrigues. São Paulo: Expressão Popular, 2007.

DWORKIN, Ronald. *A matter of principle*. Cambridge: Harvard University Press, 1985.

DWORKIN, Ronald. *A virtude soberana*: a teoria e a prática da igualdade. Tradução Jussara Simões. São Paulo: Martins Fontes, 2005.

DWORKIN, Ronald. *Freedom's law*. Cambridge: Harvard University Press, 1996.

DWORKIN, Ronald. *Law's empire*. London: Fontana Press, 1986.

DWORKIN, Ronald. *Levando os direitos a sério*. Tradução Jefferson Luiz Camargo. 2. ed. São Paulo: Martins Fontes, 2007.

DWORKIN, Ronald. *O direito da liberdade*: a leitura moral da constituição norte-americana. Tradução Marcelo Brandão Cipolla. São Paulo: Martins Fontes, 2006.

DWORKIN, Ronald. *O império do direito*. Tradução Jefferson Luiz Camargo. São Paulo: Martins Fontes, 2007.

DWORKIN, Ronald. Rights as trumps. In: WALDRON, Jeremy. *Theories of rights*. Oxford: University Press, 1984.

DWORKIN, Ronald. *Sovereign virtue*. Cambridge and London: Harvard University Press, 2000.

DWORKIN, Ronald. *Taking rights seriously*. Cambridge: Harvard University Press, 1982.

DWORKIN, Ronald. *Uma questão de princípio*. Tradução Luis Carlos Borges. 2. ed. São Paulo: Martins Fontes, 2005.

ELY, John Hart. *Democracia y desconfianza*. Tradução Magdalena Holguín. Bogotá: Siglo del Hombre, 1997.

ELY, John Hart. *Democracy and distrust*: a theory of judicial review. Cambridge and London: Harvard University Press, 1980.

ELSTER, Jon. *Deliberative democracy*. Cambridge: Cambridge University Press, 1998.

ELSTER, Jon. O mercado e o fórum: três variações na teoria política. In: WERLE, Denílson Luís; MELO, Rúrion Soares (Orgs.). *Democracia deliberativa*. São Paulo: Singular, Esfera Pública, 2007.

ELSTER, Jon. *Ulysses and the sirens*: studies in rationality and irrationality. Cambridge: Cambridge University Press, 1993.

FIORAVANTI, Maurizio. *Constitución*: de la antigüedad a nuestros días. Tradução Manuel Martínez Neira. Madrid: Trotta, 2001.

FIORAVANTI, Maurizio. *Constituzionalismo*: percorsi della storia e tendenze atualli. Bari: Laterza & Figli, 2009.

FIORAVANTI, Maurizio. *Los derechos fundamentales*: apuntes de historia de las constituciones. Tradução Manuel Martinez Neira. Madrid: Trota, 2003.

FISHER, Louis, *Constitutional dialogues*: interpretation as political process. Princeton: Princeton University Press, 1988.

FISHKIN, James S; ACKERMAN, Bruce. *Deliberation day*. New Haven and London: Yale University Press, 2004.

FISHKIN, James S. *Democracy and deliberation*: new directions for democratic Reform. New Haven and London: Yale University Press, 1991.

FISHKIN, James S. *The voice of the people*: public opinion & democracy. New Haven and London: Yale University Press, 1995.

FISHKIN, James S. *When the people speak*: deliberative democracy & public consultation. New York: Oxford University Press, 2009.

FONSECA, Ricardo Marcelo. *Introdução teórica à história do Direito*. Curitiba: Juruá, 2009.

FRIEDMAN, Barry. Constitucionalismo popular mediado. *Revista Jurídica de la Universidad de Palermo*, año 6, n. 1, p. 123-160, 2005.

FRIEDMAN, Barry. Dialogue and Judicial Review. *Michigan Law Review*, v. 91, p. 577-682, 1993.

FRIEDMAN, Barry. Mediated popular constitutionalism. *Michigan Law Review*, v. 101, p. 2595-2632, 2003.

FRIEDMAN, Barry. *The will of the people*: how public opinion has influenced the supreme court and shaped the meaning of the Constitution. New York: Farrar, Strauss and Giroux, 2009.

FUKS, Mario; PERISSINOTO, Renato M.; SOUZA, Nelson Rosário de. (Orgs.). *Democracia e participação*: os conselhos gestores do Paraná. Curitiba: UFPR, 2004.

REFERÊNCIAS | 255

FUKS, Mario. Democracia e participação no Conselho Municipal de Saúde de Curitiba (1999-2001). In: FUKS, Mario; PERISSINOTO, Renato M.; SOUZA, Nelson Rosário de. (Orgs.). *Democracia e participação*: os conselhos gestores do Paraná. Curitiba: UFPR, 2004.

FUNG, Archon; WRIGHT, Erik Olin (Orgs.). *Deepening democracy*: institutional innovations in empowered participatory governance. London/ New York: Verso, 2003.

FUNG, Archon. Receitas para esferas públicas: oito desenhos institucionais e suas conseqüências. In: COELHO, Vera Schattan P.; NOBRE, Marcos (Orgs.). *Participação e deliberação*: teoria democrática e experiências institucionais no Brasil contemporâneo. São Paulo: Editora 34, 2004.

GARDBAUM, Stephen. The new commonwealth model of constitutionalism. *American Journal of Comparative Law*, v. 49, n. 4, p. 707-760, 2001.

GARGARELLA, Roberto. *Carta abierta sobre la intolerância*: apuntes sobre derecho y protesta. Buenos Aires: Club de Cultura Socialista José Aricó, 2006.

GARGARELLA, Roberto. Constitución y democracia. In: ALBANESE, Susana. et al. (Orgs.). *Derecho constitucional*. Buenos Aires: Editorial Universidad, 2004.

GARGARELLA, Roberto. *Crítica de la Constitución*: sus zonas oscuras. Buenos Aires: Capital Intelectual, 2004.

GARGARELLA, Roberto. *Crisis de la representación política*. México: Fontamara, 1999.

GARGARELLA, Roberto. *De la injusticia penal a la justicia social*. Bogotá: Siglo del Hombre, 2008.

GARGARELLA, Roberto. ¿Democracia deliberativa y judicialización de los derechos sociales? In: GARGARELLA, Roberto; ALEGRE, Marcelo (Orgs.). *El derecho a la igualdad*: aportes para un constitucionalismo igualitario. Buenos Aires: Lexis Nexis, 2007.

GARGARELLA, Roberto. *Derecho y grupos desaventajados*. Barcelona: Gedisa, 1999.

GARGARELLA, Roberto. Dialogic justice in the context of a deliberative democracy. In: GARCÍA, Helena Alviar; KLARE, Karl; WILLIAMS, Lucy A. (Orgs). *Social and economic rights in theory and practice*: a critical assessment. London/ New York: Routledge, 2015.

GARGARELLA, Roberto. El constitucionalismo según John Rawls. *Araucaria - Revista Iberoamericana de Filosofía, Política y Humanidades*, v. 14, 2005.

GARGARELLA, Roberto. *El derecho a la protesta*: el primer derecho. Buenos Aires: Ad-Hoc, 2005.

GARGARELLA, Roberto. *El derecho a resistir el derecho*. Buenos Aires: Miño y Dávila, 2005.

GARGARELLA, Roberto. El nuevo constitucionalismo dialógico frente al sistema de los frenos y contrapesos. In: GARGARELLA, Roberto (Org.). *Por una justicia dialógica*: el poder judicial como promotor de la deliberación democrática. Buenos Aires: Siglo XXI, 2014.

GARGARELLA, Roberto. El nuevo constitucionalismo dialógico frente al sistema de los frenos y contrapesos. *Revista Argentina de Teoría Jurídica*, v. 14, n. 2, 2013.

GARGARELLA, Roberto. *La justicia frente al gobierno*: sobre el carácter contramayoritario del poder judicial. Barcelona: Ariel, 1996.

GARGARELLA, Roberto. La república deliberativa de José Luis Martí. *Diritto & Questione Pubbliche – Rivista di Filosofia del Diritto e Cultura Giuridica*, n. 9, 2009.

GARGARELLA, Roberto. *La sala de máquinas de la Constitución*: dos siglos de constitucionalismo en América Latina (1810-2010). Buenos Aires: Katz, 2014.

GARGARELLA, Roberto. *Latin American Constitutionalism 1810-2010*: the engine room of the Constitution. Oxford: Oxford University Press, 2013.

GARGARELLA, Roberto. *Los fundamentos legales de la desigualdade*: el constitucionalismo en América (1776-1860). Buenos Aires: Siglo XXI, 2008.

GARGARELLA, Roberto. *Nos los representantes*: critica a los fundamentos del sistema representativo. 2. ed. Buenos Aires: Miño y Dávila, 2010.

GARGARELLA, Roberto. ¿Por qué estudiar el constitucionalismo popular en América Latina? In: ALTERIO, Ana Micaela; ORTEGA, Roberto Niembro (Orgs.). *Constitucionalismo popular en Latinoamérica*. México: Porrúa, 2013.

GARGARELLA, Roberto (Org.). *Por una justicia dialógica*: El poder judicial como promotor de la deliberación democrática. Buenos Aires: Siglo XXI, 2014.

GARGARELLA, Roberto (Org.). *Teoría y crítica del derecho constitucional*. Buenos Aires: Abeledo Perrot, 2008. t. 1.

GODOY, Miguel Gualano de. *Constitucionalismo e democracia*: uma leitura a partir de Carlos Santiago Nino e Roberto Gargarella. São Paulo: Saraiva, 2012.

GODOY, Miguel Gualano de; CHUEIRI, Vera Karam de. Constitucionalismo e democracia: soberania e poder constituinte. *Revista Direito FGV*, v. 6, n. 1, 2010.

GODOY, Miguel Gualano de; CHUEIRI, Vera Karam de. Quem detém a última palavra sobre o significado da Constituição: a PEC 33, seus limites e possibilidades. *Jornal Gazeta do Povo*. Curitiba, 10 mai. 2013. Disponível em: <http://www.gazetadopovo.com.br/vidapublica/justica-direito/artigos/conteudo.phtml?id=1370813&tit=Quem-detem-a-ultima-palavra-sobre-o-significado-da-Constituicao>.

GUTMAN, Amy; THOMPSON, Dennis. *Democracy and disagreement*: why moral conflict cannot be avoid in politics, and what should be done about it. Cambridge: Belknap Press of Harvard University Press, 1996.

GRAU, Eros Roberto. *A ordem econômica na Constituição de 1988*. 14. ed. São Paulo: Malheiros, 2010.

GRAU, Eros Roberto. *O direito posto e o direito pressuposto*. 8. ed. São Paulo: Malheiros, 2011.

GROSSI, Paolo. Para além do subjetivismo jurídico moderno. In: FONSECA, Ricardo Marcelo; SEELAENDER, Airton Cerqueira Leite (Orgs.). *História do direito em perspectiva*: do antigo regime à modernidade. Curitiba: Juruá, 2008.

GÜNTHER, Klaus. *Teoria da argumentação no direito e na moral*: justificação e aplicação. Tradução Cláudio Molz. São Paulo: Landy, 2004.

GÜNTHER, Klaus. Un concepto normativo de coherencia para una teoría de la argumentación jurídica, *Doxa Publicaciones Periódicas*, n. 17-18, 1995. Disponível em: <http://www.cervantes-virtual.com/servlet/SirveObras/doxa/01371630344505945212257/cuaderno17/doxa17_12.pdf>.

HABERMAS, Jürgen. *Between facts and norms*. Tradução William Rehg. Cambridge: MIT Press, 1996.

HABERMAS, Jürgen *Consciência moral e agir comunicativo*. Tradução Guido de Almeida. Rio de Janeiro: Tempo Brasileiro, 1989.

HABERMAS, Jürgen. *Direito e democracia*: entre facticidade e validade. Tradução Flávio Beno S. Rio de Janeiro: Tempo Brasileiro, 1997. v. I, v. II.

HABERMAS, Jürgen. *A inclusão do outro*: estudos de teoria política. Tradução George Sperber, Paulo Astor Soethe e Milton Camargo Mota. São Paulo: Loyola, 2002.

HABERMAS, Jürgen. *Teoría de la acción comunicativa*. Tradução Manuel Jimenéz Rendondo. Madrid: Taurus, 1987.

HAIGH, Richard; SOBKIN, Michael. Does the observer have an effect?: an analysis of the use of the dialogue metaphor in Canada's Courts. *Osgood Hall Law Journal*, v. 37, n. 3, 1999.

HAMILTON, Alexander. *Os federalistas*. Tradução Leônidas Gontijo de Carvalho, A. Della Nina, J. A. G. Albuquerque; Francisco C. Weffort. 2. ed. São Paulo: Abril Cultural, 1979.

HAMILTON, Alexander. *The federalist*. Cambridge: Harvard University Press, 2009.

HART, Herbert Lionel Adolphus. *The concept of law*. Oxford: Clarendon Press, 1975.

HESPANHA, António Manuel. *Cultura jurídica européia*: síntese de um milênio. Florianópolis: Fundação Boiteux, 2005.

HESPANHA, António Manuel. *Justiça e litigiosidade*: história e perspectiva. Lisboa: Fundação Calouste Gulbenkian, 1993.

HIEBERT, Janet. *Charter conflicts*: what is Parliament's role? Québec: McGill-Queens University Press, 2004.

HIRSCHL, Ran. *Towards juristocracy*: the origins and consequences of the new constitutionalism. Cambridge: Harvard University Press, 2004.

HOBBES, Thomaz. *O Leviatã*. Tradução João Paulo Monteiro, Maria Beatriz Nizza da Silva. São Paulo: Martins Fontes, 2003.

HOGG, Peter Wardell; THORNTON, Alison A. Bushell; WRIGTH, Wade K. *Charter* dialogue revisted or "Much ado about metaphors". *Osgood Hall Law Journal*, v. 45. n. 1, 2007.

HOGG, Peter Wardell. *Constitutional law of Canadá*. 3. ed. Toronto: Carswell, 1992.

HOGG, Peter Wardell; THORNTON, Alisson A. Reply to "Six degrees of dialogue". *Osgood Hall Law Journal*, v. 45, n. 1, 2007.

HOGG, Peter Wardell; BUSHELL, Alison A. The charter dialogue between courst and legislatures (or perhaps The charter of rigths isn't such a bad thing after all). *Osgood Hall Law Journal*, v. 35. n. 1, 1997.

JARAMILLO, Leonardo García; CARBONEL, Miguel (Eds.). *El canon neoconstitucional*. Bogotá: Universidad Externado de Colombia, 2010.

JARAMILLO, Leonardo García. Introdução. In: POST, Robert C.; SIEGEL, Reva B. *Constitucionalismo democratico*: por una reconciliación entre Constitución y pueblo. Tradução Leonardo García Jaramillo. Buenos Aires: Siglo XXI, 2013.

JARAMILLO, Leonardo García. La democracia deliberativa en las sociedades semiperiféricas: una apología. *Jurídicas*, v. 3, n. 2, p. 198-233, 2006.

KAHANA, Tsvi. Understanding the notwithstanding mechanism. *The University of Toronto Law Journal*, v. 52. n. 2, 2002.

KELSEN, Hans. *Jurisdição constitucional*. Tradução Alexandre Krug; Eduardo Brandão e Maria E. A. P. Galvão. 2. ed. São Paulo: Martins Fontes, 2007.

KELSEN, Hans. *Teoria pura do direito*. Tradução João Baptista Machado. 6. ed. São Paulo: Martins Fontes, 1998.

KOZICKY, Katya. Democracia deliberativa: a recuperação do componente moral na esfera pública. *Revista da Faculdade de Direito da UFPR*, v. 41, 2004.

KOZICKY, Katya. *Herbert Hart e o positivismo jurídico*: textura aberta do direito e discricionariedade judicial. Curitiba: Juruá, 2014.

KRAMER, Larry. *Constitucionalismo popular y control de constitucionalidad*. Tradução Paola Bergallo. Madrid: Marcial Pons, 2011.

KRAMER, Larry. *The people themselves*: popular constitutionalism and judicial review. New York: Oxford University Press, 2004.

KRELL, Andréas J. Controle judicial dos serviços públicos básicos na base dos direitos fundamentais sociais. In: SARLET, Ingo Wolfgang (Org.). *A Constituição concretizada*: construindo pontes entre o público e o privado. Porto Alegre: Livraria do Advogado, 2000.

KRELL, Andréas J. *Direitos sociais e controle judicial no Brasil e na Alemanha*: os (des)caminhos de um direito constitucional comparado. Porto Alegre: S. A. Fabris, 2002.

KUKATHAS, Chandran; PETIT, Philip. Rawls: *"Uma teoria da justiça" e os seus críticos*. Tradução Maria Carvalho. Lisboa: Gradiva, 1995.

LASSALE, Ferdinand. *A essência da Constituição*. 3. ed. Rio de Janeiro: Liber Juris, 1988.

LEFORT, Claude. *A invenção democrática*: os limites do totalitarismo. São Paulo: Brasiliense, 1981.

LOCKE, John. *Segundo tratado sobre o governo*: ensaio relativo à verdadeira oriegem, extensão e objetivo do governo civil. Tradução E. Jacy Monteiro. São Paulo: Abril Cultural, 1973.

MADISON, James. *Os federalistas*. Tradução Leônidas Gontijo de Carvalho e A. Della Nina; J. A. G. Albuquerque; Francisco C. Weffort. 2. ed. São Paulo: Abril Cultural, 1979.

MADISON, James. *The federalist*. Cambridge: Harvard University Press, 2009.

MANFREDI, Christopher; KELLY, James. Six degrees of dialogue: a response to Hogg and Bushell. *Osgoode Hall Law Journal*, v. 37, n. 3, 1999.

MARTÍ, José Luis. *La república deliberativa*: una teoría de la democracia. Madri: Marcial Pons, 2006.

MAUS, Ingeborg. Separação dos poderes e função judiciária. In: BIGONHA, Antonio Carlos Alpino; MOREIRA, Luiz. *Legitimidade da jurisdição constitucional*. Rio de Janeiro: Lumen Juris, 2010.

MELO Rúrion Soares; WERLE, Denílson Luis (Orgs.). *Democracia deliberativa*. São Paulo: Esfera Pública, 2007.

MENDES, Conrado Hübner. *Constitutional courts and deliberative democracy*. Oxford: Oxford University Press, 2013.

MENDES, Conrado Hübner. *Controle de constitucionalidade e democracia*. Rio de Janeiro: Elsevier, 2008.

MENDES, Conrado Hübner. *Direitos fundamentais, separação de poderes e deliberação*. São Paulo: Saraiva, 2011.

MENDES, Conrado Hübner; SILVA, Luís Virgílio Afonso da. Habermas e a jurisdição constitucional. In: NOBRE, Marcos; TERRA, Ricardo. *Direito e democracia*: um guia de leitura de Habermas. São Paulo: Malheiros, 2008.

REFERÊNCIAS | 259

MENDES, Conrado Hübner. Onze ilhas. *Jornal Folha de São Paulo*, Caderno Opinião, São Paulo, 01 fev. 2010.

MENDES, Gilmar Ferreira; COELHO, Inocêncio Mártires; BRANCO, Paulo Gustavo Gonet. *Curso de direito constitucional*. São Paulo: Saraiva, 2007.

MENDES, Gilmar Ferreira. *Jurisdição constitucional*: o controle abstrato de normas no Brasil e na Alemanha. 5. ed. São Paulo: Saraiva, 2009.

MICHELMAN, Frank. *Excerpts from Brennan and democracy*. Princeton University Press : Princeton/ New Jersey, 1999.

MICHELMAN, Frank. *Brennan and democracy*. New Jersey: Princenton University Press, 1999.

MONTESQUIEU, Charles Louis de Secondat. *Do espírito das leis*. São Paulo: Abril Cultural, 1973.

MORESO, José Juan. Las virtudes epistémicas de la república deliberativa. *Diritto & Questione Pubbliche – Rivista di Filosofia del Diritto e Cultura Giuridica*, n. 9, 2009.

MORO, Sérgio Fernando. *Desenvolvimento e efetivação judicial das normas constitucionais*. São Paulo: Max Limonad, 2001.

MOUFFE, Chantal. *En torno a lo político*. Tradução Soledad Laclau. Buenos Aires: Fondo de Cultura Económica, 2009.

MOUFFE, Chantal; MOUFFE, Chantal. *The chalenge of Carl Schmitt*. London: Verso, 1999.

MOUFFE, Chantal. *The democratic paradox*. New York: Verso, 2000.

MÜLLER, Friedrich. *Quem é o povo?* a questão fundamental da democracia. Tradução Peter Naumann. 4. ed. São Paulo: Revista dos Tribunais, 2009.

NAVES, Aline Lisbôa. *Participação social no controle de constitucionalidade*: a propositura de ações diretas, o *amicus curiae* e as audiências públicas. Belo Horizonte: Fórum, 2013.

NEGRI, Antonio. *O poder constituinte*: ensaio sobre as alternativas da modernidade. Tradução Adriano Pilatti. Rio de Janeiro: DP&A, 2002.

NETO, Menelick de Carvalho. A contribuição do direito administrativo enfocado da óptica do administrado: para uma reflexão acerca dos fundamentos do controle de constitucionalidade das Leis no Brasil: um pequeno exercício de teoria da Constituição. *Revista Fórum Administrativo*, v. 1, n. 1, 2001.

NETO, Menelick de Carvalho; SCOTTI, Guilherme. *Os direitos fundamentais e a (in)certeza do direito*: a produtividade das tensões principiológicas e a superação do sistema de regras. Belo Horizonte: Fórum, 2011.

NEVES, Marcelo. *Entre Têmis e Leviatã*: uma relação difícil. 2. ed. São Paulo: Martins Fontes, 2008.

NINO, Carlos Santiago. *Ética y derechos humanos*: un ensayo de fundamentación. 2. ed. Buenos Aires: Astrea, 2007.

NINO, Carlos Santiago. *Fundamentos de derecho constitucional*: análisis filosófico, jurídico y politológico de la práctica constitucional. Buenos Aires: Astrea, 2005.

NINO, Carlos Santiago. *La constitución de la democracia deliberativa*. Barcelona: Gedisa, 2003.

NINO, Carlos Santiago. *La validez del derecho*. Astrea: Buenos Aires, 2006.

NOVAIS, Jorge Reis. *Direitos fundamentais*: trunfos contra a maioria. Coimbra: Coimbra Editora, 2006.

OLSEN, Ana Carolina Lopes. *Direitos fundamentais sociais*: efetividade frente à reserva do possível. Curitiba: Juruá, 2008.

OQUENDO, Angel. Democracia deliberativa en Nino y Habermas. In: ALEGRE, Marcelo; GARGARELLA, Roberto; ROSENKRANTZ, Carlos F. (Orgs.). *Homenaje a Carlos Santiago Nino*. Buenos Aires: La Ley/Facultad de Derecho-UBA, 2008.

OVEJERO, Félix. ¿Deliberación en dosis? *Diritto & Questione Pubbliche – Rivista di Filosofia del Diritto e Cultura Giuridica*, n. 9, 2009.

PARKER, Richard. *Here, the people rule*: a constitutional populist manifesto. Cambridge: Harvard University Press, 1994.

PETTIT, Philip. *Republicanismo*: una teoría sobre la libertad y el gobierno. Tradução Toni Domènech. Buenos Aires: Paidós, 1999.

PETTIT, Philip; KUKATHAS, ChandRan. *Rawls: "uma teoria da justiça" e os seus críticos*. Tradução Maria Carvalho. Lisboa: Gradiva, 1995.

PICKERILL, J. Mitchell. *Constitutional deliberation in congress*: the impact of judicial review in a separated system. Durham: Duke University Press, 2004.

PILATTI, Adriano. *A Constituinte de 1987-1988*: progressistas, conservadores, ordem econômica e regras do jogo. Rio de Janeiro: Lumen Juris, 2008.

PIOVESAN, Flávia; SOARES, Inês Virgínia Prado. *Direitos humanos atual*. São Paulo: Elsevier, 2014.

POST, Robert C. Democracy, popular sovereignty and judicial review. *California Law Review*, v. 86, 1998.

POST, Robert C.; SIEGEL, Reva B. *Constitucionalismo democrático*: por una reconciliación entre Constitución y pueblo. Tradução Leonardo García Jaramillo. Buenos Aires: Siglo XXI, 2013.

POST, Robert C. Democratic constitutionalism. In: BALKIN, Jack; SIEGEL, Reva B. (Orgs.). *Constitution 2020*. Oxford: Oxford University Press, 2009.

POST, Robert C. Democratic constitutionalism: a reply to Professor Barron. In: *Harvard Law & Policy Review*, v. 1, 2006.

POST, Robert C. *Roe rage*: democratic constitutionalism and backlash. *Harvard Civil-Rights Civil-Liberties Law Review*, v. 42, 2007. p. 373-433.

POST, Robert C. Popular constitutionalism, departmentalism and judicial supremacy. *California Law Review*. v. 92, p. 1027-1044, 2004.

RAWLS, John. A ideia de razão pública revisitada. In: WERLE, Denilson Luis; MELO Rúrion Soares (Orgs.). *Democracia deliberativa*. São Paulo: Esfera Pública, 2007.

RAWLS, John. *A theory of justice*. Cambridge: Harvard University Press, 1971.

RAWLS, John. *Liberalismo político*. Tradução Dinah de Abreu Azevedo. São Paulo: Ática, 2000.

RAWLS, John. *Political liberalism*. New York: Columbia University Press, 1993.

RAWLS, John. *Uma teoria da justiça*. Tradução Jussara Simões. 3. ed. São Paulo: Martins Fontes, 2008.

REPOLÊS, Maria Fernanda. *Habermas e a desobediência civil*. Belo Horizonte: Mandamentos, 2003.

RIBEIRO, Renato Janine. Hobbes e a esperança. In: WEFFORT, Francisco C. (Org.). *Os clássicos da política*. 14. ed. São Paulo: Ática, 2006.

REFERÊNCIAS | 261

ROACH, Kent. *The Supreme Court on trial*: judicial activism or democratic dialogue. Irwin Law, 2001.

RODRIGUEZ, José Rodrigo. *Como decidem as cortes?* para uma crítica do direito (brasileiro). Rio de Janeiro: Editora FGV, 2013.

ROSENFELD, Michel; ARATO; Andrew (Ed.). Paradigms of law. *Habermas on law and democracy*: critical exchanges. California: University of California Press, 1998.

ROSSI, Amélia do Carmo Sampaio. *Neoconstitucionalismo*: ultrapassagem ou releitura do positivismo jurídico? Curitiba: Juruá, 2011.

ROUSSEAU, Jean Jacques. *Do contrato social*. Tradução Lourdes Santos Machado. São Paulo: Abril Cultural, 1973.

ROSENFELD, Michel. *A identidade do sujeito constitucional*. Tradução Menelick de Carvalho Netto. Belo Horizonte: Mandamentos, 2003.

ROSSETTI, Andress. El derecho a la protesta social (o sobre la "flexibilidad" de los derechos). In: *Anuario IX del Centro de Investigaciones Jurídicas de la Facultad de Derecho y Ciencias Sociales de la Universidad Nacional de Córdoba*. Córdoba: Imprenta Universitaria, 2006.

SALGADO. Eneida Desiree. *Constituição e democracia*: tijolo por tijolo em um desenho (quase) lógico: vinte anos de construção do projeto democrático brasileiro. Belo Horizonte: Fórum, 2007.

SALGADO. Eneida Desiree. *Princípios constitucionais eleitorais*. Belo Horizonte: Fórum, 2010.

SAMPAIO, José Adércio Leite. *A constituição reinventada pela jurisdição constitucional*. Belo Horizonte: Del Rey, 2002.

SARLET, Ingo Wolfgang. *A eficácia dos direitos fundamentais*. 9. ed. Porto Alegre: Livraria do Advogado, 2008.

SARLET, Ingo Wolfgang (Org.). *A Constituição concretizada*: construindo pontes entre o público e o privado. Porto Alegre: Livraria do Advogado, 2000.

SARMENTO, Daniel. O neoconstitucionalismo no Brasil: riscos e possibilidades. In: SARMENTO, Daniel (Org.). *Filosofia e teoria constitucional contemporânea*. Rio de Janeiro: Lumen Juris, 2009.

SARMENTO, Daniel. *A ponderação de interesses na Constituição Federal*. Rio de Janeiro: Lumen Juris, 2002.

SCHEVISBISKI, Renata S.; SALES, Márcio R. da P.; FUKS, Mario. O controle social na política de saúde: um estudo sobre o Conselho Municipal de Saúde de Curitiba (1991-2001). In: FUKS, Mario; PERISSINOTO, Renato M.; SOUZA, Nelson Rosário de (Orgs.). *Democracia e participação*: os conselhos gestores do Paraná. Curitiba: UFPR, 2004.

SCHMITT, Carl. *A crise da democracia parlamentar*. Tradução Inês Lohbauer. São Paulo: Scritta, 1996.

SCHMITT, Carl. *La defensa de la Constitución*. Tradução Manuel Sanchez Sarto. 2. ed. Madrid: Tecnos, 1998.

SCHMITT, Carl. *Teologia política*. Tradução Elisete Antoniuk. Belo Horizonte: Del Rey, 2006.

SCHMITT, Carl. *Teoría de la Constitución*. Tradução Francisco Ayala. Madrid: Alianza, 1992.

SIEYÉS, Emmanuel Joseph. *A constituinte burguesa*: que é o terceiro estado? Tradução Norma Azeredo. 3. ed. Rio de Janeiro: Lumen Juris, 1997.

SILVA, Cecília de Almeida. et al. *Diálogos institucionais e ativismo*. Curitiba: Juruá, 2012.

SILVA, José Afonso da. *Aplicabilidade das normas constitucionais*. 3. ed. São Paulo: Malheiros, 1998.

SILVA, Virgílio Afonso da. *A constitucionalização do direito*: os direitos fundamentais nas relações entre particulares. São Paulo: Malheiros, 2005.

SILVA, Virgílio Afonso da. *Direitos fundamentais*: conteúdo essencial, restrições e eficária. 2. ed. São Paulo: Malheiros, 2011.

SILVA, Virgílio Afonso da; MENDES, Conrado Hubner. Habermas e a jurisdição constitucional. In: NOBRE, Marcos; TERRA, Ricardo (Orgs.). *Direito e democracia*: um guia de leitura de Habermas. São Paulo: Malheiros, 2008.

SILVA NETO, Casimiro Pedro da. *A construção da democracia*: síntese histórica dos grandes momentos da Câmara dos Deputados, das assembléias nacionais constituintes e do Congresso Nacional. Brasília: Câmara dos Deputados/ Coordenação de Publicações, 2003.

SOUZA NETO, Cláudio Pereira de; SARMENTO, Daniel (Orgs.). *A constitucionalização do direito*: fundamentos teóricos e aplicações específicas. Rio de Janeiro: Lumen Juris, 2007.

SOUZA NETO, Cláudio Pereira de; SARMENTO, Daniel. *Direito constitucional*: teoria, história e métodos de trabalho. Belo Horizonte: Fórum, 2013.

SOUZA NETO, Cláudio Pereira de. Fundamentação e normatividade dos direitos fundamentais: uma reconstrução teórica à luz do princípio democrático. In: BARROSO, Luís Roberto (Org.). *A nova interpretação constitucional*: ponderação, direitos fundamentais e relações privadas. Rio de Janeiro: Renovar, 2003.

SOUZA NETO, Cláudio Pereira de. *Teoria constitucional e democracia deliberativa:* um estudo sobre o papel do direito na garantia das condições para a cooperação na deliberação democrática. Rio de Janeiro: Renovar, 2006.

STORING, Herbert. J. *The complete anti-federalist*. Chicago: The University of Chicago Press, 1981. v. I.

STRECK, Lênio Luiz. *Hermenêutica jurídica em crise*: uma exploração hermenêutica da construção do Direito. 11. ed. Porto Alegre: Livraria do Advogado, 2014.

SUNSTEIN, Cass. *Acuerdos carentes de una teoría constitucional completa en derecho constitucional y otros ensayos*. Tradução Alicia María Fernández. Cali: Universidad Icesi, 2010.

SUNSTEIN, Cass. *A Constituição parcial*. Tradução Manassés Teixeira Martins e Rafael Triginelli. Belo Horizonte: Del Rey, 2009.

SUNSTEIN, Cass. *A Constitution of many minds*: why the founding document doesn't mean what it meant before. Princeton: Princeton University Press, 2009.

SUNSTEIN, Cass. Burkean minimalism. *Michigan Law Review,* v. 105, n. 2, p. 353-408, 2006.

SUNSTEIN, Cass. *Constitutional personae*. New York: Oxford University Press, 2015.

SUNSTEIN, Cass. Incompletely theorized agreements in constitutional law. *Chicago Public Law and Legal Theory Working Paper* n. 147. Disponível em: <http://www.law.uchicago.edu/files/files/147.pdf>.

SUNSTEIN, Cass. Interest groups in american public law. *Stanford Law Review,* v. 38, n. 1, p. 29-87, 1985.

SUNSTEIN, Cass, VERMEULE, Adrian. Interpretation and institutions. *Michigan Law Review,* v. 101, n. 4, p. 885-951, 2003.

REFERÊNCIAS | 263

SUNSTEIN, Cass. *One case at a time*: judicial minimalism on the Supreme Court. Cambridge: Harvard University Press, 2001

SUNSTEIN, Cass. *The second bill of rights*: Franklin Delano Roosevelt's unfinished revolution and why we need it more than ever. New York: Basic Books, 2004.

SUNSTEIN, Cass. *Why societies need dissent*. Cambridge: Harvard University Press, 2003.

SUPREMO TRIBUNAL FEDERAL. *A Constituição e o Supremo*. 4. ed. Brasília: Secretaria de Documentação/Supremo Tribunal Federal, 2011.

SWEET, Alec Stone. *Governing with judges*: constitutional politics in Europe. Nova York: Oxford University Press, 2000.

TERSMAN, Folke. *Moral disagreement*. Cambridge: Cambridge University Press, 2006.

TORRES, Ricardo Lobo. O mínimo existencial, os direitos sociais e a reserva do possível. In: NUNES, António José Avelãs; COUTINHO, Jacinto Nelson de Miranda (Orgs.). *Diálogos constitucionais*: Brasil/Portugal. Rio de Janeiro: Renovar, 2004.

TUSHNET, Mark. *Constitucionalismo y judicial review*. Tradução Manuel Chuquillanqui G. Lima: Palestra, 2013.

TUSHNET, Mark. *¿Por qué la Constitución importa?* Tradução Alberto Supelano. Bogotá: Universidad Externado de Colombia, 2012.

TUSHNET, Mark. *Taking the Constitution away from the Courts*. Princeton: Princeton University Press, 1999.

TUSHNET, Mark. The jurisprudence of constitutional regimes: Alexander Bickel and Cass Sunstein. In: WARD, Kenneth D.; CATILLO, Cecilia R. (Eds.). *The judiciary and american democracy*: Alexander Bickel, the countermajoritarian difficulty, and contemporary constitutional theory. Albany: State Universitie of New York, 2005.

TUSHNET, Mark. *Weak courts, strong rights*: judicial review and social wealfare rights in comparative constitutional law. Princeton: Princeton University Press, 2008.

TUSHNET, Mark. *Why the constitution matters?* New Haven: Yale University Press, 2010.

UNGER, Roberto Mangabeira. *Necessidades falsas*: introdução a uma teoria social antideterminista a serviço da democracia radical. São Paulo: Boitempo, 2005.

UNGER, Roberto Mangabeira. *O Direito e o futuro da Democracia*. São Paulo: Boitempo, 2004.

UNGER, Roberto Mangabeira. *O que a esquerda deve propor*. Rio de Janeiro: civilização brasileira, 2008.

UNGER, Roberto Mangabeira. *What should legal analysis become?* London: Verso Press, 1996.

VALLE, Vanice Regina Lírio do (Org.). *Audiências públicas e ativismo*: diálogo social no STF. Belo Horizonte: Fórum, 2012.

VERMEULE, Adrian. *Judging under uncertainty*: an institutional theory of legal interpretation. Cambridge: Harvard University Press, 2006.

VIEIRA, Oscar Vilhena. Supremocracia. *Revista Direito FGV*, v. 4, n. 02. São Paulo: Fundação Getúlio Vargas, 2008.

VIEIRA, Oscar Vilhena. *Supremo Tribunal Federal*: jurisprudência política. São Paulo: Malheiros, 1994.

VITALE, Denise. Democracia direta e poder local: a experiência brasileira do orçamento participativo. In: COELHO, Vera Schattan P.; NOBRE, Marcos (Orgs.). *Participação e deliberação*:

teoria democrática e experiências institucionais no Brasil contemporâneo. São Paulo: Editora 34, 2004.

WAMPLER, Brian; AVRITZER, Leonardo. Públicos participativos: sociedade civil e novas instituições no Brasil democrático. In: COELHO, Vera Schattan P.; NOBRE, Marcos (Orgs). *Participação e deliberação*: teoria democrática e experiências institucionais no Brasil contemporâneo. São Paulo: Editora 34, 2004.

WALDRON, Jeremy. *A dignidade da legislação*. Tradução Luís Carlos Borges. São Paulo: Martins Fontes, 2003.

WALDRON, Jeremy. A essência da oposição ao judicial review. In: BIGONHA, Antonio Carlos Alpino; MOREIRA, Luiz. *Legitimidade da jurisdição constitucional*. Rio de Janeiro: Lumen Juris, 2010.

WALDRON, Jeremy. *Law and disagreement*. Oxford: Clarendon Press, 1999.

WERLE, Denilson Luis; MELO Rúrion Soares (Orgs.). *Democracia deliberativa*. São Paulo: Esfera Pública, 2007.

WERLE, Denilson Luis. *Justiça e democracia*: ensaios sobre John Rawls e Jürgen Habermas. São Paulo: Esfera Pública, 2008.

WHITTINGTON, Keith. Legislative sanctions and the strategic environment of judicial review. *International Journal of Constitutional Law*, v. 1, n. 3, p. 446-474, 2003. Disponível em: <http://www.princeton.ºedu/~kewhitt/strategic_context.pdf>.

WHITTINGTON, Keith. *Political foundations of judicial supremacy*: the presidency, the Supreme Court and constitutional leadership in U.S. history. New Jersey: Princeton University Press, 2007.

WITTGEINSTEIN, Ludwig. *Investigações filosóficas*. São Paulo: Abril Cultural, 1975.

Esta obra foi composta em fonte Palatino Linotype, corpo
10 e impressa em papel Offset 75g (miolo) e Supremo
250g (capa) pela Gráfica e Editora O Lutador em
Belo Horizonte/MG.